宁夏地方史话丛书

西夏史话

总主编　张进海
主　编　邱新荣

黄河出版传媒集团
宁夏人民出版社

图书在版编目(CIP)数据

西夏史话 / 邱新荣主编. -- 银川 : 宁夏人民出版社，2014. 7

(宁夏地方史话丛书 / 张进海主编)

ISBN 978-7-227-05800-7

I. ①西… II. ①邱… III. ①中国历史 - 西夏 - 通俗读物 IV. ①K246.309

中国版本图书馆 CIP 数据核字 (2014) 第 157704 号

西夏史话

(宁夏地方史话丛书)　　　　邱新荣　主编

责任编辑　丁　佳　闫金萍　申　佳
封面设计　香　榆
责任印制　李宗妮

黄河出版传媒集团
宁夏人民出版社　出版发行

地　　址　银川市北京东路 139 号出版大厦 (750001)
网　　址　http://www.yrpubm.com
网上书店　http://www.hh-book.com
电子信箱　renminshe@yrpubm.com
邮购电话　0951-5052104
经　　销　全国新华书店
印刷装订　宁夏捷诚彩色印务有限公司
印刷委托书号　(宁)001631

开本　720 mm × 980 mm　1/16
印张　27.75
字数　438 千字
印数　5000 册
版次　2014 年 7 月第 1 版
印次　2014 年 7 月第 1 次印刷
书号　SBN 978-7-227-05800-7/K·813

定价　68.00 元

《宁夏地方史话丛书》

编委会

总　序

宁夏回族自治区党委常委、宣传部部长　蔡国英

宁夏历史悠久，文化灿烂，是中华文明的发祥地之一。有史以来，北方游牧民族与中原农耕民族在这里繁衍生息、相互交融、相互渗透，形成了多种文化形态并存的局面，积淀了独特的地域和民族文化资源。丰富璀璨的宁夏历史文化遗存，既蕴含了物换星移、兵戎玉帛的沧桑往事，也呈现出厚重丰富、独具特色的文化内涵。

宁夏回族自治区党委、政府高度重视文化的大发展、大繁荣，十分重视历史典籍的编纂出版工作。广大史学工作者依托宁夏丰富的历史文化资源，辛勤耕耘，忘我奉献，编辑出版了一大批反映宁夏历史文化的研究成果，为宁夏历史文化的开发和利用提供了新的窗口，对人们了解宁夏、认识宁夏发挥了重要的作用。新时期，继续深入挖掘宁夏历史文化资源，推出大批适合时代要求、符合人民群众需要的研究成果，不仅是宁夏广大史学工作者的重要使命和历史任务，也是建设和谐富裕新宁夏、与全国同步进入全面小康社会的迫切要求。《宁夏地方史话丛书》编纂工作的启动，正是适应这一发展要求应运而生的产物。

《宁夏地方史话丛书》旨在以宁夏多元文化为主线，分门别类，按照地域和行业来分类，以重大历史事件来陈述，打造一整套宁夏地方历史文化的集大成之作。这套丛书不仅展现了宁夏历史文化的不同侧面，而且系统介绍了宁夏历史发展进程，是彰显宁夏历史文化特色、打造宁夏

历史文化品牌、促进宁夏历史文化发展的优秀成果。

新中国地方志编纂工作开展三十余年来，各地地方志、年鉴、地情资料丛书的大量出版，积累了丰富的地方历史文化资料，培养了一批文字功底强、业务能力精的史志专家队伍。各级领导对地方史志工作也给予了大力支持，创造了良好的发展环境，为打造品质一流、特色浓厚的《宁夏地方史话丛书》奠定了坚实的基础。通过《宁夏地方史话丛书》，人们可以感受宁夏历史文化的苍桑厚重，领略宁夏历史文化的奇特魅力，则宁夏幸甚，人民幸甚！

是为序！

2012 年 7 月

目录 MULU

目录 MULU

目录 MULU

黑水城神秘莫测
探险者满载而归

西夏烟云，繁华如梦。那个曾经辉煌了几个世纪的王国早已灰飞烟灭，化为历史的尘埃，神秘的王国经历了千年的隐没之后，更显得神秘莫测。那是一个怎样的国度？西夏王国早已不为人们熟知，历史的喧嚣早已风干了那个真实细腻的世界，太多太多令人神往的记忆和传奇，还有魂牵梦绕般的牵挂和惦念，无法释

供养图

怀。而今，却只能透过那些支离破碎的历史片段和有些模糊的历史画面，去点点滴滴地搜索和追寻。

近千年的不懈追寻，最终，人们把目光投向了神秘的黑水古城。

寒风依旧呼啸在这苍茫的北国草原上，没有人会忘记，去年冬天，那场突如其来的特大暴风雪，怒吼着席卷了整个草原。持续的大雪纷飞，至今记忆犹新。如今，白雪皑皑过后，凛冽的寒风再也挡不住春天的气息，绿色在草原上已开始若隐若现，小草冲破坚硬的土层，一个个争先恐后地探出了小脑袋，似乎有些迫不及待。是呀，它们沉睡了太久太久。它们知道，转眼便是春天……

边关瀚海，大漠孤城，广阔无边的巴丹吉林沙漠上，赤热炎炎，太阳像个巨大的火球，愤怒地炙烤着满地流沙。一阵阵热风掀起了一阵阵热浪，打在人身上，像着了火一样，浑身刺痛。漫天飞舞的黄沙，紧紧地裹住那座城，那座地处沙漠深处的神秘古城。这便是传说中埋葬了巨大宝藏的黑水古城。

黑水城遗址

这到底是谁的城？是哪个王国的城？为何会深深地掩埋在这广袤无边的沙地之中？这一切，都没有人知道，有的只是各种版本的传说和故事。

黑水城，一个神秘而又神奇的地方，在那儿，到处都有动人的传说；在那儿，到处都布满了神秘的诱惑；也就是在那儿，人们打开历史的大门，重新认识了那个曾经辉煌了几个世纪的神秘西夏。

让我们就从黑水城说起，从这里开启我们的发现西夏之旅吧……

在今内蒙古自治区阿拉善盟额济纳旗达兰库布镇东南二十五公里的茫茫荒漠中，有一块被湮没了近千年的绿洲，在这块绿洲上曾经有一座城。今天我们依然可以看到这座几乎完全被沙漠掩埋了的古城，它已经沉睡了近千年。倘若你有机会来到这儿，你会看到：它的城墙用黄土夯筑而成，墙高约十一米，墙基厚约十一米，顶部约厚三米。城池呈长方形，东西长约五百米，南北宽约三百六十五米。城内街道遗迹纵横交错，倒塌的殿堂、寺院、府衙还有居民废墟都清晰可辨。地面上随处可见诸如陶瓷片、杂物、钱币、石磨盘、砖瓦等遗物。在城墙的西北角，还耸立着一座喇嘛庙式的佛塔。当然，这些都是考古学家清理古城后的报告。这座古城，就是传说中著名的黑水城，蒙古语为“哈拉浩特”。

当地牧民传说，在很久很久以前，黑水城里驻扎着一支能征善战的军队，他们的统帅是一位英勇盖世、武艺高强、所向披靡的大将军，因大将军皮肤黝黑，故当地人和士兵们都亲切地称其为“黑将军”。很多年前，他受命来到黑水城，成为这里的镇守将军。他曾经立下誓言，要保一方平安，要用生命护卫黑水城。

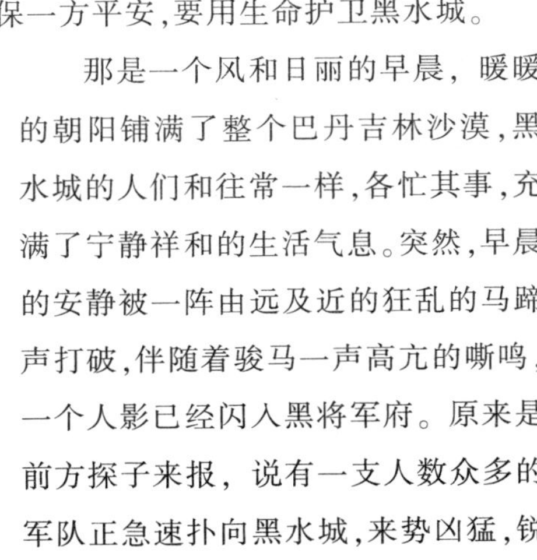

那是一个风和日丽的早晨，暖暖的朝阳铺满了整个巴丹吉林沙漠，黑水城的人们和往常一样，各忙其事，充满了宁静祥和的生活气息。突然，早晨的安静被一阵由远及近的狂乱的马蹄声打破，伴随着骏马一声高亢的嘶鸣，一个人影已经闪入黑将军府。原来是前方探子来报，说有一支人数众多的军队正急速扑向黑水城，来势凶猛，锐

不可挡。黑将军得信后，立即鸣响号角，召集各路兵马，部署作战计划，准备和往常一样出城迎战，并一举消灭来犯之敌。一切部署完毕，黑将军披挂上阵，策马出城。众将士在黑将军的指挥下，雄赳赳气昂昂，直扑敌军。双方在黑水城以东的沙尔扎山下展开了一场恶战。这是一场与往日不同的决战，众将士拼死战斗，个个以一当十，杀得天昏地暗、飞沙走石。可是，由于敌军有备而来，且兵多将广，黑将军和他的军队一时无法取胜，只好退守城内。

敌军迅速将黑水城围了个水泄不通，强行攻城。黑将军率领将士顽强抵抗，加之黑水城城墙坚固，敌军久攻不克，便恼羞成怒使出了最恶毒的一招。他们派军队堵塞了穿黑水城而过的额济纳河，想逼迫黑将军投降。城中水源被断，但黑将军仍然沉着冷静，一边指挥众将士齐心协力、继续守城，一边传令组织在城西北角挖井取水。士兵们挖了十丈、二十丈不见水源，士兵们没有放弃，他们一直在努力，但士兵们已经挖到了八十丈深，仍然没有看到水源。眼看着敌军一轮接一轮，无休止地进攻，即将耗尽整个黑水城，黑将军果断下令停止挖井，号召将士同仇敌忾，强行突出重围，与敌军决一死战。突围之前，黑将军把城内所有的金银珠宝，大约装了八十辆大车，全部埋藏在城内的一口枯井里，然后含泪杀死了自己的妻子和女儿，免得城陷后受到敌军侮辱。解除一切后顾之忧后，黑将军命令众将士在北城墙上凿了个豁口，然后率领将士冲入敌军，强行突围。一时间，喊杀声震天动地。鏖战进行了三天三夜，众将士在敌军阵营中来回穿梭，东砍西杀，个个以一当十。黑将军更是冲锋在前，勇猛异常、杀敌无数，但终因寡不敌众而全军覆没。

黑将军战死沙场后，就没有人知道那批金银珠宝埋藏的具体地点了。敌军攻陷黑水城以后，在城内大肆烧杀抢掠，四处寻宝，最终却一无所获。后来，邻近黑水城的汉人和蒙古人也不止一次前往，企图获得这些金银珠宝，但是他们在破坏殆尽的黑水城里找到的不是什么金银珠宝，而是两条令人毛骨悚然，有着红、绿鳞片的大蟒蛇……

今天，当我们重温着这个故事时，感慨之余，却怎么也无法体会那是怎样的惨烈和悲壮！没有人知道，在当地牧民中广为流传的黑水城宝藏的故事是真是假，或许想要解开这个秘密，还有待于考古学家进一步的考古和发掘。但是，关于黑将军坚守城池，英勇杀敌，战死沙场的故事，也许还真不是空穴来风。因为，当

黑水城遗址

地的蒙古人说，他们曾经在早已经干涸了的额济纳河的河床上发现过一些麻袋的残片。今天看来，这些残破的麻袋片，极有可能就是当年堵塞额济纳河所用麻袋的残留。历史学家的研究表明，当年与黑将军作战的军队很有可能就是曾经横扫过整个欧亚大陆的成吉思汗率领的蒙古铁骑。

大漠孤城，长河落日，昔日的狼烟早已消散得无影无踪，历史的喧嚣也早已归于沉寂。今日的黑水城已被一望无际的沙丘层层掩埋，周围数百里也早已荒无人烟。但是，如果有幸光顾这座充满着神秘色彩的古城，你可以站在城墙外的沙丘上，或者干脆登上城墙，俯瞰眼前这片七八百年前的废墟，便不难想象当年的繁华与喧嚣。

光阴似水，流年似箭。一转眼，八个世纪的岁月已经悄然而逝。黑将军的故事，还有他埋藏的巨大宝藏，早已幻化成当地牧民口中永久的传说。

黑水城遗址

科兹洛夫像

1908 年 4 月的一天,一阵又一阵清脆的驼铃声由远及近,划破了安宁静谧的蒙古大草原。有一个名叫科兹洛夫的俄国人,带领着他的探险队,正穿梭在无边无际的蒙古草原上。春天的气息弥漫了整个草原,那是一望无垠的绿色,小草在微风中来来回回地摇摆,掀起一波又一波的绿浪。

科兹洛夫何许人也?原来他就是大名鼎鼎的沙皇俄国皇家地理学会的会员。此人热衷于各类探险活动,尤其喜欢以科学考察之名,在中亚细亚国家和地区搜罗珍奇异宝,包括历史文物和宝藏。此行是他人生中第五次中亚细亚科学考察,目的地是中国的青藏高原。

这支沙俄探险队在科兹洛夫的带领下,骑着骆驼、马匹慢慢地穿过浩瀚的蒙古草原,一步步进入到了内蒙古额济纳地区。傍晚时分,落日像打瞌睡似的挂在天边,无精打采,留下那最后一抹红。长途跋涉使得队员们深感疲惫,看到额济纳地区族帐林立、炊烟袅袅,突然有队员建议长官,不如就在额济纳

旗休息。建议得到了通过。居住在额济纳的土尔扈特部蒙古人热情地接待了这群眍着蓝眼睛的人,和他们亲切地交谈。当牧民讲述有关黑将军的故事和黑水城埋藏着大批金银珠宝的时候,所有的队员都被深深地吸引,而这位来自俄国的大佐级别的考察队长也动心了。因为,他能感觉到,也许一个让人兴奋激动的时刻即将到来。整个晚上,他辗转反侧,无法入睡,因为他实在是按捺不住自己疯狂跳动的心。终于,挨到了天亮。

一大早,科兹洛夫和他的探险队就迫不及待地出发了。没有人知道,他们已经悄然改变了原先的考察计划,拥有了新的目的地,那就是令人无限向往的黑水城。因为在听牧民讲述了关于黑水城宝藏的故事后,科兹洛夫就无法说服自己不去惦念那让人癫狂的巨大宝藏,他不惜备下重礼,去拜见额济纳旗那些没落的蒙古郡王。从郡王口中,科兹洛夫探知了黑水城的具体方位,他接着用甜言蜜语说服了那些贪恋蝇头小利的蒙古郡王,允许其进入黑水城进行

黑水城遗址

科兹洛夫考察队发掘前期的河边大塔

科学考察。蒙古郡王不仅满心欢喜地答应,还为科兹洛夫配备了曾经多次到达过黑水城的蒙古向导。

这会儿,科兹洛夫已经在向导的引导下,抄着一条最便捷的小路,目标直指黑水城。一想到那儿满是金银珠宝,队员们不禁个个精神抖擞、喜上眉梢,步伐也不由得加快。过了坤都伦河,很快就进入了沙漠地带。他们穿越了山丘中的柽柳和草丛,也经过了一些农业定居部落的遗迹,在沙漠上留下一串串急切的脚印。事情的顺利进展让科兹洛夫倍感激动,他们在一条早已干涸的河床旁边低洼的台地上找到了黑水城遗址。这儿早已成为一片废墟,目所能及的是废弃城墙顶上残存的一座白塔,城外还有一些类似小塔一样残败的建筑。进入废城,首先看到的是在城西南角一座倒塌了的圆形屋顶建筑物。科兹洛夫凭借多年的经验,猜测这可能是一座伊斯兰风格的清真寺。城内还有高大的宫殿建筑遗迹和一排排类房屋似的残垣断壁,五颜六色的小石子拼凑成各种花纹,整整齐齐地铺满了整个街道。城里城外,随处可见大大小小的寺庙,还有佛塔等建筑的残留和遗迹。软绵绵的沙子下面,总是可以捡到一些陶器、瓷器、铁器和铜器的残件或者残片。很多地方还不断发现中国古代的钱币,还有那些精美的串珠、玉片和一些被风化了的丝织品。在这充满惊喜的废墟之中,尽管科兹洛夫和他的队员们早已手舞足蹈得精疲力尽,但仍然难以表达他们内心的癫狂。

虽然科兹洛夫长期参与科学考察活动,古城遗址也不止一次见到,但像这样蕴藏着如此丰富遗存的古城遗址还是头一遭遇上。队员们都充满了慨叹和好奇,他们来来回回在废墟中走动,东瞅瞅、西看看,时而俯身,时而攀爬上废塔,好不兴奋。科兹洛夫命令队员们就在黑水城的废墟上扎营,并立即开始了肆无忌惮的盗掘活动。紧张而又刺激的寻宝活动在短短的几天后,就有了超乎寻常的收获:在一座残破倒塌的寺庙遗址里,他们发现了许多十分精美的泥塑佛像,惟妙惟肖,宛若天成;还有大量的汉文、西夏文的书册和文稿,包括许多色彩艳丽而异常精美的古代绘画。几天后,科兹洛夫一行因没有足够的食品和水,不得不停止这充斥着意外和惊喜的盗掘活动,怀着恋恋不舍的心情,暂时离开了黑水城。科兹洛夫把盗掘出来的大批文物,简单做了分类,装了满满九大箱,并派人押送,运往了

沙皇俄国的首都圣彼得堡。而科兹洛夫和他的探险队则在离开黑水城后,按照原计划,继续向我国青藏高原一带进发。

黑水城发现的珍贵文物被运抵圣彼得堡后，受到了俄国皇家地理学会会长格利戈利耶夫的高度重视,并迅速在俄国学术界引起了巨大的轰动。俄国皇家地理学会立即发出指示，要求科兹洛夫一行即刻返回黑水城，尽快展开第二次挖掘。当时的科兹洛夫已经远在青海,但他在接到上级指示后,立即取消了原先前往川藏的探险计划,率领探险队返回黑水城。

当科兹洛夫和他的探险队再次来到额济纳旗时,已经是第二年(1909 年)的六月份了。这一次,他们目标明确,显然没有了第一次的试探和茫然;这一次,他们为充分盗掘黑水城文物,做了精心的策划和准备,携带了充足的食品,并增加了两到三倍的助手。为了确保盗掘活动的持续性,他们还花钱雇佣了当地善良朴实的土尔扈特部蒙古人,一来充当挖掘工,二来用骆驼和毛驴从二十多公里外的坤都伦河为他们运送粮食和水。

六月的大漠边关,天气异常炎热和干燥,火辣辣的太阳炙烤着大地,沙漠深处更是热浪滚滚,空气像凝固了一样,让人呼吸都感到困难。然而,这样的炙热,

宁夏贺兰山拜寺口双塔东塔贴塑的兽面、流苏

却怎么也阻挡不了科兹洛夫和他那些贪婪的探险队员们对于盗掘他国文物和文化资源的强烈欲望。由于之前做了充分的准备,他们在古城内的盗掘活动整整持续了一个多月,虽然没有找到传说中的神秘宝藏,但是,在黑水城西边不远处的一座古塔内,他们得到了最惊人的发现和最重要的收获。

这是一座覆钵状的喇嘛式的佛塔,高约十米,基座为方形,塔刹为阶式上收的形状,塔顶残损严重。在这座塔内,科兹洛夫和他的队员们发现了一批前所未有、无比精美的西夏文物。

当科兹洛夫让大家小心翼翼地打开塔心内室的时候,所有人都惊呆了,尽管塔心室内因光线不足而略显昏暗,但仍能看到摆满了整个屋子的极其丰富的各类文物。这时,有个队员手指向前,突然喊出一声:“快看、快看……”所有人瞬间都把目光投向了塔心室内北壁的高台。原来在那儿端坐着一具肉体已经基本腐蚀了的人骨架,四周平台上摆着大大小小泥质或者木质的彩色佛像。在平台中央,几个喇嘛塑像栩栩如生、端端正正排立在中央立柱的周围,前面则放着大型的梵夹装经卷。四面墙壁上,挂满了各种佛像画。在喇嘛塑像和墙壁之间空隙处的地面上,紧密地叠放着一捆捆书籍和一卷卷轴画,有些书稿还用绸缎包裹着。虽然书籍和经卷大小尺寸不同,用以包裹书稿的绸缎花色也各有不同,但它们被井然有序地堆放在一起,看上去就像一个完整的书库。在大约十二平方米的塔心室内,还发现了大量木质、青铜和铜制镀金的小佛像,还有一些其他的随葬品。科兹洛夫欣喜若狂,但他毕竟还算博闻多识,立即断定这座保存了大量书籍、佛经、文稿、佛像、佛画及其他珍贵文物的喇嘛塔,应该是埋葬了一位德高望重的高僧。但在这座塔里埋藏的书籍中,既有汉文文献,又有西夏文、回鹘文、蒙古文、叙利亚文、突厥文等文字写成的文献。科兹洛夫对大部分文献的文字都不能辨识,只是按外表形状简单地予以分类。

出土的文物实在是太丰富了,以至于科兹洛夫他们根本无法将它们一下子带走。科兹洛夫和他的队员们像上次一样,首先对所有文物进行了简单的分类整理,接着开始认真地挑选那些既可以被带走,又相对更加珍贵的文物。挑来挑去,好不伤神。最后,他只好从中挑选了大约五十件最精美的佛像,还有其他一些他认为会有重大文献价值的书籍、佛经和艺术作品装箱后,打算择日用骆驼全部运送回圣彼得堡。剩余的大量文物,科兹洛夫掂来掂去,百般抚弄,爱不释手,明知

无法带回俄国,但也不忍毁弃,又不想让这些文物落入他人手中。他正为此事而烦恼,有个机灵的队员提议:“大佐不必为难,咱们可以找个隐蔽的地方,暂时将这些宝贝就地掩埋深藏,来日方长,等下次路过时,我们再来取回便可。”科兹洛夫脸上露出满意的微笑,当即便唤了几个亲信,亲自连夜将这些剩余文物暂时藏在了城南一座较为隐蔽的建筑废墟的壁龛中。为掩人耳目,他们在建筑废墟上还覆盖了一层厚厚的沙土,并做了记号,准备日后来取。

七年后,科兹洛夫再次潜入内蒙古额济纳旗,从黑水城城南建筑废墟的壁龛中将藏匿的珍宝又悄悄运走了一部分。科兹洛夫从黑水城盗走的珍贵文物中,除了举世瞩目的重要文献外,还有大量的陶器、瓷器、木器、金银器、铜铁器、雕塑、绘画、皮革制品、丝织品、古钱币等。在俄国圣彼得堡,这批文献被编了八千多个号,经后来的逐步整理,发现有两千多卷西夏和元代刊刻或手抄的书籍和佛经,其中的佛经计三百四十五种,约占百分之八十;世俗文献计六十种,涉及政治、军事、法律、语言文字、文学、历史、哲学、占卜等各个方面的内容。当然这都是后来俄国公布后,人们才得以知道的。

历史学家告诉我们:科兹洛夫所发现的这批文献资料,刚好就属于那个曾经统治过黑水城的西夏王国。或许科兹洛夫自己都不知道,正是他的发现,揭开了西夏王国神秘的面纱,重新开启了人们认知西夏王国的大门。

西夏是我国中古时期西北地区的一个由党项羌人建立的政权,他们自称白高大夏国,简称大夏国,又因其在宋之西方,故又称西夏。党项羌是其主体民族。西夏王国从李元昊(嵬名)正式称帝建国至被蒙古所灭,共传十帝,历时一百九十年。前期与北宋、辽相鼎立,后期与南宋、金相抗衡。如果再加上西夏建国前党项割据政权存在的时间,前后约有三百多年的历史。西夏是中国古代历史画卷上浓墨重彩的一部分,它曾有过光辉灿烂的文明,不少叱咤风云的历史人物在西夏王朝的舞台上演绎出生动剧目,西夏的赫赫战绩和非凡战例在中国军事史上也是不可忽视的。西夏的文化,特别是应用广泛的独特文字,更是中华民族传统文化园地中的一朵奇葩。然而伴随西夏的灭亡,它辉煌灿烂的文明也随之消失。昔日的鼎盛繁华不再,当年巍峨逶迤的宫阙楼台也荡然无存,一个神秘的王国就这样逐渐消失在了人们的视野之中。

太宗安抚党项部
赤辞归附唐王朝

追根溯源，西夏王国的建立者，那些勇敢勤劳的党项羌人最初并不属于西北地区，他们来自遥远的青藏高原，他们的祖先世世代代生活在青藏高原上一个叫作“析支”的地方。

析支地处青藏高原东北边缘，那里地势高旷，西高东低，平均海拔四千余

俄藏西夏文《悲华经》《经律异相》《说一切有部阿毗达摩顺正理论》经首释迦牟尼说法图

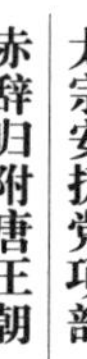

米，是中华民族母亲河的上游河段和河源地区，河道蜿蜒，水源充沛。史书记载此地“气候多寒冷，五月草始生，八月霜雪降”，可见此地属于典型的大陆性高寒气候。冬季漫长，严寒干燥多风雪；夏季短促，温凉易变多雨雪。析支之地，既有数不尽的起伏高山，重重叠叠和终年不化的冰川，总是闪耀着亮晶晶的光芒，又有绵延无边的山间草原上漫山遍野散落着自由自在的牛羊驴马，还有安宁幽静、大大小小的湖泊和清澈见底的淙淙河流、茂密的森林。在那儿，山水相依，风光绮丽，变化莫测。夏季来临时，高山上白雪皑皑，晶莹剔透；山坡上绿林片片，郁郁葱葱间鸟鸣啾啾；山坡下湖泊落落，溪流潺潺，草甸幽幽。

历史学家告诉我们，早期的党项人源于我国古代西羌的一支，他们最晚在魏晋南北朝时期就已经来到了析支，世世代代生活在这些美丽富饶的高原山谷之间。他们以宗族部落为单位，大小部落各不相属，散落在山谷草甸之间。在经历过长达几百年的民族分化和融合之后，隋唐时期的党项羌人已经融合了宕昌、邓至等民族，还有部分鲜卑人的血统，形成了崭新的党项民族，并逐渐形成了八个比较大的部落，分别是细封氏、费听氏、利往氏、颇超氏、野利氏、房当氏、米擒氏、拓跋氏。其中源自鲜卑的党项拓跋氏最强，种姓部落最多，其中最

水草丰美的牧场

大的部落有一万多骑。

谁不怀恋那水草丰茂的美丽平原？谁又想要离开那无比辽阔的牧场？可是，历史像极了人的生活，曲曲折折中总是充满着被迫与无奈。党项民族所生活的析支地区，正好处在中原王朝与青藏高原吐蕃政权之间的过渡地带。隋唐之际，党项民族为了自保，依附于建都青海湖地区的吐谷浑政权。

隋唐之际的中国，出现了两个最强大的政治势力，一个是中原的隋唐王朝，另一个是从青藏高原上崛起的吐蕃奴隶主王朝。两个王朝都处在蒸蒸日上的勃兴阶段，有着强烈的向外开拓和经营的愿望。于是，本来相隔十万八千里的两个王朝，就这样在青藏高原的东北部不期而遇。围绕着丝绸之路和西域的控制权，它们展开了旷日持久的激烈争夺。而处在大唐和吐蕃之间的，正好就是那个建都青海湖东侧的吐谷浑政权，还有那些依附于吐谷浑的党项羌族部落政权。

突如其来的玄武门之变，大唐高祖李渊被迫下诏退位，开拓进取的大唐王朝迎来了历史上最精明能干的唐太宗李世民统治的时期。唐太宗文武双全、雄才大略，又虚怀若谷、知人善任，当时天下豪杰壮士，莫不心向往之，且最终都群集麾下。短短几年时间，唐太宗便一统中原，匡定天下，大唐基业由此永固。可是不久，大唐的统治者又有了新的忧虑，因为边关来报，青藏高原上崛起的吐蕃政权正在不断地兼并着大唐边疆的小国，并一步步逼近大唐引以为傲的河西走廊。唐太宗太清楚了，河西走廊——丝绸之路既连接西域诸国，经贸往来频繁，互通有无，其重要性不言而喻，又是大唐维系与西域诸国宗藩关系之纽带，如此战略要地怎可使之处于吐蕃的威胁之下？可是，想要确保大唐对丝绸之路和西域的控制权，就必须想办法及时阻挡吐蕃疯狂的扩张，而要想有效实施这一战略计划，控制住位于青海湖地区的吐谷浑政权自然就成为了关键性的一步。如何才能以最小的代价取得对吐谷浑政权的有效控制呢？大唐君臣陷入了沉思。

又是一次早朝例会即将结束的时候，唐太宗李世民突然提议，要求诸位大臣各陈制服吐谷浑良策，并商议。朝堂上顿时一片嚷嚷讨论之声，几位大臣自告奋勇陈述完自己的“良策”后，都没有使唐太宗感到满意。这

时，太宗看到大将军李靖神情凝重，若有所思，便开口问道："李将军，你曾随朕统帅大军，抚定中原，又有御北之功。今日，可有制服吐谷浑良策？"

李靖胸有成竹，向前迈出一步，说："微臣听说，吐谷浑老伏允王昏庸无能，不理朝政。吐谷浑国之所以能一息尚存，全赖吐谷浑国一位神勇无比的大将，名为拓跋赤辞。此人勇武善战，威猛刚毅，文韬武略，又颇通晓攻防之策，麾下有精兵数万，实为吐谷浑将中第一人。"

太宗不禁惊讶："哦……吐谷浑小国，竟有如此经世救国之将才？"

李靖接着说："微臣还听闻，此人并非吐谷浑人，而是我大唐边疆党项族拓跋部落的大首领，因世代依附吐谷浑，深受吐谷浑文化的影响，又娶了吐谷浑公主为妻，为报知遇之恩，故才誓死效忠老伏允王，确保吐谷浑江山永固。"

太宗："此乃真忠义之士也，不能为我大唐所用，真乃一大憾事矣！"

李靖还没有说完："但臣听闻，党项部落虽多已依附吐谷浑，但吐谷浑国力衰微，根本无力保全，故其部落依然经常受到吐蕃军队的侵袭和压榨，甚至一些吐谷浑贵族也看不起党项人，党项人寄人篱下，势单力薄，不敢反抗，只能忍饥挨饿，颠沛流离，包括拓跋赤辞在内的许多党项首领一直都为此而耿耿于怀。微臣以为，而今我大唐兵强马壮，国势正隆，况陛下圣明英武，虚怀若谷，仁爱天下，爱惜民力，视如己出，故只需加大对边疆党项族人的招抚，明之于礼，敬之如宾，施之于恩惠，晓之以民生大义，最终分而化之，其必有来归者。若党项族人肯归附我大唐，则吐谷浑国不攻自衰。到那时，我大唐精兵再出击，定当手到擒来。臣斗胆献计，还望陛下恕罪。"

李靖尚在战战兢兢，岂料太宗异常欢喜，乐呵呵地说："李将军所言极是，真不愧是我大唐不可多得之良将人才！嗯，以寡人之见，此计可谓之'安抚党项，孤立吐浑'，如何？"

群臣立即附和："陛下英明……"

唐太宗终于可以小松一口气了，一想到这个战略，通过对吐谷浑盟友党项部落的诱劝、分化、招抚，以达到孤立吐谷浑，然后重兵压境，一举消灭吐谷浑，禁不住自喜，慨叹："妙哉！妙哉！"

李世民引以为豪的"安抚党项，孤立吐浑"战略，在很短的时间内果然取得了显著的效果。唐贞观三年（629 年），党项酋长细封步赖首先率众归附，唐太宗难

西夏敕燃马牌

抑心中喜悦，立即降旨，表示慰问和安抚。步赖十分感动，亲自来到长安朝谒唐太宗。唐太宗十分高兴，以丰盛的宴席招待了细封步赖，赏赐极为丰厚，并决定设其属地为轨州（今四川阿坝），拜步赖为轨州刺史。有了好的开头，紧接着党项其他部落首领也纷纷效法，相继归附大唐，且都受到了唐朝极大的封赏，成为大唐的官员和子民。

短短两年时间，唐太宗就在党项族人居住的析支地区，设立羁縻州六十多个，受抚人口达到三十四万。

在大部分党项族人纷纷归附的情况下，大唐君臣备受鼓舞，一致认为攻伐吐谷浑的时机已经成熟，于是在唐贞观八年（634 年）十二月，唐太宗发出谕旨，昭告天下："吐浑王国，居疆青海，桀骜不驯，蛮荒无礼，影从吐蕃，助纣为虐，夺我子民，侵我国土。今应天命，征伐讨之。任大将军李靖为西海道行军大总管，节度诸军，兵部尚书侯君集为积石道行军总管，刑部尚书李道宗为鄯善道行军总管，凉州都督李大亮为且末道行军总管，岷州都督李道彦为赤水道行军总管，利州刺史

俄藏汉文《注清凉心要》清凉答顺宗图

高甑生为盐泽道行军总管。六路大军，会同突厥、契苾军队，全线出击。匡正吐浑，泽其民众。”

大唐军队浩浩荡荡地出发了，一路上，旌旗蔽空，绵延百里。唐贞观九年(635年)三月，赤水道总管李道彦急行军到达叠州的狼道坡时，被党项拓跋部大首领拓跋赤辞挡住了去路。其实，在即将到达狼道坡时，前方探子即来禀报，说狼道坡已为敌军设防。但当时李道彦不知是何人挡道，心想，小小吐浑，何人如此张狂，胆敢挡我大唐神兵?对之不屑一顾，打算强攻。但当李靖大将军快马传来飞信，才明白，原来挡在正前方的就是传说中的拓跋赤辞。拓跋赤辞居高临下，据险以守，不让唐军向前一步。唐军寸步难行，不敢贸然闯关。聪明智慧的拓跋赤辞也不轻易出击。双方就在狼道坡僵持着，剑拔弩张，但谁也不敢先放第一箭。

时间一天天过去，天气也在逐渐转暖。千里之外，灞桥长安已是草色青青，柳絮飘飞了。而青藏高原上却是昼夜温差极大，乍暖还寒，没有一丝丝春天的气息。空气中弥漫着浓浓的火药味，战争似乎一触即发。李道彦的军队和拓跋赤辞的军队还在僵持着，形势对大唐军队越来越不利。然而再看拓跋赤辞的军队，因生来就生活在此，既熟知地形地貌，省了适应环境等诸多烦事，又可凭借山川险要、深沟天堑，以逸待劳。可是唐朝军队却不能久拖，唐军统帅已经意识到，此事必须尽快解决，不然后果不堪设想。于是，行军大总管李靖命廓州（今青海贵德一带）刺史久且洛生，派遣使者到拓跋赤辞大营劝降。

久且洛生此人久居边塞，颇晓诸羌风俗。他得令后，立即选派人手，遣往拓跋赤辞大营，宣告招降事宜。

拓跋赤辞不愧有将才风范，久居边塞的经历使他见多识广，聪颖强识而熏染华夏之风，故对隋唐中原之事也略知一二。因此，他虽然身负老伏允王护驾卫国之重命，但却从来不急于主动出击，只是屯重兵于狼道坡，貌有阻击唐军之意，实则借机相持，密切关注形势变化而方便见机行事。

唐军统帅自然也知道，打伏击、截粮道、风走云骑、忽来忽往，那都是党项羌族的拿手好戏，故多次下达命令，要求众将严加防备，谨慎警戒，以防党项突袭。可是这一次，却偏偏是个例外，拓跋赤辞并没有像往日作战那样，紧抓战机，扬长避短，先下手为强。那么他究竟在想什么呢？

自从与唐军形成对峙以后，拓跋赤辞就多次召集众首领来大营召开军事会议，商讨退唐之策。他可不是一般的部落首领，他是一个有着雄心壮志和雄才大略的政治家和军事家，他注定要成为党项族人世代敬仰的英雄。因为这段时间，他一直在思考，思考如何能在这乱世当中为党项部族谋取一个更美好的未来。他明白，党项部族这次面临的局势和以往的任何一次都不一样。这既是千载难逢的机遇，也是挑战。他时常告诫从子拓跋思泰说："我们党项部族，命运多舛，历尽艰辛才能世代延续。多年之前，祖先为了保全部落、求得生存，被迫寄篱小国吐谷浑。而今吐谷浑国事衰颓，我们的部落受到吐蕃侵害却不能得到应有的庇护，如此下去显然不是长久之计。”每次军事会议结束后，他都陷入沉思。

他认识到：此次唐军攻伐吐谷浑，不是一个简单的军事问题，而是一个可能关乎党项部族长远命运的政治问题。党项部族长期夹在唐朝和吐谷浑之间，稍有不慎，就会殃及部族。况且，吐蕃政权还在不断壮大，向青藏高原东北部发展的趋势也很明显，拿吐谷浑开刀是迟早的事。他心里很清楚，此次唐军大动干戈，不惜千里行军，远道而来，粮饷转运多有不便，时间一长，军需自然紧张，故利于速战，而不宜持久，所以他采取了以静制动的方略，据险对峙避而不战。很简单，他知道如果真与唐军交战起来，谁胜谁负，都是未知数。因此，他这时候心里很矛盾，很不踏实。他能做的，就是尽量拖延，然后在相持中等待，等待时机，等待解决问题的最佳办法和机会。

拓跋赤辞的从子拓跋思泰也倍感烦恼和焦躁。因为他实在看不明白拓跋赤辞到底在想什么。他憋不住，要去统帅大帐一问究竟。因为在他看来，面对唐朝军队无礼的叫阵，统帅却一再严令众将不许迎战，只可据险待命，已经很没面子了。再说了，老伏允王已多次下达命令，要求拓跋赤辞部族不要贻误战机，适时对叫阵唐兵给予坚决打击。待科拓跋思泰进入大帐，只见拓跋赤辞在帐中正襟危坐，凝神苦思。

拓跋赤辞看他进来，一边赐坐，一边问何事。可拓跋思泰却突然间支支吾吾，不知从何说起。

“报……”结果他还没来得及开口，就被一阵悠长而高亢的声音打住了。只见一传话小将夺门而入，道：“禀将军，营外唐朝使者求见！”

拓跋赤辞先是皱皱眉，似乎有些疑惑，接着点点头，摆手说道：“见！”

拓跋思泰被这突如其来的事情搞得更加郁闷和不解，心想：唐朝使者？他们来做什么？

很快，唐朝使者被迎入营帐，见到拓跋赤辞，既不行礼也不参拜。

其中一人看着拓跋赤辞，开口道：“想必你就是拓跋将军吧？”

早已按捺不住的拓跋思泰抢先开口：“大胆，见了首领大将军，为何不行礼？”

拓跋赤辞表情威严凝重，开口：“唐朝使者，前来何事？”

那使者好生傲慢，便道：“我等受大唐皇帝和西海道行军大总管李靖将军之命，前来招降尔等。我大唐威服四海，胸怀天下，念尔等部族地处边疆贫瘠，又多

俄藏卷轴《观音菩萨》中的女施主

西夏史话

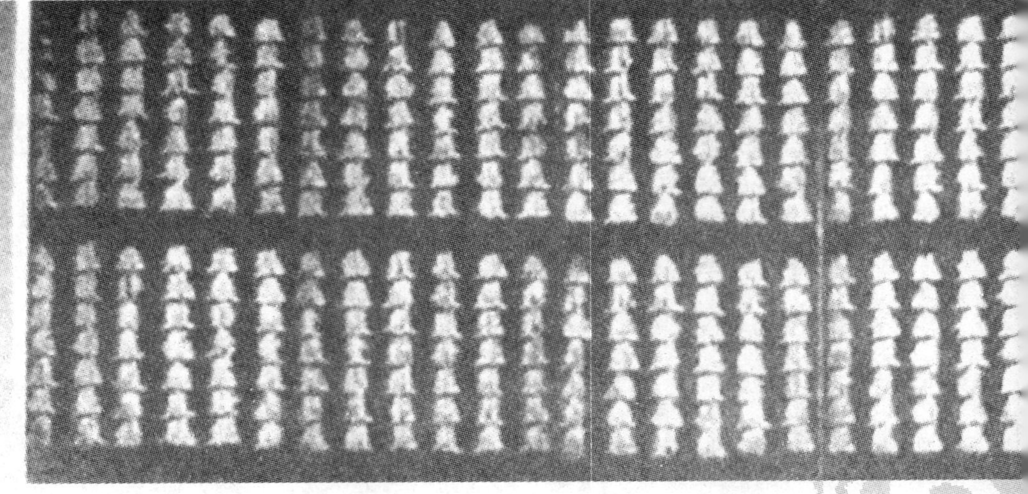

甘肃定西县博物馆藏泥金书西夏文《大方广佛华严经》

受吐浑国胁迫、侵害，故不忍兵戈相见，生灵涂炭。望尔等谨慎考虑，感悟我大唐恩命，速速率领部族归附我大唐。择日退兵狼道坡，为我大唐做先锋，提供粮草，引路开道。否则，将要大难临头。”

面对唐朝使者的傲慢与威胁，拓跋思泰不由大怒，呼的一声站起，嗖的一声拔出牛耳尖刀，往前一步，怒目而视，大声喝道：“何来唐朝小儿，休要狂言乱语，我首领大将军深受老伏允王倚重和厚爱，又承蒙有姻亲之恩，肝胆相照，腹心相寄，生死不二，岂能容你这般无礼挑拨！叛离恩主，忘恩负义之事，非我等所向。识相的话，还不快快滚回去，小心玷污了你大爷的宝刀！”

唐使确实被这跳出来的蛮横角色吓到了，无奈之下，落荒而回。奇怪的是，此情此景之下，拓跋赤辞居然一声不吭。

唐使去后，拓跋赤辞才对拓跋思泰说道：“唐朝国事兴隆，不好惹呀。以后，我们无需与他叫板，静观其变，择机行事便可。”拓跋思泰这才意识到他有些失礼了，直直站定，没有作答。

唐使回营后，添油加醋地向久且洛生汇报说：“拓跋赤辞那酋首，实在是太嚣张了。特别是在他身边，有个蛮横小儿嚣张至极，又傲慢无礼、狂妄自大，不仅不给我大唐脸面，竟然还持刀将我等赶出大帐，幸亏我等跑得快，险些丢掉性命，成

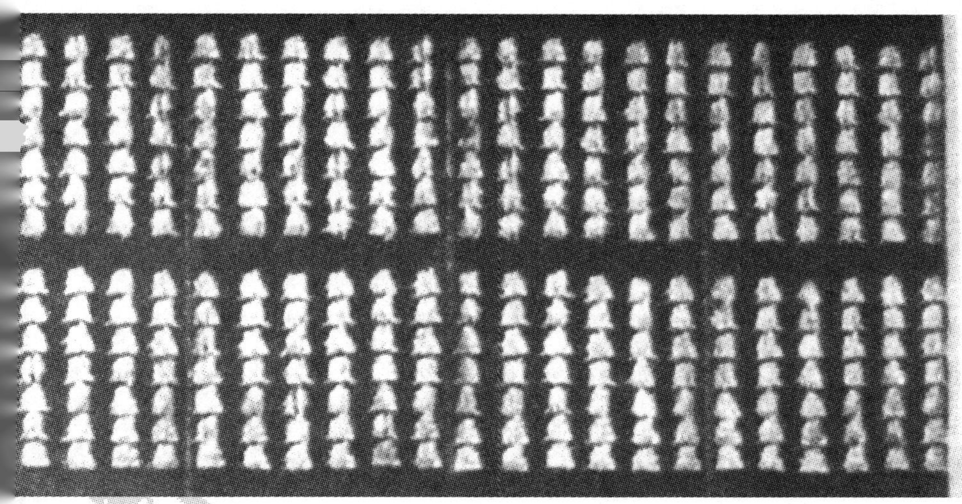

了刀下之鬼。”

再说久且洛生这个人，久经沙场，能打仗、会打仗，但有勇无谋，典型的粗人一个，他哪耐得住性子呀，听后大发雷霆，怒言道：“好一个贼酋王，如此狂妄，真是敬酒不吃吃罚酒。焉敢藐视我大唐，看来，不给他点颜色，他还不知道本将军我是谁了！要不是大总管有令在先，不许我与拓跋部正面冲突，不然，我早就将这什么鸟狼道坡杀个一干二净。”突然，他话锋一转，道：“好像大总管只说，不让与拓跋部正面冲突，没有说过不让侧面突袭吧！”说完，脸上露出狡黠的笑。

说罢，即刻抽调精兵三千，准备择日偷袭拓跋部所属比较薄弱的肃远山。

一日夜间，趁着月黑风高，久且洛生率兵攻破肃远山拓跋部营帐，杀百余人，掠走牛羊杂畜六千多头。

再说拓跋赤辞，撵走唐朝使者后，他总感觉到唐军可能会有军事行动，但就是不能确定时间、地点。他担心，唐军有可能会强行过关。于是，下令拓跋思泰，要求各部加强狼道坡、野狐峡一带防务，昼夜巡逻，谨防唐军偷袭。果然不出所料，唐军偷袭了拓跋营帐，但奇怪的是唐军偏偏没有偷袭狼道坡、野狐峡一带，而是舍近求远，绕道偷袭肃远山，看来唐朝还没有到真正撕破脸的时候，可能只是缺粮食了。想到这里，拓跋赤辞更生疑云，但转而又露喜色。

唐军偷袭了肃远山，使得拓跋部落遭受了不小的损失。拓跋思泰心中虽多不快，但也终于明白，唐军果然不好惹。于是，他开始留心观察，这到底是怎样的一支军队？在他背后到底是怎样的一个帝国？

远在长安城的唐太宗听说久且洛生偷袭拓跋赤辞部，取得小胜后，未动声色，既没有赏赐也没有处罚。只是告谕身边众将，时刻要以国家大局为重。他说："以我大唐之胜兵，打败一个拓跋赤辞很容易，但如何能够确保这个地方长治久安，却不是件容易事。寡人读史，发现自商、周以来，历朝历代，此地一直都不是一个安宁的地方。况且，今日之拓跋赤辞文韬武略，勇猛善战，有经世大将之能，既是党项羌族大首领，威严勇武可统领党项百部，又贵为吐谷浑国驸马，实力强大有威望，影响最大。若能降得此人，不但可使我大唐多得一员良将，又能得到一支边关劲旅。此事事关重大，意义深远，望尔等谨慎行命，不负朕意。"

此后，唐朝多次备礼遣使拓跋营帐，希望招得拓跋赤辞归顺，但一直没什么进展。

转眼间，已进入五月。青藏高原上已经暖和起来，河流早已解冻，又是一个新的春天。为了尽快招降拓跋赤辞，唐太宗谕令岷州都督、赤水道行军总管李道彦，再次备以重礼，尽快招抚拓跋赤辞及其部下。拓跋赤辞在经历了唐军突袭之后，冷静了许多。而唐朝的一次次来使，他虽然表面上顶着，但内心早已开始动摇，只是心里总感觉不踏实，对唐朝还存在一定的顾虑和戒心，再说面子上也下不了台。

又过去了一个多月，李道彦的招降工作已经初见成效。令人不可思议的是，首先投诚的竟然是拓跋赤辞的从子拓跋思泰，还有拓跋思豆等一些小部落也加入了投诚的队伍。原来，拓跋思泰经过多次与唐朝使者交涉，发现唐朝招抚确实很有诚意，加之自打唐军突袭了拓跋营帐以后，他就时常伫立山头，观察唐军，发现唐军营垒坚固，军阵整齐，士兵操练得法，勤恳威武，确有王者之师的气象。而且，他也逐渐摸清了大首领的想法，那就是既想归附大唐，又放不下颜面。再者，拓跋赤辞对于拓跋思泰表达的对唐朝向往的言行举止，并没有表示不满和异议。故拓跋思泰索性秘密投诚，酿成既定事实，也好让首领大将军有个台阶下。和唐朝使者承诺的一样，他们果然受到了唐朝的极大封赏和尊重。拓跋思泰终于明白：唐朝招抚，那是带着百分之百的诚意的。于是，他开始力劝其他党项首领。渐渐地，其他党项首领也产生了归降之意，只是碍于大首领拓跋赤辞的威严，不敢轻言归附大唐之事。

随着从子拓跋思泰顺利归附了大唐，拓跋赤辞心里越发清楚，唐朝招抚确实诚心诚意，况且许多部下已有归降之心，如若再这样僵持下去，恐怕局面失控。于是，他终于做出决定，归附大唐。但他为了慎重起见，还提出了一个前提条件，希望能与大唐西海道行军大总管李靖将军面谈商议。李道彦早已迫不及待，一听到拓跋赤辞愿意归顺，什么条件他都揽下，快马加鞭，迅速遣人将这一消息和附带条件一并报告给了大唐统帅李靖。很快，他们约好了会谈时间和地点。

在李道彦的精心安排下，拓跋赤辞如期赴会，大唐西海道行军大总管李靖率领前线众将帅热情地接待了他。一番寒暄礼节之后，拓跋赤辞提出自己的要求："我党项部族今日将要归顺大唐，望大唐能与我族确定归顺盟约，然后按照我们党项番礼，滴血盟誓，方可遵行。"当着唐朝众将的面，他接着说："昔日，隋朝炀帝征伐吐谷浑之时，与我们订立盟约，言其庇护我们不被侵害，要求我们供应粮草，

甘肃武威西夏墓出土的金鸡像

俄藏黑水城出土唐卡

《玄武大帝图》武官施主

最后却不守盟诺，出尔反尔，掠夺了我们的牲畜。今日，贵朝大军如能信守盟约，不存二心，我部愿为提供粮草。如若非是坦诚，匿有二心，莫怪我拓跋无礼，到那时，就不仅仅是据险以塞尔军之路那么简单了。”李靖爽快地答应了拓跋赤辞的一切请求，并带领诸将与拓跋赤辞盟誓，后又亲自礼送出营。

拓跋赤辞带领部下出了唐营，瞬即策马扬鞭，好一阵欢快的奔腾。总算是和平归顺唐朝了，一想到党项部族将要成为大唐子民，不必再寄篱吐谷浑，不会再受到吐蕃的压榨，拓跋赤辞心中无比欢喜。心中的愿望总算是实现了，总算是为他深爱的党项部族人民争取到了一个更好的未来。

可是，谁能料想，事情却突然又发生了让人费解的变化。

一天，唐朝大军行军至阔水，赤水道行军总管李道彦见拓跋赤辞部落牛羊成群，一片生机盎然，且没有任何防备。李道彦此人争强好胜，能打仗，善打硬仗，但心胸颇为狭窄，凡事总要和人争个高下。此次大唐进军吐谷浑，他本打算急行军，在短时间里迅速给予吐浑国有力打击，给它来个出其不意，防不胜防，一举拿下这头等功。哪曾想，半道上偏偏杀出个拓跋赤辞挡住去路，奈何不得。本想抢先一步夺个头功，却落个麻烦，既耽误了行程，又迫使其他五路大军不得不改变作战计划。想到这里，李道彦倍感屈辱和没面子，越想越来气，一时间，火上心头，顿生邪念，突然勒马，命令大军暂停行军。接着，他竟然擅自带兵袭击了拓跋部落，杀掠百人，抢走了牛羊数千头。

满心愉悦的拓跋赤辞正在为自己做下这千古选择而感到欣喜，突然收到了唐军袭击拓跋部落的报告。一时间摸不着头脑，但他脑海仍立即闪出一个念头：“难道我们上当受骗了？”看到自己的部族受此磨难，心中怒火熊熊燃起，二话不说，即刻传令各营寨严加防备，召众首领率部集结野狐峡，阻塞唐军大道。顷刻间，拓跋赤辞大军将野狐峡堵了个水泄不通。将士们个个怒火中烧，严阵以待，准备给即将到来的李道彦大军以狠狠的教训。

李道彦竟然还为自己从拓跋部捡的那点便宜而沾沾自喜。他怎么也没想到，自己已经种下恶果，闯下天大的祸。他的擅自行动极大地伤害了党项部落一片赤诚归附的热心。他还不知道，他所率领的军队将要面临的是一场近乎灭顶的灾难。

李道彦行军进入野狐峡，还没缓过神，突然间，万箭齐发，不少唐兵立即中箭倒地。接着，四面八方，番兵呐喊之声，此起彼伏。他这才意识到，自己已经深陷埋伏。在数路拓跋精兵轮番猛烈攻击下的唐兵早已自乱阵脚，毫无招架之力。恍惚中，李道彦大军在拓跋精骑的来回穿插和砍杀当中，丢盔弃甲，慌忙逃窜，溃不成军。李道彦眼看抵挡不住，只好拼死冲杀，勉强突围，撤退至松州。是役李道彦大败，唐军死伤数万人。

唐太宗听说李道彦违背命令，擅自主张，鲁莽行事，酿至唐番交兵，大发雷

西夏竹木雕

霆。唐太宗不允许任何人就这样破坏了他“招抚党项，孤立吐浑”的长远战略，盛怒之下，下令立即处斩李道彦。李道彦大难临头才幡然悔悟，自己自作聪明、鲁莽行事，给大唐和党项部落之间造成了极大的误会，一则破坏了唐太宗指定的“招抚党项，孤立吐浑”的长远战略，二则在党项部落间造成了极为恶劣的影响。违背盟誓，既严重有损于大唐信义，又失信于党项部落，还致使数万唐兵为此而失去了生命。接着，唐太宗又下令，命岷州都督刘师立速速备礼遣使慰问拓跋部落，向其说明情况。

再说拓跋赤辞，一时怒气难消，顺势率兵攻打了唐朝叠州。事后，又不免懊悔。特别是在听其从子拓跋思泰的一番说明之后，才明白，原来那李道彦是违背唐朝皇命，擅自主张，鲁莽行事，才酿成灾祸。又听说唐朝已经严惩了李道彦，顿时心中后悔，又害怕唐朝派兵来攻。于是，打算委其从子拓跋思泰前去唐营说明心意。哪料想，还没等拓跋思泰出发，唐朝使者已经来到大营之外，等候求见。拓跋赤辞看到唐朝确实是满怀真心诚意，甚为感动。为了感谢唐太宗不计前嫌和不伐党项之恩，遂立即与从子思泰等其他党项部落近三十余万口，悉数归附大唐。

消息传到长安，太宗十分高兴。立即传令，封拓跋赤辞为西戎州都督，赐皇姓李，并在其地设懿、嵯、麟、可等三十二州，皆由党项部落自行统治。从此以后，党项部族成了大唐属民，与大唐中原进行多种多样的交流，并在大唐文化的熏陶下发展进步。

唐蕃矛盾再激化
党项民族两迁徙

俄藏《金刚般若波罗蜜经》中的释迦牟尼说法图

党项部落在首领拓跋赤辞的率领下，归附了大唐王朝。可是，好景不长，党项部落又遇到了新的问题。

青藏高原的广袤无边，赐予了吐蕃人坚韧不屈、永不满足的性格。吐蕃奴隶主政权在青藏高原上崛起之后，在短时间内得到迅速的发展、壮大。吐蕃兵锋直指富庶的河西走廊，相继吞并了包括吐谷浑在内的众多民族政权。吐蕃不断向外扩张，很快与大唐兵戈相见，展开了激烈的军事斗争。唐太宗采取了"扶持党项，抵抗吐蕃"的政策，不断封赏党项部落首领，给予他们极大的物力、财力支持，希望他们能为唐帝国效命，在唐朝与吐蕃之间稳稳形成一个军事缓冲地带，御敌于国门之外。

自从党项部落归附大唐以后，确实在一定程度上取得了以往从未有过的自由和发展，他们拥有受大唐保护的水草丰茂的领地，拥有大唐赐予的官职和荣耀，更拥有来自大唐的许许多多只有农耕社会才能生产出来的精美的商品，他们为此感到庆幸和欣慰。拼死保卫自己的领地和自由，同时也保卫着大唐的边疆，这是对大唐的报答，也是他们义不容辞的使命。

但是，唐蕃之间旷日持久的战争已经使得党项部落有些吃不消了。

唐贞观十二年(638年)，吐蕃人又一次大军来袭。党项部落在大首领的指挥下，拼死殊战，但最终寡不敌众，被彻底地打败了。吐蕃二十多万大军迅速开进，直抵大唐松州(今四川松潘县)城下，唐朝松州都督韩威战败。边疆告急，形势危机。幸好太宗运筹帷幄，在党项败退之时，已经就近调兵遣将，责令马不停蹄奔赴松州，以备不测。吐蕃虽然攻破了松州城，但军队征战已久，实力受到巨大消耗，本来就无心占据，又见唐朝大量援兵即将赶到，故无心恋

西夏文佛经装帧图案

战,在唐军到来之前,将松州城掳掠殆尽,早早退兵而去。吐蕃的临时退兵,不可能带来唐朝边疆、党项领地的持久和平。恰恰相反,吐蕃退兵乃是为了休整兵力、重新来战。因此,党项部落与吐蕃之间的战争不可能结束。

直到贞观十五年(641 年),在吐蕃王室的一再恳请之下,唐太宗终于同意了吐蕃的和亲要求,将宗室女文成公主许配给吐蕃赞普松赞干布。随着礼部尚书李道宗护送文成公主入藏与松赞干布完婚,唐蕃矛盾才逐渐缓和下来。边疆从此恢复了往日的平静,党项部落又能享受一段远离战乱的自在无忧的生活。

然而,自在无忧的生活总是那样的短暂。唐贞观二十三年(649 年),随着一代明君李世民的驾鹤西去,唐蕃矛盾又开始激化。难道身居边界前线的党项部落又要面对新一轮的战争吗?

唐高宗继位后,敏锐地意识到:终年不绝的唐蕃战争,将党项部落夹在中间,使其深受其害。他清楚地看到党项部落在以往的唐蕃战争中所立下的汗马功劳,尽管多年以来,唐朝中央给予了党项部落应有的各种财力、物力支持,但是,新的事实

已经摆在了眼前，那就是，多年的唐蕃战争已经严重消耗了党项部落的军事力量，如若再这样持续消耗而得不到休养和保护，恐党项部落早晚会被吐蕃收于帐下。于是，他做出了一个惊人的决定，那就是，帮助党项羌族寻找远离战乱、适合休养生息的栖息地。

很快，在唐朝政府的帮助下，党项人扶老携幼，离开了世代居住的地方，长途跋涉几千里，经历千辛万苦，从西南地区的青藏高原迁往西北黄土高原一带。那儿水源充足、牧草丰茂，宜耕宜牧。很快，那儿将会成为党项民族繁衍生息的新乐园。值得注意的是，党项部落中实力最雄厚的拓跋部落被完整地从松州（今四川松潘县）地区迁到陇右庆州（今甘肃庆阳市）一带。其余的党项部落也陆陆续续迁

到了灵州(今宁夏吴忠市)、盐州(今陕西定边县境内)、银州(今陕西米脂县西北一带)、胜州(今内蒙古伊克昭盟境内)。党项部落完成了他们历史上的第一次举族大迁徙，在新的土地上开始了新的生活。随着唐朝社会经济的发展,唐朝国力蒸蒸日上,于是不断加强与吐蕃接触的边界地区的军事部署。“贞观之治”的盛景依旧在持续,唐朝国事正隆,吐蕃呢?眼见唐朝边界军力强盛,自己一时半会也没有实力和唐朝对决,故与唐朝之间的矛盾又逐渐趋于缓和,直至“安史之乱”爆发。

再说唐朝,一代女皇武则天去世以后,唐朝陷入了混乱,危急存亡之秋,唐玄宗李隆基力挽狂澜,扶唐帝国大厦于将倾之际,重掌李氏王朝,励精图治,任人唯贤,休养生息,很快唐朝恢复了生机。但在取得了“开元之治”以后,玄宗开始松懈,也许他已经陶醉于他自己开创的太平盛世,与大唐第一美女杨玉环终日歌舞为伴。朝政逐渐腐败,军队建设日渐松弛。哪曾料想,范阳军鼓连声起,百万大军入长安。“安史之乱”迅疾爆发,安禄山、史思明叛军一路攻城略地,如入无人之境,唐廷上下陷入一片恐慌之中,急急忙忙间,调河西戍军入卫京师。千载难逢的机会终于来了,一心想要夺得西域控制权的吐蕃,以迅雷不及掩耳之势,乘虚攻占了唐朝河西陇右与西域数十州之地。然而,处于极度混乱中的唐王朝还没有意识到吐蕃侵入的严重危害,唐朝东西交通的大动脉就被切断了,进入内地的吐蕃又与党项居住地连在了一起,并经常联合进攻,给唐帝国造成了严重的威胁。

党项与吐蕃都来自青藏高原，两个民族所处自然生存条件和环境基本相同,长期以来的生活习惯也基本一样,风俗也类似,但是两个民族所生息繁衍之地却有千里之遥,相距甚远。吐蕃政权迅速崛起和发展壮大,并且一路北上,降服众多民族部落,并一举吞并了党项民族所依附的吐谷浑政权，以致严重压缩了党项族的生存空间,从而威胁到了党项族的继续生存,党项族出于延续部落种族和继续生存的考虑,才不得已归附了唐朝。由于得到了唐王朝的

朝元觀

甘肃武威西夏墓出土的木版画

庇护和极大礼遇，所以在相当长的时间内，党项部落坚持和吐蕃做坚决的斗争。但是，如果当吐蕃放弃对党项的吞并和征服政策时，党项就会在唐蕃之间表现出中立的态度，至少相当一部分党项部落表示出了模棱两可的态度。一旦时机成熟或者他们达成了共同的利益目标，这两个民族又很容易联合起来，转而唐朝就成了他们共同的军事目标。

因此，在唐朝费尽九牛二虎之力，终于平定了安史之乱以后，时局尚不稳定，也来不及喘息，就受到了来自吐蕃和党项不断的联合进攻。

唐广德元年(763 年)，吐蕃联合党项、吐谷浑等少数民族部落，集结部队近二十万，大兵压到宝鸡境内，焚毁大散关，攻陷凤翔府城，接着一路向东，一举拿下了唐朝都城长安，一路上烧杀抢掠，满载而归。唐朝君臣惊慌失措，乱作一团。

又是一次早朝例会，皇帝令诸大臣议西事。诸大臣面面相觑，你看着我，我看着你，都拿不出制敌良策。偶有言事者，又无非是条条列举，吐蕃风如何，党项俗如何，又或是追念先祖之风，大唐高祖如何、太宗如何，雄才大略，威服四海云云，或者说如今大唐如何的内忧外患、上下离乱，皇上当如何休养生息，稳固国本以安定统治等。

皇帝不满意诸臣上奏，大怒曰："今内乱已平，西戎累年侵扰，离乱关中，若不能抚平治之，我大唐帝国威严何在！"

唐朝大将郭子仪自安史之乱以来，东征西讨，立下赫赫战功。面对党项和吐蕃连番攻伐大唐的情况，郭子仪提出了自己的看法："微臣以为我大唐想要避免吐蕃、党项的联合攻略，应从党项入手。据微臣所知，党项部落自太宗年间始归附于我大唐。太宗神武能威服四海，党项服命而忠心不二，但无他策，羁縻而已。今日党项若即若离，叛服无常，时与吐蕃联结坏我大唐。究其原因，乃与吐蕃入主河西陇右之事密切相连。今日党项诸部散居盐、庆等州，距离吐蕃的势力太近，这就导致了两个严重的后果。一来吐蕃强盛，党项容易受到吐蕃的攻扰和胁迫，却得不到我大唐庇护，部族不得安宁，容易使党项部落产生屈服心理，屈服于吐蕃而影从攻略我大唐。二来党项内部素来不相统一，各部落首领皆各怀思想，其中不乏叛我大唐者，这些部落容易联手吐蕃，合二为一，扰我大唐，酿成更大的边患。因此，微臣愚见，若欲制服吐蕃，当先令服党项。而为今之计，当效仿我太宗英明，

迁徙党项，离开是非离乱之地，使党项和吐蕃不能相接相连。如此，可确保吐蕃、党项分离，然后发精兵可控御吐蕃于河西之外。”

皇帝终于看到一线希望：“那么，依爱卿所见，迁往何处，如何迁徙为佳呢？”

郭子仪接着说：“微臣听闻，我大唐北山以北，及至银州以北之地，广袤沃野，水草丰茂，有良田万顷，本安居乐业富庶之地，却因为连年兵祸导致人烟稀少，今可将党项迁入此地。再施以笼络羁縻之策，其可为我大唐世代成边也。如此一来，一箭双雕，既可解决吐蕃、党项联结之忧，又可确保我大唐北边之安宁。”

皇帝大为欢喜：“郭爱卿所言甚是，真不愧我大唐第一将军。就依你所奏，迁徙党项，保我大唐安宁。相关具体事宜，望尔等尽心考量，谨慎决之。”

郭子仪道：“圣上英明，臣等不负皇命，自当尽心为之。”

不久，皇帝下诏，谕令党项部族，申之迁徙之道，明以迁徙之理，并下令仪凤年间(676~679 年)从庆州移居到银州的党项拓跋部迁往银州(今陕西米脂县西北)以北，静边州都督等六府党项迁往银州以北、夏州(今陕西靖边县白城子)以东地区(今内蒙古鄂尔多斯高原东南部沙地草原)，同时将党项野利氏、把利氏、破丑氏，以及拓跋部中的拓跋乞梅、宜定州刺史折磨部落等一并迁往绥州(今陕西绥德县)、延州(今陕西延安市)等地。于是，党项在唐朝的帮助下，千里跋涉、风餐露宿，开始了党项民族历史上的第二次大迁徙。

党项第二次大迁徙后，继续发展，逐渐按地域形成了几大部落集团，居住在银州、夏州一带的号为“平夏部落”，居住在庆州一带的号为“东山部落”。而折磨部落后来逐渐发展成为宋朝府州党项折氏(杨门女将中的佘(折)太君便出自此家族)。

经历了两次艰苦卓绝的千里大迁徙以后，党项部落终于找到了更适合他们繁衍生息的安逸幸福之地。相对安定的社会环境，宜耕宜牧的自然条件，相对优越的生产环境，不少地方蕃汉杂居，先进的汉族农耕生产技术和生产工具的使用，以及愈来愈密切的党项和唐朝的关系等，这一切都给党项部落的发展注入了新的活力。

思恭拓疆占宥州
起兵勤王战黄巢

西夏壁画

党项羌特别是党项拓跋部自归顺大唐以来，一直受到了唐朝良好的庇护，并在唐朝的帮助下，经过两次迁徙，才入驻到银州、夏州一带，因此，他们与唐王朝始终保持着密切的关系。

开元年间(713~742年)，唐玄宗选贤任能，励精图治，大唐国势如日中天，所谓“九天阊阖开宫殿，万国衣冠拜冕旒”。然而，在大唐北方的边界上，居住在河朔一带的六胡州康待宾部却因不满唐朝边吏作威作福，屡次集结部众，煽动边关叛乱。正洋洋得意于歌舞升平、开元盛世的唐玄宗，岂容边关小部叛乱，立即调兵遣将，严令将帅速战速决，意欲将叛乱消灭在萌芽状态。可谁曾料想，雄赳赳、气昂昂的唐朝军队第一次与

叛乱之敌交锋,竟然是大败而归。

远在长安宫城中的唐玄宗本来还在作乐吟游,闻此战报,扫兴至极,雅兴全无。唐朝军队边关战败的消息很快就传遍了整个长安城,老百姓对唐军的败绩感到极为气愤,不满情绪在弥漫和发酵,唐朝君臣上下很快都意识到唐军大败乃是轻敌之故,于是迫切希望能尽快找出一位既熟识叛军情况、又勇猛善战的将领,一雪前耻。

唐军战败在边关引起了极为恶劣的影响, 这不仅助长了六胡州叛军的嚣张气焰,而且加剧了大唐边关的紧张气氛。叛军势力随之迅速壮大,一时间攻掠城池,颇成气候。叛乱在短期内难以平定已成定局,熊熊战火已在大唐边关燃起,然而谁人可以助唐平乱呢？就在这危急时刻,活动在无定河流域的静边州都督、西

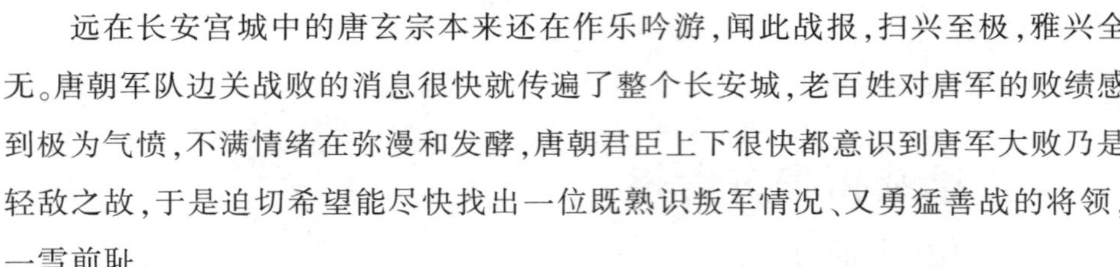

西夏王陵出土的石碑座

平郡开国公、党项族杰出首领拓跋思泰登上了历史舞台。他毛遂自荐，挺身而出，希望能够助唐平定叛乱。唐玄宗听到在遥远的边关还有这等愿为主分忧的民族将帅，甚为欢喜，遂决心再次发兵北上，镇压六胡叛乱。

叛乱总算是平息了，边关恢复了往日的安宁，老百姓也可以安居乐业了。然而，那位在战场上勇猛无敌、身先士卒的党项将领拓跋思泰却不幸罹难，以身殉职。他的儿子拓跋守寂英雄少年，武艺超群，勇敢地继承了父亲的未尽之业，再次追随唐朝大元帅郭子仪平定安史之乱。拓跋守寂死后被追封为持节都督灵州诸军事、灵州刺史、上柱国、西平郡开国公。

此后，党项拓跋部一直主要生活在无定河一带。延至唐咸通年间(860~874年)，党项拓跋部落迎来了一位新的大首领，这位便是胸怀大志的拓跋思恭。此人生性豪爽，勇武果敢，胆识过人，深受众部落拥戴。正当青壮的拓跋思恭继任党项大首领后，踌躇满志，既虚心听取各部落酋长的意见，又广结天下英雄豪杰。他一心想要壮大党项部落，干出一番惊天动地的事业。审时度势后，他发现此时中原

的大唐王朝已经日渐衰微，而当年那号为天可汗王朝的盛世光景也早已消逝在历史的长河之中。如今的大唐江河日下，君昏臣暗，朝政混乱，吏治腐败，党争激烈，不时还有流血冲突，处处都显露出垂暮之气，显然已是积重难返。与此相伴，大唐的赏赐和抚恤慰问越来越显得单薄，而党项部落人民随着社会生活水平的提高，想要从中原得到赏赐的期望却越来越高。大唐微薄的赏赐已经难以满足党项部落的需求，怎么办呢？几百年来，党项英烈祖祖辈辈、前赴后继地披荆斩棘、艰难创业，经历过无数的艰辛和磨难之后，才保有今日尺寸之地，但党项部落一直要困守盘踞在这小小的银、夏之间，拓跋思恭一想到这些便开始热血沸腾，心有不甘。经历了几百年的生息繁衍，党项部落的社会经济、军事力量都有了较大发展，再也不是那曾经依靠大唐庇护才能延续部落的边关小族了。如今的党项部落已经具备了相当的实力，虎狼之师怎么能够永久偏安在这小小无定河河谷一隅，也该是我拓跋思恭大展宏图的时候了。自此，党项部落在杰出首领拓跋思恭的坚强领导下，开始了一段艰难的历程，党项部落的根据地也随之不断得到巩固，地盘也在不断扩大。

俗话说得好，万事开头难。拓跋思恭虽然一心想要扩大党项部落的地盘，但他又深知自己实力有限，党项人必须确保一战功成，否则后果不堪设想。因此，寻觅对象、选择时机就成了困扰他的两大难题。怎样才能做到在最有利的时机去攻击最合适的目标呢？拓跋思恭左思右想，听取各部落酋长的建议，最终将目光投向了与银、夏两地相毗邻的宥州(今内蒙古鄂托克前旗)。

宥州一带本是唐朝六胡州故地，辽阔的草原一望无际，羊肥马壮，乃是天然的牧场和狩猎区。唐朝开元以前，这里曾居住着大量中亚粟特人，粟特人以善于经商而闻名于世。自大唐准许粟特人入住这一地区后，这里便聚集了大量的中亚粟特人，久而久之，逐渐形成了“六州胡儿六蕃语，十岁骑羊逐沙鼠”的独特民族风情。唐玄宗开元年间，六胡州的唐朝边吏无视大唐体恤边疆各族的诏令，竟以勾结、教唆六胡各部落内的不安分分子为能事，扰乱粟特人正常的生产生活秩序，上欺瞒朝廷，下压榨六胡百姓，苛捐杂税连绵不绝，敲骨吸髓，只为从中渔利，中饱私囊。唐朝边吏的作威作福引起了六州胡人的激烈反抗，最终酿成了六州胡人的叛乱。一时间，边塞烽火连起，朝廷震怒，追究责任，适时斩首了那些不称职的边吏。接着，在党项拓跋部的协助下，唐朝很快镇压了六胡州起义。为了永绝

西夏文佛经版画《梁皇宝忏图》

后患，唐朝决定将六胡余部悉数迁往江淮一带，之后，唐朝在此地设立了宥州。令人诧异的是，唐朝并没有明确界定宥州一带诸部的势力范围。当时宥州一带，东南西北各部族势力都有，这些部族追逐水草，不时进入宥州，也有不少长期停留者。但他们各自独立，互不相属，时有混战。一部分党项部落也进入到了这一地区。这些都是拓跋思恭决定进据宥州的考虑因素。

拓跋思恭志在必得，说干就干。拍定计划后，他即刻清点各部人马，亲率大军，每战必冲锋在前，逐一降服了宥州一带的各部落，一改宥州长期“藩镇统领无序”的状况，使宥州一带各部落臣服于党项拓跋部，归于一统。占据宥州后，拓跋思恭对外自称宥州刺史。

拓跋思恭此人胸怀大志,可是,自打攻占了宥州后,拓跋思恭整个像变了一个人似的,平日里只知走马射箭,斗酒酣歌,貌似突然丧失了先前的进取之心,许多族人为此而忧心忡忡。拓跋思恭真的丧失了进取之心吗?其实不然,拓跋思恭既已有宥州刺史之职,又拥兵数万,自然也很想继续发展壮大党项拓跋部落,干出一番大事业。可惜无奈的是,宥州之地,地处唐朝边疆,除了和那些个边关小部落偶有战事之外,别无他业。暂时也就没有了建功立业的机会。所以,拓跋思恭只好闲居宥州,养精蓄锐,等待更好的发展机会。

唐僖宗中和元年(881 年),拓跋思恭等待的机会终于来了。当时,大唐帝国已是风雨飘摇,农民起义风起云涌,不断走向衰落的王朝又一次面临着倾城亡国的命运。黄巢起义军攻破长安,唐僖宗一溜烟逃往蜀地。关中地区局势瞬间混乱,各路节度使要么纷纷倒戈投降黄巢起义军,要么拥兵观望,坐等时机。大唐命运危在旦夕。唐僖宗在慌忙逃亡中,不忘诏告天下,征调天下兵马急赴都城长安镇压起义军,营救已经陷落的国都长安。诏告明示,宥州刺史拓跋思恭有幸在列。听

俄藏水月观音图(局部)

说宥州也要发兵营救长安以后，拓跋思恭立即下令联络各部，召开部落军事会议。拓跋思忠负责选拔勇士，拓跋思谏负责后勤供应，拓跋思孝则即刻启程，赶赴鄜州（今陕西富县）与鄜延节度使李孝昌商议相关事宜，最终决定五日后集结南下。真可谓是："宥州儿女多英豪，磨剑狼山云比高。把酒高原歌大风，谁是英雄败黄巢。"一切安排妥当之后，拓跋思恭每天都在焦急地等待着，等待着鄜延节度使李孝昌的发兵信函。

万事俱备，只欠东风了。

三月中旬，鄜延节度使李孝昌的发兵信函姗姗来迟。拓跋思恭收到信函后，即刻告别父老，亲率大军，浩浩荡荡踏上南下征途。此役事关重大，党项部族的百年梦想终于有了实现的机会。

再说这鄜州城内城外，杨柳如烟，花开遍野。鄜延节度使李孝昌早已在城东南的鄜畤祠旁修筑高坛、张布陈设，只等拓跋思恭的到来。再说这鄜畤祠，乃是秦汉时期郊祀白帝的地方，附近还有轩辕庙、开元坡，皆是鄜州城重要的历史遗迹，自古以来，香火不断。李孝昌选择在这个地方筑台盟誓，一来说明南向发兵，事关重大；二来明确目标，统一思想，统一军令；三则是与拓跋思恭对天盟誓，激励将士奋勇杀敌。

三月二十五日，拓跋思恭的两万铁骑如期到达鄜州，与李孝昌合兵五万。李孝昌十分高兴，热情款待了宥州将士。

次日，斩杀三牲，李孝昌与拓跋思恭登台祭祀，歃血盟誓。之后，五万大军如滚滚洪流，向坊州（今陕西黄陵县）、长安方向开去。

唐中和元年（881 年）四月，唐僖宗闻知拓跋思恭已起兵讨伐黄巢起义军，十分高兴，认为拓跋思恭家族世代镇守边疆，功莫大焉，而今又急国家之所急，于存亡之秋，能救大唐于水火，忠勇可嘉，不愧为将门之后。于是便下诏让他取代已经叛投敌营的诸葛爽，权知夏、绥、银州节度使。自此，拓跋思恭名义上成为割据一方的藩镇节度使。

拓跋思恭有了权知夏、绥、银州节度使的名分，心中不觉更加欢喜，便进兵武功（今陕西武功县），与凤翔节度使郑畋、义武节度使王处存、泾原节度使程宗楚、河中节度使王重荣盟誓。当时，郑畋坐镇盩厔（今陕西周至县），唐弘夫进军渭北地区，王重荣驻守沙苑（今陕西大荔县境南），王处存

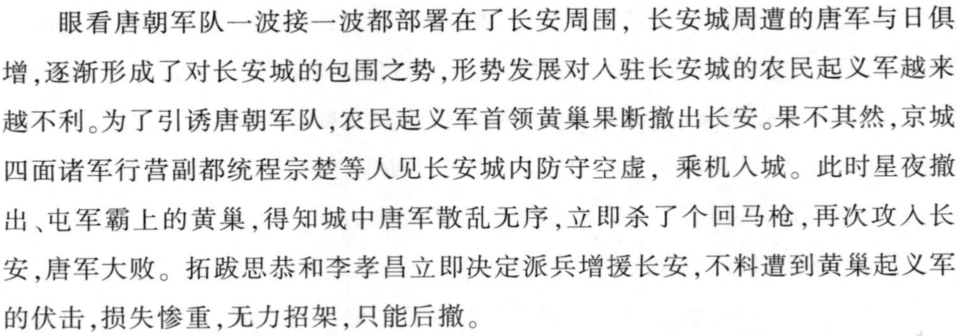

进驻渭桥，拓跋思恭安营扎营武功县，形成合围长安之势。

眼看唐朝军队一波接一波都部署在了长安周围，长安城周遭的唐军与日俱增，逐渐形成了对长安城的包围之势，形势发展对入驻长安城的农民起义军越来越不利。为了引诱唐朝军队，农民起义军首领黄巢果断撤出长安。果不其然，京城四面诸军行营副都统程宗楚等人见长安城内防守空虚，乘机入城。此时星夜撤出、屯军霸上的黄巢，得知城中唐军散乱无序，立即杀了个回马枪，再次攻入长安，唐军大败。拓跋思恭和李孝昌立即决定派兵增援长安，不料遭到黄巢起义军的伏击，损失惨重，无力招架，只能后撤。

转眼间到了七月，拓跋思恭、李孝昌的军队经过一段时间的修整后，进屯至渭桥一带，与黄巢军中书令尚让、东面行营都虞侯朱温的两万精骑，隔水相持。

尚让、朱温何许人也？此二人皆是黄巢手下最勇猛的大将，带领的军队也非常精锐。尚让本来是起义军王仙芝的部下，王仙芝战败被杀后，尚让为了谋求更大的发展遂率领王仙芝余部投奔了黄巢，成为黄巢手下一员智勇双全的猛将。朱温，这可是号人物，此人颇有谋略，奸诈狡黠，虽只能称小人而非君子，却能于乱世之中创得一番事业。他便是历史上著名的先背叛黄巢投降大唐，接着又背叛大唐建立后梁的梁太祖。他出身贫苦，武艺超群，作战勇猛，参加起义军后，在较短的时间内由一个普通的士兵很快成长为一路诸侯。他统帅军队，有一条铁的纪律，那就是在训练和作战中，如果一队之中有一人违纪乱法或者战后不归，则全队问斩。因此，朱温在军中具有极大的威慑力，他训练出来的军队作战能力极强。

正当两军对峙期间，一日，尚让、朱温突然率众强渡渭河，发起进攻。拓跋思恭忙命其弟拓跋思忠率部迎击。拓跋思忠眼疾手快，又素以善骑射而闻名，只见他不慌不忙，勒马开弓、搭箭，强力劲射，一箭便洞穿桥上的铁鹤。尚让、朱温见状，不由大吃一惊，率部不战而退。拓跋思忠看到敌人慌忙退却，以为建功立业的时机到来，跃马过桥，冲入敌阵，左砍右杀，如入无人之境，心中好不痛快。他哪曾料想，自己已经中了尚让、朱温的诱兵之计。只见刹那间，农民起义军伏兵四起，摇旗呐喊，声声震天，接着是万箭齐发，拓跋思忠等上千名将士，挥舞着兵器，左闪右躲，但还是难以招架，纷纷中箭坠马，倒地而亡，顷刻间，全军覆灭。

拓跋思恭远远看见此等状况，倒吸一口冷气，为了保存仅有的兵力，只好速令部下全线撤退，慌忙间逃往鄜州，后又一路退回宥州。

俄藏西夏木版画中的党项男发愿人

奇怪的是，对于拓跋思恭率军临阵溃逃的行为，唐僖宗不但没有怪罪和惩罚，而且不许其他人追究拓跋思恭的罪责，反于唐中和元年(881年)十二月，正式下诏任命拓跋思恭为定难军节度使，统辖银、夏、绥、宥四州之地，并督促他再次出兵。这是为什么呢？

原因很简单，因为当时诸路援兵都接连遭到了兵败，大唐士气衰落，急需重振。因此，唐僖宗才破格提拔拓跋思恭。至此，拓跋思恭那割据一方建立藩镇的美梦算是基本实现了。

次年正月，定难军节度使拓跋思恭率精兵八千，再返长安。宰相王铎兼任诸道行军都统，拓跋思恭任京城南面都统。四月，拓跋思恭再次进驻渭桥。他先去渭阳祭奠了弟弟拓跋思忠，然后才与起义军交战。当时，黄巢的猛将尚让部和朱温部都被征调在外线作战，所以大仗、硬仗并不多。拓跋思恭也不卖力，只是期待着唐朝给予更高的赏赐和礼遇。唐僖宗迫于无奈，是年八月，又封拓跋思恭为京城四面收复都统，全权负责收复京兆长安。

拓跋思恭再返长安以来，率领部队与黄巢的军队周旋了一年多，所辖军队数量不断增长，官职从京城南面收复都统升为四面收复都统，但最终因力量悬殊，

只能与黄巢军队拉锯相持。

这种局面一直持续到唐中和三年(883 年)夏四月,雁门节度使、沙陀族首领李克用率兵五万开到长安城下,拓跋思恭与他合兵,这才一举拿下了久攻不克的都城长安。

再说，这李克用所率领的乃是一支作战能力非常强的沙陀族部队，他的到来,无疑给围攻长安的唐朝军队打了一剂强心针。唐军迅速在长安城内外,接连大败黄巢大军,拓跋思恭等趁机从光泰门攻入长安。黄巢见大势已去,长安不能保全,便一把火烧了宫殿,率众退出长安,向潼关一带逃去。

镇压黄巢起义后,唐僖宗为了表彰拓跋思恭的功勋,于唐中和三年(883 年)七月,晋封其为太子太傅、夏国公,并且再赐皇姓李,同时,赐赠金银、玉帛以及全部“鼓吹”一套。这套“鼓吹”共有三架:大驾一千五百三十人,法驾七百八十一人,小驾八百一十六人,包括金钲、节鼓、大鼓、小鼓、羽葆鼓、中鸣、大横吹、小横吹、桃皮、笛等,乐器应有尽有。从此,大唐的恢宏文明不断地滋养着党项民族从游牧文化走向农耕文明。

明宗兵围统万城 彝超智退后唐兵

拓跋思恭在镇压黄巢起义后，得到了唐僖宗至高无上的封赏，感觉倍有面子，因此，对唐朝也倍感亲切和忠诚，故而兢兢业业，为大唐守护着夏州藩篱。

唐乾宁二年(895年)，拓跋思恭病逝，因其子拓跋仁祐早逝，孙子拓跋彝昌年幼不能主事，于是，由弟弟拓跋思谏继位。

此时，风起云涌的唐末农民大起义将大唐王朝折腾得奄奄一息，大唐王朝走到了尽头，代之而起的是五代十国。乱世之秋，中原形势瞬息万变，夏州拓跋氏为了赢得生存和发展，以不变之策应对万变之势，先后依附于建都中原的梁、唐、晋、汉、周五朝，而这五个朝代为了安定边界，也都以高官厚禄极力笼络着夏州拓跋氏。只是到了后唐明宗时试图削藩，一度兵围夏州，但最终以失败告终。

力量相对弱小的党项拓跋氏在没有任何盟军援助的情况下，是如何打退后唐官兵的呢？原来这与他们所占据的以夏州为中心的鄂尔多斯高原重要的战略地位密切相关。

先说说这具有重要战略地位的鄂尔多斯高原。早在秦汉时期，这一地区就是北方匈奴与中原王朝角逐的战场。当年，秦始皇在雄扫六合、匡一天下之后，派大将军蒙恬率秦军三十万，北筑长城，驱逐匈奴，在此设置三十多个县，移民屯垦实边。到了汉武帝时期，西汉国力强盛，遂命大将军卫青北上，再次将匈奴驱逐到遥远的漠北之地，并在这一带设立朔方、西河、上郡、奢延、灵州等县，迁徙内地山东贫民七十余万到此屯田安边，保卫边疆。

党项人所据守的那个夏州城还有一个更为响亮的名字，那就是“统万城”。东汉末年，三国鼎立，之后便是魏晋南北朝五胡十六国时期，在鄂尔多斯草原南部的边缘地带，出现了一个由匈奴铁弗部人建立的蕞尔小邦，号为“大夏”。大夏国的开国皇帝，乃匈奴单于的后裔赫连勃勃。407 年，赫连勃勃自称大单于，建元龙昇元年，设置百官。赫连勃勃认为匈奴族是夏人的后裔，遂立国号为大夏，并说：“王者继天为子，是为徽赫，实与天连，今改姓曰赫连氏，庶协皇天之意。”于是，改名为赫连勃勃。赫连勃勃占据河套、关中以后，并没有把统治中心放在长安，而是调发夷夏民众十万余人，花了整整七年的时间，在朔方水（今陕西靖边县北无定河）北，黑水（今内蒙古乌审旗南纳林河）以南，修筑了一座宏伟而坚固无比的城池，并亲自命名为“统万城”。

“统万城”分为东、西两城，周回十里。西城是皇城所在地，最为壮观。城墙“高十仞，基宽三十步，上宽十步”，四隅筑有长方墩台，高于城垣，西隅墩台高达三十余米，上建“九堞楼”。城四面开门，东曰“招魏”，西曰“服凉”，南曰“朝宋”，北曰“平朔”。为了加强军事防御，统万城四周筑有三十八座马面，每个马面长约四丈，马面之间距离六七丈，便于防守军士来回对射攻城的敌人。马面中又设仓库用来储备物资，防御备战功能极强。传说赫连勃勃对统万城的修筑极为关切，希望能够修造一座不朽之城。因此，监工对城墙的修筑质量要求极高，每筑一层，监工就要用锥子刺墙，如果刺不进去，说明质量合格，如果能刺进去，即为不合格。如若发现城墙质量不合格，那么直接将负责此段城墙的筑

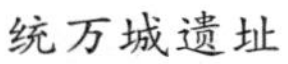

统万城遗址

墙人统统杀掉，并筑到城墙里面。

统万城还有一个名字叫“白城子”。这是因为当年赫连勃勃修筑统万城所用的材料，都是选用湖底的白色淤泥、砂石以及白石灰加生水融合而成，因此史书这样记载统万城：“色白而牢固”，“坚硬紧密如石”，“可以砺刀斧”，“砍之皆出火”。远处眺望，白色耀人眼，故当地老百姓又称这座城为“白城子”。

431年，赫连大夏灭亡，北魏把统万城府库的财宝与人口统统迁至他们的国都平城（今山西大同市）。北魏太和十一年（487年），北魏在统万城设夏州。881年，党项拓跋部大首领拓跋思恭因镇压黄巢起义有功，被唐僖宗封为定难军节度使，从此占据夏州，坐镇统万城。

后梁建立，代替了唐朝，拓跋思恭的继任者拓跋思谏向后梁称臣。后唐灭后梁时，拓跋思谏已死，继任的是李仁福，马上又向后唐称臣。后唐为了安抚党项政权，也很乐意顺水推舟，给他封了个朔方王的称号。

直到后唐长兴四年（933年）二月，定难军节度使李仁福病逝，儿子李彝超自任留后（代理节度使），打算继续执行父亲的策略，随即上表中原朝廷，请求正式册封。此时后唐在位的正好是五代时期少有的有为之君——后唐明宗，此人成长于行伍之间，雄才大略，颇有智谋，部下的战斗力也很强。

一直担心夏州“潜通契丹”、“吞并河朔”、“南侵关中”的后唐皇帝明宗见到李彝超的请表后，心中大喜，认为削弱乃至彻底消灭夏州拓跋政权的机会来了。

事实上，后唐君臣决意出兵夏州拓跋氏也不无道理。在唐明宗看来，党项拓跋氏虽身处中原之外，但其长期以镇守夏州之名，盘踞塞北，称霸河朔，正所谓“外通契丹以张其势，内窥中原以渔私利”，首鼠两端，为害一方，进而威胁关中，实为中原朝廷之心腹大患。而今，后唐兵强马壮，既然决意扫荡群雄，匡并天下，怎可容夏州拓跋小藩跋扈肆虐？正所谓卧榻之侧岂容他人鼾睡，于是，一场旨在彻底消灭夏州拓跋氏的战争开始悄无声息地在后唐运作起来。

后唐明宗先是采用调虎离山之计，下诏李彝超和鄜延节度使安从进对调，调李彝超任鄜延节度使，而调任

统万城遗址

自己的心腹安从进为夏州节度使，并派邠州节度使药彦稠、宫苑使安从益率兵马五万，武力护送安从进到夏州上任。

后唐明宗在写给李彝超的诏书中首先赞扬其父李仁福在后唐建立之初，就果断率众归附，“益全大节，统领有术”，镇守边关，立下不朽功勋，理应惠及子孙后代。但在诏书的最后，话锋陡转，“从命者秋毫无犯，违抗命令，则全族并诛”。真可谓是追古思今，软硬兼施，企图以此迫使李彝超就范。

面对后唐明宗居上压下、以武相逼的诏命，李彝超不想束手就擒，便暂且采取了迂回拖延的方法等待转机。他一边上表朝廷，表示自己愿意奉诏到延州上任，只是“三军百姓拥隔，未遂赴任”，一边暗自调兵遣将，加固防备，准备时刻迎战。

后唐明宗见一计不成，又派阁门使苏继颜携带诏书再次督促。李彝超深知朝廷的险恶用意，心知拖延也不是个办法，干脆撕破脸皮，表示坚决不从诏命。后唐明宗闻之，龙颜大怒，立即下令苏继颜大军兵围夏州，决心武力攻取夏州。

先说这李彝超与后唐明宗撕破脸后，立即传令召集各部首领，告以军情，商讨御敌良策。四月，李彝超侦察到安从进、药彦稠所率后唐大军，直扑夏州而来，便立即调兵遣将，组织抵御来犯之敌。李彝超之兄长阿罗玉受命率军镇守青岭门，将药彦稠大军死死阻挡在芦关城(即芦子关，今陕西靖边县东南)下，让他无

统万城遗址

法前进一步。再说那自芦关城南至金明寨(今陕西安塞县南)足足有一百三十余里的路程,道途艰难,险象环生,交通极为不便,加之途中没有水源,安从进、药彦稠大军本来就干渴难耐,步步艰难。加之又有李彝超派遣的党项游骑四处侵扰后唐大军,致使后唐大军行动迟滞,甚至一度无法前行。面对党项游骑频繁的突袭和骚扰,为了减少军士伤亡,降低军队战斗力的消耗,安从进、药彦稠只好在芦关城外分拨兵力,一边退保金明寨,一边寻找、阻击李彝超的游骑队伍。而这时候的李彝超则坐镇夏州,点火为号,召集游骑继续不间断骚扰后唐大军。

是年七月,安从进、药彦稠等所率大军终于冲破了李彝超设下的重重防线,大军一鼓作气,兵锋直抵统万城,五万兵马很快就将夏州统万城围了个水泄不通。后唐军昼夜攻打不休,统万城危在旦夕。幸运的是,夏州统万城本身城墙高大,陡峭雄伟,坚固异常,加之马面稠密,楼台巍峨,便于弓箭手防御。在统帅李彝超的英明决策和指挥下,夏州军兵众志成城,一次次打退后唐大军一轮接一轮的攻城行动。而后唐大军将士已疲惫不堪。统万城无法攻取,已渐成定势。

为了尽快拿下统万城,安从进、药彦稠不得不考虑其他攻取之策。这时,有一小将建议在统万城城墙脚下凿挖地道通城内。于是,安、药二将遂命令官军组织轮番凿挖地道,希望真的可以通到城内。可他们万万没有料到的是,这统万城城墙根基深厚,坚固异常,三合土蒸搅夯筑而成的墙基根本就是“坚如铁石,铲凿不能入”。凿挖地道进城的计划很快失败,只得另谋他策。

时间一长,安从进、药彦稠折腾来、折腾去,到底还是无计可施,内外疲惫却始终无法拿下统万城。此时的后唐将士们也因为数日连番进攻,早已是身心疲惫,困乏至极,士气低落,呈现沮丧之气。

再说统万城内,军民不分昼夜、英勇顽强的抵御终于阻挡了后唐军疯狂的进攻。眼见安、药大军的攻战越来越没有了气力,李彝超兄弟便趁机登上城楼,向安从进喊话,希望双方能够停止战斗,保全一方城池和百姓平安。只听见他大喊道:“夏州这个地方本来就穷困凋敝,没有什么奇珍异宝,我兄弟族人只是念及祖上世世代代居守此间,所以才不愿离去。如此蕞尔小镇,何须朝廷兴师动众,劳民伤财。我大唐神兵威武,实在是不应在此无辜流血牺牲。何况,夏州这样的边关小城,即便拿下也没有什么意思。微臣深知,兴国安邦贵在与民修养,故烦劳安大人、药大人能够体察我心,奏明圣上,允许李某今日保留夏州藩镇,他日当为朝廷

效犬马之劳。”安从进等听了这番话语，更是没了斗志。

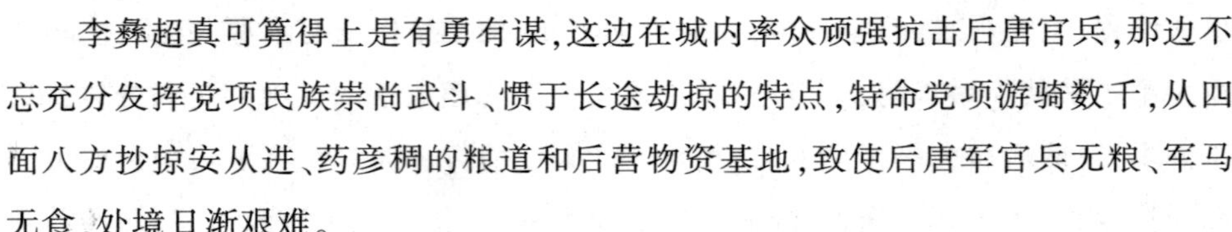

李彝超真可算得上是有勇有谋，这边在城内率众顽强抗击后唐官兵，那边不忘充分发挥党项民族崇尚武斗、惯于长途劫掠的特点，特命党项游骑数千，从四面八方抄掠安从进、药彦稠的粮道和后营物资基地，致使后唐军官兵无粮、军马无食，处境日渐艰难。

素有壮志雄心、不可一世的后唐明宗听到前线发回这样的军报后，十分愤怒和沮丧，却又显得无可奈何，文既不能德服，武又不能攻取，遂下令安、药两位将军班师回朝。

此时此刻，后唐大军将士早已是人心涣散，成为一支疲惫之师。战斗力也丧失殆尽。接到班师令后，大军仓皇撤退，党项游骑趁机围堵追逐、攻掠截杀无数，后唐将士们个个心惊胆战，丢盔弃甲，戈矛遍野，损失惨重。

李彝超在击退后唐大军之后，并没有和后唐朝廷彻底决裂，而是以大局为重，着眼党项民族的长远发展。他高瞻远瞩，采取了“依附生存”的正确策略，立即备足方物特产，选派使者向后唐明宗上表请罪。后唐明宗自然心中有数，下诏授李彝超为定难军节度使，落了个顺水人情。

统万城之战，李彝超果敢地击退了后唐大军，在党项民族发展史上，具有极为重要的意义。通过这场生死较量，夏州拓跋政权与中原王朝的军事力量对比发生了重大变化，过去那种被中原王朝强大军事力量强迫就范的局面已被打破，拓跋氏依赖于中原王朝生存与发展的传统观念也发生了改变，他们第一次看到了自己的力量，看到自己作为一种势力自主发展乃至建邦立国的可能。这也说明，宋代党项的崛起与建国并不是历史的偶然事件，它有着深刻的历史渊源。

自此之后，拓跋氏政权首领对中原王朝的态度发生了根本性的转变，他们一反过去俯首称臣、为中原朝廷马首是瞻的态度。史载：“自是夏州轻朝廷”，“傲视中原，阴结叛臣”。中原王朝对拓跋政权的态度，也从过去把他看成是臣属小藩，转变成为一个相对自主的地方民族政权，不敢再任意下令派调，或轻言用兵，仅仅是维持“羁縻”关系而已。

这种局面一直持续到北宋太平兴国年间。

宗族失和引内讧
继捧归宋献五州

宋建隆元年(960年),后周殿前都点检、宋州归德军节度使赵匡胤黄袍加身,发动了“陈桥驿兵变”,夺取了后周政权,建立了北宋王朝,改元建隆,是为宋太祖。

夏州李彝殷听说赵匡胤登基称帝,立刻遣使奉表称贺,并主动避太祖父弘殷讳,改名彝兴,表示归附。太祖为此感到欣喜,便令其仍守后周所授太尉之职。后

西夏龛楣

周太尉之职，位同三公。宋朝初建之时，位比三公的朝臣只有赵普，而藩臣则只有李彝兴。太祖之所以对夏州拓跋氏如此优厚礼遇，是因为宋朝初立，江南未平，北汉未服，而宋太祖赵匡胤又早蓄收复汉唐燕云之志，所以才积极效仿唐朝对边界蕃落部族的羁縻笼络政策，以减少对抗力量。当时地处陇右、河西的吐蕃、回鹘也都纷纷表示归顺，大宋朝廷都予以接纳和安抚，只是在延州、庆州、秦州一带戍守要害，以备非常而已。这一政策果然收到了良好的效果，在宋初二十多年间，西北边界基本安定，并从党项、吐蕃那里获得了战争所需要的马匹。宋廷既无西顾之忧，便可集中兵力，迅速推进统一天下的事业。

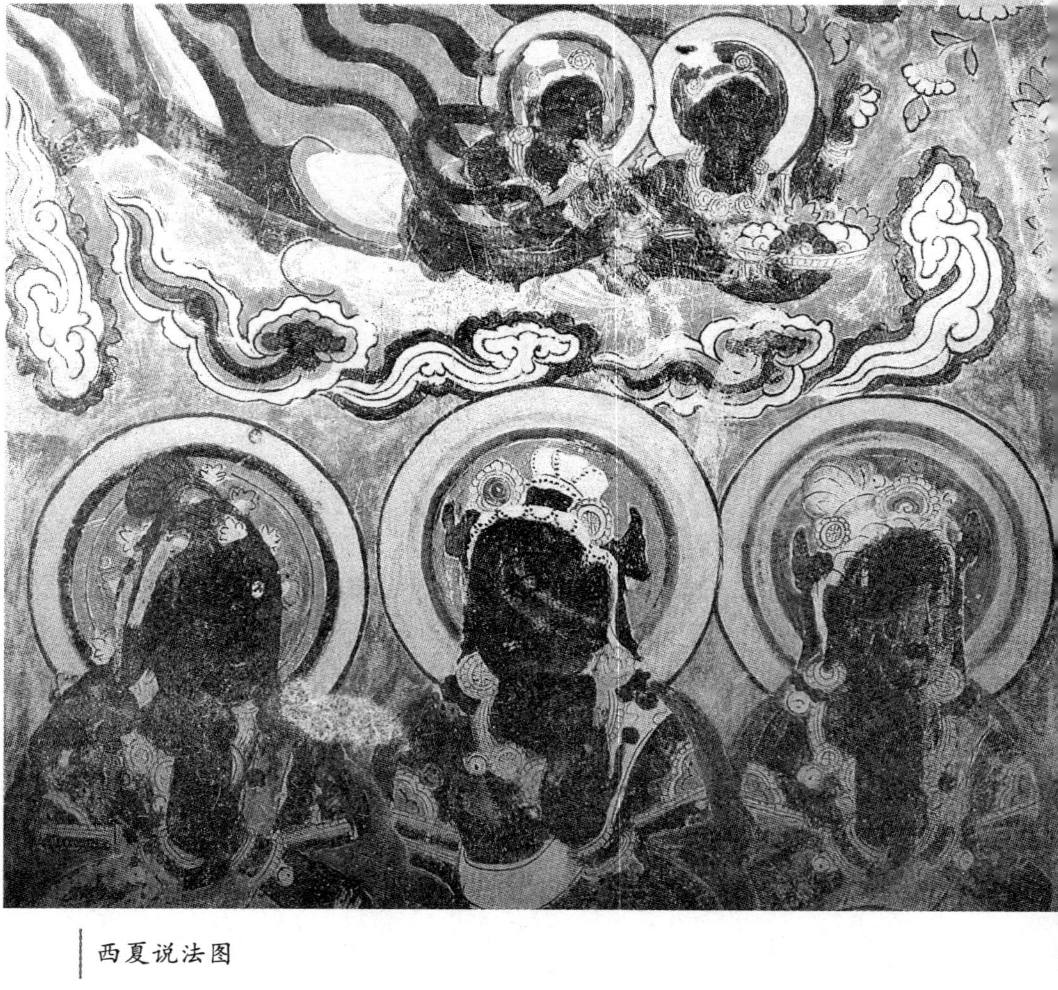

西夏说法图

宋开宝五年(972 年),夏州首领李光睿(李彝兴之子,967 年嗣位)闻宋太祖“杯酒释兵权”,解除了诸位大将的兵权,便遣使上表请求归顺。聪明的宋太祖从大宋的长远利益出发,并未同意李光睿的请求,李光睿也很感激。于是,开宝九年(976 年),李光睿亲率党项兵帮助宋朝攻打北汉。

宋太平兴国四年(979 年),宋太宗又一次大举攻伐北汉。当时李光睿已死,其子李继筠嗣位,遵循其父策略,依然调兵遣将在沿黄河一带列营扎寨,伺机渡河,配合宋军攻略北汉之地,以张宋军威势。

宋太平兴国五年(980 年),定难军节度使李继筠病故。按说李继筠死了以后,这定难军节度使一职当由他的儿子继承,可偏偏李继筠的儿子当时年幼无知,实在难以担当如此重任。于是,有人提议可以让李继筠的弟弟——时任夏州衙内都指挥使李继捧暂时代理节度使之职。众部下一合计,觉得也不无道理,纷纷表示同意。就这样,李继捧被推举为代理定难军节度使。

可是李继捧上任不到一年,夏州政权内部便发生了剧烈动荡。宗族内部矛盾重重,李继捧内不能服众,外受宋廷压迫,无奈之下,只得硬着头皮,入朝表示愿意献出五州之地。这究竟是怎么回事呢?

原来当初李继捧继任定难军节度使时,夏州拓跋氏内部有些人是有意见的,比如他的叔父李克远。李克远此人生性彪悍又莽撞,自己本来谋划着想继任定难军节度使,结果却没能成功,现在看到李继捧一时不能服众,便借机发难。

宋太平兴国六年(981 年)八月的一天,身为银州刺史的李克远与弟弟李克用商议谋划率兵偷袭夏州。夏州是什么地方?那可算得上是夏州拓跋氏的统治中心了,如今李继捧的部下都驻防在夏州,而他本人就住在夏州城内。李克远兄弟摩拳擦掌,意欲干惊天动地之事。不料,他们兄弟二人准备偷袭夏州的计划泄露了,竟被李继捧事先得知。得知这一情况后,李继捧先是被吓了一大跳,心想:自己好不容易当个节度使,屁股还没坐热,叔叔们就要起来造反,这还得了!叔叔要造侄儿的反,侄儿也不能束手就擒吧!既然叔叔们不仁,那就休怪侄儿不义了!于是他果断决定,在夏州附近埋伏重兵,先发制人,坐等李克远率兵到达。李克远还蒙在鼓里,根本不知自己与弟弟密谋偷袭夏州之事已为李继捧所知,他原本计划先发兵偷袭夏州,消灭亲李继捧势力,再联络诸部反对李继捧继位,打他个措手不及。但事情的发展却远在李克远的预料之外,可怜的李克远兄弟还率领着军

队，满怀信心、意气风发地来到夏州，未来得及兴师问罪，却见继捧伏兵四起，未及弄清状况，李克远兄弟已经兵败被俘。不久，李继捧便以谋逆之罪杀掉了李克远兄弟。

李克远兄弟虽然兵败被杀，但夏州拓跋氏宗族内部的矛盾却并没有得到有效缓解。

宋太平兴国七年(982年)三月，李继捧的另一个叔叔——绥州刺史李克文

西夏伎乐天

又趁机挑起了事端。他分明是自己想当定难军节度使，却偷偷写信上书宋太宗说："定难之地，虽处塞外，漠北边关，然朝廷不可漠视之。今李继捧不当承袭而承袭之，宗族父兄多有疑义，遂致矛盾愈演愈烈。臣冒昧请求朝廷能派一皇使，随臣一起到夏州，诏令李继捧暂时离开节度使岗位，到汴京朝见天子。如此一来，既可避免我宗族内讧而酿成祸乱，又可保夏州一方平安。"李克文此举可谓是"司马昭之心，路人皆知"，李克文是企图借宋太宗的手，除掉李继捧，自己好

坐收渔翁之利。

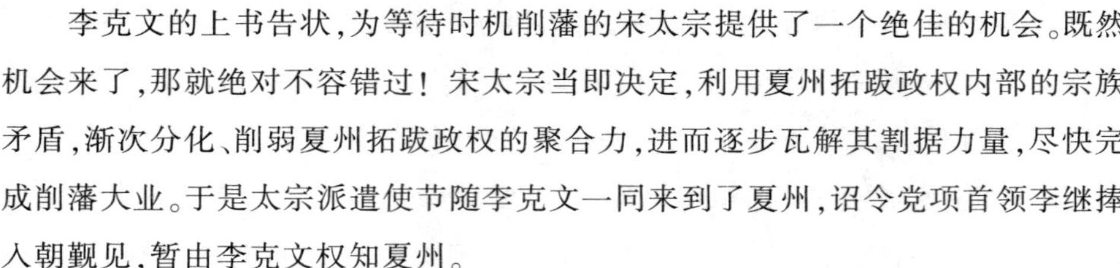

李克文的上书告状，为等待时机削藩的宋太宗提供了一个绝佳的机会。既然机会来了，那就绝对不容错过！宋太宗当即决定，利用夏州拓跋政权内部的宗族矛盾，渐次分化、削弱夏州拓跋政权的聚合力，进而逐步瓦解其割据力量，尽快完成削藩大业。于是太宗派遣使节随李克文一同来到了夏州，诏令党项首领李继捧入朝觐见，暂由李克文权知夏州。

李继捧此时还不知道是自己的叔叔李克文在背后捣鬼，他特别郁闷，怎么自己当个节度使就这么难？他不想离开夏州，也没什么心思入朝！因为夏州拓跋李氏自唐、五代以来，虽臣服于中原朝廷，却从来不曾有任何一个首领真正入朝觐见过中原皇帝。实际上，中原朝廷的君臣们也不太乐意他们入中原朝见。在北宋初年，李光睿就曾请求入觐，但被宋太祖赵匡胤以夏州乃“边防重镇”为由，婉言谢绝了。而这一次，中原朝廷却一反常态，表现出了以往不曾有过的积极、主动。去还是不去，当如何抉择？一边是党项拓跋部宗族矛盾未解，人心惶惶，一边是宗主皇帝宋太宗的一番热情难却，弄得李继捧左右为难，忐忑不安。此时，老奸巨猾、权欲贪心的李克文却因李继捧迟迟不肯动身而倍感焦急。老这么拖着可不行呀，得想办法让李继捧快点离开夏州！于是，他天天鼓动宋朝使者催促李继捧早日起程，末了自己还要以长辈叔叔的身份劝李继捧要有大局观念，不要辜负了皇帝的一番美意，不要违背了皇命，不要因此连累了党项族的老百姓们。

李继捧为人敦厚老实有余，处事强狠却机变不足，一时无法推脱，只好硬着头皮，率领家属，跟着宋朝使者上路了。

一路风尘、一路艰辛，李继捧终于来到了汴京城。

宋太宗没想到，自己一手策划的削藩大业竟然进展得如此顺利，当他得知李继捧已抵达汴京的消息后，心中十分欢喜。宋太宗携诸位大臣在崇德殿隆重地接见了李继捧，并亲自嘉奖，赐给李继捧“黄金一千两，帛一千匹，钱一百万，祖母独孤氏献玉盘一、金盘三，亦厚赉之”。受此殊遇，李继捧自然十分感激，却又不时感到受宠若惊。

宋太宗饶有兴趣地询问着夏州的风土人情，问他平日里如何统御夏州诸部，又问他可曾想过夏州应该有一个怎样的未来等。

李继捧应接不暇，迫于形势，只好坦言相告，说如今夏州父子兄弟之间矛盾

西夏狮纹边饰

重重,恐生祸乱,至于未来,不曾奢想。好在李继捧还不算太笨,在宋太宗的一再点拨下,他恍然大悟,当即表示自己愿意献出世代居住的银、夏、绥、宥、静五州,留居京师,希望在宋太宗的领导下,党项族人能有一个更美好的未来。宋太宗听后,欣慰至极,高兴得合不拢嘴,一再向诸位大臣夸赞李继捧有远见卓识,他日必成大器。

宋太宗迫使李继捧入朝,并成功将其留居京师,从中渔利的李克文也终于如愿以偿,坐上了权知夏州的位置。

然而,李克文料想不到的是,自己的知州宝座还没坐稳,就成了宋太宗下一个削藩的对象。原以为把李继捧赶出去当挡箭牌,自己就可以舒舒服服待在夏州过过土皇帝的瘾了,没想到终究还是难逃一劫。太平兴国七年(982年)九月,宋太宗下诏权知夏州李克文、知绥州李克宪入朝。李克文接到诏书以后,欲哭无泪,聪明反被聪明误。纵然心中有千万个不愿意,但迫于尹宪大兵压境,李克文无可奈何,只好打点行装,扶老携幼,进京朝见。为了讨好宋太宗,李克文入京时还特别献上了唐僖宗赐给其祖上拓跋思恭的"丹书铁券"及朱书玉札作为见面礼。

李克宪接到诏书后,拖延再三,不愿交出绥州,也不肯就此进京朝见。他对宋使袁继忠说:"李氏从来没有负过朝廷,朝廷为何连一州之地都不愿放过呢?"袁继忠劝道:"天子正是念及李氏世代镇守边关、劳苦功高,这才差我等前来相邀。

李将军大可放心,夏州归顺后,天子将赐赠府第车马与金银财宝,到时候,父子兄弟人人穿金戴银,不愁吃、不愁穿,享受的那可是人间的荣华富贵呀！绥、银两州地处偏远,条件非常艰苦,朝廷今日下诏,令公等进京,是为了让大家同享富贵！”接着袁继忠话锋一转，威胁说:“如今李克文已经离开夏州，绥州已是孤立无援了。如果李将军你还是继续观望,不肯随我速速进京的话,恐生天子猜疑,如若再有小人谗言,朝廷大兵压境而来,恐将军凶多吉少,反倒落个敬酒不吃吃罚酒的后果,到那时后悔就来不及了,故还望李将军能审慎思量,以大局为重！”

李克宪思前想后,史载其“迟疑久之,乃随继忠入京”。

看到夏州李克文、李克宪兄弟如期而至,宋太宗十分高兴,如接待李继捧那般隆重地接待了他们兄弟二人,并授予李克文澧州刺史、李克宪单州刺史之职,接着,又在汴京给二人各置一套豪宅。

宋太宗巧妙而又不失时机地利用了夏州拓跋政权内宗族矛盾，迫使李继捧入朝,带有一定意义上的统一性质。北宋建立以后,统一南方、灭掉北汉后,夹在宋辽之间的,只剩下夏州拓跋氏政权了。一直以来,宋太宗就将统一南北、稳定西北作为抗击辽国的一个重大的战略来实施。如今，夏州拓跋氏首领皆愿留居汴京,夏州等五州也已经回归宋朝。没想到此次削藩,成功来得如此容易,基本算是没遇到什么麻烦。

正当宋太宗洋洋得意于自己的丰功伟绩之时，李继捧的本家兄弟李继迁却在党项旧地地斤泽,奔走呼号,联结当地豪右,很快举起了抗宋大旗。

事情的发展出乎宋太宗的预料。想当初，诸位将领在议论李继迁外逃之事时，他还心想着就凭他李继迁一个小小的党项首领和手底下那点人，翻不起什么大浪来，只要许以高官厚禄,不怕他不来降。日后的事实证明，宋太宗显然把事情想简单了，北宋君臣急于就此瓦解党项夏州拓跋政权的

方略是带有明显缺陷的。

想当初，党项部落在大唐的鼓励和支持之下，历经千辛万苦，两度迁徙才来到此地。至北宋初年，党项民族已经在河套一带休养生息繁衍近三百年。夏州拓跋氏政权已经由游牧民族的部落酋长制逐渐发展为封建农奴制，具有了相当的文明程度，但他毕竟还是一个带有浓郁民族色彩的地方性的割据政权。如果单纯利用政权内部宗族矛盾，采取简单掐头的办法，企图将党项拓跋氏从夏州连根拔起，宋太宗和他的大臣们这样的小聪明思想不仅没能解决问题，反而还引发了一系列新的事端。

开封府

西夏边饰

当夏州拓跋政权宗族内部发生内讧之时，宋太宗采取了偷梁换柱、调虎离山的手段，迫使李继捧入朝献出了五州之地。接着，又将坐镇夏州、绥州的李克文、李克宪相继调到汴京。夏州党项诸部一时间群龙无首，加之北宋遣往夏州的汉吏又缺乏足够的耐心和智慧，处事不能一视同仁，致使汉蕃矛盾愈演愈烈。一方面，党项部落不满汉官压迫，“相率蠢蠢欲动”；另一方面，同知州事尹宪缺乏冷静，贸然出击，击杀党项百余人，抢掠牛羊以万计，由此激怒了党项族人，最终闹得夏州人心惶惶、局面大乱。李继捧的族弟李继迁便是趁此而起，远走地处鄂尔多斯大草原深处的祖宗之地地斤泽（今内蒙古鄂尔多斯市的伊金霍洛旗南部一带），内联豪族大姓，外结契丹，举起了抗宋大旗。

继迁出走地斤泽
豪右归附举反旗

李继迁何许人也？其父李光俨，乃是唐朝镇压黄巢起义时战死渭桥的拓跋思忠（拓跋思恭的亲弟弟）的后裔。

李继迁的父亲李光俨曾经代表李彝兴奉表出使宋朝，因果敢刚毅、不辱使命而受到宋太祖大加赞扬和赏赐，并提升其担任宥州刺史。

宋乾德元年（963 年），李继迁出生于银川西边的一个山寨小村中。后来，人们就李继迁诞生的这个山寨小村称为李继迁寨。

李继迁在父母的严格管教下，继承了父亲的忠义果敢、精明能干，很快成长为当地颇有威望的小首领。当地老百姓还传说李继迁“生而有齿”。很小的时候李继迁就因为聪颖

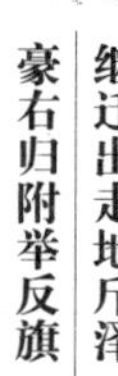

机智而名闻乡里，及至年长，又以娴熟精湛的骑马射箭之技艺而深孚众望。有一次，李继迁率领十余骑外出狩猎，半道上，突然看到有一只斑斓猛虎迎面而来。众人受惊吓有些慌乱不知所措，只见李继迁不慌不忙，摆着手势，令众人后退，自己却飞盘上树，引弓、搭箭，一箭射中老虎命门，那猛虎瞬间扑倒在地，一命呜呼。此事在当地传诵一时。

宋太平兴国七年(982 年)，夏州节度使李继捧被迫入朝献地，宋朝大军压境，征召拓跋李氏五服内亲族悉数进京，不得有误。时任定难军都知蕃落使的李继迁也在征召之列。

在党项民族政权生死攸关的紧要关头，年仅二十岁的李继迁急忙召来弟弟李继冲和亲信商议对策。李继迁等人都到齐了，好酒好菜招待着，追忆着先辈们披荆斩棘、艰苦创业的情景。突然，他满怀悲愤地说："我们祖宗自受封大唐以来，世居平夏，已经三百余年，父兄子弟列居州郡，雄势一方，中原朝廷从来不过问我夏州李氏宗族内部事务。而今，中原宋朝才立国数十年，就敢胁迫我李氏宗族统统入京，此中用意，天下昭然，他们根本就是想断了我夏州李氏政权的根脉呀！正所谓'虎不可离于山，鱼不可脱于渊'，这可如何是好呀？"营帐之内，鸦雀无声，一片沉闷。唯有弟弟李继冲在倾听李继迁诉说之余，不时发出哀叹之声，只等李继迁话音刚落，李继冲连忙说道："兄长所言极是！不如我等趁夏州不备，杀掉宋使，占领绥、银。可否？"李继冲的话当即得到了在场蕃部首领们的一致响应，诸位首

领个个义愤填膺，都对宋朝的不近人情表示出极大的愤怒，他们一致要求李继迁带领他们，杀掉宋使，占领绥、银以求自立。

此情此景，使得李继迁心中不禁感到一阵欣慰，他挥手示意，营帐之中又恢复了安静。此刻，李继迁把目光停留在一位汉人身上，只见他颇有礼貌地问道："先生今日为何一言不发？不知舍弟所谏之策，可行否？"只见那汉人猛喝一碗酒后，正襟危坐，说道："此举万万不可行！"汉人的话刚说完，再一次引起了营帐中的诸位首领们的窃窃讨论，李继迁不动声色，只听得他："哦？愿闻先生高见。"这个汉人是谁呢？原来他就是被李继迁奉为上宾的汉人谋士张浦，此人精通诸子百家，学识渊博，文韬武略皆为李继迁所叹服。李继迁对他虽谈不上是言听计从，但也是每事必问之。这次当然也不例外。

谋士张浦起身再拜李继迁，便开始详细地向李继迁及诸位首领陈述自己的不同意见。他认为，占据绥、银自立的时机尚未成熟，并一一陈述缘由："第一，今日的灾难，源自夏州政权内部的不团结，宗族矛盾重重，倘若贸然行事，恐不能一致对外。一旦夏州发生事变，各蕃部家族首领的态度肯定狐疑不决，未必肯支持我们！第二，虽然李克文现在兼任知州，但宋朝特使尹宪手中握有重兵，想必夏州一有风吹草动，尹宪随时都有可能率大军前来，弄不好还会兵临银州城下。第三，再看银州城内，兵弱将寡，又祥和日久，不习战斗，还有粮草军械皆备不足，恐一旦开战，即使偶有斩获，也不能保全，故非持久之计！古语有言，男子汉大丈夫当

能伸则伸，能屈则屈。为今之计，不如寻找时机，率众奔走漠北祖宗之地，一来先避避风头，也可安定家属族帐；二来联络豪右，壮大声威，卷甲重来。”

李继迁听了张浦的建议后，觉得很有远见，遂决定采纳张浦的意见。几位首领也被张浦以大局为重、着眼长远的高瞻远瞩，还有他缜密推敲的思维所深深折服，当下决定愿追随李继迁，出银州，走漠北，另起炉灶，养精蓄锐之后，再来与宋朝一较高下。

为了掩人耳目，避开宋朝军队的层层关卡和重重盘查，李继迁诈称其最敬重的奶娘不幸去世，要求出城送葬，偷偷将兵器胄甲藏在棺材之中，然后率领亲信部族数十人披麻戴孝，吹吹打打，大摇大摆地出了银州城。出城之后，李继迁等人

见宋军并未跟来,便与部下戎马轻装,一路飞奔,直抵祖宗之地地斤泽(今内蒙古鄂尔多斯市的伊金霍洛旗南部一带)。

这真是一次天衣无缝的胜利大逃亡。李继迁等人此次能够胜利出逃,功劳最大的就是张浦,这也是他作为李氏集团智囊的初次亮相。

地斤泽距离银州三百余里,川原辽阔,水草丰美。李继迁一行来到这里,受到了当地蕃部的热烈欢迎和招待。席间,李继迁也不失时机,拿出了先祖拓跋思忠的画像,表情凝重,悲伤地说:"我们的老祖宗封土平夏已经三百余年,父兄子弟列居州郡,雄势一方。他中原宋朝才立国数十年,就敢召我李氏宗族悉数入京,此中用意,天下昭然。他们这分明就是想断了我夏州李氏政权的根脉呀!我等老祖宗千里迁徙,历尽坎坷,百般艰辛经营,才有了今日的尺寸之地,而今怎么能够就这样被轻易夺走呢?子孙虽不肖,但仍然希望能够坚守祖宗基业呀!"各部落首领及部族民众突然闻此,皆深感悲痛,痛涕淋漓,一一参拜,发誓愿意追随李继迁,恢复故土,保卫祖宗基业。从此,李继迁正式打出了恢复祖宗故土的旗号,带领着拥护他的部族开始了反抗宋朝重建夏州政权的宏伟大业。

宋太平兴国八年(983 年),李继迁组织了多次试探性的进攻,均没有取得成功,这让李继迁觉得,与宋朝这样一个庞然大物作对实在是一件比较困难的事情,有没有一种办法,既能要回祖宗之地,又简单易行呢?

不久,李继迁听说李继捧等人在汴京,受到宋太宗礼遇,又是赐豪宅,又是给金银,日子过得很是不赖,便派人到麟州向朝廷贡奉马匹和骆驼等,顺带还捎去一份表书,大致意思是说:我李氏家族世代镇守夏州,至今已有几百年,当地民众跟我们都很有感情,我李继迁也不指望朝廷能够给我大

西夏佛像文殊变(局部)

富大贵，只希望朝廷能实现我传承祖宗基业的小小愿望。圣上胸襟海纳百川，假如能够允许我继承祖宗之业，我对天发誓，坚决安分守己，当好一个不侵不叛之臣，为大宋永守边疆！

李继迁此次上表，其实主要目的还是为了试探宋廷的态度，顺便也尽量争取时间，以壮大自己的力量。宋太宗收到表书，觉得李继迁真是天真，居然连这么无理的要求都提得出来。他当即写下圣谕，派秦翰去李继迁那儿宣读，圣谕的大致意思是说：朝廷知道你们李家世代镇守边疆，忠勇可嘉，劳苦功高，朝廷不会忘了你们家的功绩，朝廷从来都没有想吞并夏州地盘的想法。只是现如今你们夏州宗族内部矛盾重重，你们的首领能力有限，因处理不好家族内部矛盾，才主动献地于朝廷。现在你李氏宗族的人大都在朝廷做官，而你却一个人在荒凉之地四处游击，成何体统？如果你还打算以武拒统的话，将来身败名裂，就怪不得朝廷无义了。你若是还忠心于朝廷，就应该老老实实，回归朝廷，朝廷自然不会亏待于你，不仅有你的官做，而且会重重赏赐你，保你荣华富贵享用不尽！如此岂不妙哉？是福是祸，可就全在你李继迁一念之间啦！希望你能细心思考，把握机会，好自为之！

通过这一次与宋廷接触，李继迁基本上对和平恢复祖宗之地不抱任何希望了。看来，打持久战已经是不可避免的了！

当年五月，李继迁与宋军战于葭芦川(今陕西佳县西北)；九月，李继迁又进犯三岔口。

只是可惜这两次出兵，一次是“不克”，一次是“又败”，李继迁本来就不多的军士损失一千七百多人。这样下去可不行呀！

张浦遂建议李继迁，说：“现在银州、夏州一带驻扎着大量的宋军，我们力量弱小，恐怕难以与之争锋。不如避其锋芒，转战其他地方。比如宥州地区比较富庶，而且有横山为界，如果我们能团结各蕃部合力将其攻下，到时候恃地形之利静观其变。如此，不失为一条更为实际的光复之策。”

李继迁正为此事心生烦恼，觉得张浦所言极是，便听从张浦的建议，率领蕃部人马两万去攻打宥州。无奈宥州城坚兵强，非但没有攻下来，还被宥州巡检使李询率兵击败。李继迁进攻宥州失败后，又退回到地斤泽，继续游说各部，集结人马，准备再次进攻。

宋雍熙元年(984)五月,党项咩嵬族与南山诸部叛宋,率部降附于李继迁,李继迁一时兵力大增。于是,他迫不及待地策划偷袭了位于夏州西北的王庭镇。此役因宋军无备而大获全胜,俘获人马牛羊一万有余。李继迁及其亲信为此而欣喜若狂!殊不知这一仗,惹怒了宋朝知夏州尹宪和都巡检曹光实,此二人得知王庭损失惨重,十分恼火,决定以牙还牙,进剿李继迁的老巢地斤泽,报仇雪耻。李继迁等人还在为取得这样的胜利而喜出望外,高兴之余不断派遣散骑,四处侵扰。他万万也没有料想到,自己苦心经营,好不容易凑起来的人马,还有刚刚稍微有点起色的复兴大业,将要在一夜之间化为乌有。

漠北的九月,天气已经凉爽起来,特别是在夜里,皎洁的月光带着些许凉爽满满地铺洒在这荒原之上,处处透着阵阵寒气,叫人免不了打几个寒战。这是九月下旬的一个夜晚,已经是后半夜了,月光一如既往,像瀑布一样倾泻在漠北荒原上。李继迁等人睡得正酣,突然间,他听得营帐之外,一阵接一阵窸窸窣窣的声响,接着又传来稀落凌乱的脚步声,来不及反应,只见数千宋朝精兵,好似从天而降。慌乱之中,李继迁与弟弟李继冲率众拼死殊杀,企图退去宋兵。然而,宋军却越杀越多,如潮水般不断涌进李继迁营寨。李继迁很快意识到,此次宋军突袭,乃是有备而来,想要击退已然不可能。所谓留得青山在,不愁没柴烧。无奈之下,李继迁只好弃众而逃,这才捡回了一条性命。李继迁的苦心经营在一夜间化为乌有,部众被杀者五百有余,牛羊等牲畜、兵器军械损失一万多。更可恶的是,李继迁的妻子和母亲罔氏等均被曹光实俘虏。这真是赔了夫人又折兵。

捷报传至汴京,当朝宰相寇准提出将罔氏斩首示众,“以儆凶逆”。而另一宰相吕端则认为不妥,他说:“当年项羽要烹汉高祖刘邦的父亲,刘邦听到后却说‘分我一杯羹’!足见天下凡举大事者,皆不顾亲,更何况今日之李继迁是何等悖暴凶残之人。杀了李继迁的母亲,不仅达不到以儆凶逆的效果,反倒会给了李继迁一个报仇雪恨的借口,更加剧了他的反叛之心。故不如将其母软禁在延州,只

拜寺口双塔出土的彩绘木桌

管好吃好喝的伺候，没准还能以此招诱李继迁。退一万步讲，此举虽不能招降李继迁，但总算是可以拴住他的心吧。”

宋太宗觉得有道理，便听从了吕端的建议，将李继迁之母软禁在延州，后封为西河郡夫人，留养京师，至老而死，母子未得相见。

经过多次失利、九死一生之后的李继迁非常害怕官军追袭，经常居无定处，在夏州以北打游击。这时候的李继迁不再像以前那样鲁莽了，他总结几年来的成败经验和教训，审时度势，瞅准时机，在谋士张浦的辅助下，做出了两个战略性的决策：一是继续联络豪族，不断壮大势力，利用党项豪族的力量对抗宋朝；二是联辽抗宋。

李继迁联辽抗宋 宋真宗还夏故土

令李继迁欣慰的是，尽管多次袭击都没有取得预期的战果，而且几乎每次都是不胜而退，但是，他不屈不挠的光复活动越来越受到党项豪右的关注，甚至一些党项大姓野利等族都希望能把自家女儿嫁给李继迁。因此，他的队伍还是在不断地发展壮大。特别是那一次成功偷袭了位于夏州西北部的王庭镇，李继迁和部下因此而备受鼓舞，满怀豪情又倍加欣喜，似乎光复夏州拓跋政权的大业已是指日可待，很多党项豪右暗自都对他的行动表示支持。但也就是这一仗，惹怒了宋朝知夏州尹宪和都巡检曹光实，此二人迅速部署，进剿李继迁的老巢地斤泽。宋军摸清了李继迁大营所在，连夜奔袭，从四面八方涌入的宋军将李继迁大营围了个水泄不通。万般无奈之下，李继迁选择弃众而逃，这才捡回性命。夜幕下的茫茫荒原，万籁俱静，只能远远听到一阵又一阵狂乱的马蹄声。李继迁带着他的几个亲信，狼狈逃窜。李继迁他怎么也没有料想到，自己苦心经营、好不容易凑起来的人马，就这样一哄而散，还有刚刚稍有点起色的兴复大业，就这样在一夜之间化为乌有。三年来，所有的艰辛和努力就这样在一夜之间付诸东流，李继迁痛心疾首。

接下来的几个月，李继迁和他的亲信们几乎无时无刻不在马背上度过，几次险些被宋军俘虏。流离颠沛的逃亡生活，九死一生的坎坷经历，让李继迁非常害怕官军追袭。此后他居无定处，在夏州以北的鄂尔多斯高原打游击。但这时候的李继迁不再像以前那样鲁莽了，他总结几年来的成败经验和教训，在谋士张浦的辅助下，审时度势，分析天下形势，探寻党项民族的生存和发展空间，最后做出了党项民族发展历史上具有深远影响的两个战略性决策：一是一如既往坚持联络豪族，不断壮大势力，利用党项豪族的力量对抗宋朝；二是“联辽抗宋”。

记得当初李继迁设妙计从银州出逃以后，银州有一个党项族首领拓跋遇向宋廷申诉说银州赋役实在苛刻，请求允许其部落移居宋朝内地，结果没有得到宋太宗的允许。拓跋遇无奈，便率领部众起事。由于力量过于弱小，夏州巡检梁迥当即率兵将其击败。拓跋遇被打败后，率亲族逃到了山谷里面。

现在他突然派人对李继迁说：“银州易守难攻，西接夏州、绥州，东邻麟州、胜州。如今宋人苛刻，银州百姓苦楚，银州百姓很怀念您，日夜期盼您的回归，他们至今都没有忘记您对他们的恩泽。您若能派兵来攻，我将率蕃族部众来支援你，相信拿下银州当不成问题。”

李继迁听到这个消息后，非常谨慎，他立即叫来各位亲信，和大家商议此事。李继迁的族人李延信说：“去年地斤泽一战，我们战败的原因在于防备守御疏忽，而并非战斗力不行。漠北地区不足以让我们安家立室，现在拓跋遇率众来归，这是天赐良机呀，如果我们不把握机会，以后后悔就来不及了！”

张浦想得更周到，他献计说："机不可失，时不再来。但是现在守御银州的正是宋朝老将曹光实，此人足智多谋，善于用兵，如若强行攻取，恐胜算不大。因此，我们必须先设计将他引诱出城，后趁其防备空虚再前去攻城，如此可保必胜！"

李继迁采纳了这些意见，只不过，他要做的不仅是要将曹光实骗出银州城，还要趁此机会除掉曹光实，绝了后患。于是，他派人到银州言辞卑微地对曹光实说："我等自离宋以来，流离失所，多次被打败。如今部众离散，形势窘迫，已经到了无法生存下去的地步。曹将军神武，不知能否允许我等前来归降？"来人言辞恳切，又呈上李继迁亲笔书信一封。曹光实起初还保持着高度警惕，觉得事发突然，有些蹊跷，但等听说李继迁要亲自前来葭芦川投降，脑子一发热便同意了！曹光实打了一辈子仗，贪恋军功是他最大的毛病，关键时刻他又犯了糊涂，一心想要独占这份招降李继迁的功劳，因此秘而不报，也没有和其他将领、部下商量这件事。

到了约定的那天，李继迁早已在葭芦川设下伏兵，并让十几个人到银州城外去迎接曹光实。曹光实立功心切，亲率几百骑便跟着向导去了。

李继迁远远站在山头上，亲眼看着曹光实一步步走进了自己精心设计的伏击圈。他挥动马鞭为号，只见四周伏兵洪水般扑向曹光实，那几百骑哪招架得住？没过多久，曹光实就横尸葭芦川。

曹光实的养子曹克明，当时押着犒赏的辎重走在后面。此人小有谋略，在得到老爹被杀的消息后，他害怕引起军乱，所以对此事秘不发丧，心想：敌人如此诱我，想必旨在夺城。于是，便派人假传曹光实的军令，令还军银州，加强银州防备。自己则带着仆人张贵潜入李继迁大营中，偷回了老爹的尸首。

李继迁呢，他早已让自己的士兵穿上宋军的衣裳，假借宋军的旗帜，神不知、鬼不觉地混入了银州城。紧接着，他便趁机亲率大军猛烈攻打银州。银州城内人心惶惶，所谓外有强敌猛攻，内有众蕃将呼应，里应外合之下，银州城很快被李继迁拿下。

李继迁攻破银州以后，归附的党项部落日益增多，他的势力也越来越大。李继迁的部下李大信等人看到己方力量有所增长，便商议打算推举李继迁为定难军节度使加西平王，以号令党项族民众。张浦知道后，对李继迁说："自从失去夏州后，我们流离辗转久矣，一尺疆土也未曾收复，而今刚刚取到一点小胜利，就要妄自尊大，多有不妥，恐众将士滋生轻敌自大之心，不思进取，兴复大业就此中道殒殁啊。"接着，他又说："兴复大业尚且前路漫漫，怎么可以因一点蝇头小胜而丧

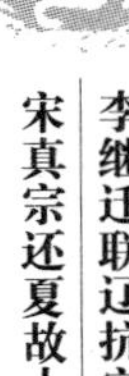

失斗志呢?大丈夫当志存高远!不过,就此设官授职倒还可以,一来可以鼓励部将更加奋勇作战,二来可以向宋人表明大王恢复祖宗故土之壮志雄心!”李继迁打了胜仗,但他没有被胜利冲昏头脑,他欣然接受了张浦的意见。

宋雍熙三年(986年),李继迁派谋士张浦带着重金来到契丹人建立的辽国,请求称臣。当时,宋辽之间正难分上下,形成对峙。辽国君臣忙着迎战宋朝,压根就顾不上这来自西北的党项小头目,因此只是遣人传旨,令张浦等人暂住驿馆,等候召见。

再说辽国皇帝听说来了个党项使者要求称臣,心想,党项这个部落族人还是蛮不错的,称臣就称臣吧,准了!又一想,其实,我们大辽还是很需要有个力量能牵制宋朝的。只是可惜了,那当年称雄塞北的党项拓跋政权早已被宋朝分崩瓦解,如今的党项,混乱离散,失去了凝聚心。要是党项拓跋政权能够重建,在西北河朔一带牵制宋朝,助我大辽一臂之力,该是让人何等欢喜呀!

尽管辽国没有给予张浦应有的待遇,但张浦不慌也不忙,只是静静坐等辽国皇帝召见,因为他牢记着自己此番来辽的神圣使命。此时此刻,他又不禁想起茫茫草原,一望无边,李继迁在大营之外亲自为张浦送行,并再三叮嘱,希望他不辱使命,传回佳音的情景。

终于,大辽皇帝降旨召见党项使者,张浦得以晋见大辽皇帝。大殿之上,张浦温文儒雅,侃侃而谈,并不时引经据典,既谈当今天下形势,也谈宋辽相争之困局,又讲李继迁等人如何雄心壮志要光复拓跋政权。在谈到为什么大辽当重视夏州时,张浦说:“宋朝人奸诈狡黠,不讲信义,既夺我疆土,又拆散我父兄子弟,毁我夏州拓跋。宋朝是我夏州与大辽共同的敌人,在对宋问题上,夏州希望能竭尽所能,以助大辽一臂之力,也希望大辽能够给予夏州足够的重视,予以恩册。”被张浦这么一说,辽国皇帝觉得很有道理,心想,支持李继迁光复夏州拓跋,一则加深宋朝西北危机,可从西北方向牵制宋朝力量;二来李继迁今日臣服于我,他日羽翼渐丰,定是我大辽左膀右臂,如此,岂不是更能助我大辽翦灭宋朝,一统天下。于是很爽快地答应了李继迁的请求,并授其为暂代定难军节度使,都督夏州军事,弟弟李继冲为副使。

张浦在辽外交取得成功后,如释重负,他立即遣人传回捷报。李继迁闻讯后,策马百里,隆重迎接张浦归来!李继迁联辽抗宋的政策成功地迈出了第一步,也

对以后产生了重大的影响。有了辽国的册封支持和物资赏赐,众将士群情激奋,斗志高昂,李继迁与张浦商议,不失时机地打响了进攻夏州的战斗。

宋雍熙三年(986年)二月,李继迁决心采取引蛇出洞、诱敌深入、围而歼之的办法,先是假装将要以主力部队攻击夏州,但又令军队走走停停,以示徘徊不进之状,又不断零散抽调人马在夏州西北王庭镇设伏,却对外传言说是西夏兵畏惧不敢交战,士兵日有逃散。数日下来,进攻夏州的人马愈来愈显稀少,而王庭镇的伏兵却在与日增加。夏州知事安守忠见李继迁的军队徘徊数日不敢向前,又见其军容不整,军阵涣散,加之探子回报说,因西夏兵畏惧,不敢来战,每天都有逃散。安守忠怎么也料想不到,此乃李继迁缓兵、诱敌之计,他还自以为是李继迁的部队因害怕自己,胆怯而不敢前进,以为建功立业的天赐良机已经到来,于是心头一热,率众三万,冲出夏州城,决心与李继迁展开战略决战,一举消灭李继迁。果然,西夏军一触即溃,刚刚交手便开始四处逃散,很快就丧失了战斗力。安守忠见状,心中大喜,回头朝众官兵呼喊道:“勇敢的将士们,冲啊,你们建功立业的时候到了,冲啊,活捉李继迁,重重有赏!”众将士听后,欢欣鼓舞,更加勇猛无敌。只见西夏兵一路狂奔,向王庭镇方向逃窜,宋军奔袭追击,紧随其后,风尘蔽日,一路直扑王庭镇而来。

这个时候,埋伏在王庭镇的李继迁,静静等待着安守忠的到来。很快,宋军就

杀入王庭镇。细心的宋军将领这才发现被追击的西夏兵越来越少，事实上斩杀的西夏兵很有限！还来不及上报安守忠，忽然角号鸣响，李继迁伏兵四起，喊杀声震耳欲聋。安守忠这才意识到大事不妙，中了李继迁的埋伏。他故作镇定，指挥着战斗，左呼右喊，布阵设防，希望能够突破重围，挽回败局。但是一切的挣扎和努力都无济于事，李继迁怎么可能给他任何机会。只见他指挥西夏兵沉着应战，一切按照原定计划，先是骑兵自上而下冲杀，将深入之敌分割包围，接着步兵蜂拥而上，将被困之敌悉数歼灭。安守忠见西夏兵作战如此有条不紊，不禁大吃一惊，眼看着扭转战局已是不可能，只能于慌乱之中，拼死杀出一条血路，奔回夏州城。李继迁反击成功，率众一路狂追，直抵夏州城下，将夏州城围了个水泄不通。夏州城地势险要，易守难攻，鉴于自己兵力有限，为了避免伤亡，李继迁对夏州围而不攻，只是四处劫掠所需物资。就这样，夏州被围两个多月，直到麟州知州韩崇信领大兵增援而来，李继迁这才率兵退去。

李继迁此役大获全胜，斩获颇丰，遂遣使携带大量战利品，表谢宗主辽国，并适时提出了希望能够迎娶辽国公主为妻的请求。辽国皇帝得知李继迁打了胜仗，甚是欢心，想到自己所设想的让李继迁在西北牵制宋朝的计划已经初显成效，便得意洋洋。当年十二月，辽主答应了李继迁的请婚要求，将宗室女封为义成公主，许配给李继迁，择日完婚。

西夏王陵遗址

伴随着李继迁力量的日渐强大,对宋朝的袭击和骚扰就更加频繁。李继迁驰骋大漠,时隐时现,虚实之间总能不失时机地策划并发动对宋军的一连串有效袭击。宋军守将坐卧不宁,疲于应付。

面对李继迁越来越强大的攻势，尽管朝中有人一再警示说，放李继捧回夏州,无异于纵虎归山。但宋太宗最终还是采纳了宰相赵普"以夷制夷"的方略,将李继捧赐名"赵保忠",放回夏州,重新出任定难军节度使,希望利用李继捧来牵制李继迁。为了笼络李继捧,宋太宗还亲自书写金花五色笺赐给他,又赏赐黄金千两、银器万两、锦彩两千匹。临行前,宋太宗还在长春殿设宴为改名"赵保忠"的李继捧送行,期间,又赠袭衣、玉带、银马鞍等,并对赵保忠说:"如果李继迁归降,当授以高官重用。"

李继捧走马上任以后,还没照李继迁的面儿,就急急忙忙给宋太宗上书说:"继迁已经悔过,愿意归诚,乞赐给官职以安定之。"宋太宗听了异常高兴,认为赵保忠果然不孚众望,招降有功,即刻同意李继捧的请求,授予李继迁银州刺史之职,但李继迁却拒不受命。当时,辽国方面不希望看到李继迁和宋朝就此和好。宋朝端拱二年(989 年)三月,契丹为了暂时稳住李继迁,遂正式册封他为定难军节度使,并同意将义成公主嫁给他,并赐马三千匹。

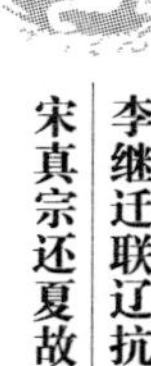

这样，在夏州地区就有了两个定难军节度使，一个是宋朝册封的李继捧，一个是辽朝册封的李继迁。宋朝希望通过李继捧来拉拢或者招降李继迁，辽朝则希望通过李继迁来防范李继捧，并牵制宋朝。

对李继捧而言，能回到夏州，重返故乡，当然很高兴。他深知宋太宗让他回到夏州的用意，就是希望通过他能尽快劝降李继迁。但他更明白，如果没有李继迁这些年的闹腾，自己也不会受到太宗如此礼遇，今日重返故乡，某种意义上还得感谢自己的这个本家小弟弟李继迁哪！因此，他并不急于劝说李继迁投降宋朝。李继捧待在夏州，为了向太宗表示自己忠心有为，稍有成绩就虚报朝廷，希望得到更多封赏，也希望能在夏州长久居留。自从上言"降宥州御泥布等族"，宋太宗龙颜大悦，加特进、同中书门下平章事后，李继捧尝到了上言的甜头。从此，一会儿说"夏州马生二驹"，一会儿说"破继迁于安庆泽，继迁中流矢走"，一会儿说"破保吉于王庭镇"，总之，都是无事谎报、小事夸大，忽悠宋太宗。

而李继迁呢？刚刚受到辽国册封的他，自然不能再去依附宋朝。李继捧虽然可恨，但毕竟也是自己的同族哥哥呀！再说了，有李继捧镇守夏州，自己反倒更加安心，到底是兄弟嘛，如今虽说各为其主，但凡事都还是有商量的余地。借着辽国公主下嫁的声威，李继迁大兴攻伐，一会儿攻打会州(今甘肃靖远县)，一会儿攻打夏州，寇庆州，入原州，围环州，取银州、绥州，不时向辽朝献捷。辽国皇帝十分高兴，每次都给予丰厚的赏赐。宋淳化元年(990 年)十二月，辽赐封李继迁为夏国王。

由此可以看出，宋朝封李继捧也好，辽朝封李继迁也罢，都是"项庄舞剑，意在沛公"，都是为了借助他们兄弟二人来争夺河套地区的地盘。但是由于他们势均力敌，谁也不能将对方吃掉，这从客观上为夏州党项的生存和发展提供了有利的条件。而作为夏州新主人的李继迁，在宋辽两大矛盾的冲突中，左依右靠，游刃有余，充分利用了这个天赐良机。

李继迁和李继捧各事其主，明争暗斗，同时又相互联合，向各自的宗主辽、宋讨价还价。宋淳化二年(991 年)，李继迁通过李继捧归附宋朝，宋太宗授李继迁为银州观察使，并赐姓名"赵保吉"。同时，赐李继冲为"赵保宁"，授绥州团练使。

这边，李继捧则通过李继迁表附辽朝，辽授李继捧开府仪同三司、检校太师兼侍中，封西平王。

那边，李继迁虽然归附受封，但并没有放弃过对宋朝沿边的攻掠。李继捧和李继迁皆是两面受封，两面获利。

宋太宗对这种出尔反尔的做法十分恼怒，命马步军都指挥使李继隆为河西兵马都部署，讨伐李继迁。

李继捧得知李继隆大军将至，将妻儿老小藏在野外，上书说自己已经和李继迁结仇，李继迁已经知错，特献马五十匹，请求朝廷罢兵。同时派牙将李光祚偷偷将宋军将大举而来的消息告诉了李继迁，希望他好自为之。

宋太宗看到李继捧的上书，怒火冲天，大骂李继捧首鼠两端，有负皇恩，又说他与李继迁是蛇鼠一窝，狡兔三窟。恼火之余，特命李继隆在讨伐李继迁的同时，也要将李继捧一并捉拿归案。

宋朝大兵当前，狡猾多端的李继迁却出卖了忠毅有余而机变不足的李继捧，乘夜火并其众，携带大量物资，遁入漠北。当时，李继捧刚刚入睡，闻变后惊恐万分，无奈之下，只身仓皇出逃，却不料被自己的部下李光嗣拿下，献给了李继隆。

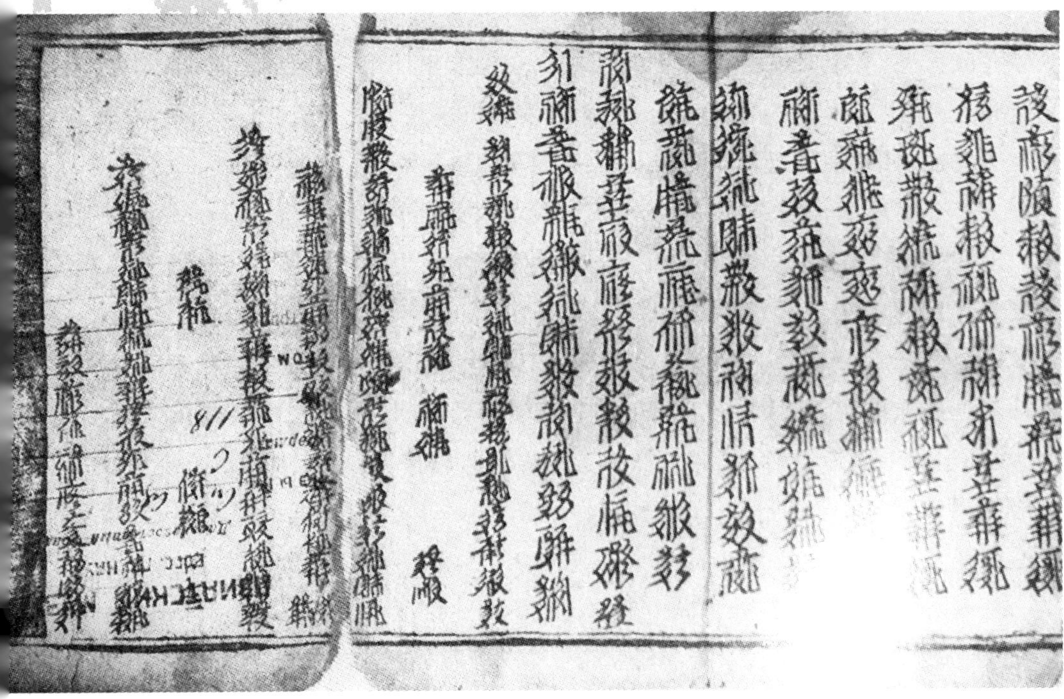

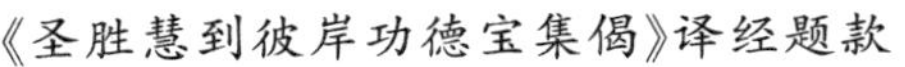
《圣胜慧到彼岸功德宝集偈》译经题款

宋淳化五年(994 年)四月,宋太宗下诏削去赐给李继迁的国姓,毁掉夏州城,将城中八千居民一律迁往银、绥等州。

李继迁在宋军的围追堵截之下,起初还游刃有余地逃窜于沙漠和草原之间。可没过多久,李继迁所部人马便遭遇到了各种各样的问题,有人不愿长期与宋朝为敌,有人开始怀念继迁受封时无忧无虑的日子。总之,时间一长,境况就越来越糟。为了尽快结束这种流离失所、颠沛不安的日子,李继迁开始频频向宋朝遣使求和。

宋淳化五年(994 年)七月,遣牙校贡马。八月遣弟入朝。次年正月,遣左都押衙张浦入贡。

宋至道元年(995 年)三月,李继迁再次遣使宋朝,求还夏州。宋太宗自然不会答应,不过这一次不是直接拒绝,而是采取五代、后唐时期的做法,要他移镇鄜延,并遣使授李继迁为鄜州节度使。李继迁因为鄜州距离延州太近,容易被宋朝控制,拒不受命。李继迁用和平的方式得不到夏州,又开始侵略边地。

宋至道二年(996 年),李继迁于浦洛河截获宋朝运往灵州的四十万粮草。宋太宗龙颜大怒,决定大规模讨伐李继迁,遂命李继隆出环州,丁罕出庆州,范廷召出延州,王超出夏州,张守恩出麟州,五路齐发直捣平夏。

李继迁闻讯后,逃到沙漠深处,采取避而不战的策略。

宋军千里行军,游走在沙漠边缘,始终找不到李继迁的主力,无法与之决战。不久,各路大军皆粮草告急,只好退兵。宋太宗原本设想的旨在捣毁平夏的五路伐夏大计,劳师动众久矣,最终却无功而返。

宋至道三年(997 年),宋太宗驾崩,子赵恒即位,是为宋真宗。当时赵宋朝野被李继迁拖得疲惫不堪,上上下下都有跟李继迁讲和的愿望。刚即位的宋真宗"故务宁静",顺应当时的形势,答应了李继迁的请求,册封其为夏州节度使,已经归属宋朝达十五年之久的银、夏、绥、宥、静五州之地,也一并拱手送还给了李继迁。

夏州拓跋政权由此进入了一个新的历史阶段, 直至其子李德明追认李继迁为"应运法天神智仁孝至道广德光孝皇帝",谥为"夏太祖"。

李继迁三打灵州 党项人再添新翼

夏州拓跋部自拓跋思恭建立藩镇后，历经唐末五代，已发展成为一个相对自主的地方民族政权，特别是李彝超机智决断，顽强固守夏州城，挫败后唐的军事进攻后，一下子打破了藩镇首领们过去依赖中央王朝生存与发展的传统观念。在与后唐军队的较量中，拓跋部看到了自己的力量，看到了自己作为一种势力，自主发展乃至建立国家的可能性。从此夏州拓跋部开始了谋求与中原王朝平起平坐的地位，史载："夏州轻朝廷"，"傲视中原，阴结叛臣"。

宋太宗时，急于匡并四海，一统天下，对夏州拓跋氏采取了利用宗族矛盾从中心分化、内部瓦解，达到各个击破的策略。虽然通过分化瓦解的手段，迫使李继捧献出银、夏、绥、宥、静五州之地，但这仅仅是从表面上暂时解决了边疆藩镇割据的问题，党项民族与当地豪姓大族要求建立本民族政权的愿望，依然非常强

西夏王陵遗址

烈。也就是说，宋太宗所采取的政治分化和军事打击的策略，并不能解决党项人的思想问题。李继迁正是顺应了这种要求，乘势而起，在恢复故土之后，继续向外扩张，他的梦想是，要在更大范围内建立党项民族政权。

然而，任何一件事情都不可能轻而易举获得成功，它必须是主观因素与客观因素共同作用的结果。所谓“时势造英雄”，有了主观诉求，还需要有合适的客观因素，那么，当时的外部形势如何呢？

十几年的颠沛流离和艰苦抗争，李继迁终于恢复了银、夏故土。如今，站在祖祖辈辈世代生息繁衍的这块土地上，他陷入了沉思。祖宗故土东临黄河，渡过黄

五代胡瓌《卓歇图卷》

河便是宋朝北方重镇太原府(今山西太原市),南接延安府(今陕西延安市),都是宋朝防御党项的军事重镇。无论是想渡过黄河向宋朝河东一带发展,还是挥军南下向陕西路延安一带扩张,显然都有很大困难,或者说压根就是不可能的。倘若向东发展,北方的契丹辽就不乐意,尽管契丹辽多年来给予了李继迁莫大的支持和鼓励,但契丹辽绝对不允许李继迁插手河东事务。因为,在契丹人看来,河东迟早都是大辽的地盘。南方的宋朝自然也不会同意。既然如此,何必去同时得罪这两大势力呢?况且,党项民族政权的持续发展还需要大辽撑腰呢!再说向南发展吧,这边刚刚与宋言和,若再挑事端,于情于理都不合适,何况多年的作战经验不断提醒自己,目前党项人还不具备与宋朝一较高下的实力。既然东边和南边都不行,那么北方呢?银、夏二州以北,那可是一望无垠的大草原,还有成片成片的绿洲呀!能不能占为己有呢?李继迁想来想去,觉得纵然北方有草原茫茫,广阔无边,但那如今早已成了大辽帝国的地盘。加之自起兵以来,他采取了"联辽抗宋"的战略,他不希望和自己的盟主辽朝有任何冲突。事实上,李继迁也深知党项人压根就不具备与辽朝抗衡的力量,所以说,向北方发展也就成了不可能。如此一来,就只剩下西边的河套平原与更西边的河西走廊了。值得庆幸的是,河西走廊的西凉吐蕃与甘州回鹘的力量都比较弱,而河套地区的吐蕃、党项族帐,正好又都处在不相统一的分散状态,这样兼并起来也比较容易。想到这里,李继迁的脑海中逐渐有了比较清晰的目标,于是,灵州就成了他西扩的首选目标。

首选灵州更重要的原因是,当年宋朝选择定都汴京开封,中原王朝的政治军事中心随之向东南转移,西北地区遂成为了宋朝的极边之地。从宋朝汴京向西,第一关是洛阳,第二关是潼关,第三关是唐朝首都长安,到唐朝时被认为是内地的河套灵州一带,就已经成为大宋天下的极边之地了,更别说远在西北的河西走廊了。当时,有些宋朝官员甚至认为,像灵州这样的地方实在是太远了,道路不畅,物资匮乏,多年来朝廷为防守灵州,兴师动众,劳民伤财,却不见任何成效。兵马既难及,粮草又供应不上,日夜千里转运尚不能达,如此又何必劳神费心,枉自经营呢?更要命的事,多年的运筹经营,终究还是会付诸东流,因为灵州是守不住的,迟早都是要失

去的。有鉴于此，有人提出不如“弃去灵州，退守环(今甘肃环县)庆(今甘肃庆阳市)”。这种形势无疑为李继迁日后攻占灵州创造了非常有利的条件。

再说灵州地区(今宁夏吴忠平原一带)，那可是我国河套地区开发最早的绿洲，水草丰茂，宜农宜牧，生产发达。自秦汉以来，当地就重视发展灌溉农业。到北周时期，大量江南人被迁徙至此，屯垦戍边，从而使这一地区“江左之风”大兴，并开始有“塞上江南”的美誉。

灵州历史上最辉煌的时代，莫过于唐肃宗在此登基之时。天宝年间，安禄山、史思明发动叛乱，祸国殃民。“安史之乱”爆发以后，唐玄宗李隆基仓皇逃往四川，太子李亨在诸位大臣和将军的拥护下，果断在灵州继位登基，这就是历史上的唐肃宗。唐肃宗坐镇灵州，并升灵州为大都督府，依托灵州当地兵马和山川地理，召集天下兵马勤王。经过数年努力，终于相继平定了安禄山、史思明的叛乱。灵州因此享誉全国，灵州在唐朝人心目中的地位也由此攀升，党项大首领拓跋守寂也正是在此时因战功卓著而被赐封灵州刺史。从此，拓跋部与灵州就难舍难分，结下不解之缘。故而如今李继迁策划谋取灵州，自然也是理由充分，信心十足。

事实上，李继迁在恢复故土之前，就已经着手策划如何用兵灵州了。宋至道二年(996)初，李继迁率军设伏浦洛河(今宁夏盐池县惠安堡一带)，截获了宋将白守荣押往灵州的四十万粮草，随后合兵一万，尝试进围灵州，灵州形势骤然紧张。宋太宗得知后，勃然大怒，命李继隆出环州，丁罕出庆州，范廷召出延州，王超出夏州，张守恩出麟州，五路大军齐头并进，会师灵州。李继迁听说宋朝五路大军分道汹汹而来，心知自己尚不具备与宋朝五路大军正面冲突的实力，于是下令撤围回师。李继迁始料不及的是，自己在回师途中，竟然会与宋军殿前指挥使王超、殿前都虞侯范廷召狭路相逢。本无意与宋军交战，而今却躲避不及。于是，双方在乌池(今陕西定边县以北)、白池(今宁夏盐池县以北)一带大战三日。李继迁不胜而退，灵州之围遂解。这算得上是李继迁第一次攻灵州。

既然李继迁已经下定决心要攻取灵州了，那他还在等什么呢？

宋至道三年(997年)十月，灵州守军校尉郑美因违背军令，害怕主将治罪而叛逃出城，投靠了李继迁。急于攻占灵州的李继迁听说此人长期任职边塞，又熟识灵州防务，不禁暗自庆喜，真是踏破铁鞋无觅处，得来全不费工夫啊，便待之如

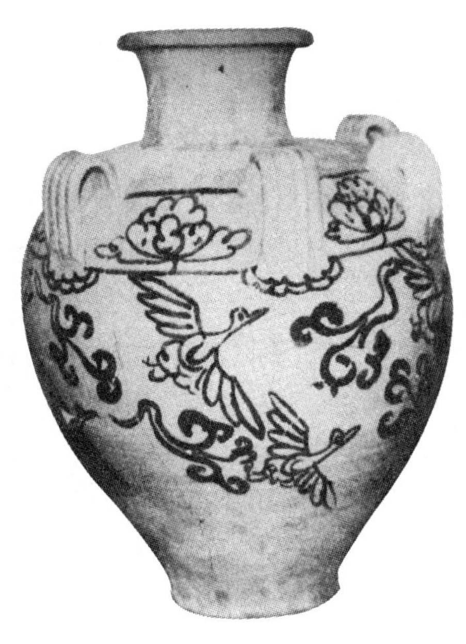

白釉六系天鹅纹高颈瓮

白釉六系牡丹纹高颈瓮

获珍宝。原来李继迁一直在等待一个合适的机会。遗憾的是，李继迁并不知道此人其实没有什么才能，只是一个志大才疏且生性顽劣，常常玩忽职守，圆滑有余而忠勇不足的宋朝小小边吏而已。

郑美本人贪恋军功，此番投奔继迁而来，他深知李继迁素有想要攻取灵州的念头，于是鼓动李继迁发兵灵州，一来借机敲打灵州主将一把，泄了私愤，二来希望以此立些军功，没准他日还能受到李继迁重用。他告诉李继迁说："小人边塞任职多年，守御灵州久矣，灵州防务、兵马、仓粮多寡以及要垒、军塞等军政机密，小人皆了如指掌。大王可知，如今灵州城内防务空虚，如果此时发兵，完全可以一举拿下。"

李继迁听了以后，半信半疑，迟疑徘徊许久，但他攻占灵州之心实在是急切难待。于是，任命郑美为先锋，以他为向导，发兵灵州，结果在合河镇北被灵庆路副都部署杨琼打败。李继迁不甘心失败，随后，又调遣五百精骑奔袭灵州城，又被宋将打败，被迫退走三十余里，这才摆脱宋军追袭。这便是李继迁第二次

攻打灵州。

鉴于前两次进攻失利，李继迁注意到，宋军在灵州及其外围的点状军事部署看似零散，却能彼此呼应，相互支援，最终形成了一个具有很大合力的灵州守御系统。因此，即使在灵州防务空虚的情况下，也无法轻而易举攻破。单单就灵州外围的众多镇寨、堡塞、要垒所联结而成的这道防线，想要迅速突破，也绝非易事。既然宋军在灵州及其外围一带仍然具有绝对优势，那么就只能暂时放弃直接攻取灵州的计划，转而采用谋士张浦的策略。

张浦认为想要拿下灵州，务必要先扫清灵州外围，形成对灵州的包围之势，然后再逐步夺取灵州。而在这期间，还要充分寻找机会，不间断对灵州外围镇寨、堡塞等军事据点发起旋风式骚扰与劫掠，最大限度削弱宋军在灵州一带的

党项持花女供养人像

有生力量。

李继迁采用了张浦的策略,不到两年时间,就相继攻陷了以灵州为中心的定州(今宁夏平罗县)、怀远(今宁夏银川市)、保静、永州等河外五镇,以及灵州东南面的清远军(今甘肃环县境内),基本控制了灵州到原州(今宁夏固原市以东)、灵州到环州(今甘肃环县)的交通要道。这就等于断绝了灵州与宋朝的联系,切断了宋朝往灵州运输物资的生命线。

表面上,灵州城在历经李继迁多次攻袭之后,依旧岿然不动。但实际上,灵州城已是孤悬在外,拿下灵州指日可待。至此,张浦设定的灵州包围圈基本形成,基本满足将宋朝守军困死在灵州城内的作战目标,现在唯一等待的,就是一个有利的时机了。

宋咸平三年(1000年)八月,李继迁的侦察兵带来了宋朝陕西转运使陈纬和灵州知州李守恩要从庆州往灵州运送粮草、军械的消息。功夫不负有心人,李继迁终于等来了又一个大好时机。他暗想:押运粮草、军械有必要让陕西转运使和灵州知州亲自出马吗?宋军如此高规格、大规模地向灵州运送粮草、军械,不同寻常呀,莫非是那灵州粮草、军械告急?若真是灵州粮草告急,那可真是攻取灵州千载难逢的好机会呀!想到这里,他便不再多想,反正押送队伍中还有陕西转运使陈纬和灵州知州李守恩,擒杀此二人也不失为一大快事!于是,李继迁决定倾巢而出,亲率大军设伏瀚海(瀚海又名"旱海",在灵环路中段,长达七百里,黄沙茫茫,人迹罕至)。

近两年来,李继迁对灵州周边进行了旋风式的劫掠,并且攻破诸多镇寨,灵州已是岌岌可危,为此,宋廷不断发出谕示,要求向灵州一带加派人手,小心行事,严加提防。然而宋军将士一如既往,一路上走走停停,悠悠然毫无昂扬之势,谈何斗志?既不做最充分的估计,又没有按照旨意加强防备,就这样拖拖拉拉绵延数里,慢慢腾腾朝着灵州行进,一路上只有满载粮草和军械的木轮车发出嘎嘎吱吱的清脆声响,久久回荡。

短短两年之内,灵州外围的形势已迥异于前,押运粮草、军械的大军进入瀚海之后,很快就进入了李继迁精心为他们布设的陷阱之中。突然,浑厚粗犷的号角声从四面八方悉数响起,瞬间,只见先是万箭齐发,遮天蔽日般朝着宋朝军队压了过来。押送粮草的将士还来不及躲闪,就应声倒在血泊之中。陈纬、李守恩两

位主将瞪大眼睛，你看着我，我看着你，一下子慌了手脚，他俩压根就没料想到李继迁竟然会有如此力量。两个人环顾四周，似乎还想看看是否有机会逃跑。却见眼睛一闭一睁之间，已被迎面飞箭射倒在马下，当场毙命。李继迁一声令下，西夏兵如潮水般从四面八方蜂拥而下，黑压压冲入敌阵，秋风扫落叶般斩杀宋兵无数，截获粮草二十余万、军械数万。就在李继迁忙着清点战利品的时候，却见张浦急急忙忙来告说："适才活抓宋朝一小将，听他说灵州城内人心涣散，粮草、军械统统告急。臣以为此刻攻打灵州，正是时机。"李继迁听后，喜出望外，止不住点点头。

紧接着，李继迁发兵五万，决心以破釜沉舟之势，第三次围攻灵州。经过近三年的努力，李继迁已经在灵州地区占据了相对优势，此次攻打，已然志在必得。当时灵州知州李守恩已经战死，裴济受命于危难之际，新任知州。此时，灵州城内粮草不济，兵士本来寡弱，此刻更无斗志，任凭城外李继迁如何叫阵和辱骂，裴济也不作任何回应。裴济不敢出城迎战，那是因为灵州城外早已被李继迁有计划地清扫干净，灵州已经是孤城一座了。面对宋军的坚守不出，李继迁不急也不躁，而是听取了张浦攻而不破、围城打援的战术，屯兵险要，占据灵州周围肥沃的田地，命令士兵开垦屯田，准备长期围困，打算将宋军困死在灵州城内。

大敌当前，灵州城已经是危在旦夕，边关将帅接连发回求援信函，希望朝廷早日发大军来救。再说北宋汴京城内，尽管赤热炎炎，酷暑难耐，却仍然抵挡不了街上行人如梭，吆喝叫卖，一派熙熙攘攘、忙忙碌碌的繁华盛世景象。雄壮巍峨的皇城内，大宋臣僚正在为灵州被围之事劳心劳神，伤透脑筋。灵州城岌岌可危，敌我形势严峻异常。然而，大宋的智囊团——诸位大臣一如既往、不慌不忙，依旧是各抒己见，纷纷提出了自己的看法，然后是意见无法统一，接着是旷日持久的争论，此刻激烈的争论还在继续。

就灵州问题，宋朝君臣究竟是如何认识，又作何打算的呢？事实上，宋朝臣僚的争论最终形成了两种截然不同的主张。

一种意见以宰相张齐贤、李沆，副宰相李至、知制诏杨亿等顾命大臣为代表，主张放弃灵州。首先说话的是宰相张齐贤，他说："灵州孤城，千里之外，道途不便，必难固守，何况蕃贼已经将灵州城围了个水泄不通，援救灵州谈何容易？不如弃之，莫要徒使军民六七万陷于危亡之地。"也就是说，灵州终究是守不住的，守

甘肃武威西夏墓出土的蒿里老人像

也是白守，最终还会将灵州六七万军民搭上。李至也认为："虽然灵州地处西北要冲，自古便是防御重地。但观今日形势，迥异先前，而今灵州已是大宋极边，援绝势孤，是为不得不弃。不如将朔方军移到环州（今甘肃环县），保境息民，这也不失为一条权宜之计。"杨亿随机附和，认为李副宰"废弃灵州，退保环庆"之策言之有理，如此，灵州之围便就不再是重要问题。随后，竟然抛出一个退守环庆之后的问题，那就是共商如何围困李继迁之策。

李沆将灵州危机归难于李继迁，他说："继迁不死，灵武之地终非朝廷所有。"接着，他提出了一个不切合实际的空想方案：朝廷遣密使，就近带上粮草，驰援灵州，到达之后，让州将带上灵州军民悄悄南撤，这样的话，李继迁得到的只能是一座空城。他还大言不惭地说，如果此计可成，"关右之民可以息肩矣"。

诸位大臣，你一言我一语，只要有一人提出意见，甭管合理与否，立马就会有人当即附

俄藏黑水城出土的唐卡《星宿神》

和或者反对，你来我去，最终也没有达成有效的退敌或者解围之计，却让放弃灵州的呼声愈演愈烈。

另一种意见是主张固守灵州，相对主张放弃灵州一派而言，能够坚持固守灵州的大臣实在是人少官微，但他们从不趋利附会，也不随波逐流，每每总是慷慨陈词，详尽灵州得失之利害，处处以国家利益为先，以江山社稷为重。大致理由总结有四：其一，灵武之地，接连河朔，自古便是兵家必争之地，如若就此失掉的话，那么缘边诸郡都将无法保全，后果不堪设想。其二，灵州地方千里，表里山河，此乃汉唐之境。自古王朝在此兴修水利，有灌溉耕作之利，又历来是放牧耕战的绝佳之地。水草丰美，沃野千里，所谓："不为我用，便为敌资"，一旦被李继迁夺了去，他日必将酿成大患。其三，灵州介于鄂尔多斯高原和河西走廊中间，可将诸夷狄（凉州吐蕃、甘州回鹘与鄂尔多斯党项）一分为二，一旦灵州失守，夷狄必然合二为一，到那时，我大宋再想实现对诸夷狄的有效控御，恐怕就难了。其四，宋朝战马主要从河西地区购买，如果李继迁占据了灵州，就会以灵州为基地，西向而动，进而控制河西吐蕃与回鹘，若如此，我大宋购置军马之路就将被截断。

在一番激烈的争议之后，犹豫不定的宋真宗终于拍板定论，决心固守灵州。宋真宗决定死守灵州还有一个原因，那就是为了顾及大宋王朝的面子。堂堂大宋，中原盛国，天下之邦，怎么能够屈服于这样的蕞尔小藩，还要被迫放弃边陲重镇，这如何向大宋子民交代，更叫人如何向列祖列宗交代呀？于是，宋真宗任命马步军都虞侯王超为四面行营总管，统兵六万，即刻驰援灵州。

终于决定固守灵州了，军队也终于开拔了。然而，大臣们唇枪舌剑的争论还远没有结束。试想一下，既然皇帝已经做出了固守灵州的决定，想必诸位大臣就应该是戮力同心，想方设法，看如何才能更好地实现固守灵州。事实上呢？大臣们依然沉浸在灵州弃守的热烈争论之中，每个人都在尽情地享受着大宋王朝给予这些文人大夫的厚爱与包容，因为在宋朝，从来都不会因为大臣谏言上书而获罪，哪怕是一派胡言乱语。他们在淋漓尽致地展现着自己对大宋王朝的"忠"和"爱"，个个竟趋狡辩，以为能事，人人争得面红耳赤，不亦乐乎！这样的王朝，即便是拍定了计划，他所派出的援军，自然也不会是那种气吞山河的必胜之师。因此，大军出发以后，一路走走停停、磨磨蹭蹭，好似有一万个不情愿和被逼无奈。

正在大宋王朝的智囊团还沉浸在喋喋不休的讨论中时，大宋王朝的援军还在路上虚虚掩掩之时，已经被李继迁切断粮道、与世隔绝、危在旦夕的灵州城内，知州裴济万般无奈，饱含热泪，咬破手指，写下十万火急的救援血书，派人送到城外，请求救援。然而，令人绝望的是，宋朝的援军迟迟未到，裴济绝望之后开始饱含着漫无边际的抱怨和恨。灵州城终于被李继迁攻破了，知州裴济奋不顾身，率众将士殊死拼杀，但终因寡不敌众，以身殉职。

如果宋朝真正认识到了灵州的重要性，真正想要守住灵州，即使被李继迁攻占，也会再派大军去夺回的。遗憾的是大宋并没有这样做，因此，从这个意义上讲，灵州的失守，与其说是李继迁的攻占，倒不如说是北宋王朝拱手相让的结果。

需要指出的是，宋太宗在处理周边少数民族的问题上，犯了一个极为严重的政治错误，那就是以消极守成的视野，来看待游牧民族及其文化，没有把英勇善战的党项民族积极地吸纳为抗辽的生力军，而是对其猜忌、分化、瓦解，结果犯了"才不为我用，必为敌资"、"民心不为我用，必为敌用"的错误，最终导致了西夏王国的迅速崛起。

李继迁攻占灵州的第二年(1003 年)正月，便将都城由夏州迁到灵州，改名"西平府"，迈出了向西发展的第一步。在李继迁看来，灵州那是"北控河朔，南引庆凉，据诸路上游，扼西陲要害"，这为党项人日后攻占河西，南逼关中，定都兴庆府，建立西夏国，奠定了坚实的基础。

灵州之战是李继迁由弱变强的转折点，李继迁占领灵州后如虎添翼，成为宋朝强敌。宋朝失去灵州，客观上使党项族世代居住的银、夏一带与凉州吐蕃和甘州回鹘所处的河西地区从地理上连为一体，虽说党项与吐蕃、回鹘之间素有矛盾，也有纷争，但仅从地理上来讲，夷狄大有合二为一之势。日后伴随着党项势力增长，李继迁挥兵西征，相继兼并了吐蕃、回鹘以后，北宋西北边界军事形势急速逆转，大宋王朝处处受制，以夷制夷的边疆策略实行起来越来越困难，主动出击的时代也一去不复返，等待他们更多的是疲于应对和被动挨打。

声东击西图西凉
刚愎自用丢性命

西夏左胁侍菩萨

李继迁攻占灵州的第二年(1003 年)正月,便在部下的簇拥下将都城由夏州迁到灵州,迈出了向西发展的第一步。这为日后攻占河西,南逼关中,定都兴庆府,建立西夏国,奠定了坚实的基础。

李继迁灵州一战功成,由弱变强,占领灵州后的李继迁无异于如虎添翼,成为宋朝劲敌。既然灵州城已拿下,当开始考虑西征攻取凉州吐蕃、甘州回鹘的问题了。彻底打通鄂尔多斯高原、河套平原和河西走廊地带,使之联结为一体,这才是党项民族长远发展的根本所在。

再说李继迁攻打西凉，虽是占领灵州，一鼓作气向西开拓的既定战略方针，但是究竟怎么个打法，众将领各持己见。

李继迁的弟弟李继冲虽然作战经验丰富，胆大勇猛，所向无敌，但他行事鲁莽，机智不足，这一点，他自己也心知肚明，所以，他一直都是只管率军冲锋陷阵、前线杀敌！但这一次，他竟嚷嚷着要提出自己的破敌之策。李继冲到底会提出什么样的破敌之策呢？

李继迁看到弟弟几次跃跃欲试，便让他讲出自己心中的想法。李继冲甚是欢喜，只听他讲道："诸位可曾听说，万事难，难当图难于易，万事繁，繁当图繁于简。"他还在卖关子，众将领先是一愣，有人不禁开口："咦，不知什么时候咱们李将军如此文绉绉了？"众将领随之发出一连串呵呵的笑声。又听李继冲说："吐蕃人盘踞凉州府久矣，听说凉州府城高墙坚，易守难攻。再看凉州府方圆数百里，吐蕃人多筑堡垒、要塞，分兵守御。因此，我认为当效仿张浦军师攻打灵州的策略，首先我们要想办法扫清西凉府的外围，将那些个堡垒、要塞统统据为己有，形成对凉州府的包围之势，然后死死困住凉州府。时间一长，凉州府定会不攻自破。"说完，咧着嘴巴嘿嘿笑。

众将领听完，一致认为李继冲将军讲得很有道理。却见此时，军师张浦起身站定，看了看李继迁，微微点了点头，转过身对着李继冲，脸上露出笑容，有些激动地说道："嗯……想不到多年的军事磨砺和作战经验为我们培养了一位军事指挥家，这真是令人欣慰呀！"说完，他稍微停了一会儿，此刻，所有的将领都注视着张浦。张浦接着说："诸位将领，你们经历过战场上无数的历练，有着丰富的作战经验和战斗阅历。你们追随着我们勇敢智慧的大首领冲锋陷阵、勇猛杀敌，为夏国立下了汗马功劳。今日，李将军为攻打凉州踊跃献计，所言鞭辟入里，切实可行，这都是战斗经验和教训的总结！我相信你们也和他一样，不仅是一位勇猛无畏、敢打硬仗的将领，而且将来迟早都要成长为杰出的战斗指挥家！"

受到军师这样的夸奖，李继冲显得有些不好意思。而众将领却备受鼓舞，一时间热血沸腾，激动昂扬之情溢于言表。

说话之间，张浦已转过身面向李继迁，接着说："刚才李元帅所言极是，不过在此之外，还当施以'声东击西'之策，方可确保出其不意、万无一失！"

李继迁听张浦这样一讲，顿时来了兴趣："哦？何为'声东击西'之策呢？还望

西夏壁画

军师详述。”

接着张浦耐心地为众将领讲述了他所构思的“声东击西”之策。众将领听得入神，个个频频点头，好似凉州顷刻间便可拿下似的！

李继迁听完，拍手称赞道：“军师高明哪！”张浦立即补充道：“正所谓‘明修栈道、暗度陈仓’！”李继迁又言：“妙哉！”

作战计划已定，李继迁便开始紧锣密鼓地实施起来。他先是派出人马来来回回游弋在宋朝环庆路附近，接着，在一次狩猎途中，他扬言要发大军攻打宋朝环庆，暗地里，又向宋朝方面放出小道消息，说自己不过是虚张声势，不会真的攻打环庆。还有，他命令军队后勤抽调人马，押解物资往来于灵州与环庆之间，当时到处传言说李继迁已经决定攻打环庆一带。尽管宋朝边将得到了“李继迁只不过是虚张声势，不会真的攻打环庆”的消息，但是，战争环境下，真真假假难以分辨，既

罗汉侍女

然一时无法辨明继迁是否要来攻打，那就只好严令环庆日夜巡逻，加强防备。而实际上，李继迁是采用了张浦提出的"明修栈道，暗度陈仓"之策，表面上扬言要出兵宋朝环庆一带，实际上是声东击西，暗地里积聚力量，等待时机发兵西凉府(今甘肃武威市)。恐怕谁都料不到，李继迁等人能将战略战术运用到如此精湛的程度。

再说李继冲，他兵分数路，都是小股轻骑部队，他们的任务是连续不断地对西凉外围的堡垒、要塞发动袭击，诱杀据守之敌，消耗西凉吐蕃的有生力量。一旦遇到吐蕃人马追击，视其力量大小，小则聚而歼灭之，大则避而不战、逃之夭夭，不硬碰硬。

这时候，坐拥西凉府的吐蕃首领潘罗支，早已收到了前方战报，说是有小股党项轻骑出没边境，不时袭击己方堡垒、军塞，而且似乎只是专注骚扰，并无攻打之势。当问及边塞人马损失情况，只听通信兵说："人马损失倒不是很大，只是堡塞、军塞间的来往交流有些困难。还有就是他们好像不太乐意与我军交战，每次前来骚扰，但见我军出动，即掉头逃跑。但是，一旦我军分散出击，就，就……”说到这里，通信兵开始支支吾吾，潘罗支看到自己带出来的兵这般吞吞吐吐，好不生气，怒斥道：“说，就怎么样？”只听那通信兵接着说：“就，就有去无回！”潘罗支想来想去，不知李继迁此举何意。“好一个有去无回，李继迁这厮刚取了宋人灵州，又派来人马在我的地盘上撒野，左突右冲，既不攻我城池，又不围我寨堡，到底意欲何为呢？”想到这里，潘罗支迟疑了一下，突然灵机一动：“噢！明白了，明白了，此乃‘疲我’小计，呵呵……原来这老小子是想以此来消耗我的有生力量呀！”接着就慨叹：“唉，李继迁呀李继迁，如今你占了灵州，得罪了宋人，宋人有那么好惹吗？你还不抓紧时间，好好思索看看如何与宋人和解，却跑来打我的主意！真是不自量力！”于是，传令边关各堡各塞，如遇党项骚扰，不必理会，但当严守而已。

潘罗支这下松了一口气，暗自得意：“凭这点小伎俩，就想与我斗！”潘罗支得到边境探子来报，说党项人调兵遣将、忙忙碌碌，正在往环庆前线运送物资，又说李继迁正在筹备攻打宋朝环庆。听到这里，潘罗支就觉得自己更加明白了，原来如此呀，为什么总是小股部队的袭扰呢？原因就在于李继迁他还要忙着筹备攻打宋朝环庆的事呀！这真是越想越明白，越想越得意，于是乎，潘罗支就下令，毗邻宋朝环庆一带，增派人手，严加防备，如有任何异样，速来报告！命令发号完毕，潘罗支内心突然有一种运筹帷幄的感觉，似乎这所有的事都瞒不过自己的一双“法眼”！

然而，事情的发展却与潘罗支料想的大不一样。李继迁紧锣密鼓的准备工作已经就绪，李继冲对西凉堡垒、军塞的袭扰也初见成效，加上潘罗支对西夏兵的转移、部署没有产生任何反应。于是，李继迁决定即刻发兵攻打西凉。李继冲的任务是率轻骑自北而南，直逼西凉府。李继迁则亲率大军，由毗邻宋朝环庆一带，攻入西凉，目标也是西凉府。突然听说李继迁发兵来袭，以为可以高枕无忧的潘罗支，吹胡子瞪眼暴跳如雷，最后还是傻了眼！急忙召见众部落首领，要求进呈退敌之策。他哪里知道，李继迁竟会倾巢出动，志在必得，还有那些堡垒、军塞又多执行坚守不出的命令。因而，一路上，李继迁行军速度极快。很快，李继迁先头部队已到凉州城下。李继冲一路上也是相当顺利，数日后，李继迁便发动了对凉州城猛烈的攻打。凉州城内，各首领觉得既然实在是招架不住李继迁大军的猛烈攻

打，便纷纷表示愿意投降。潘罗支无奈，本来还打算固守凉州，却不料顷刻间凉州城就将被攻破，抵抗越来越失去了意义。

眼看一切都来不及了，潘罗支只好化妆出逃。刚出城门，他又觉不妥，这般出逃，逃往何方？一想到东躲西藏、颠沛流离的生活，潘罗支不禁打了一阵寒战，又想不如随机应变，顺势降了他李继迁，没准还有东山再起之时。于是，又匆忙返回城内，表示愿意投降，遂率众首领前去恭迎李继迁的到来。就这样，李继迁以迅雷不及掩耳之势打败了潘罗支，顺利拿下凉州府。

潘罗支投降李继迁后，虽极尽甜言媚语，保住了一条性命，但仍然日夜忐忑，心神难宁，他总是担心李继迁突然翻脸，取了他的性命。听说李继迁还要继续西进攻打甘州回鹘，但苦于找不到熟识甘州一带地理环境的将帅时，潘罗支盘算着，预感自己的机会又来了。于是他毛遂自荐，说自己熟识甘州地理、风土人情，愿为西夏军先锋，助李继迁一臂之力。

此时李继迁拿下西凉府，踌躇满志，还陶醉在胜利之中，又看到昔日西凉吐蕃的大首领潘罗支如今对他毕恭毕敬，不免有些头脑发热。尽管张浦和李继冲等人都觉得任用潘罗支不妥，表示强烈反对，但他却力排众议，并说："古时贤王圣君，皆用人不疑，疑人不用！"执意任命潘罗支为征西先锋，即刻开拔攻打甘州。潘罗支摇身一变，就恢复了自由，还成了个夏国征西先锋，与众将领平起平坐了。潘罗支表面上阿谀逢迎，唯李继迁是遵，暗地里他却四处网罗纠结旧部，联络吐蕃部落首领，时刻准备反击。潘罗支听说李继迁亲率的征西大军已经开拔，正向西行进而来，而张浦、李继冲等人又受命留守凉州。他暗自欣喜，机会这次真的来了，歪脖子一扭，眼珠子一转，计上心来，决定发急信诱骗李继迁脱离大军。

话说李继迁所率的征西大军，曲折绵延，前后相拥数十里，旌旗蔽空、战鼓隆隆、浩浩荡荡出了西凉府，沿途所经之地，吐蕃、回鹘部众无不闻风丧胆，或逃之夭夭，或前来请降。李继迁兴高采烈、踌躇满志，他没有想到，自己梦寐以求的胜利和荣耀来得如此之快，于是便一再下令，加快行军速度。然而，就在这个时候，趾高气扬的李继迁突然接到了潘罗支从前线发回的战报。潘罗支在战报中谎称："征西先锋部队在半道上被一路号称是甘州回鹘特使的人马拦住了去路，一问才知那特使怀揣国书，意在请降，只是执意要面见大王。臣自知身份卑微，又恐有诈，自然不敢妄做论断，故唯有暂且扣押甘州特使。今附上回鹘国书一封，还望大王细思之，慎度之！臣翘首期盼，大王如能屈驾前来，亲身面见甘州特使，此乃甘州之福，天下之福，福莫大焉！”李继迁半信半疑间，展开甘州国王之书信一看，果然是甘州回鹘王的亲笔书信，信中先是极力夸赞李继迁乃大夏骄子，神武盖世，无敌天下。又说甘州臣民在听到李继迁要率大军来攻打甘州的消息后，是如何忧心忡忡，惊恐万分。接着讲甘州回鹘各部亲王如何揪心思索再三，自知不敌西夏军，与其惶惶不可终日，不如尽早遣使商议降事。末了还是夸赞李继迁如何英明神武、智慧过人，当为万主，甘州民愿听从调遣，效劳左右。最后，望能善待来使，图和解归降之大计。

李继迁看完甘州回鹘的来信后，先前的疑虑一扫而空，对潘罗支所言信以为真。几多惊喜，加掺几多兴奋，李继迁拍桌子一阵狂喜，遂亲率精英百骑前往，议甘州回鹘归降事。马鸣萧萧，一阵嗒嗒的马蹄声，带着李继迁无限的喜悦，消失在西去的山谷小道中。李继迁尚不知，等待他的是一场永远定格的噩梦。

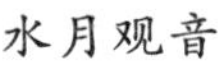

水月观音

供养菩萨

潘罗支听说李继迁已上当，正全速赶来，遂命早已潜伏在李继迁必经山谷的吐蕃弓箭手严阵以待，但见他来，万箭齐发，叫他李继迁此趟有来无回，毙命山谷。

再说李继迁率领的百余精骑，策马扬鞭，好似离弦之箭，急速向山谷挺进。突然，战马一声高亢嘶鸣，只见领骑之兵挽缰勒马，好似心生疑虑，环顾四周后调转回身禀报李继迁："此山谷林木葱郁，幽静深远却不见飞鸟鸣舞，定是早被惊飞，恐有埋伏。"说时迟那时快，只见吐蕃弓箭手万箭齐发，李继迁部数十人顷刻间落马倒地，当场毙命。李继迁惊恐，知道中了埋伏，便在随从护卫之下，掉头回撤。潘罗支早有准备，千余吐蕃骑兵紧紧尾随，死死咬住不放，不时还有冷箭从山谷两边悬崖上飞射下来，打杀声、哀嚎声震耳欲聋。眼见随从百骑奋力抵抗，纵然以一当百也已损失过半，李继迁只希望能快点回撤至大军驻防之地，却不料身子猛然一震，剧烈前冲，接着是钻心巨痛，额头上渗出豆大汗珠。李继迁摸到腹部，一股黏稠热血早已淌出，侵染军甲一大片。他知道自己中箭了！恍恍惚惚间，他已开始大口喘气，想要挣扎，却实在没了气力，唯有死死挽住缰绳。马儿还在奋力飞奔，嗒嗒的马蹄声，清脆而有节奏，一声接着一声，李继迁已浑然失去了知觉，趴倒在马背上。

迷迷糊糊中，李继迁缓缓睁开了眼睛，见张浦、李继冲等人面容憔悴、簇拥身旁，知道自己已是回到了西凉府，想要起身，方知自己动弹不得。众将士听军医说大王所中之箭，染有剧毒，恐有生命危险，热泪在眼眶中打转，他们自发来到李继迁帐外，吵着要拜见大王，却被张浦以大王身体无恙，当静心疗养为由拒绝。数日后，李继迁箭毒复发，病情恶化，无奈之下，遂决定班师回朝。路上，他病情一再恶化，众军医无能为力。张浦决定遣先头部队护送李继迁日夜兼程火速赶回西平府，希望能找到解毒医治的医生。

再说潘罗支，那日奸计得逞，听得弓箭手命中李继迁的消息，他高兴得手舞足蹈。消息传至吐蕃各部，他们弹冠相庆，纷纷向潘罗支表示祝贺！又闻李继迁毒发病危，已班师回了西平府，凉州城只剩下个李继冲，潘罗支决心联结蕃众，诛杀继冲，收复凉州。李继冲看到潘罗支设计重伤了哥哥，发誓要报仇雪恨！然而，他哪是奸诈狡黠的潘罗支的对手，潘罗支派遣奸细，联络凉州城内吐蕃首领，决心里应外合，内外夹击，以雪前耻。

一日，李继冲被邀参加吐蕃首领们的一个宴请，狡猾的吐蕃人说：一来表示愿与继冲同心同德，协力守护凉州；二来借以表达对李继迁的祝福，希望他早日康复！李继冲掉以轻心，觉得与吐蕃首领一同宴饮，一来聊表亲近，二来表示安抚，因此只带了几名护卫前往。殊不知，诸位吐蕃首领为他摆下的是鸿门宴，所谓醉翁之意不在酒！李继冲刚刚步入宴席，没来得及坐定，谈笑间，但见众吐蕃首领突然围拥而上，拔刀竞相刺杀李继冲。结果，征战沙场多年，勇猛无畏、杀敌无数的一代名将，就这样稀里糊涂地被乱刀刺死。李继冲死后，凉州城内的西夏兵群龙无首，在吐蕃潘罗支内外夹击之下，很快溃不成军。潘罗支终于夺回了凉州城。

李继迁在众人护送下回到西平府，当地名医都被集中在宫城之内商议解毒救治之策。然而，一月有余，众家名医皆摆手摇头，称大王所中之毒本来就奇异少见，又在军中拖延数日，如今毒发，早已扩散全身，纵然是华佗再世，恐怕也无力回天呀！期间，又传来凉州失守、李继冲被潘罗支擒杀的噩耗，李继迁病情更加恶化！

宋景德元年(1004 年)正月的一天夜里，西平府宫城内灯火通明，大殿外人头攒动，嘈嘈杂杂，一片混乱。李继迁寝宫外，众人低头伫立，皆默然不语。不一会儿，只听吱的一声，李德明与张浦等人推开门，走了出来，只见张浦拂袖拭去眼泪，有些哽咽，说："大王，驾崩了！"身旁的李德明早已泣不成声，众人号啕大哭！

李继迁的一生是极富传奇色彩的一生。他戎马一生，其实是败多胜少。他屡战屡败，却执着地屡败屡战。自二十岁起兵抗宋以来，他经历了大大小小无数次战役，二十多年的艰辛经营，不仅恢复了祖宗五州之地，还西取了灵州、凉州等地，北连契丹、东抗大宋，终成一方割据，雄视西北。当然哪儿有战争，哪儿就有流血牺牲。李继迁率领党项族人连年对外作战，不仅破坏了河朔一带的生产力，也使当地蕃汉部众深受战争危害，但是，李继迁用二十多年的时间，为党项民族的长远发展开拓了新的空间，达到了绝大多数人一辈子都不可能达到的人生高度。然而，命运之神最终还是忘记了对李继迁保持微笑，李继迁就这样结束了他传奇的一生，时年四十二岁。

李德明报仇雪恨
景德约罢战息兵

李继迁凉州一战，大败吐蕃潘罗支，威名远扬，正打算为新生的党项拓跋政权继续向西开疆拓土之际，却不料中了潘罗支奸计，壮志未酬而陨殁沙场。

李继迁死后，遵从遗诏当由他的儿子李德明袭承职位，统领党项。再说李德明，此人聪颖智慧，又刚毅果敢，自幼追随其父南征北战，屡有战功，也深为党项族人拥戴。但多年以来，李继迁采取的政策是联辽抗宋，西夏官员的职务、爵位一般都由辽朝任命和册封。然而，一直坚持为党项册封的辽朝这一次却迟疑不定，没有及时给李德明册封。

灵武石坝出土的银盒

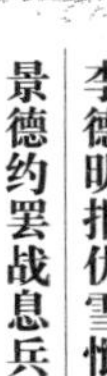

现在，父亲已经仙逝，作为儿子的李德明想要接任父亲的职位，却等不到辽朝的一纸公文，这可如何是好？为了尽快稳定局面，李德明在张浦等人的拥戴下，来到父亲的灵柩前，自封为夏州定难军留后，暂时稳住了新生政权。

继位的李德明在张浦的辅助下，有条不紊地完成了军政职务的交接与调整。这天傍晚过后，德明独自一人登上城楼，凭栏倚柱，远眺着贺兰山。只见那贺兰山在夕阳照耀下，蜿蜒巍峨，浑厚壮观，突兀迤逦的线条更显优美，如血般殷红的余晖洒落在辽阔的美丽平原上。习习凉风吹过，德明突然打了一阵寒战，又突然满腔热血沸腾，漫漫前路，任重道远。打算回府之时，又不禁想起了他的父王。想到父王被吐蕃设计毒杀，李德明不禁咬牙切齿，他现在对吐蕃的恨，那可真是一种仇深似海、不共戴天的恨。

李继迁在中箭受伤回到西平府的那段日子，伤势日渐加重，但即便是危在旦夕之时，也不忘对身后之事做一些安排。他把儿子李德明叫到身边，叮嘱说："儿

啊，父王死之后，你一定要尽全力请求归附宋朝。如果一次上表不同意，那就再次上表，即使上表一百次不同意，你也不能停止。”他还交代自己的亲信张浦等人说：“我已箭毒攻心，命不久矣！记得诸位与我披荆斩棘，出生入死，在我最困难的时候，是你们陪伴在我左右。多年来我们一起征战沙场，情同手足，诸位忠肝义胆，天地可鉴呀！想我李某人自幼生长在军中，历尽千辛万苦，才能保有祖宗尺寸之地。而今以灵、夏之众，虽不能与宋、辽相抗衡，但只要你们能尽力辅佐，见机行事，想必保住旧业当非难事，也算是为祖先争得荣光了。如果能够这样，我也就没有什么可遗憾的了。”

这就是李继迁的临终遗嘱。然而，这份遗嘱听起来似乎有些离奇，不像是李继迁的意思，因为它和李继迁一贯的思想和做法大相径庭。

二十多年前，当李继迁亲眼看到哥哥李继捧，在宋朝的威逼利诱之下，迫于无奈交出了祖宗故土——银、夏等五州之地，率家人前往开封的时候，他愤然出逃，举旗抗宋，至今已经整整二十二年了。二十二年来，他无时无刻不想着如何光复祖宗基业，开拓党项民族的发展空间，为什么临终时却一反常态，劝说自己的儿子去投降宋朝，做宋朝的顺民呢？

其实，这正体现了李继迁作为一个政治家和战略家的深谋远虑，这也正是李继迁在多年艰苦卓绝的抗争之后，审时度势，随机应变的经验和结果。李继迁临死时，对身后之事已有大致预测。他对天下形势看得极为透彻，深知自己死后，西夏将面临“国危子弱”的艰难局面。谁敢断言，在夏州危机之时，宋朝就不会乘虚而入，出兵前来攻打？还有河西走廊的吐蕃、回鹘人，在他活着的时候，就多次到夏州境内抢掠他的人口和牲畜，甚至还扬言要打到贺兰山来，他死了以后难道就不会来欺负他的儿子吗？李德明虽然从小跟着他在军中征伐、厮杀，也曾立下不小的战功，但毕竟少不更事，年纪太轻，那些个身经百战、勇猛剽悍的党项首领们是否愿意服从他的领导，是否心甘情愿地跟着他，为保有西夏祖宗基业而奔走征伐呢？

李继迁的担心在他死后，迅速得到了验证。

吐蕃大首领的潘罗支听到李继迁的死讯后，欣喜若狂。然后，整个河西吐蕃部族都陷入了一场狂欢，他们在潘罗支的怂恿下，一面邀约回鹘部族首领，打算集结重兵，征讨西夏。另一方面，还派遣自己的哥哥邦逋支携带着土特产赶赴开封，向宋朝搬兵造势。

常年驻守在西北边境的宋朝镇戎军(今宁夏固原市)知军曹玮得到李继迁死亡的消息后，认为这是铲除党项藩镇割据势力的大好时机。他接连给宋真宗上书建议说："李继迁横行河朔二十余年，使国家常有西顾之忧，现在他们国危子弱，此乃天赐良机，当适时把握。如果现在不及时消灭他们，等到日后他们更加强盛之时再动手，恐怕就很难制服了。机不可失，失不再来，臣愿借精兵数万，趁其不备，生擒李德明，送到殿下。"

发难的还有与宋朝接壤地区的一些党项部落首领，他们见李继迁死后，李德明迟迟没有得到辽朝的册封，便对他的执政能力产生了怀疑。恰巧当时宋朝边臣正奉旨在宋夏边境一带大肆张贴布告，重金收买党项部族首领。宋朝人大肆宣传说凡是能带领部族归顺的首领，大宋天子皆不计前嫌，统一授给团练使之类的官职，并且还会赏赐大量金银、绢帛等物资。没过多久，沿边部落首领中果然有人带领部族投奔了宋朝，其中就有党项万山、万遇、妙娥等部族。

在这个非常时期接连出现这样的事，刚刚继位的李德明又该如何决断呢？

好在此时宋朝在位的皇帝是宋真宗，他和李德明一样，也是刚刚继位不久，刚刚继位的宋真宗全面继承了从宋太宗以来就开始实施的"守内虚外"的政策，万事皆以"安定国内"为最高宗旨，从确保国家安定和平的高度出发，他不愿轻举妄动。在接到各方来报之后，经过反复思量，宋真宗最终做出了一个令各方都始料不及的决定。他既没有理睬吐蕃潘罗支的请求，也没有采纳边将曹玮的建议，反而遣人去通知驻守在延州(今陕西延安市)的张崇贵，让他想方设法尽快与西夏取得联系，明确传达大宋愿意与西夏讲和的愿望。

瞠目结舌也好，目瞪口呆也罢，反正宋真宗执意做出了这样的决定。宋真宗出此策到底意欲何为呢？原来他是想用高官厚禄、金银财宝来收买和安抚李德明，借以达到息战安民的目的。

宋真宗息事宁人的政策，恰好给了李德明一个喘息的机会。当然，也给宋王朝留下了一个无法弥补的遗憾。

事实上，李继迁死后，时年二十三岁的李德明并没有严格执行父亲的遗嘱，马上与宋朝议和。因为他心中另有主张。

西夏皇帝供养像

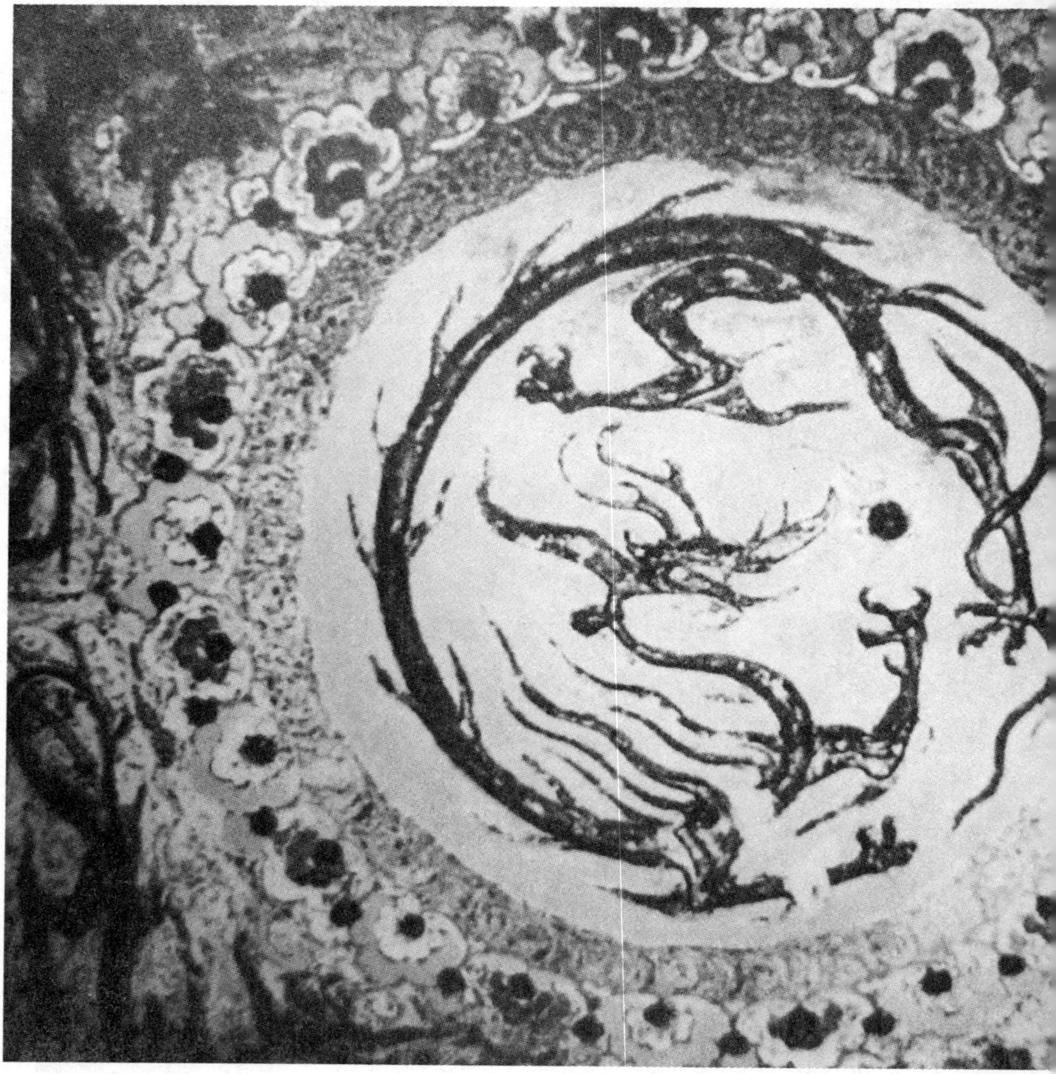

莫高窟第234窟五龙藻井

李德明召集将领们说："按照先王的遗命，现在就应该立即向宋朝上表请求议和。但是如果那样的话，我们的投降就显得太容易，人家就会轻视我们。现在，我想先发兵收复西凉，手刃贼凶，以雪国耻，重振国威。"众将领听后，都觉得很有道理。

行军司马保宁趁机建议李德明说："自从西凉吐蕃潘罗支扰乱我们，先王被

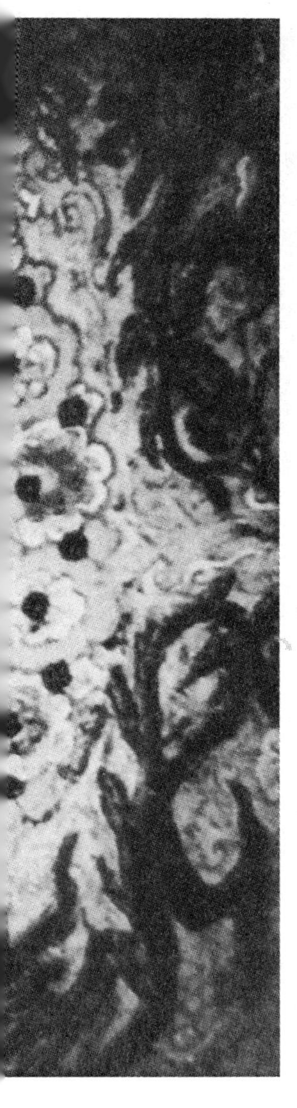

害死，许多部众都因为害怕而产生了疑虑，如果不借助辽朝的威令来震慑部众的话，恐怕人心难以稳定呀！”听了他的话，李明德觉得言之有理，于是决定一面派遣保宁赴辽朝为自己请求册封，一面发兵河西走廊，亲自率军攻打潘罗支。

此时的李德明虽然年轻，但他处事已十分稳重，他也并不像大家所想象的那样，是一个“弱子”。据史书记载，李德明“精天文，通兵法”，“深沉有器度，多权谋”，从小就跟随父亲南征北战，在马背上厮杀，在军营中长大。据说他十七岁的时候，就担任了夏州定难军行军司马。在攻打宋朝清远军(驻今甘肃环县北)时，李德明还亲自领兵攻城，“湮壕断堑以战”，围城七天七夜，直打得宋军粮尽援绝，开门献城。

在李继迁刚刚去世这个非常时期，李德明出兵攻打河西吐蕃潘罗支，这样做合适吗？为什么在西夏政权已然面临危机之时，李德明等人却依旧执意要先攻打潘罗支，并且这样疯狂的计划还获得了众将领的一致支持呢？这到底是怎么一回事呢？难道这也算是慎重思考的结果吗？原来，党项人天生好勇尚武，复仇心理极强，他们有一个习俗就是有仇必报。早在青藏高原上居住的时候，党项民族这一习俗就表现得极为明显。当某一部族受到外族侵害时，该部族无论男女老幼都会一起上阵，直至放火烧掉仇家的房屋。史书上记载说：“党项尤重复仇，若仇人未得，必蓬头垢面，跣足蔬食，要斩仇人而后复常。”即使是那些没有复仇能力的人，也要召集妇女，在吃饱喝足之后，成群结伙地来到仇家，放火烧毁仇家的房屋。如果双方的仇怨得到了和解，便要举行一个盟誓仪式，将鸡、猪、狗等畜禽的血和酒掺在一起，倒入髑髅杯中共饮，并对天发誓说：“若复报仇，男女秃癞，六畜死，蛇入帐。”

如今，夏王被杀，父亲被害，这不仅是李德明的仇，也是党项族人共同的仇。

在他们看来，如果不报这个仇，不仅本族人会瞧不起李德明，不服从他的领导，就连吐蕃、宋朝方面也会瞧不起他。

因此，李德明决定先攻打潘罗支。他先是派人携带重金，潜入敌境说服收买了潘罗支属下的党项部落首领，让他们作为内应，暗中协助自己。然后在潘罗支毫无防备的情况下，出其不意，亲率精兵攻入西凉，杀死潘罗支，占领了西凉府。国耻家仇已雪，李德明这才将父亲安葬在贺兰山下。

恰好就在这一年，中国历史上发生了一件大事：南方的宋朝和北方的辽朝约合，达成澶渊之盟。

再说宋辽之间，自宋太宗以来，两国战事一直不断，先是宋朝于979年和986年两次主动北伐皆失败以后，宋太宗彻底失去了北伐的信心。于是乎，战争的主动权交到辽朝手中。此后辽朝几乎每年都要向宋朝发起进攻。

宋景德元年（1004年），辽圣宗和萧太后亲率二十万大军，发动了有史以来辽对宋规模最大的一次进攻。辽军一路南下，如入无人之境，径直杀到与宋朝京城开封仅仅一河之隔的澶州，亦名澶渊（今河南濮阳市）。

面对辽兵的来势汹汹，宋朝臣僚又是各抒己见，争论不休。有卑躬屈膝投降派、有曲线救国逃跑派，也有以宰相寇准为代表的抵抗派，好在寇准能言善辩，舌战群儒，力主抵抗，最后抵抗派在争论中占据上风。宋真宗迫于无奈，只好答应在寇准的陪同下，亲赴前线督战。此时，宋辽两军实力相差并不大，可谓是旗鼓相当，故一时之间谁也吃不了谁，两军在澶渊一带形成了对峙之势。

时间一长，远道而来的辽军发现持续相持对自己很不利，于是，便放出了愿意与宋朝讲和的消息。讲和对于宋真宗来讲，那可是求之不得。

宁夏贺兰县宏佛塔出土的西夏文雕版

当时恰逢宋朝澶州守军有人射伤了辽军统帅，官军们倍受鼓舞。胆小怯弱的宋真宗敏锐地发现，这是一个千载难逢的与辽朝谈和的机会，此番又是辽朝主动提出议和，机会难得。他觉得虽然花了点银两和丝绸，但买来的是国家安宁与和平，真是值得！于是，立即遣使表示愿意讲和，他巴不得辽军赶快撤退。很快双方就和约条款达成了一致，约定宋朝每年给辽银十万两、绢二十万匹，双方各守疆域，两个皇帝互称兄弟，两国结为兄弟之国。这就是历史上有名的“澶渊之盟”。

宋辽“澶渊之盟”的订立，给宋、辽、夏三角关系带来了深刻的影响。

一方面，“澶渊之盟”后，宋、辽结好，夏、辽之前所建立的攻宋联盟便遭到了破坏。失去了辽朝支持和帮助的西夏如果再对宋朝发动战争，就不免有些自讨没

趣，结局只能有一个，那就是孤军奋战，最终必将陷入孤立无援的境地。另一方面，宋辽结盟以后，辽朝就不会再为了西夏而过分牵制宋朝兵力，宋朝也不用再每天担心辽朝对自己图谋不轨了，这样宋朝就可以放心大胆地腾出手来全力对付西夏。

如此一来，宋辽"澶渊之盟"的订立，对已经危机四伏的西夏政权来讲，无疑是雪上加霜，更似屋漏偏逢连夜雨，形势瞬间对西夏愈加不利。

然而，历史的发展总有它出人意料的地方，眼看着自己昔日的盟主辽国与宋朝议和结盟了，西夏国该怎么办呢？就在李德明为此事焦虑烦躁之时，却传来了宋朝愿与西夏讲和的消息，这无疑让坐卧不安的李德明喜出望外。这又是怎么一回事呢？原来是宋真宗在与辽朝签订了"澶渊之盟"后，越来越觉得如果每年花一些银两和丝绸，就能买来国家的安宁与和平，这真是太划算了。于是，他也想用这种方法解决西夏问题，所以，我们只能说宋真宗真是一个息事宁人的老好人。

收到宋朝主动提出议和的消息后，李德明清楚地认识到，当初父王临终时千

宁夏隆德县文物管理所藏西夏文"内宿待命"铜牌

叮咛、万嘱咐的与宋朝约和之事即将实现，他还强烈地意识到，与宋约和，也就意味着将彻底打破宋朝实施了很久的“以夷制夷”的制夏方略。

此时的李德明异常清醒，他知道，现在与宋朝议和，既能迅速走出目前的困境，又能从宋朝那里得来大量急需的资金和物品。更为重要的是，可以有效打破宋朝与河西吐蕃及周边各族联结建立的攻夏联盟，为自己出兵攻打河西创造条件。念想多年以来，宋朝人一直对西夏采取“以夷制夷”的方略，他们用官爵、金钱收买河西吐蕃及西夏周边的少数民族割据势力，和他们结成联盟，一起攻伐、逼压西夏，一想到父亲李继迁之死，李德明就更加想要冲破宋朝“以夷制夷”的对夏方略。

这是多么难得的机会呀，这不是一举两得，而是一举多得啊！

想到这里，李德明找来谋士张浦商议：“现在，我们的军队已经收复西凉，国威已振，请求议和正是时机。”张浦等人都表示同意。于是，派牙将张旻捧着和表，携带贡品，赴开封求和。宋真宗见到西夏使者，心中甚是欢喜。他赐给王旻锦袍、银带，好生招待了一番，随后又派使臣带着诏书前往西夏答礼。

也就在此时，辽朝的使者萧承德正手持节杖，带着封册、钱物来到西夏，册封李德明为西平王。辽对李德明的册封，及时壮大了李德明的声势，加大了李德明与宋朝讨价还价的砝码。

宋景德三年(1006 年)九月，宋夏正式签订和约：宋朝任命李德明为定难军节度使，封爵西平王，食邑六千户，实封一千户；赐袭衣、金带、金勒鞍马，并赐银万两、绢万匹、钱两万贯、茶两万斤；发给李德明与内地节度使相同数额的俸禄；准许夏人进入内地进行贸易往来；撤销对夏州青白盐输入内地的禁令。同时，宋朝也对西夏提出了一些要求：一、归还灵州领土；二、居地限于平夏范围；三、派遣子弟宿卫京师，即送亲属做人质；四、送还被俘的宋朝官吏；五、解散蕃、汉军队；六、释放被俘的宋朝军民；七、如果边境发生纠纷，要服从宋朝政府的处理。

对于宋朝提出的要求，有两条李德明坚决不同意。一条是归还灵州领土，另一条是送子弟到京城做人质。他的借口只有一句话，即“先祖没有过这样的故事”。结果宋朝也没有办法，只好采取对应措施，取消了允许夏人进入内地贸易和西夏青白盐在沿边内销两个条款。

“景德和约”是历史上宋、夏之间签订的第一个和约。

内蒙古赤峰敖汉旗喇嘛沟辽墓壁画契丹贵族春猎图(局部)

和约的签订,给刚刚扩大了而又十分动摇、急需巩固的西夏政权提供了一个千载难逢的休养生息的时机。李德明在位期间,实施了一系列保境安民、休养生息、发展生产的政策,史载西夏“有耕无战,禾黍如云”。西夏农业出现了一派欣欣向荣的盛况李德明又采取多种多样的手段,从宋朝取得优厚的经济利益,大大积累了物质财富。李德明的一系列政策有效医治了李继迁时期的战争创伤,其政治、经济和军事力量不仅得到快速恢复,而且不断得到增强。

自从“景德和约”签订以后,宋夏之间二十多年没有发生过大的战争,双方都有了一个相对和平的环境,这也给了老百姓一个短暂的休养生息的机会。

取甘凉崭露头角 兴霸业稳占河西

李德明继位后，在张浦等人协助之下，顺利完成了国家军政大权的交接，但他并不急于实践父王临终时千叮咛万嘱咐的向宋朝求和之事。

刚刚继位，李德明还有许多问题要向张浦等人请教，故而常常将张浦等大臣留宿宫中，请教治国纲纪、整军方略。当时的西夏政权，在外界看来是“国危子弱”，而事实上，西夏臣民也确实感受到了一种四面楚歌、危机四伏的恐惧，这种惧怕像病毒一样在西平府的大街小巷蔓延，不少党项首领又在这关键时刻叛投了宋朝，形势越来越严峻。

李德明担心的是，如果这样的局面长期得不到改观，恐怕祸乱迟早将从内生。刚刚扩大了的党项地盘根基尚不稳固，本应该上下一心，臣民共勉，举国致力于稳固根基。如今四境之敌，虎视眈眈，皆欲将西夏除之而后快。怎样才能尽快跳出这样的困境，自然就成了当务之急。这天夜里，李德明与诸位元老又是彻夜未眠，只见那大殿之内，烛光闪烁，灯火通明。李德明与诸位元老围圆席地而坐，中间有一小木桌上，桌上酒肉齐备。刚才他们还在激烈地争论，这会儿，众人又都在倾听张浦的论说，个个聚精会神，不时还点头表示认同。东方已经渐渐露出了鱼肚白，启明星也在闪烁中更显明亮，黑暗即将过去，黎明不远。西夏君臣还在为国家的生存和发展呕心沥血，思索着如何尽快跳出这样的困局。

忽而听到一阵爽朗大笑，这分明就是李德明的声音呀，只听见他接着说道：“大军师所言极是。一来，契丹辽国与宋朝素有争端纠纷，近些年又多战事。当年辽国答应扶持父王，乃是希望父王能从这西北河朔一带，为他牵制宋军，好利于

他侵夺宋朝疆土，为他与宋朝讨价还价增加砝码。如今，虽然父王英年早逝，但辽宋之间的征战还在继续，料想他辽国当不会在短期内与我们翻脸，毕竟他还需要我们助他一臂之力，故我想遣人出使辽国，求得册封。二来，虽然我们与宋朝征战多年，但宋朝治国讲究德并天下，且宋朝文臣大夫对待西事，各自主张，不相统一，坚决主张攻打我们的意见在宋朝并不受欢迎，多数大臣还是主张与我们言和。况且，宋朝真宗皇帝又偏爱于息事宁人之策。因此，与宋议和，不急一时。只要我们传令边帅，严加守备，不可轻举妄动，莫要理会宋军挑衅，想必他宋军也不会莫名来袭。为今之计，当如大军师所言，号召军民一致西讨，收复西凉，一雪国耻，手刃贼酋，再报家仇！不知众卿意下如何？”众臣子听了李德明一番缜密、精辟的形势分析后，倍感欣慰，异口同声道：“诺！”这时候，太阳已经完全跳了出来，新的一天开始了。

“大王已经决定发兵西凉了……”一大早，这样的消息就在西平府漫天飞舞，暂且不论消息是何人传出，但见民众听到此消息后，群情激奋，个个摩拳擦掌，皆为大王做出这样的决定而激动不已，更希望自己能有机会为西夏国人报仇雪耻贡献一份力量。

再说当年李继迁攻占灵州以后，采用了张浦提出的“明修栈道，暗度陈仓”之策，表面上扬言要出兵宋朝环庆一带，实际上是声东击西，暗地里发兵西凉府(今甘肃武威市)，一举攻占西凉。正当李继迁攻取西凉府，踌躇满志之时，潘罗支诈降，趁其不备，在李继迁继续西进的路途中设下埋伏。李继迁被流矢射中，回到灵州后，因伤势过重，不久后便撒手人寰。

如今，二十三岁的李德明在父亲的灵柩前重提发兵西凉之事，他审时度势，对外和好辽宋，决心全力向西发展，正所谓“西掠吐蕃健马，北收回鹘锐兵”。此后，党项人的西征活动一直在持续，直到宋明道元年(1032 年)李德明死后，其子李元昊继续向西用兵，最终占据了整个河西走廊一带。

再说吐蕃首领潘罗支，先是大意失凉州，接着四处奔波逃散，后来诈降，布伏兵射伤李继迁，等到听说李继迁死了，这才觉得挽回了些面子，不觉心中欢喜。这段时间他正琢磨着，既然强敌李继迁已经一命呜呼，我是不是应该趁此机遇扩大自己的地盘呢？于是，他命部下四处奔走，许下种种美妙承诺，企图联络各蕃部落合兵东进，一举杀到贺兰山。现在，却分明听得探子回报说，李继迁的儿子李德明要来找他报杀父之仇。潘罗支听到这样的消息，脸上露出了诡异狡黠的笑，不屑一顾地对众人说："老子都不是本大王的对手，何况一乳臭未干之小——子——？"潘罗支将"小子"两个字音拖得很长，立即引来众人一阵哈哈大笑。又听到潘罗支一马屁精小将油嘴滑舌地说："大王，德明这小子我见过，我一看便知他是个有勇无谋之辈，想跟大王较量，实在是自不量力，还敢大言不惭，说要发兵攻我西凉府。他若敢来，我定叫他有来无回！哈哈……"听罢，潘罗支继续与众人哈哈大笑。不过，大笑之余，潘罗支还是下令，要求各部落严加防守，说等李德明来了，要他有来无回！看来，潘罗支也遵守有备才能无患的理儿，但这言语之间，分明就是没有把李德明发兵攻打西凉之事放在心上！大首领这般看不上的敌人，想必也没什么能耐，所以，各部落首领也产生了轻敌之心，故并没有积极备防。

西夏这边与之西凉吐蕃

俄藏黑水城出土的贵人像

相较，却迥然不同，在李德明的指挥下，西夏军民一心正在积极备战。无论是在西平府，还是在遥远的边关，将帅们都亲自上阵，日夜操练军队，调运物资的车辆来来往往、川流不息，还有西平府城内的铁匠铺子，每天都能传来叮叮当当的铸造之声，清脆又显得有些杂乱，那是因为他们承接了政府军队的军械订单。李德明吸取父亲的教训，知道西凉吐蕃狡猾多端，便从不轻易出兵，还一而再、再而三推迟发兵时间，一来避免打草惊蛇，二来麻痹潘罗支。他先是遣人携带重金，潜入西凉吐蕃境内，说服收买并策反那些凉州吐蕃政权内部的党项部族，他希望等时机成熟以后，能够里应外合，以迅雷不及掩耳之势，一举拿下西凉府，斩杀党项共同的仇人潘罗支。

李德明发兵的日子一再被推迟，这不免让翘首等待的潘罗支产生疑虑，这小子怎么回事呀？怎么出尔反尔，这仇到底是报还是不报呀？难道他要耍什么花招？但麻痹大意和轻敌心理迅即又让他产生了另一种想法，他觉到，没准这小子就是

西夏博物馆

一个说大话、吹大牛的主儿。

就这样，又过了好些日子，还不见德明来攻。终于，潘罗支有些按捺不住了。再看西夏这边，一切已准备就绪，军队整装待发，就只等李德明下令发兵。此时，恰逢有探子回报，说："西凉府城内的兄弟们都已经准备就绪，只待大王一声令下，随时叫那凉州府瞬间成为一片火海。"李德明这才觉得时机已到，遂决定倾巢出动。

李德明分兵突进，各路大军遥相呼应，约定同一时间发起进攻，里应外合，速战速决，不给吐蕃任何喘息机会。他则亲率一万轻骑，长途奔袭，过关斩将，直向西凉府奔去。这天夜里，潘罗支还在酣睡，但凉州城内城外已是一片火海，哭叫声，喊杀声，声声震天。他连滚带爬，来不及穿好衣服，便急急忙忙召唤亲兵，想要问问到底发生了什么事，却不料被几个亲兵模样的人迎上来乱刀将他砍死。潘罗支死不瞑目，因为他到死都不知道是谁杀了他。

原来，经过李德明的精心谋划和安排，在西凉府当差的很多党项卫士都暗自归附了李德明，而那晚值勤在潘罗支殿外的亲兵正好都是已经投诚、愿意斩杀潘罗支将功赎罪的党项卫士。

李德明一举攻破西凉府，并杀死了凉州吐蕃大首领潘罗支，一夜之间，威名远扬。凉州吐蕃潘罗支政权灭亡以后，一部分族帐往西南方向逃窜，投奔了地处河湟谷地一带的吐蕃唃厮啰政权，也有相当部分留在西凉府的吐蕃部落表示愿意投降李德明。

然而，李德明在接下来的战事中却一再失利。凉州吐蕃潘罗支政权灭亡之后，甘州（今甘肃张掖市）回鹘不甘落后，也想趁机分一杯羹，于是不断向东扩大自己的势力。不久，因为凉州城内吐蕃叛乱，甘州回鹘趁机又从李德明手中夺去了凉州城。这时候，河西走廊的瓜州（今甘肃安西县）回鹘和沙州（今甘肃敦煌市）汉人曹氏政权都依附于甘州回鹘。甘州回鹘一时间声名鹊起，成为李德明以及他的儿子李元昊向西发展，占据河西走廊的最大障碍。从宋大中祥符元年（1008 年）到宋天圣四年（1026 年），李德明先后同回鹘展开了六次争夺甘州的战争，但每次都遭到失败。李德明因此同回鹘结成世仇。

宋大中祥符七年(1014年)秋七月,西夏国主李德明与回鹘人的战争还在继续。远居都城的国相府传来噩耗,党项夏州李氏政权中的元老重臣和主要谋士汉人张浦不幸去世。

张浦的死对于李氏割据政权来讲无疑是一个巨大的损失。李德明为此伤心不已,决定暂停与回鹘的战争,众将士披麻戴孝,举国悲痛!是呀,汉人张浦一直追随李继迁,出银州,走地斤泽,出谋划策,帮助李继迁恢复祖宗故土,又随之南征北战,取灵州、破凉州。李德明继位以后,他不负李继迁重托,尽心竭力辅助李德明迁都兴州,再破凉州,报仇雪恨,正当他为夏国事业呕心沥血的时候,却不幸身染重病驾鹤西游。张浦为了西夏国事业,真可谓是鞠躬尽瘁、死而后已!在李继迁和李德明时代,真正能称得上是足智多谋的人,恐怕只有张浦一人而已。作为武将,张浦或许并不优秀,但是作为谋臣,张浦绝对是称职的、优秀的,和历史上所有著名的谋臣相比,他毫不逊色。因此,尽管西夏的传世资料极其有限,但历史的书册还是毫不吝啬地永远记住了这个人。史载:"浦,银州人,事保吉、德明两世,忠诚练达,知无不言。及卒,德明临其丧,哭之恸,赠'银州观察使',元昊僭号,追封'银州伯'。"

宋天圣六年(1028年),李德明的儿子李元昊已经长大成人。经过长期的充分准备后,李德明决定派儿子李元昊带兵去攻打甘州。令李德明惊讶的是,没想到李元昊一战告捷,攻破甘州,甘州回鹘可汗夜落隔仓皇出逃,留在城中的后妃子女家眷悉数被李元昊虏获。甘州首战成功,李元昊深得父亲欢心,随即被立为太子。

李元昊攻取甘州以后,驻守在凉州的回鹘人一下子慌了神,甘州大本营已经失去了,凉州能否保住?回鹘人惶惶不可终日。李元昊照着祖父当年攻打西凉的样,故技重施,采取了声东击西的战术,将宋兵吸引到环庆一带,从而使凉州回鹘失去了戒备心理,然后再出奇兵突袭凉州,耍了一个完美的回马枪。回鹘人应对不及,只好弃城而去,投奔了河湟吐蕃唃厮啰政权。

李元昊占领甘州、凉州以后,河西走廊西部的肃州和瓜、沙二州随即失去了屏蔽。当年甘州城危之时,隶属于甘州回鹘的瓜州王曹贤顺奉命带兵

来援，没想到兵至甘州，甘州城已经被李元昊拿下。曹贤顺见李元昊兵强马壮，又刚刚拿下甘州，士气高涨，于是表示愿意率部归降。远在西平府的李德明欣然接受了他的投降，因为战线太长，李德明并没有直接派人去占领瓜州，而是顺水推舟，继续赐封曹贤顺为瓜州王，允他留任瓜州，替西夏国守护边疆。

后来李元昊继位后，一直忙于同吐蕃唃厮啰作战，一时还腾不出手来经营瓜州。没想到瓜州在唃厮啰的教唆下，又单方面宣布不再受西夏国管控，本来还打算借道瓜州攻占沙州，现在看来已经是不可能了。

这种局面一直持续到宋景祐三年(1036年)，李元昊这才腾出手来，正式率军攻占瓜州，直取沙州，接着回师占领肃州(今甘肃酒泉市)。之后李元昊便完全控制了河西走廊，彻底结束了甘州回鹘在这一地区的统治。占领河西走廊后，李元昊便把向西拓展的重点重新转移到吐蕃唃厮啰政权控制的湟水流域一带。

唃厮啰，本来是一个人名，吐蕃语的意思是“佛子”，为吐蕃赞普的后裔。正是因为唃厮啰有这样显赫的身世背景，才被宗哥城（今青海西宁市东）的僧人李立遵和邈川（今青海乐都县）吐蕃大首领温逋奇拥戴为王，在河湟流域一带建立了一个拥有数十万民众的地方民族政权——吐蕃唃厮啰政权。

宋明道元年（1032 年），继位后的李元昊左冲右突，着实让宋人感觉不好对付。于是，宋朝内部就有人重提“以夷制夷”的策略，提议适当扶助吐蕃唃厮啰政权，利用吐蕃唃厮啰政权的势力来牵制李元昊。提议得到了认可，很快，宋朝便任命唃厮啰为宁远大将军，温逋奇为归化将军。第二年，宋朝又加封唃厮啰为保顺军节度观察留后。

是年七月，为了尽快解除后顾之忧，李元昊审时度势，决定在河西走廊战事尚未结束之前，率先发动对河湟吐蕃的猛烈进攻。李元昊派大将苏奴儿率兵五千

西夏王陵遗址

攻打猫牛城(今青海西宁市东北),本想出其不意、先发制人,却不料被吐蕃击败。更糟糕的是大将苏奴儿竟然被俘虏了。李元昊听到西夏军战败的消息后,倍感有失颜面,遂于当年九月,亲率大军远征猫牛城。猛烈强攻了一个多月,却没有打下来。李元昊煞是苦恼,好在有人献计,李元昊采而用之,派人向吐蕃守将诈称约和,这才骗开了城门。李元昊纵兵蜂拥而入,没想到猫牛城内军民竟然顽强抵抗,宁死不屈。双方混战厮杀许久,李元昊才拿下了猫牛城。战后统计,西夏军伤亡惨重,而猫牛城内军民几乎全部阵亡,小小猫牛城中居然有如此忠勇之义士,李元昊不觉深感钦佩。

宋景祐二年(1035 年),李元昊听说唃厮啰政权内部叛乱不止,以为千载难逢的大好时机到来,趁机发兵包围了青唐城(今青海西宁市)。殊不知,这吐蕃唃厮啰人竟然能在内讧不断、外敌入侵的情况下,暂时重归于好,迅即又精诚合作,

一致对外。青唐城戒备森严，眼看着攻城无望，李元昊打算尽快撤离。不料，唃厮啰已派遣安子罗领兵十万，截断了李元昊的退路。战斗旷日持久，十分激烈。在李元昊的强大攻势下，安子罗渐渐不支，但李元昊方面也因为持久作战，加之远离大本营，粮草渐渐供应不上，周转不济，士兵饥馑神情显于色，时有因饥饿死亡者。好在西夏兵个个勇往直前，充满英雄气概。安子罗见西夏军威不倒，便暂且悄悄隐匿，给西夏军让开退路。李元昊见状，面有喜色，命大军有序撤退，边走边想，这攻取唃厮啰青唐城绝非易事，还需从长计议呀！

突然，李元昊大喊："不妙！恐吐蕃军背后来袭！"于是，一边组织精英部队断后，一边令大军火速撤退。令李元昊料想不到的是，就在大军撤退行至宗哥河（今湟水）打算过河时，吐蕃安子罗突然率军来袭。西夏军阻挡不住，急于撤离，但因缺少渡船，众将士慌不择路，争先恐后跳入河中，被河水冲走淹死者不计其数。

宗哥河之败，李元昊极为恼火。同年十二月，又率大军进至河湟一带。唃厮啰自知寡不敌众，只好屯兵鄯州（今青海西宁市境内），不敢出来迎战。李元昊主动进攻，这一次，他吸取上次失败的教训，早在士兵渡河之前就命人在水浅处插上标记，作为退路，以为这样就可以高枕无忧。殊不知，他的这一切举动都被唃厮啰派来侦察的细作看得一清二楚，只待他们稍稍远离，便速速遣人将其标记通通移到深水区。

李元昊对唃厮啰新一轮的进攻，虽说是有备而来，却也不得不因唃厮啰拒不出战和旷日持久的拖延之策，最终无功而返，众将士反落得疲惫不堪。雄赳赳、气昂昂地来，如今个个落得个垂头丧气。大军撤退时，刚到河边，又听说吐蕃军队背后来袭，于是争相渡河的一幕再次上演，士兵们寻找浅水标记，不料误入深水，溺水而亡者十有八九，辎重丢失不计其数，只有为数不多的残兵败将护送李元昊安全离去。李元昊再次惨败，从此再也不敢轻言攻入唃厮啰境。

一直等到宋景祐三年（1036 年），当李元昊彻底击败了甘州回鹘，完全占领河西走廊，准备对宋用兵之时，又担心宋朝会利用吐蕃唃厮啰来抄断自己的后路。于是，决定先率大军一举攻破兰州吐蕃族帐，进军马衔山（今甘肃临洮县北）一带，并在瓦川会（又称凡川会）修筑城寨，留兵镇守做长久计，希望可以彻底隔断吐蕃与宋朝的交通联系。

西夏天授礼法延祚元年（1038 年），李元昊登基称帝建国大夏，因地处西北，

李元昊塑像

下廣積倉官蒲殊失里准此

史称西夏。宋朝想利用河湟吐蕃来有效牵制西夏，遂任命唃厮啰为保顺军节度使。不久，又遣使臣来到青唐城，希望唃厮啰能从背后进攻西夏。唃厮啰老奸巨猾，只是口头答应出兵攻打凉州，却一直按兵不动，不见任何行动。

西夏天授礼法延祚三年(1040年)，宋朝又遣刘涣出使青唐，唃厮啰给予热情的招待，但仍然是口惠而实不至，不见有任何实质性的军事行动。

李继迁、李德明、李元昊祖孙三代人，在经历了近半个世纪艰苦卓绝的拼搏抗争之后，从光复祖宗基业到发兵西征，打败凉州吐蕃、甘州回鹘，直至彻底占领河西，这不仅为党项民族的长远发展开拓了极大空间，而且也即将迎来党项民族发展历史上最为辉煌的时刻。值得注意的是，他们祖孙三代持之以恒的征战，客观上也结束了当时西北地区各民族政权之间长期互不相属、连年征战不休的混乱局面，基本上实现了西北地区的局部统一，这为日后元朝统一天下奠定了基础，为中华民族大一统事业做出了卓越的历史贡献。

李元昊新建立的西夏国，疆土由三大板块组成，按照占领的先后顺序，第一块是以夏州、绥州为中心的鄂尔多斯高原，第二块是以兴州、灵州为中心的河套平原，第三块是以甘州、凉州为中心的河西走廊，这三大板块是一个有机的整体，缺一不可。有人曾形象地说，如果说将西夏比喻成一只猛虎，那么夏、绥就是猛虎之首，兴、灵是猛虎之腹，而甘、凉则是猛虎之尾。难怪清朝历史学家吴广成就无不感慨地说："有了兴州和灵州，则绥州和宥州的形胜天险得以更加巩固，有了甘州和凉州，则兴州和灵州沃野千里，可保根基永固。西夏国得以建立的根基就在这里啊！"

李德明撒手西去
李元昊大展宏图

话说李德明与宋朝缔结和约之后,边境上总算是比较安静了。宋夏双方虽然时不时仍有点小摩擦,但李继迁时代那种大规模、频繁的边界冲突已经销声匿迹。李德明对宋朝贡奉颇频,宋朝这边也投桃报李,给了李德明大量的赏赐。

宋景德四年(1007 年),宋夏签订和约刚满一年,李德明便迫不及待地向宋朝提出在延州保安军设榷场的请求,希望允许双方人民进行贸易,宋真宗赐诏同意。这件事情看上去是件小事,事实上它对宋夏关系的发展具有划时代的意义,也给了西夏国人民实实在在的

西夏博物馆

西夏说法图

实惠。因为,一直以来党项人基本没有手工业,农业也不发达,他们赖以生存的是游牧业,靠牧养骆驼、马、牛、羊等牲畜为生。但在他们的生产生活中却需要大量的粮食、布匹、丝绸、瓷器、漆器以及一部分当地不产的香料,还有更为重要的铜铁和茶叶,边境榷场的设立正好解决了这些问题。

事实上,李德明并不是一个安分守己的人,他虽然与宋朝签订了和平协议,在名义上表示臣服,但是想要他老老实实、规规矩矩地遵守协议,实在比较难。所以在双方议和后,他仍然坚持不懈地寻找和平协议的空子,经常与宋朝搞点小摩擦,占点小便宜。和平来之不易,一向息事宁人的宋真宗也不愿为这些小事与李德明翻脸,为了巩固和议,维系和平,他不停地给李德明加官晋爵,想以此来笼络李德明,使其不生叛逆之心。

可是,这样做的直接结果就是纵容了李德明那颗本来就不安分的心,他的胆子越来越大,雄心壮志被再一次激发!在他看来,宋朝赐给他再多的官爵,他也永远只是个臣子。他梦寐以求想要得到的,是皇帝的宝座!因此,李德明虽然在表面上对宋朝服服帖帖,接受宋朝封给他的定难军节度使、西平王等官爵,暗地里却不动声色地为称帝建国做着准备。

再说辽国，他们在给李德明的名号方面就显得大方多了。早在李继迁时代，辽国就曾经封李继迁为夏国王，李德明即位后，辽国又再一次封他为夏国王。从某种程度上讲，辽国对于李德明建国称帝的行为基本上是表示默许甚至赞同的。因为在辽圣宗眼里，李德明的那些土地和人民原本就不是他的，只要李德明能向他称臣，不侵犯他的利益，李德明想称帝就由他去吧，反正李德明正好能有效地牵制宋朝！

李德明边走边看，感觉整个形势对自己来讲还是比较有利的，称帝建国的步伐有条不紊。北宋大中祥符三年(1010 年)，李德明役使民夫数万在鏊子山(今陕西延川县西)修建了庞大的宫殿，宫室绵延二十余里，颇为壮观。李德明出行时，“大辇方舆，卤簿仪卫”，俨然是帝王气派。每逢宋朝使者来到夏州时，李德明便会提前撤下宫殿题榜，放在廊下，等到使者刚一离开，马上更换红褐色的袍子，鸣放鞭炮，由鼓乐引路回到宫中。

他还仿照帝王之制，追认父亲李继迁为“应运法天神智仁孝至道广德光孝皇帝”，谥为“夏太祖”，庙号武宗，册立儿子李元昊为太子，立李元昊的母亲卫慕氏为皇后。同时，他还利用谶纬迷信之术，为自己称帝铺路搭桥。有一天，有人给李德明汇报说，在怀远镇(今宁夏银川市)北边的贺兰山温泉山上看见了龙。李德明说这是祥瑞之兆，立即派人前往怀远镇去勘察、祭祀。随后他对身边的人说：“西平土俗淳厚，然地居四塞，我可以往，彼可以来。不若怀远，怀远西北有贺兰之固，黄河绕其东南，西平为其障蔽，形势利便，洵万世之业也。”于是便取飞黄腾达之意，升怀远镇为兴州，大兴土木，修建宫殿。

宋天禧四年(1020 年)，李德明将都城由西平府(今宁夏吴忠市)迁往兴州(今宁夏银川市)。

宋明道元年(1032 年)十月，正当李德明称帝立国的各项准备事宜基本就绪，即将登上皇帝宝座时，却突然染病身亡，享年五十一岁。

李德明是在李继迁兵败凉州、部众不服、党项政权岌岌可危的情况下接替其父职位的，真可以算得上是“受任于败军之际，奉命于危难之间”了。假如那时候李德明仍采用李继迁四处征伐的策略， 那么本已脆弱的国家机器将会更加不堪重负，如果当时宋朝再全力征讨，估计后来也就不会有西夏国了。李德明充分认

识到了这一点，他及时调整了内外政策，与宋和好，继续保持同辽国的友好关系，同时发展经济，促进农牧业生产，“使塞垣之下有耕无战逾三十年”，党项民族经济和军事实力由此不断增强，为随后李元昊称帝建国奠定了良好的基础。

李德明死后，儿子李元昊继职位。这一年，李元昊二十九岁。宋朝在接到李元昊的请表后，任命李元昊为特进、检校太师，侍中，定难军节度使，夏、绥、银、宥、静等州观察处置押蕃落使，并册封他为西平王。与此同时，辽朝也册封他为夏国王。

李元昊是李德明的长子，其母乃李德明的长妻，银州党项大族卫慕氏之女。传说李德明带着卫慕氏到贺兰山游玩，卫慕氏夜梦白龙绕体，因此怀孕。李元昊出生时，“啼声英异，两目奕奕有青光”，李德明对他十分喜爱，并用党项语给其取了个小名，叫作“嵬理”，在汉语里面就是“珍惜富贵”的意思。

李元昊与他的父亲李德明有很大不同，一方面他从小就受到了良好教育，因此长大后颇有才华；另一方面，成长于行伍之间的李元昊生性桀骜不驯，野心勃勃。

李德明去世后，宋朝派工部郎杨告前往兴州为李元昊颁发任命诏书。宋朝的使团来到兴州后，李元昊故意拖延着不去迎接，宋使向他宣读宋仁宗的封授诏书(任命状)时，他只是远远地站着，不肯跪拜。在杨告的再三催促下，李元昊才勉强地跪下接诏，拜完后起身对身边的臣僚说：“先王真是大错，我们有这样的国家，为什么还要向别人称臣跪拜！”他在设宴招待宋使时故意把自己的席位设成上座，在杨告委婉劝说下才按接待天子使节的礼仪设座。

李元昊不愿向宋称臣，并不是从继位开始的。年少时，他就因父亲向宋朝称臣而感到屈辱，多次劝说父亲不要臣服宋朝。他曾对父亲说：“从宋朝得来的赏赐只归我们自己使用，可事实上我们的部落很多，又都非常穷困。如果我们因此失去了众部落的拥护，拿什么来守护国家？不如练兵习武，断绝朝贡，小则可以掠夺财物，大则可以侵占疆土。上下俱丰，我们有什么舍不得的呢？”

听了李元昊的话，李德明只是觉得自己的儿子真是太年轻了，根本不知道什么叫“审时度势”，什么叫“韬光养晦”，还有什么是“识时务者为俊杰”的道理。于是，他告诫儿子：“父王我南征北战，用兵多年，已经很疲惫了，我党项拓跋氏族三十年来之所以能够无忧无虑、锦衣玉食，全是宋朝的恩惠呀，我们不可以忘恩负义！”

西夏说法图

父亲的话让李元昊有些愤懑,他激动地说:“穿皮毛衣裳,从事畜牧业,这是我族的生活习性。英雄之生,当做霸王,怎么能够只是为了无忧无虑、锦衣玉食呢? ”

李元昊平时喜欢穿一件白色的长袖衫衣,头带黑冠,身佩弓箭。每逢出行的时候,他常骑一匹枣红色骏马,前面两名旗手开道,身旁有侍卫打着青色伞盖,后面跟随的是百余骑兵,耀武扬威,气势非凡。

宋夏边界上有关李元昊相貌、气度和本领的故事、传说很多。有人说他才华横溢,工于书法,善于绘画,通晓佛学和法律,又精通汉、藏语言和文字;也有人说他从小就特别喜爱阅读兵书,酷爱排兵布阵之术,在他的书桌上常常摆放着一些军事兵法之类的书籍,以便随时阅读,出征打仗时,他还要将《野战歌》《太乙金鉴诀》等兵书随身携带,所以他的军事指挥才能也特别高超。说得神乎其神,其实就是一句话,那李元昊几乎是无所不会、无所不精,真可谓是多才多艺。

然而,尽管边境上有关李元昊的故事和传说有多个版本,但是驻守在陕西沿边的宋朝大将曹玮听说以后,都不以为然,他很想亲眼见识一下李元昊,看看到底是个什么样的人物,竟然会引来这么多的故事和传说。于是,他派人四处打探

李元昊的行踪，听说李元昊经常到宋夏边界的榷场来转悠，便等在那里，希望能够碰上一面。谁知，他等了好几回都没有如愿，只好派人暗中画了李元昊的像。一看见李元昊画像，曹玮大吃一惊，不禁惊呼：“哎呀，此乃真英雄相尔！”

当时宋夏边境上还流传着这样一个故事，说李元昊在十三岁那年，李德明曾派人赶着马匹去宋朝换买中原物品，由于换回来的东西获利不大，李德明就很生气，一怒之下，便要杀掉这个人。周围的人都很害怕，都不敢站出来劝阻，只有李元昊突然从人群中跳了出来，对父亲说：“我们党项族人本来就是骑马的民族，你却要用战马去资助邻国，这已经是失策了。如今，还要因为这些货物而杀掉自己的族人。这样的话，往后谁还敢为我们尽心做事呢？”

在听到这个的故事以后，曹玮的心中产生了疑虑。他想，这么小的孩子就在想着如何用人的事情，果然是英雄少年，倘使此人生在我大宋中原，他日定是国家社稷之栋梁，只可惜此人生于蛮羌藩属之中，久染刁风陋习，心中必存异志呀。于是，

西夏博物馆中西夏历史场景塑像

不禁长叹道："他日李德明百年之后，这个儿子迟早必成我大宋之巨患。"

数年之后，曹玮的担心变成了事实。李德明撒手人寰、驾鹤西去之后，唯一的约束消失了，李元昊加快了立国称霸的各项准备工作。

他首先下令废除唐、宋所赐之李、赵姓氏，改姓"嵬名"，改名"曩霄"，自号"兀卒"。"兀卒"是西夏语，汉语的意思是"天子"。接着，他以避父亲的名讳为借口，改宋朝明道年号为显道，将宋明道二年(1033 年)改为西夏显道元年。自此以后，西夏开始使用自己的年号。第二年，元昊的开国谋臣杨守素向他上言，认为"显道"年号乃是脱胎于宋朝的年号，想要建立王霸之业，就必须要有真正属于自己的年号。元昊认为言之有理，就改显道二年为"开运元年"，并仿照中原王朝改元的做法，大赦国中。刚改了没几天，元昊又听说"开运"是五代时后晋灭国时的年号，心想这年号太过晦气，便又改元为"广运"。

为了突显党项民族的个性，李元昊在西夏显道元年(1033 年)三月，颁布了"秃发令"，要求境内党项人一律不准使用汉人发式，并且率先剃掉了自己的头发，穿耳带重环，以为示范。随后，又严令国人在三日内一律秃发，凡有反抗拒不服从命令者，许众人共杀之。有了这样的强制性命令，一时间党项人民争相秃发。

除此之外，李元昊在服饰上也作了新的规定。他按照党项民族崇尚白色的习俗，参照吐蕃赞普和回鹘可汗的服制，为自己设计制作了白色窄衫和后垂红色丝带的红里毡冠。同时规定，文武官员分穿紫色、红色的衣服，平民百姓穿青色、绿色的衣服，这样以穿衣颜色来区分人的等级贵贱。

接着，李元昊升兴州为府，改名为兴庆府，继续德明未竟之业，加紧大兴土木，"广宫城，营殿宇"，新建成的府城四周有护城河，河宽十丈。规划布局、建筑模式，处处仿照唐都长安和宋都开封，就连城门也要像唐、宋都城一样，用"光化"、"南薰"等名字来命名。

李元昊还仿效宋朝，设立了中书省、枢密院、三司、御史台、翊卫司、官计司、受纳司、农田司、群牧司、飞龙院、磨勘司、文思院等一大批完整的中央行政和军事机构，并且规定，中央官员从中书令、宰相、枢密使等以下，党项人和汉人都可以担任。有意思的是，元昊设立的专门管理兴庆府地方事

务的衙门,竟然直接转引宋朝汴京衙门名称,也叫开封府。党项民族兴起之初并没有礼乐制度,自归属唐王朝以后才开始学习尊卑跪拜之礼节。李元昊认为蕃俗以忠实为先、战斗为务,唐宋繁音缛节,不足为法。于是他主持简化了礼乐制度,改礼节九拜为三拜,改乐之五音为一音。

在整治朝纲的同时,李元昊对西夏的兵制进行了重大改革,把全国划分成左右两厢,设置了十二个"监军司",相当于现在的十二个军区,分别是黑水镇燕监军司、左厢神勇监军司、石州祥右监军司、卓啰和南监军司、西寿保泰监军司、黑山威福监军司、宥州嘉宁监军司、韦州静塞监军司、右厢朝顺监军司、甘州甘肃监军司、白马强镇监军司、瓜州平西监军司。分以七万兵力护卫首都兴庆府,五万兵力镇守西平府,五万兵力镇守贺兰山,十万人防守宋朝,七万人防守辽朝,三万人防守河西吐蕃和回鹘,总兵力号称五十万。

李元昊在准备立国的进程中,还完成了一件伟大而留名千古的事情,那就是创制了西夏文字。一直以来,党项族虽然有自己的语言,却没有文字,过去一直使用的是汉字。李元昊认为,只有创造了自己独有的文字才能真正建立起本民族独特的文化。于是,他下令大臣野利仁荣创制西夏文字,并在朝中专门设立了学习西夏文字的"蕃学院",选拔优秀子弟入院学习,还把中原通行的文告、诰牒以及一些佛经、汉文书籍等,全部翻译成了西夏文字。

李元昊前前后后用了整整六年的时间,终于实现了对政治、军事等制度的改革,消除了内忧外患,完成了称帝立国的最后准备。

西夏大庆三年(1038年)十月的一天,李元昊在野利仁荣、杨守素等大臣的簇拥下,在兴庆府南郊戒坛寺祭拜天地,然后登上皇帝的宝座,受册称帝,接受群臣的拜贺。定国号为大夏,全名为"白高大夏国",西夏语发音为"邦泥定国",改年号为"天授礼法延祚元年",表明自己受封于天。李元昊正是西夏国历史上第一位皇帝,谥号"夏景宗"。

接着,群臣奉册为李元昊的祖宗上谥号,追谥祖父李继迁为"神武皇帝",祖母野利氏为"顺成懿孝皇后",父亲李德明为"光圣皇帝",母亲卫慕氏为"惠慈敦爱皇后"。册立妃子野利氏为"宪成皇后",立长子宁明为皇太子。

登基仪式结束后,李元昊戎装一身,在蓬子山检阅了西夏国士兵。

随后,他便遣使上表宋朝,要求宋朝给予承认,并册封帝号。

野利仁荣功不朽
西夏文字泽百年

有这样一个故事。

清朝有个著名学者，名叫张澍(1776~1847年)，号介侯，凉州府武威县(今武威市)人。清朝嘉庆九年(1804年)，在朝为官的张澍突发疾病，久治而不能痊愈，无奈之下只好返回老家静心养病。有一天，久病初愈的张澍突然很想出去走走，恰巧一友人正在其家做客，于是，两人结伴而行，无意间便来到武威城外一座寺

飞 天

西夏文《大白高国境凉州感通塔碑之塔铭》

庙跟前，这座寺庙名为清应寺。尽管张澍本人就是凉州人，却因常年在外，不曾游览过清应寺，便趁机提出进寺一游。友人初到武威，也想开开眼界，两人一拍即合，遂在一小和尚引导下进入寺内。

寺院建筑古朴而不失典雅，富丽堂皇而更显庄严。寺内松柏林立，古槐参天，让人不禁慨叹：好一座千年古刹。左转右转，谈古论今，两人甚是开心。走着走着，张澍与好友不约而同地在一碑亭前停了下来。只见那碑亭，高大雄浑，但前前后后却都被人用青砖砌裹得严严实实。张澍一时好奇心起，就问身旁的小和尚："小师傅，敢问此碑亭，何以封砌得如此严实？"小和尚耐心地给张澍讲了一个故事。

原来当地久有传闻，说清应寺内的这座碑亭万万不可拆封，若拆封会有风雹之灾。不料玄乎其神的传闻，更加勾起了张澍的好奇心。张澍要求小和尚除去碑亭封砖，想要一探究竟。岂料，小和尚面生惧色，连连推却。张澍不依不饶，小和尚告诉张澍，住持一再强调，寺内僧众谁也不能拆封碑亭，违者将会被责以重罚。但张澍是谁呀，他才不信有什么灾异，仍然坚持要拆封，还吵吵嚷嚷，执意要求见住持。小和尚无话可说，只好一溜烟跑开，去后殿请住持了。

不一会儿，清应寺住持就从后殿走了出来。老主持白眉白须，温文慈善，见到张澍，一阵寒暄，好不和气。但一听说张澍要拆封碑亭，顿时就变了语调，一再强调，此碑亭自立于本寺，几百年来都不曾拆封，且不说那久传的拆封会招来灾异之说，便是谨遵寺规，也不容拆封。张澍为了满足自己的好奇心，承诺如有任何灾祸，自己愿意承担任何责任。住持仍然不许。张澍见好说歹说都不能奏效，也管不了那传闻或是寺规啦，便摆出官架，针锋相对，亮出话来："今日此碑亭还非拆不可了！"纵然住持死活都不答应，但终究碍于官威，执拗不过，只好招呼几位僧人开始拆封碑亭。

拆去碑亭正面的砌封砖后，所有人都惊呆了，好一座高大而不失威严的石碑，上面密密麻麻刻满了文字，方方正正，甚是美观。可待张澍走上前去想要看看碑文何意时，又一次惊呆了，因为他根本就是一个字都认不出来。随行的朋友也凑了上来，结果仍然是一字不识，好生纳闷。但张澍很快意识到，碑后一定会另有文字。张澍要求继续拆封，待拆去碑亭后面封砖后，张澍迫不及待凑到碑前，拭去尘土，脸上露出喜色。果然碑后有汉字，其中建碑年款题为"天祐民安五年岁次甲戌正月甲戌朔十五日戊子建"。

张澍何许人也，此人乃是武威当地远近有名的大学问家。武威张氏，家学源远流长，张澍深受熏陶，自幼熟读经史百家，而今在朝为官，靠的便是精通考据的真本事，且不言其才华横溢、学富五车，但言经史百家，考据古今，却是其专长。因此，他敏锐地发现，"天祐民安"乃是西夏崇宗乾顺年号，并以此果断判定，碑前所刻无法释读之"天书"极有可能就是史书上记载的西夏国番文。张澍后来把这一重大发现记在了《书西夏天祐民安碑后》一文中。因此，学界明确识别出西夏文字者，张澍当为第一人。

故事讲完了，问题也就出来了，清应寺石碑上所镌刻之西夏"天书"究竟到底是一种什么样的文字呢？又是如何被创造出来的呢？是个人创造力的极限，还是集体智慧的结晶？如果是个人的创造，那究竟是哪位高人所创呢？如果是集体智

慧的结晶,具体又是什么情况呢？很多史书对此各执一词,后来的史学家也是众说纷纭,莫衷一是,这一问题也一直成为历史学界的一大公案,长期以来纷争不断。那么,西夏文字究竟是如何被创制出来的呢？

其实,西夏文字是李元昊在称帝前夕,授意西夏著名学者野利仁荣借鉴汉字笔画、构造,总结党项民间用语习惯,创制的一套专门用来记录党项民族语言的文字。这套文字在当时的西夏被称为“国字”或“番书”,现在的中国学术界称之为“西夏文”,部分外国学者称之为“唐古特文”。

西夏政权灭亡后,随着时间的推移,党项族逐渐同化于邻近的民族中,作为一个民族,在明清之际慢慢地消失了。被党项人使用的西夏文字也渐渐成为了无人可识的死文字,向来有“天书”之称。

在西夏立国前,党项族长期没有记录本民族语言的文字,因为长期受到中原汉地文化的熏陶,他们日常和书面交际都使用汉字。

李元昊继位后,西夏已经囊括了整个河西走廊,俨然成为一个西北大国。于是,李元昊不再满足于像其父辈那样关起门来偷偷摸摸地做皇帝,而决意公然称帝。但既要与宋、辽平起平坐,三分天下,在各国之间表奏往来时若没有自己的文字,岂不是显得要低人一等？于是乎,创制出一种作为党项族表征的独特文字就势在必行,成为当务之急。

然而对整日忙于建国大业和军事征讨的李元昊来说,哪有时间去亲自创造这样的文字呢？于是,他想到了学贯蕃、汉,堪称西夏第一文士的野利仁荣。创制西夏文字,非此人莫属,像他这样有学问的人,恐怕在西夏国内再也找不出第二个。

野利仁荣这个人不仅对中原汉地文化典籍非常精通,而且是西夏王国建立初期各种典章制度创立的参与者和谋划者,李元昊一向视其为知己,与之无话不谈。

很快,李元昊便找来野利仁荣,一番酝酿,君臣二人很快达成了关于创制新文字的设想与规划,决定在借鉴汉字笔画、构造的基础上,创制出新的属于党项族自己的文字。这种文字一定要区别于汉字,借鉴不是简单地借用,要尽量避免与汉字雷同。最后,李元昊还不忘叮嘱野利仁荣:“创制新的文字,事关重大,意义非凡,这是我大夏立国的一个基本条件,这样的重担只有先生才能承担,希望先生能够尽心竭力,不负众望,早日成书。”

俄藏黑水城出土的双头佛像

野利仁荣辞别李元昊后，独上高楼，闭门谢客，潜心造字。寒来暑往，多少个日日夜夜的呕心沥血，终于在西夏大庆元年（1036 年）创制出了十二卷西夏文字。新文字颁布时，李元昊下令尊为“国字”，谕示今后所有公文一律使用西夏字书写，群臣上表敬献颂词，举国欢腾，并改广运三年为大庆元年以示庆贺。

为了尽快在全国范围内推广西夏文字，野利仁荣派弟子到民间教习传授，帮助老百姓使用西夏文字记事。野利仁荣自己更是以身作则，不辞劳苦，深入民间许多重要场所传授、解惑。野利仁荣为西夏文字的创立和西夏文化事业的开创、发展做出了不朽的贡献。

西夏天授礼法延祚五年（1042 年），野利仁荣因辛劳过度而不幸离世，李元昊曾三次前往吊祭，每次都动情大哭，说道：“老天哪，你为什么要这么快就夺走我的肱股之臣啊？”他下令厚葬野利仁荣，赐封为富平侯。西夏天盛十四年（1162 年）八月，西夏的第五位皇帝夏仁宗李仁孝又追封野利仁荣为广惠王。

西夏文字创制成功以后，官府和民间都非常重视西夏文字的研究、传播和学习。在西夏政府机构的主持之下，西夏人相继编纂出版了《文海》《音同》《义同一类》等西夏文辞书，还有夏汉对音对义词典《蕃汉合时掌中珠》。令人兴奋的是，历经近千年的风雨洗礼，这些工具书都被比较好地保留了下来，成为今天开启西夏文字之谜的宝贵钥匙。

历史学家和古文字专家的研究表明，西夏文是仿照汉字创造的，在形体上借用了汉字的基本笔画，如点、横、竖、撇、捺、拐、提等，将它们组合成一些类似汉字偏旁、部首的文字构成要素，再把这些文字构成要素拼合成结构功能、形体特征都类似于汉字的方块字。其偏旁、部首都是利用汉字笔画缀合而成的，虽然形体酷似汉字，但目前所知六千多个西夏字中没有一个与汉字是相同的。

西夏文在结构功能方面主要是吸收了汉字“六书”的某些原理，但因其是“半路出家”，一次性成字，因此以类似汉字的会意字、形声字为主体，这两类字约占所有西夏字的百分之八十，而象形字、指事字却极少。

西夏文字创制成功以后，西夏再没有另造其他文字，不像契丹、女真那样，造出大字后又造小字，说明西夏文在当时的使用过程中没有出现大的困境。由此观之，西夏字应该说是当时创制得比较成功的一种文字。

西夏文在历史的长河中表现出了异乎寻常的生命力。考古学家在曾隶属于西夏版图的广大区域内，东起陕西北部，西至甘肃敦煌及至更远的地方，北到内蒙古额济纳旗，南到宁夏固原一带，都曾发现过纸质或题刻的西夏文字。除此之外，西夏文字的使用和流传范围甚至超出了西夏故地，远播到汉人居住的中原腹心地带，如北京、保定、杭州等地，这些地方也都发现了西夏文题刻或者碑铭。由

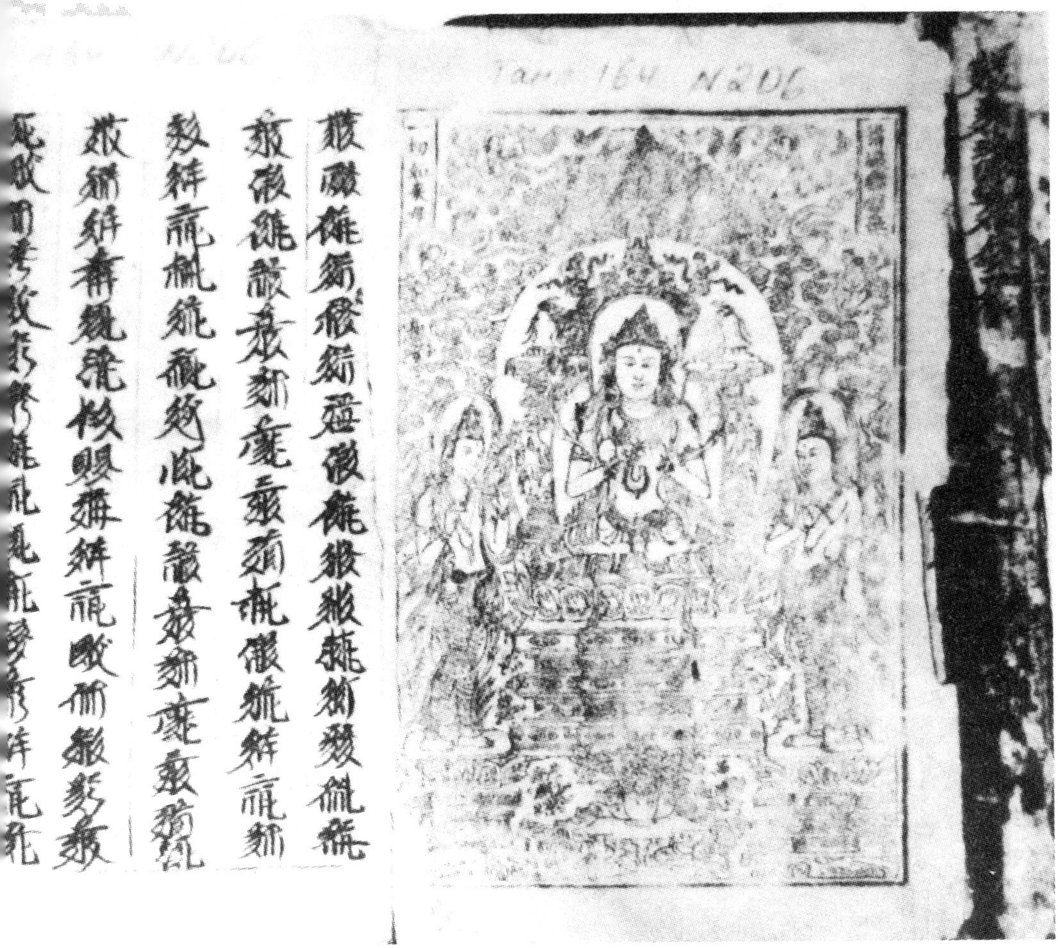

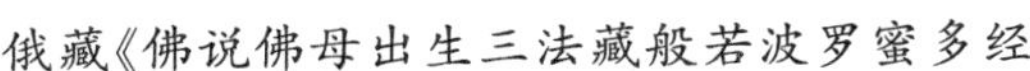

俄藏《佛说佛母出生三法藏般若波罗蜜多经》

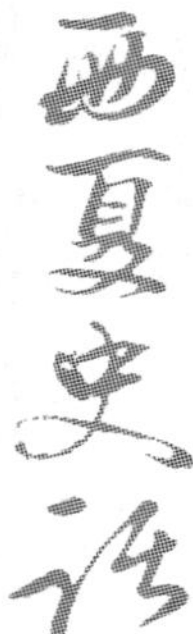

黑水城附近佛塔出土的大威德金刚擦擦

此可见，西夏文传播的区域非常广泛。

如此众多的考古发现更是向世人传达了另一种讯息，那就是西夏文并非后人所想象的那样仅仅是在西夏时期使用。种种迹象表明，在西夏灭亡之后，西夏文仍在流传使用，元朝灭掉南宋后，曾在江南浙西道杭州路大万寿寺雕刊、印刷了六十八万七千八百卷西夏文大藏经。随着河北保定西夏文石经幢的出土，人们更是惊讶地发现，原来直到明朝中期的时候，在今天河北保定一带或许还有党项遗民在熟练地使用着西夏文字。这也进一步表明，西夏文字的使用前后至少持续了四百六十余年。

然而，就在明朝中叶以后，西夏文逐渐成为一种无人使用和识读的死文字。

随着西夏文字专家对出土西夏文献的一步步深入解读，人们发现，西夏文的使用范围十分广泛，目前所能释读的西夏文记载几乎遍及到当时西夏社会生活的方方面面，既有西夏国与其他王朝、民族政权的往来公文，又有译自中原王朝的汉文典籍，如《论语》《孟子》《孝经》《孙子兵法》《黄石公三略》《六韬》《贞观政要》《类林》等。值得注意的是，西夏人在创制西夏文字成功后，为了尽快在西夏国范围内普及西夏文字，他们着手编撰了很多辞书类的书籍，有《文海》《音同》《义同一类》《三才杂字》等，有夏汉对音对义词典《蕃汉合时掌中珠》以及百科性辞书《圣立义海》等，有反映西夏政治军事生活的《天盛改旧新定律令》《亥年新法》等法律著作，有反映西夏党项民族生产生活的《新集锦成对谚语》《月月乐诗》等文学作品。当然，西夏还是一个笃信佛教的国都，因此免不了会有大量译自汉文、藏文的佛教经籍等。此外，还有用西夏文书写的官方审案记录、民间契约账目、医方、历书，以及大量的西夏文碑刻、印章、符牌、钱币等。

时光荏苒，当年西夏王国的繁华早已烟消云散，千百年后的今天，当我们再次翻阅那些用西夏文书写的法典和审案记录、西夏文契约时，不禁还会浮想联翩，我们仿佛可以看到西夏官员正在伏案习法、当堂问案，西夏边远的乡村先生正在熟练地用西夏文字为买卖、借贷的双方书写契据。可以想象，在当时的西夏国境内，自官方到民间，上上下下确实有相当一部分人都能熟练地掌握和使用西夏文字。

回想 19 世纪末 20 世纪初，当时晚清政府腐败无能，在西方列强的坚船利炮面前，我中华之国门洞开。与此同时，那些来自西方各国贪婪的探险家和文物倒卖分子纷纷涌入，开始在我国各大古城遗址上进行疯狂的盗掘。大批的西夏文献和文物也随之陆续出土，并被他们堂而皇之地带离中国。从此，这些无比珍贵的历史文献与文物被迫离开了祖国母亲的怀抱。

好在当今世界发展早已全球化，国家与国家之间的经贸交流和往来日益密切，学术研究早已突破国界，对于出土的西夏文献和文物，中外学者通力合作，对其进行了卓有成就的研究。目前的解读工作已经取得了长足的进展，被世人遗忘达数百年之久的西夏文字或将重新焕发青春，为人们打开中华民族又一个丰富多彩的文化宝库。

然而，正如一位西夏文字研究工作者所言，蒙在西夏文字上的那层神秘的面纱还没有被彻底揭开，他坚信在笔画繁冗的西夏文字背后，必然还隐藏着一些我们至今尚未认识到的更加简单的造字规律。谜底何时才能解开，这仍有待于历史学家和古文字学家的进一步研究。

张吴抒志投明主 元昊招贤揽人才

北宋明道二年(1033年),刚刚子承父业的李元昊,为了彰显自己立国称霸之雄心,便下令改元显道,是为西夏显道元年,与此同时,昭告天下,开始为自己的王霸之业,大力招揽各类人才。西夏各地守官为了取悦李元昊,也竞相举荐当地人才。一时间,大夏国内,无论番汉,凡有各类才能者,皆在举荐、招揽之列。即使是一些失意落魄的宋朝汉人,只要真正有学识、有胆略,李元昊都会以礼相待,中意者即刻拜官晋爵,收入麾下。特别是一些在宋朝科考失意、怀才不遇,却又才华横溢、壮志难酬的汉人,很快就成为李元昊智囊团中的骨干力量。他们为李元昊的王霸称帝事业出谋划策,其中张元、吴昊就是两个非常典型的人物。

相传,在今天的陕西省华县一带,有一座山,山上风光迤逦、景致如画,此山名曰少华山。山下有一座小城,名曰华州城,城中住有张姓、吴姓两个大户人家。张元和吴昊就出生在这个美丽的地方,此二人皆家境殷实,自幼熟读诸子百家,学识渊博,又都有习武经历,舞枪弄棒皆不在话下,加之二人生性豪爽,仗义疏财又乐于交际,总是希望多多结交天下有识之士,年纪轻轻就因文韬武略而闻名乡里,就连当地官员也对其敬重有加,真可谓是少年得志、风光无限。事实上,他们的原名根本就不叫张元、吴昊。据说,张元本名为"源",字雷复;而吴昊的本名已无从可考。两人外出皆自称为"侠士",少年英雄、风流倜傥,如此美妙人生着实让不少文弱书生羡慕。

为什么说张元、吴昊自称作"侠士"呢?史书上有记载,宋朝时,老百姓传言,说在陕西葛县河中突然来了一条数十丈长的大蟒蛇,经常潜伏在桥下河水之中,不定期它就要跃出水面，噬人性命。一时间，人心惶惶，都不敢在桥上行走。正好张元漫游到葛县，听当地老百姓讲了此事之后，便决心为百姓除害。于是，他便日夜守在桥上，可是，一连好几天都不见大蟒蛇出来活动。于是，张元决定主动搜寻大蟒蛇的踪迹。有一天，他来到城南山中，突然发现大蟒蛇正趴在一块大石头上喝水。张元豪气顿生，只见他后退几步，顺手抱起一块巨石，对准了蛇头砸去。蛇被砸中了，迅速扭曲着身体想要逃跑。又见张元抽出宝剑，一顿砍杀。那条大蟒蛇这才慢慢地死去，血一直流了好几里地。张元为当地百姓除去大害，他的侠义举动在当地久久传颂。

再说这个吴昊，他有一个奇怪的习惯，就是喜欢夜游山林。他常常一边走，一边吹着铁笛，悠扬婉转的笛声响彻山谷，山中绿林强盗只要一听到笛声，就知道是张元在此，便不敢再出来行凶作恶，祸害百姓了。结果，时间一长，这个地方也变得安宁了，老百姓因此都很感激他。

张元和吴昊还有一个好朋友叫姚嗣宗，他们三个都是满腹经纶、胸怀大志的热血青年。他们经常结伴出行，一起到边塞游览考察，希望有朝一日，能有机会报

西夏博物馆中西夏历史场景塑像

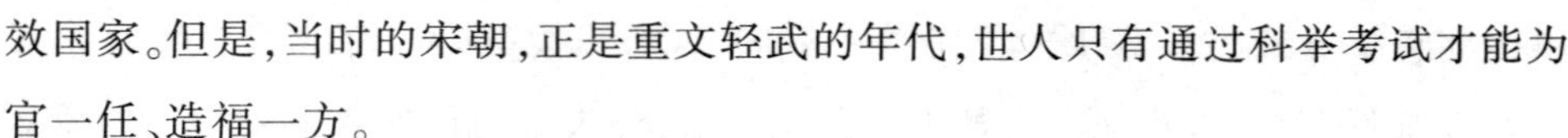

效国家。但是，当时的宋朝，正是重文轻武的年代，世人只有通过科举考试才能为官一任、造福一方。

早年他们三人和天下士子一样，执着科场，却不知何因，“累举进士不第”。科场上的一再碰壁，让他们不得不开始心生埋怨。

是时运不济，还是注定命运多舛？学富五车，纵有经天纬地之才，却要如此落魄而不得志，时间一长，他们心中满是怨气。于是，他们回到家乡，躬耕于少华山中，闲暇之时，常常放意诗酒，借酒浇愁，咏诗抒志。

张元在一首《咏雪》诗中写道：“七星仗剑决云霓，直取银河下帝畿。战退玉龙三百万，断鳞残甲满天飞。”这是何等的才气和霸气！

姚嗣宗在一首《述怀》诗中写道：“踏破贺兰石，扫除西海尘。布衣能效死，可惜作穷麟。”怀才不遇的心情更是溢于言表。

然而，三人并没有因此而自暴自弃，他们一致认为科举不是自己唯一的出路，既然不能通过科考取得功名，不如投笔从戎。于是他们决定投军，希望能在战场上施展自己的才华，为国家效力。

当时正值西夏李元昊谋划称帝，宋朝西北边防年年吃紧的关头。

三个满怀壮志的年轻人，结伴来到西北边塞，拜见了边帅，讲了他们投身行伍的意图，希望边帅能将他们三人留任边塞，好一展才华。谁知那边帅却遮遮掩掩、犹豫不决，不知是否应该收留和任用他们，再三思量之后，只是将他们羁留军营，至于任命授职之事，却是只字未提，一再拖延。

话说，张元、吴昊二人来到边塞几近数月，却一直没有相应的差事，闲暇无事时，两人便常以饮酒为乐。那天夜里，张、吴二人喝着闷酒，互诉衷肠，他们实在是心急呀，边关告急乃是处置失措，宋军多败乃是治军无方，少年英雄却无用武之地！他们更无法理解，边帅为何要对他们如此怠慢？为什么不给他们一个施展才华的机会？为什么明明满腹经纶，想要建功立业的他们，辗转之后依然是报国无门？看来是这个国家有问题呀！又听说李元昊正在为自己的王霸称帝大业招揽人才，李元昊求贤若渴，不如西投之，没准还能受到重用。想到这里，一不做、二不休，“此处不留爷，自有留爷处！”二人连夜偷偷越过边境，径直西去。

满腔热血却遭到如此冷眼相对，一气之下，张元、吴昊二人不辞而别。史书记载二人“径走西夏”，投奔李元昊去了。

姚嗣宗得到二人出走的消息后，立即禀报边帅，痛陈利害，无奈之余发出感慨："这样的人才不为我用，必为敌资呀！"边帅这才如梦初醒，忙派骑兵去追。但为时已晚，二人早已不见踪影。

最后，只有姚嗣宗被留了下来，在边帅营中担任幕僚。

张元和吴昊历尽艰辛，终于来到了兴庆府。可是，他们二人一介草民，初来乍到，人生地不熟，根本无法见到李元昊。他们盘算着，李元昊乃非常之人，如果不想些什么特殊的方法，恐怕是见不着李元昊的。于是想出了一个奇招，要坐等李元昊亲自来请他们。

这天，他俩在兴庆府的大街上溜达来溜达去，最后选中了距离李元昊宫城很近的一家酒楼，二人在此狂饮了一整天。临走之时，喝得醉醺醺的张元嚷嚷着向

店家要来笔墨，蘸墨挥笔，在雪白的墙壁上写下一行遒劲有力的大字："张元、吴昊，来饮此楼。"写完，扔下笔墨，相互搀扶着哈哈大笑，边走边吟，只听得："仰天大笑出门去，我辈岂是蓬蒿人。"很快就有人将汉人狂生在酒肆留墨这件事报告给了身居宫中的李元昊。不久，二人在下榻的旅店被抓，并被押解进宫，等候李元昊的审问。

话说李元昊听说此事后，倍感愤怒，他一时想不明白，哪里冒出来的汉人狂生，竟敢如此出言不逊，辱我名讳。但冷静思考后，又感觉此二人绝非寻常之辈，便决定亲自召见他们。

张元、吴昊被夏国卫士押解，来到夏国大殿。只见李元昊正襟而坐，威仪凛

然。李元昊开门见山,直接发问:“尔等何方人士,何故来到我夏国?又为何不避我名讳(指元、昊二字)?难道不怕问罪吃官司吗?”

不料张、吴二人理直气壮地大声回道:“我等可是听说,有人连姓都不在乎(指元昊废掉了唐、宋王朝曾赐予的李、赵姓),还在乎名吗?”

李元昊听到这样的回答之后,不禁大吃一惊,一时间竟然张口结舌,说不出话来。他知道此人说的正是自己改姓称帝之事,感觉这两个人来路不凡,立即下令卫士,给二人松绑赐坐。与之交谈,李元昊才知道他们是宋朝落第士子,正如他们所言,“贤臣择主而仕,良禽择木而栖”。再交谈,又感此二人学识渊博、精通军政,有经天纬地之盖世才能,故以礼相待,迎为上宾,授以官职,史载“尊宠用事”。

张元和吴昊就这样被李元昊留在了夏国,他们终于能够一展所学,尽情实现自己建功立业的梦想。不久,二人双双被李元昊封为贴身谋士,如此,他们得以全面参与国家军政大事。西夏何以立国、立国的规模,还有攻打宋朝的机密等,李元昊都让他们参与谋划和决策。李元昊对他们信任有加,每次出兵征战,都要将他

们二人带在身边，随时听取他们对战局的分析和作战的意见。后来张元官至太师、尚书令、国相，受到李元昊的特别重用。

不久，华州人张元、吴昊投靠西夏并且受到重用的消息传到了宋朝，很多文人士大夫听说以后，都愤懑不休。有人指责张、吴不配读圣贤书，竟然叛国投敌，助纣为虐，罪大恶极；也有人很深刻地检讨，为什么如此优秀的年轻人才在我中原却得不到重用，竟使他们远走他乡呢？

朝廷得知此事后，也很懊悔，有大臣提议，朝廷应该拿出诚意，开出优厚价码，将此二人招纳归来。于是，朝廷对二人的家属实行怀柔政策，赐给钱、粮，还给张元的弟弟和侄儿都封了官，命令他们招谕张、吴二人。后来，看到怀柔政策不奏效，又将他们的家人关押起来，想用这个办法引诱二人回归。

得知张、吴两位爱卿家眷被宋朝关押后，李元昊心急如焚，他立即调兵遣将，派遣细作，严令速速查清关押地点，准备实施营救。

很快李元昊就查清楚了关押张、吴两家家眷的准确地点。西夏派遣熟识汉地习俗的细作多人，偷偷潜入宋朝内地，乔装成宋朝的官员，假传朝廷诏令，将张、吴两家人无罪释放。

直到张、吴两家家眷已经被守候的西夏马车平安接走了，当地的官吏和百姓竟然没有人察觉出其中有诈。

马车一路飞奔，顺顺利利驶到边界时，李元昊又派人迎接，并且伴有乐队，一路迎回兴庆府。看见西夏人奏着鼓乐迎走了张、吴两家人，宋朝边将这才明白是怎么回事。但明白也已经晚了，只能眼睁睁地看着他们渐渐远去。

张、吴二人投奔西夏受到李元昊特殊礼遇和重用的事情，对宋朝朝野影响很大，君臣上下皆感李元昊万万不可小觑。更有大臣断言，此人他日必为大宋西北巨患。

李元昊作为一方霸主，无论番汉，唯才是举，大胆重用张、吴二人，厚待两人家属的事，对一些科场失意、怀才不遇的宋朝文人，影响也很大。由于他们举子不第，壮志难酬，找不到发展空间，便效仿张元、吴昊，竞相西走，投奔李元昊，有的被授以将帅的职务，有的被任为公卿，推诚不疑，倚为谋主。正是因为有这样一批有才能的知识分子围聚在李元昊身边，为他出谋划策，西夏才得以迅速建国立业，直至跻身宋辽之间，形成了与宋、辽相抗衡的三国鼎立局面。

金明寨元昊施计
三川口首战扬威

李元昊称帝建国后，便迫不及待地向宋朝派遣使者，要求予以承认并册封帝号。

1039年春，北宋都城东京汴梁的大街小巷，店铺林立，商贾如云，熙熙攘攘的人群往来如织，“千门万户曈曈日，总把新桃换旧符”，人们还沉浸在过年的热闹气氛中。

忽然有人注意到，汴梁的街道上来了一伙奇怪的人。只见他们穿着艳丽，大红大紫，为首的那个人手捧着表章，身后的随从则手持旌节。有人猜测，这大概又是哪国使者吧，能穿成这样，八成都是哪个蛮夷国家吧。最让众人感到惊异的是那伙人奇特的发式，只见他们头顶的头发都剃得精光，只留下两个鬓角和脑后长长的几缕头发，如此奇特的发式着实少见！汴京民众站在道路两旁，目光随着这伙人的前进而移动，他们指指点点地议论着，但是，没有人能说清这到底是从哪里来的蛮夷国家的使者。

那么，这队使者到底来自何方呢？其实，他们就是李元昊派到宋朝来的西夏使者。这时候，道旁酒楼上有一位典型商人模样的宋朝人说话了，只见他摆摆手，招呼着众人围凑到一起，才悄声对众人说：“想知道这是些什么人吗？我告诉你们，他们就是西夏李元昊的使者。恐怕你们还不知道吧，兴州的李元昊早在去年十月已经宣布称帝建国了，说是兴州，其实早就不叫兴州了，人家现在叫兴庆府，已经是大夏的国都了。知道吗？元昊筑坛称帝，定国号为‘大夏’，自称‘兀卒’，知道‘兀卒’是啥意思不？”众人皆摇头不止，那人接着说，“不懂了吧，这‘兀卒’是党

甘肃张掖大佛寺弥陀千佛塔

项话，意思就是‘青天子’！除此之外呢，李元昊还有一个封号，叫什么大夏世祖始文本武兴法建礼仁孝皇帝，嗯，也不知道对不对，反正挺长的，总之是简称大夏皇帝吧！”没等他说完，便有人打断他的话，边笑边说：“还大夏皇帝！我呸！自己瞎编的吧！你说你算个干啥的？怎么就你啥都知道呀，八成是吹吧，还真能吹，吹得有板有眼的，跟真的似的！”却见那商人模样之人见众人心生狐疑，于是拍着胸口说道：“真的，绝对是真的！鄙人做毛皮生意，往返边关数十年。实不相瞒，我这可是刚从西边回来呀！这些呀，可都是我在关外亲耳所闻哪！”“哎哟，还亲耳所闻，原来只是道听途说的呀！”那人又打断他的话，用不屑的口吻说：“我还当是你亲眼所见呢，那我还听说李元昊要发兵来攻打我大宋呢！又请问兄台这是真是假呢？”被那人这么一说，商人模样的人也便没了兴致，继续坐下来吃起酒来。众人见状，一片唏嘘哀叹之声，悻悻地散了开来。

事实上，李元昊建立大夏，盘踞一隅，国势正隆，俨然是北宋王朝在西北一劲敌。此次李元昊派使者来宋，一方面要向大宋王朝宣誓他所谓的主权，取得承认，另一方面是试探宋朝君臣对大夏立国的态度。

再说宋朝，太祖赵匡胤建立的庞大帝国，虽然边关偶有战事，但在宋人看来那些都只不过是肘腋之患，不足为虑。即使是在河朔一带不断叛乱的党项人，在他们看来也不过是盗寇之属，封爵赐钱，羁縻足矣。人们在和平的氛围中早就忘掉了金戈铁马的滋味。这一年在位的是北宋仁宗皇帝，这已经是庞大帝国的第四位帝王了，尽管他的父皇真宗在位时，北方的契丹族在他们杰出的首领耶律阿保

西夏王陵遗址

机的率领下，建立了足以和大宋王朝一争高下的强大的辽帝国，并从宋朝手里抢走了幽云十六州，虎视眈眈地想要占据肥沃富饶的华北平原，但在寇准等名臣大将的坚决抵抗下，宋朝打退了辽兵，签订了“澶渊之盟”，宋朝以每年进贡岁币等近乎耻辱的方式，和辽国签订了和平协议，从而保证了北宋的长治久安。在歌舞升平、声色犬马的和平环境里，宋朝的帝王将相们，吟诗作赋，纵情笔墨。宋朝祖宗之法，主张以德治国，重文轻武，因而先后出现了范仲淹、欧阳修、王安石、苏轼等名垂青史的文臣，他们才高八斗、学富五车，在这个刀枪入库、马放南山的和平年代，成为一个又一个文坛领袖、青史留名。

宋朝的仁宗皇帝，此时已经在位十多年了。仁宗皇帝虽然算不上是秦皇汉武、唐宗宋祖式的人物，但也还算是守成之君。在他的治理下，北宋帝国延续了往日的国泰民安，老百姓也基本上能安居乐业。然而，世间之事就是如此，没有内忧，必有外患。在北宋帝国的边疆，游牧民族纷纷崛起，他们像一股旋风从北方草原呼啸而来，不断冲击着北宋帝国的北部边境。北有契丹，西北则有党项羌人。

此时，仁宗皇帝正在皇宫里，等待接见这队来自遥远西北边境的使者，不禁想起了六年前，西夏国主李德明去世，他的儿子李元昊继任为国主后，前来请求册封的事。仁宗心想：这李元昊可不是盏省油的灯呀！当时，诸位大臣对他的评价就不太好，说他野心勃勃，有叛逆之心，担心他日后成为我大宋西北巨患！唉，不知此番来使，又所为何事呀？仁宗皇帝正在龙椅上边想边等，宫门外的值事太监急匆匆前来禀告，说：“西夏国主李元昊的使者在宫门殿外等候觐见陛下。”

仁宗正襟危坐，摆出天朝帝王的威仪，下旨道：“宣使者觐见。”

在太监的指引下，西夏使者昂首阔步，进入了大殿。为首的使者见到仁宗，并没有下跪，只是弯下腰长揖一礼。仁宗看到使者衣着古怪，发型奇特，不禁皱起了眉头，心想：这些蛮子，今天又在搞什么名堂，见到大宋天子，居然敢不行跪拜之礼，真是荒唐至极，荒唐之至！只听到那使者高声道："大白高国皇帝使者拜见陛下。"

仁宗在龙椅上听到"皇帝"两个字，身子猛地一震，他简直不敢相信自己的耳朵，什么？"大白高国……皇帝"！什么状况？宋仁宗懵了！这些蛮子，见了大宋皇帝居然不下跪，还敢自称是皇帝使者。想到这里，仁宗实在气得够呛，满腔怒火熊熊燃起，他的手指，在不断地微微颤打，额头上不禁渗出些许冷汗。他真想把这些妄自尊大、目无君主的蛮子们全部推出午门斩首，可是皇帝的威仪让他重新恢复了镇定，一代帝王怎么能和这些小蛮子一般见识呢？他强压住心中怒火，示意让身边的太监将西夏使者的奏表取过，并呈递了上来。他拿在手中，展开一看，只见那奏表上写着：

臣祖宗本出帝胄，当东晋之末运，创后魏之初基。远祖思恭，于唐季率兵拯难，受封赐姓。祖继迁，心知兵要，手握乾符，大举义旗，悉降诸部。临河五郡，不旋踵而归；沿边七州，悉差肩而克。父德明嗣奉世基，勉从朝命。夏主之号，夙感于颁宣；尺土之封，显蒙于割裂。臣偶以狂斐，制小蕃文字，改大汉衣冠，革乐之五音，裁礼之九拜。衣冠既就，文字既行，礼乐既张，器用既备，吐蕃、塔坦莫不称臣，张掖、交河咸甘稽首。称王则不喜，朝帝则是从，辐辏是期，山呼齐举。伏愿一垓之土地，建为万乘之邦家。再让靡遑，群集又举，事不获已，显而行之。遂以十月十一日郊坛备礼，为世祖始文本武兴法建礼仁孝皇帝，国称大夏，建元天授。伏望皇帝陛下，睿哲成人，宽慈及物，许以西郊之地，册为南面之君。敢竭愚庸，常敦欢好。鱼来雁往，任传邻国之音；地久天长，永镇边方之患。至诚沥恳，仰俟帝俞。谨遣弩涉俄疾、你斯闷、卧普令济、嵬伽崖妳，奉表诣阙以闻。

随附的还有等量的西夏文字，仁宗当然不识，但他清楚，无非就是一个意思。

西夏白釉题字扁壶

仁宗强压住心头的怒火，看完了奏表，他被这份狂妄至极的表章气得近乎发狂，真想把它撕得粉碎，然后斩杀使者，再派宋朝的精兵强将去踏平贺兰山，把李元昊的脑袋提来，才能解了心头之恨。可是仁宗并不是个意气用事的帝王，在这种时候，需要的是冷静的头脑和应变的策略，如果为泄一时之怒，贸然杀几个番使事小，但恐怕会因此而丢掉天朝帝国的气度，而边界的百姓也会因此陷入无尽的战火之中。想到这里，仁宗渐渐冷静下来，他摆了摆手，示意众人退下。身旁的太监传话来："来使请回驿馆休息，等候听旨！"

西夏的使者走后，仁宗焦虑难耐，便在宫中来回踱步，他在思索如何对付这个胆敢犯上作乱，企图与他平起平坐的李元昊。突然，他挥手招来一个太监，道："命宰相吕夷简火速进宫见驾！"

吕夷简可是三朝元老呀！真宗逝世以后，他受命辅佐年幼的仁宗治理朝政，一向兢兢业业，深受信任。当此困境，仁宗当然首先想听听他的意见。吕夷简听到仁宗下旨宣召，心想朝中一定是发生了什么大事，急急忙忙赶到宫中，行礼之后，

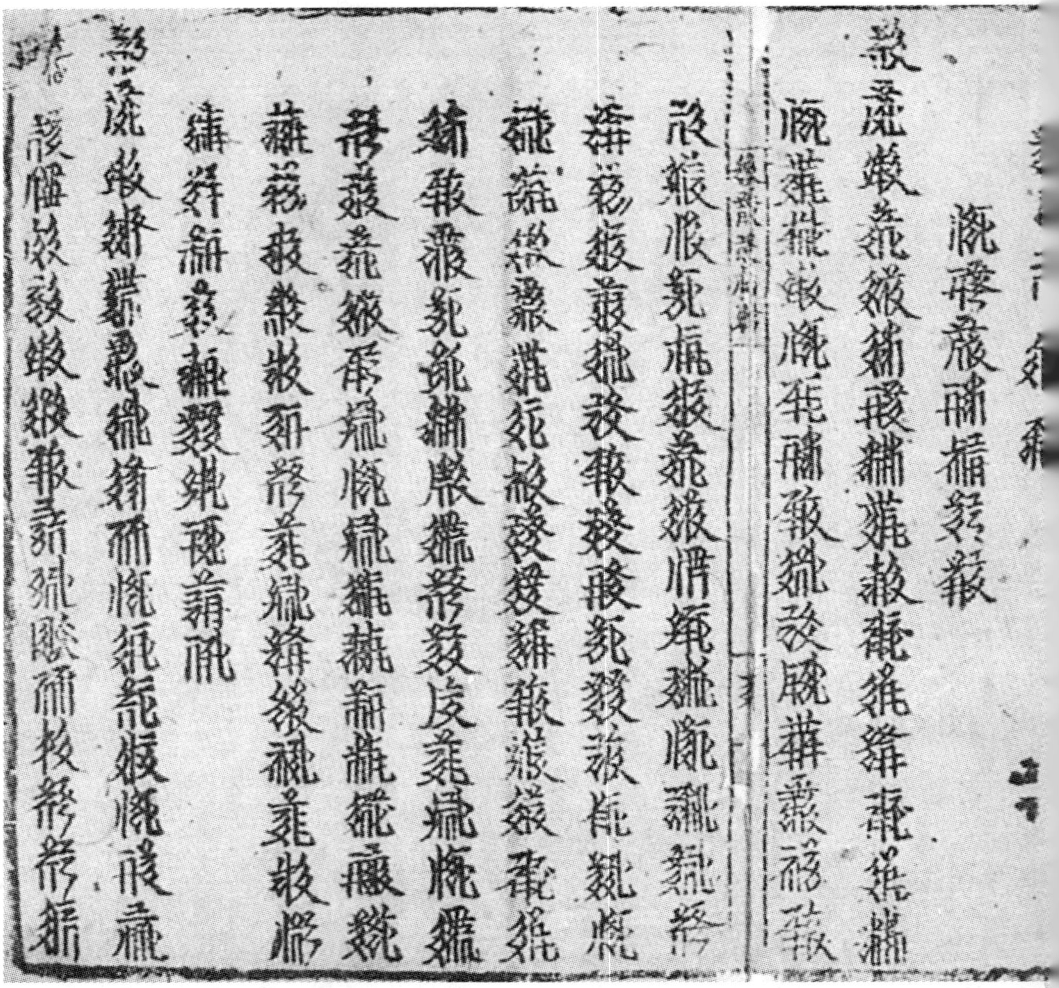

西夏法典《天盛改旧新定律令》

仁宗赐坐。

仁宗把手里的表章递给吕夷简："爱卿，你先看看这个。"

吕夷简接过表章，扫过一眼，便皱起了眉头，待到从头到尾看过一遍后，大为震惊，心想：李元昊早存异志，我早就该料到此人非久居人下之物，想不到今天竟敢称帝建国，如此犯上作乱，还敢遣使来要求册封。看来我大宋从此要国无宁日了。

想到这里，他启奏道："陛下，李元昊世受皇恩，不思回报，居然胆敢列土封

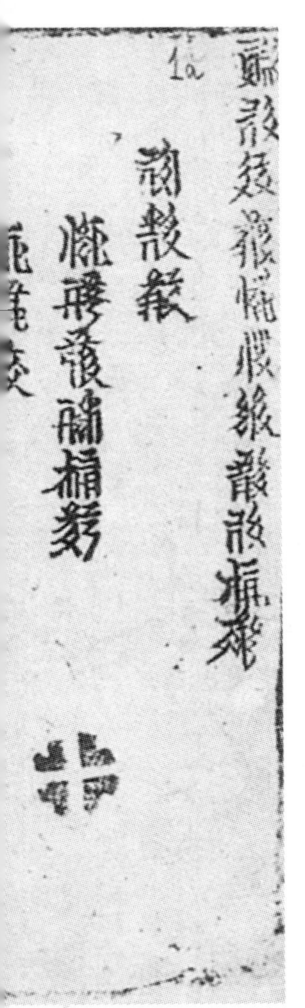

疆，妄自称帝，实属罪大恶极。不过，我朝自太祖以来，对待蛮夷之邦历来宽厚仁慈，只是施之以羁縻之策，只要他们肯臣服于我，奉我朝为正朔，陛下都应当宽宏大量，不该轻言战事。为今之计，一方面可派人前去责问李元昊，对他进行安抚，明确表示只要他愿意取消帝号，陛下还把他当成藩属优待；如果他依然执迷不悟，那么我们就必须做好战争的准备，命令陕西守边将帅加强军士训练，严加防备，调派有才干的大臣镇守边境，严防元昊伺机进攻。在做好各项军事准备之后，调遣大军一举荡平西夏，永绝后患，才是上策呀！”

仁宗若有所思，点了点头："爱卿所言甚是，但依爱卿所见，当派何人前去镇守陕西呢？有这样的合适人选吗？"

吕夷简说："陛下，我朝人才济济，老臣举荐数人，一定能够不负皇恩，扫除元昊逆贼指日可待！"

"哦？爱卿所荐何人？"

"陛下，老臣举荐户部尚书夏竦担任陕西经略安抚使，四川安抚使韩琦、龙图阁直学士范仲淹为副使。此三人皆我大宋栋梁之材，文武兼备，有此三人镇守边疆，可保我朝江山永固，元昊小儿不敢窥伺觊觎我长安。"

仁宗满意地点点头："就依爱卿所奏，命此三位爱卿即刻到任，早日荡平西夏，以解朕忧。"

再说贺兰山下兴庆府，李元昊已经收到了宋仁宗给他的诏书。诏书对他提出的称帝建国要求予以了回复，但内容无非是些安抚之词，先是夸赞，历数他先辈如何为朝廷分忧解难，如何安心镇守边疆，忠心朝廷，希望他主动去除帝号，继承祖先的传统，继续向宋朝称臣，宋朝保证一定会厚加优待等。

李元昊看到这些陈词滥调，不禁轻蔑地把诏书扔在一旁，对站在身边的大臣野利仁荣说道："看看吧，这些迂腐无能的宋朝人，昏庸的皇帝和他那些无能的大臣，还在妄谈什么去除帝号，称藩称臣。那样的时代已经远去了，想叫我元昊向这帮夸夸其谈之辈称臣，真是痴心妄想！"

野利仁荣在一旁恭恭敬敬地站着，听到这里，说："陛下，如今我大夏兵强马壮，士气正高，陛下英明神武，文武兼备，又能知人善任，我们有足够的力量和宋朝一较高下，到时候打到东京汴梁，陛下一统天下，让他们宋朝也给咱们称臣纳贡，岂不快哉！"

"哈哈……说得对，我们大夏就好比是草原上的雄鹰，而大宋就像是无力反抗的羔羊，他们人数虽然众多，国土比我们大，但君昏臣弱，百姓只知享乐，早就不知道'逸豫可以亡身，忧劳可以兴国'的道理啦，他们肯定不是我们的对手。"

李元昊称帝的消息犹如晴天霹雳，迅速传播开来。大宋朝野上下一片哗然。怒火中烧的宋仁宗在吕夷简的支持下，先是下诏削去李元昊的官爵，取消赐给他的赵姓，接着禁止内地与西夏贸易，传令边关将帅严加守备，以防不测。

接到朝廷旨令后，夏竦、范仲淹、韩琦三位大臣不敢怠慢，急急忙忙赶赴陕西上任。范仲淹负责镇守陕西北部鄜延路，韩琦负责镇守今宁夏南部固原一带的泾原路，夏竦则总督各路。他们此去的任务就是练兵备战，巩固边防，做好随时与西夏决一胜负的准备。可想而知，宋夏之间，一场大战的序幕就要拉开了。然而，三位大臣风尘仆仆，尚在赶往陕西上任的路上时，宋夏之间的战争已是星火闪烁了。

宋夏关系势如水火，瞬间破裂，战争似乎到了一触即发的程度。为了取得战争主动权，也为了尽快逼迫宋朝承认大夏的国家地位，李元昊在建国的第二年(1039 年)，便先发制人，主动出兵宋朝。

在宋夏沿边州郡中，延州(今陕西延安市)是宋朝边境的一个军事要地，也是西夏党项人出入内地乃至关中的交通要冲，若能取得延州，李元昊便可一路南下，进入关中，挺近中原。一直以来，西夏给宋朝进贡时走的都是这条路，因此，李元昊十分熟悉延州一带的山川地形，并且有多次往返的经历。经验告诉他，延州附近地形开阔，堡寨稀少，驻守的士兵多为老弱病残，又没有名将镇守。因此，他很快就把延州作为对宋作战的第一个目标。

但是，棘手的问题出现了，想要进攻延州，金明寨是必经之路。因此，必须先拿下延州外围的金明寨，而驻守金明寨的偏偏是一位知名大将——李士彬。

边将常言金明守将李士彬，能征善战，守城颇有方略。

李元昊心里琢磨，这金明显然是不能强攻呀！一来，明知城坚将猛不可摧而

李元昊

强攻之,非明智之策;二来,攻打金明一旦不能速战速决,宋朝援军必会驰援延州,那样即使拿下金明,再攻打延州就没有多大胜算。既然强攻不行,那就谋划智取吧。于是,他便派人将一封写给李士彬的信和锦袍、银带扔在宋军巡边的路上,宋朝士兵捡到后,果然层层上报到延州,信里的内容大概就是约李士彬叛宋投夏之事。不料,此计被延州官员一眼识破,说:“此事蹊跷,想必这是夏人施的离间计。李士彬家族与西夏世代有仇,不可能投敌。即使要投敌,像那李士彬为人谨慎,定会秘密进行,岂能将如此要件落到大路上,让众人知道!”遂焚毁之。

一计不成又生一计,李元昊干脆派宋朝降将刘重信到延州去招降李士彬。结果可想而知,李士彬抓住刘重信,不由分说便将他处死了。

既然诱降不成,便再采取诈降,李元昊派手下部落主动去投降李士彬。因为是一整个部落来降,李士彬不好定夺,便将这一情况报告给延州知州范雍。范雍是一个怯懦无能、不懂军事但又贪恋军功的人,他信以为真,不仅全部予以接纳,还赏赐给“降民”们大量金帛,把他们安置在李士彬的各个堡砦中。

宁夏贺兰县西夏时期建造的宏佛塔

李士彬多次提醒范雍，夏人狡猾多端，一定要谨慎考察，防止混入奸细，范雍听而不纳，依旧来者不拒！于是，“投降”的人越来越多。

诈降成功后，李元昊立刻展开了下一步计划。

李士彬家族原本是宋夏沿边蕃部“属户”，忠心向宋，改汉姓李，世世代代镇守金明寨，他足智多谋又治军严明，因作战勇猛而名扬三军，手下兵士号称十万，延州人送给他一个外号，叫他“铁壁相公”。

李元昊命令手下将士，凡遇到李士彬，都要不战而逃。然后放出消息说：“昊王的士兵一听到‘铁壁相公’的名字，就害怕得不得了，胆都吓得没了，只顾着狼狈逃跑，拦也拦不住。”

李士彬在数次与西夏军交战中也发现，西夏军队战斗力实在是不敢恭维，特别是一看到他的旗帜，就落荒而逃。结果，一贯骄傲自恃的李士彬在多次与西夏交战之后，更加确信了西夏兵怕他的说法，愈发骄横，对待自己的部下也更加严酷。士兵稍有过失，李士彬就令严刑拷打，手下人多生怨恨。李元昊却在暗中用金帛、官爵去引诱那些心怀怨恨的将士，劝说并邀请他们为自己做内应，时间一长，果真就有不少人答应了李元昊。

李元昊见“骄兵之计”已初见成效，便准备出兵攻打金明寨。

西夏天授礼法延祚三年(1040 年)正月，李元昊点集人马，亲率十万大军南下。但他没有直接去攻打金明寨，而是声东击西，先奔保安军去了。他做出一副要急着攻打保安军的样子，迷惑李士彬。

李士彬得到西夏军要来攻打金明寨的消息后，立即传令上下严阵以待，准备战斗，结果，等了大半天都不见一个人影，却听说李元昊大军径直向保安军一带攻去了，便稍微有些掉以轻心，但他还不忘严令将士安心守候，以防生变，结果继续等了一整天也不见任何动静，西夏兵果然没有来攻金明寨，李士彬想当然以为西夏兵真的是害怕不敢来攻他，便又令众将士解甲休息，自己也回营睡大觉去了。

不曾料想，凌晨时分，李士彬迷迷糊糊、尚在酣睡之中，李元昊大军却突然攻入金明寨。

忽闻李元昊大军攻来，李士彬匆忙起身披挂，想率将士击退西夏兵，命令士兵给他牵马来。哪曾想，西夏兵瞬间就已攻入城内，而且随从也已被李元昊收买，

给他牵来一匹断了缰绳的弱马，结果没战几个回合，便与儿子李怀宝一同做了西夏军的俘虏。

李元昊兵不血刃，轻而易举地便拿下了金明寨。占领金明寨后，李元昊得到了梦寐以求的原属李士彬的几万党项武装，乘胜进军，直逼延州城。

此时正逢严冬，满山积雪，河谷冰封。李元昊的大军顷刻间将延州城围了个水泄不通。

知州范雍恐慌至极，他一面下令紧闭城门，严加防备，一面派人去召环庆路副都部署刘平、鄜延路副都部署石元孙赶快带兵来救延州。

石元孙、刘平调集了五万人，昼夜行军，往延州赶来。到达离延州城只有二十里的大柳树时，忽然从前方快马疾驰而来一个传令兵，自称是范雍的使者，前来传达命令："范太尉传话，他已在东门等候。但是，如此大队人马，又是黑夜入城，恐有奸细混入，故请将军在远处分队放人马入城。"

情况紧急，刘平、石元孙接到命令后，下马坐在行军椅上，来不及辨别真伪，便亲自调拨队伍。每放一队人马走出五里，再放下一队。将近一更时分，大约放了五十队人马。

这时，刘平突然想起什么事，准备回头想要问话传令兵时，却发现早已不见人影。

二人不由大惊，倒吸一口冷气，急忙派人前去侦察，探马回来报告说，延州城上并无灯火，前面派去的队伍也已经不知去向。二人遂知情况不妙，明白是自己一时大意中了李元昊的奸计，急忙整军列阵继续前行。当队伍走到距延州城仅五里之遥的五龙川时，两人心中才稍稍感到一些安稳。可就在这时，突然间，鼓角齐鸣，山上西夏伏兵突起。他们像洪水一般从四面八方合围下来，宋军顿时陷入了十万大军的包围之中。

此时，赶来救援的鄜延路都督黄德和、保安军北巡检万俟政和宋将郭遵等

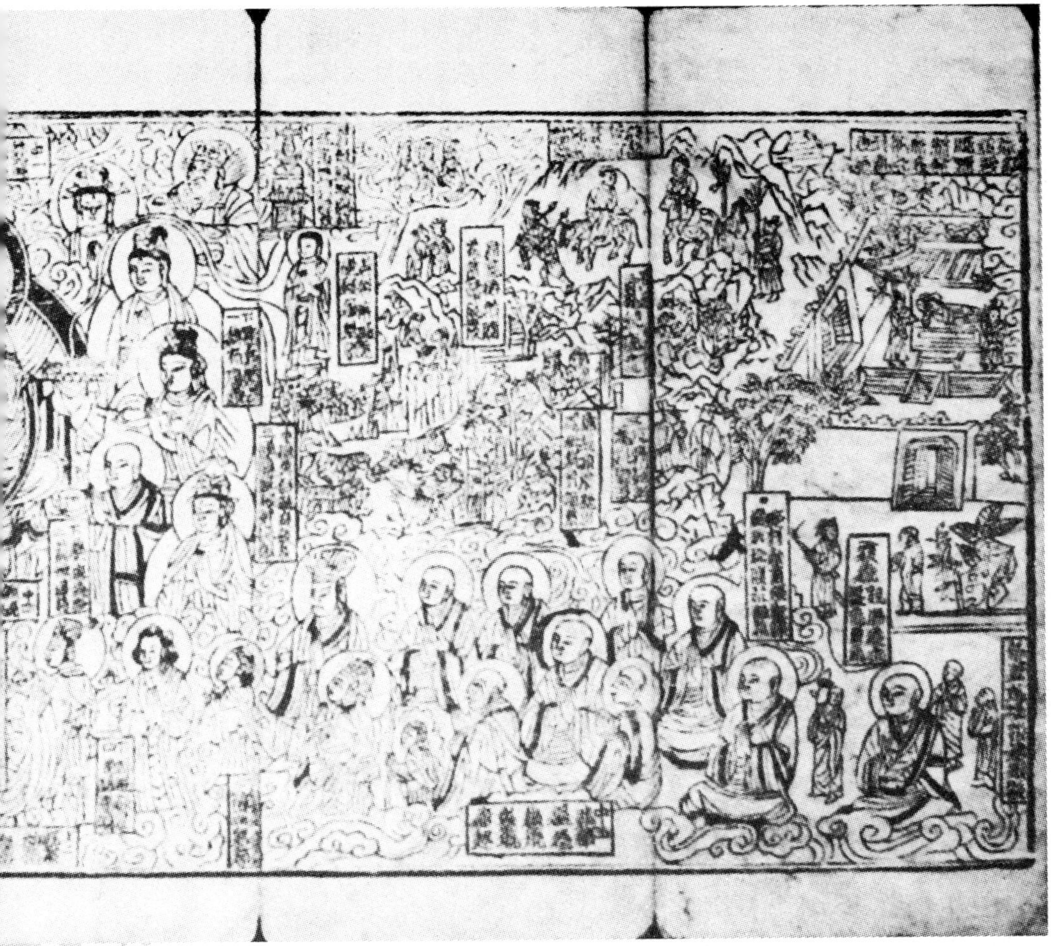

中国国家图书馆藏西夏文《金光明最胜王经卷第五》变相图

人，也被西夏兵裹入包围圈中。五位将领会齐步骑兵数万人马，怎肯坐以待毙，结阵东进，殊死拼杀，希望可以突破重围，却不料几次冲锋都没能成功，反倒损兵折将不少，无奈之下，几经退转来到了三川口一带。

三川口在今陕西志丹县的南边，位于延川、宜川、洛川三条河流的汇合处。宋军行至这里，时值大雪之后，平地雪深五寸左右。李元昊令西夏军在河东岸摆成偃月阵等候，刘平也令宋军摆成偃月阵相对，两军形成对峙，相持良久。

李元昊等得有些不耐烦了，遂命步兵列成横阵过河攻击宋军，不料，没等西

夏兵过河，郭遵等便率骑兵突然冲入西夏军之中，左砍右杀，以一当十，斩杀西夏军七百余人。西夏兵抵挡不住，只好先退出来，重新列队摆阵，以盾牌作掩，再次发起了攻击，却再一次被宋军击退。混战中，宋将刘平的左耳、右腿被流箭射伤。

混战到日落时分，李元昊令西夏军故意丢弃老弱士兵和牛马，宋军士兵以为他们击退了西夏军，都争着抢着去夺，兵阵大乱。士兵们把砍杀的首级和获取的牛马拿来，向将领们要赏赐。刘平劝他们说："战事正急，暂且自己先记着，以后全

部赏赐你们。”

话音未落，只见西夏军又以轻兵再次杀向宋军，来到阵前。宋军被迫向后退却二十余步。

此时的黄德和正在后阵观望，见前面军队退却，又见西夏军人多势众，竟吓得想要率领部下骑马溜之大吉。其他士兵根本不了解情况，跟在他们后面乱跑。一时间，宋兵溃不成军。

刘平急派儿子刘宜孙骑马追赶黄德和。刘宜孙追上黄德和，拽住他的马缰绳劝道：“大敌当前，将军当勒兵还击，并力拒战，为什么先逃跑？难道将军不怕皇上降罪吗？”黄德和这会儿哪还管得了那么多，只见他纵身一跃，策马而逃。刘平派亲兵持剑拦截逃跑的士兵，结果只拦住了一千多人。

刘平率领余众退到西南面的山上，设置了七道栅寨，准备固守。此处距西夏军只有一里左右。夜里，李元昊派人扮成送文书的宋兵来到寨前，刘平下令将其放入寨中杀死。四更时分，李元昊派兵环绕栅寨大声喊叫：“就凭那么一点儿残兵，不投降还等什么？”刘平的兵也叫骂道：“狗贼！还不快快投降，等明日我大宋援军一到，看如何收拾你们！”

黎明时分，李元昊亲自率领骑兵从山后冲入宋军寨中。危急时刻，郭遵再次挺身而出。西夏兵冲杀得越急，就越能激发郭遵的斗志，只见他骑马冲到阵前，他左冲右杀，砍死杀伤西夏兵数十人，所向披靡。夏将杨言上前准备阻拦，却见郭遵挥起手中九十斤重的铁杵，一杵把杨言的脑袋砸了个稀巴烂，惊得两军将士齐声叫了起来。

李元昊一看郭遵不太容易对付，就派人拿着绳索站在高处去拦郭遵，没想到全部被郭遵一一斩断。李元昊知道郭遵勇猛无法阻挡，一时不可战胜，便下令放出一条路来，任由郭遵深入。这时候，弓箭手一齐向他放箭，郭遵的马中箭扑倒在地，郭遵无力回天，这才被杀。

李元昊见刘平已经是强弩之末，有心要劝降此人。没想到刘平不仅不同意，反而集结残部发起更顽强的反抗。李元昊冲进寨中时，刘平与石元孙正在东侧巡阵，军阵被突如其来的西夏军冲开，分成两截。刘平、石元孙等宋军将领奋力拼杀，终因寡不敌众而被李元昊擒获，宋军全军覆没。

李元昊在三川口全歼宋军后，率领大军直扑延州城下。

宁夏一百零八塔出土的砖雕佛像

延州城内，人心惶惶，又听说各路援军已尽数被李元昊大军消灭，更是绝望。

知州范雍面对强敌攻城，毫无办法，病急乱投医，竟然跑到城南的寺庙中去求神拜佛祈求老天的保佑。

李元昊围城到第七天时，突然天降大雪，天寒地冻。北风那个吹呀，雪花那个飘呀，西夏军缺少御寒的衣物，又不善于攻城，加上多日苦战，身心俱疲，士气已经低落到了极点。既然将士们已无心再战，李元昊也只好下令撤围退兵，离开了延州城。

三川口战役，是西夏立国后对宋朝的第一战，在此战中李元昊采取围城打援的战术，大败宋军，充分展示了他优秀的作战指挥才能。

之后，他又乘胜相继攻取了宋朝沿边的塞门、安远、栲栳、黑水等寨，使宋朝西北鄜延州一带的边防失去了屏障。

西夏首战扬威，大大助长了李元昊的威风。

宋军的惨败，朝野震惊。宋仁宗下诏，将延州知州范雍贬到安州，而那位临阵脱逃的将领黄德和被腰斩处死，砍下头颅挂在延州城下，以儆效尤。

李元昊银鸽报信 好水川宋军覆没

自从李元昊明目张胆遣使来到宋朝宣告自己已经称帝建国，并要求宋仁宗予以册封以后，宋仁宗异常愤怒。仁宗立即传唤三朝元老吕夷简前来商议对夏策略。在吕夷简的建议下，他先是遣使者来到西夏，动之以情，晓之以理，希望李元昊能够主动去除帝号，重新臣服大宋，不料却被李元昊严正拒绝。为了惩罚和防范李元昊侵扰边界，吕夷简向仁宗推举三人赶赴陕西，希望他们能够练兵强军以备战，巩固边防振国威。

大宋君臣都不曾料想，为了证明自己称帝建国，要与宋朝一决雌雄的壮志，李元昊竟然抢先一步赶在三位大臣赴陕之前，就迫不及待地发动了"三川口之战"。李元昊先是计夺金明寨，接着一路攻城略地，直趋延州，将延州城围了个水

泄不通。宋朝各路大军奉命救援，又中了李元昊围城打援之计。宋军被李元昊分割包抄，损失惨重，余部数万人马，一路辗转，被围在了三川口，此役宋军大败。三川口宋军战败的消息传到汴京，仁宗惊愕之余，很是生气，责令赴陕三位大臣加快行程，及早上任，安抚陕西边民，加强对西夏的防范。

宋仁宗是这样安排的：户部尚书夏竦担任陕西都部署兼经略安抚使，韩琦、范仲淹同为副使，韩琦主持泾原路，范仲淹主持鄜延路，一起负责对西夏的军事防务。

陕西都部署兼经略安抚使夏竦一上任，便亲自走访边关大营。数日走访，他发现宋军士气不振，心想必是因为三川口战败而略显颓废。为了鼓舞士气，激发将士奋勇杀敌之心，夏竦命人在边界上张贴榜文悬赏："有得元昊首者，赏钱五百万贯，封爵西平王。"

这件事被待在兴庆府的李元昊知道了，他针锋相对，也给宋朝写了一张榜文："有得夏竦首者，赏钱两贯。"不一样的是，他直接遣奸细将这样的榜文，悄悄地带到了宋朝京都汴梁，并编成童谣教给汴梁街道上玩耍的小孩子。一时间，汴梁城大街小巷都传唱着"夏竦首，钱两贯"的童谣，宋朝君臣闻知，羞愧难当！

范仲淹到达陕西后，发现在宋朝边界上竟有一条不成文的规定，那就是出兵迎敌时，不论敌人众寡，皆先由职位最低的军官率部出击。如此岂能不败？要知道宋朝将帅统兵数量历来都是按官的大小来定。"都部署"可领兵一万，"钤辖"可领兵五千，"都监"领兵三千。范仲淹一到延州，便着手改革了这一不合理的用兵制度。他说："不根据敌兵的多少，反以官位的尊卑为序进行出击，无疑是自取失败。"他大规模地检阅延州守兵，并从中精选出一万八千人，分给六位将领统率，每位将领统兵三千，日夜操练，遇到战事，则根据敌兵众寡，领兵出战。

范仲淹的这一做法很快在延州传开了，边界各路纷纷效法。西夏人知道后，互相告诫说："不要再把进攻的重点放在延州了，现在小范老子（范仲淹）肚子里有数万甲兵，不像大范老子（范雍）那样好欺负。"范仲淹又请求朝廷建鄜城为军，修筑了承平、永平等十二个堡砦，逐渐招回流亡人口，使边地人民陆续回归田园，安心生产。

然而新的问题又出现了。夏竦、范仲淹、韩琦三位大臣在对宋夏战局以及如何部署备战、用兵方略等问题上产生了分歧。三位大臣特别是韩琦和范仲淹二

范仲淹像

人,各抒己见,唇枪舌剑,互不相让,都坚持着自己的观点。

范仲淹捋着自己有些花白的胡子,陈述着自己的观点,慷慨激昂,他说:"两位大人,以范某人之见,当前对西夏最好的战略就是不断巩固防守,做好持久备战的准备。想必二位大臣都知道,西夏地处边陲,是一个以游牧立国的小国,纵使历朝历代在灵州一带开塘挖渠,素言灌溉之利,农耕之便,但归根到底西夏的农业并不占优势。以前宋夏交好,西夏人可以轻而易举地用他们的牛羊马匹换取我大宋的钱粮、布帛、香料、茶叶,才使得自己国内物资不至匮乏。如今双方交战,我朝已经关闭了沿边榷场,西夏的土特产品已经无法与我们正常交易,他们的青盐也无法再输到大宋境内,这样时间一长,用不了三年数载,他们储备的粮食、布帛就会用光。到那个时候,西夏百姓必然心生埋怨,士兵们也会无心恋战。因此,我们只需进筑堡寨,步步为营,静观其变,等他们国内出现骚乱的时候,再发数路大军齐攻。我从陕北直插灵州,两位大臣亦可从渭州北上,进军元昊行宫天都山,两路大军会师兴州,如此西夏之患可一举消除。"

韩琦听完范仲淹的话后,先是微微一笑,接着又摇头表示不认同,只听他说道:"范大人,你的策略固然妥当,但是现在我们有数十万将士集结于宋夏边界上,如果长时间不主动出击,只知龟缩防守,岂不是要让元昊小儿耻笑?更何况朝廷岁岁年年花费巨资,千里转运物资,用来供养陕西诸军,已经不易。恐怕等到你

所说的三年数载之后，不说我们有没有更强的战斗力，韩某人担心的是恐怕国库不支、百姓疲困呀！如今，宋夏刚刚交战，我们数十万将士士气正旺，应当出其不意、攻其不备，寻找西夏军主力，纵然是深入敌境也要速战速决。难道你、我还会惧怕他李元昊不成？范大人此言，未免有些长他人志气，灭自己威风了吧！”

范仲淹听了，使劲摆手摇头，说道：“韩大人，我知道你求胜心切，想早日为皇上分忧。转运之费，百姓疲困，这些我都知道，我也心急呀，我又何尝不想早日平定西夏，早奏凯歌，班师回朝呢？可是现在的西夏，刚刚建国，国势蒸蒸日上，君臣必定团结一心，士气正旺，军队战斗力也是最强的时候。何况元昊此人，他熟识兵法谋略，善于用兵，又礼贤下士、知人善任，千万不可小觑啊！倘若贸然出兵，一旦失利，我们将陷入被动局面呀！”

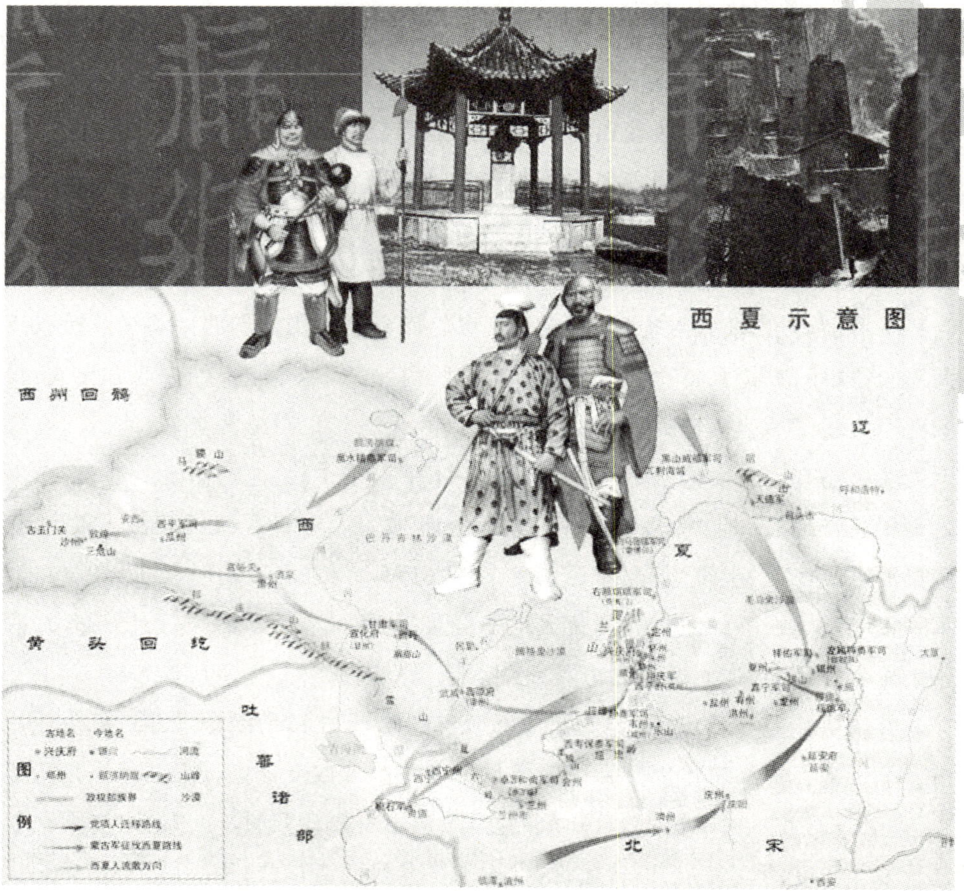

西夏示意图

主帅夏竦在一旁耐心地听着两位大人的分析和论断，按理说，两位大人从不同角度出发，各自所言都颇有道理。只是一个主张速战速决，一个主张加强防守打持久战，肯定要从中选择一种，作为今后的平夏方略。但是采纳谁的意见呢？看到韩琦还是不同意范仲淹的意见，正打算开口再理论，却见夏竦一摆手，说道："两位大人，不要再争了，你们说得都很有道理，韩大人急于荡平西夏，为皇上分忧；范大人老成持重，着眼长远，亦是深谋远虑呀！两位大人皆我大宋能臣，对我大宋的一片赤胆忠心，天地可鉴！这样吧，不如我把两位大人的意见一同上表朝廷，请皇上定夺吧！"

夏竦的奏折很快到了仁宗手里，仁宗立即召集满朝文武对这份奏折进行讨论。大家议论纷纷，有的支持范仲淹，主张稳固防守，静观其变；有的支持韩琦，主张积极进攻，荡平西夏。一连讨论了好几天，都没个结果。仁宗不免心烦意乱，说心里话，仁宗还是支持韩琦的，毕竟范仲淹的计策耗时太久，对付西夏这样一个国力、人力、财力都远逊于宋朝的小国，难道还需要如此畏首畏尾吗？仁宗幻想用一战解决问题，最终下定决心，打算与西夏正面交锋，一鼓作气荡平西夏。他给夏竦下旨："宜速作准备，待到三月开春，我数路大军齐出，一举荡平西夏！"

接到圣旨后，夏竦立即命令范仲淹、韩琦各自积极备战，准备三月开春后，发动全面进攻。范仲淹来到延州后，再次上书仁宗，陈述边境实情，力主万万不可贸然进攻。他认为全面进攻无疑是全面暴露我军防线虚实，最后他建议一定要攻的话，就先让韩琦统帅的泾原路伺机进攻，鄜延路则主要负责牵制敌人。宋仁宗举棋不定，本来坚决不同意，后来耐不住范仲淹接二连三地上书反对，只好勉强同意先由泾原一路进攻。

如此一来又回到了起点，韩琦和范仲淹都分别说服了宋仁宗，等于还是韩琦进攻，范仲淹防守，各自为政了。平心而论，韩琦与范仲淹的策略都有一定道理，假如此二人能够统一认识，选择其中一个方案，共同努力执行，那么李元昊的日子恐怕就不太好过了。

可惜的是，假如永远都只能是假如，两位边关大帅在对夏战略上的分歧为后来宋军的惨败埋下了巨大的隐患。

宋朝准备大举进攻的图谋，当然瞒不过李元昊的眼睛。李元昊早就在宋朝境内安插了许多密探，宋朝一有什么风吹草动，立即就会有人快马加鞭前来汇报。

听到宋朝准备三路大军来攻的消息后，李元昊又想先发制人，他觉得自打宋夏交战以来，虽然取得了三川口之战的重大胜利，但在其他战场上，宋军都有效地抵御了西夏军的侵袭。于是，他召见张元进宫商议对策。

张元一到，李元昊就略显烦恼，对张元说："国相，现在宋军要三路大军齐发，前来攻打我大夏，朕想着如若等到宋军打上门来，我大夏岂不被动？便想问问国相意见。"

却见张元微微一笑，显得很从容不迫的样子，说道："陛下，不必烦恼，臣有一策，保准让宋军有来无回。"

李元昊有些惊讶，哦了一声："国相有何妙计？愿闻其详。"

张元不慌不忙地说："陛下，宋朝三路大军扬言欲讨伐我大夏，貌似来势汹汹，其实他们自己内部根本就没有协调一致，他们的主帅对我大夏策略不尽相同。韩琦主攻，范仲淹主守，夏竦夹在中间，身为统帅，其实他最没主意，摇摆不定，不足为惧，况且他们现在还没有做好准备呢！只要我们能瞅准他们的弱点，先集中力量打击其中的一路，那么宋朝三路大军并进的计划就会不攻自破！"

"那么依国相所言，我们先打哪一路为妥？"

"依臣之见，可先打泾原路的韩琦部，此人虽能文能武，又善言辞，乃是主张积极攻略我大夏的一员干将，但他有速战速决之心，急功近利。只要我们能把泾原路的主力引诱出来，再设法将其围困歼灭，那么范仲淹与夏竦自然就不敢再妄自行动了。这样一来，战略主动权就会牢牢掌握在我们大夏手中。"

"引出主力，怎么个引诱之法呢？"李元昊有些小激动。

"好办，好办！"张元胸有成竹，慢慢说来，"陛下，您只需派遣一支轻骑部队，伪装成我军主力，大张旗鼓进军渭州。镇守在镇戎军(今宁夏固原)的韩琦必然不会坐视不理，定会派大军前来截杀，我们给他来个调虎离山之计。轻骑部队遭遇宋军后，可令他们以溃散奔逃佯败，再遣小股人马，扮成溃散的主力部队，如遇宋敌，丢盔弃甲，退而继续引诱宋军。到时候，陛下您亲率大军十万，在我轻骑部队回撤半道上布下天罗地网。等到韩琦大军主力进入我们的包围圈，即使他有三头六臂，也插翅难飞了！"

李元昊不禁大喜："真是妙计啊！我这就下令点集人马，准备出征，此战我一定要活捉韩琦！"

“且慢。”张元接着说，“为了进一步麻痹宋军，我们还需要派人前去延州假装议和，范仲淹这个人他本来就不主张匆忙进攻，他一定是想先稳住我们再伺机而动。我们就给他来个将计就计，借议和之名先稳住范仲淹，让陕北宋军不急于出兵。那样，我们就可以腾出手来专心对付泾原路的韩琦了！”

李元昊点了点头：“国相谋事果然周全，所言极是。我这就遣人前去与范仲淹讲和。”

李元昊别有用心的遣使假议和，范仲淹却信以为真，兴趣盎然，殊不知自己已经上了李元昊的缓兵之计。西夏天都山、宋朝泾原路都在为战争做着充分的准备，一场大战即将来临。

西夏天授礼法延祚四年(1041年)正月，李元昊先发制人，亲率十万大军悄悄进驻到了天都山一带的崇山峻岭之中。天都山地处今宁夏回族自治区海原县的西华山、南华山及西吉县的月亮山一带。李元昊在这里建有南牟会城，大将野利遇乞率数万大军常年驻守于此，号称“天都大王”。李元昊来到天都以后，一边部署军队，一边派遣天都大王野利遇乞率领五千轻骑、五千步兵，伪装成西夏主力，围攻怀远城，做出一副想要直插渭州的样子。临行前，李元昊再次强调，一定要大张旗鼓，务必引

文殊变(局部)

出韩琦的主力部队。

野利遇乞领命后，率领五千轻骑迅速包围了怀远城。怀远城下，顷刻间旌旗蔽空，马鸣萧萧。野利遇乞不慌不忙，选择有利地形，安营扎寨。镇守怀远的宋将看西夏军军阵齐整，听到西夏军战鼓隆隆，号角不绝，夜间又见西夏军连营数里，灯火通明，以为是西夏军主力，没等野利攻城，便慌慌张张向镇守在镇戎军的韩琦求援。

泾原路统帅韩琦进攻西夏的准备工作刚刚结束，正打算部署出兵事宜，却听前方探子回报说李元昊大军正在围攻怀远城。韩琦闻讯，大吃一惊，心想：这西夏军来得好快！我正打算发兵天都山，活捉李元昊，想不到他竟然自己送上门来。韩琦急忙传令诸将前来议事！

不一会儿，众将顶盔贯甲，威风凛凛地聚集在韩琦的中军大营。其中最为著名的是老将任福，年近六旬仍威风不减当年。此人乃禁卫军官出身，一生身经百战，武艺高强，有万夫不当之勇。韩琦正襟危坐，看到众将来齐，拱手说道："诸位将军，报效朝廷的时候到了，西夏叛贼李元昊竟敢率军前来攻打怀远城，其意在渭州。渭州何地？此乃我大宋环庆、泾原两路之要地，切不可失。我决定派兵前去截杀，让西夏军有来无回。此战关系重大，不知哪位将军愿带兵一战？"

老将任福早就坐不住了，他腾地从座位上站起来，双手抱拳，拱手向韩琦行礼，声若洪钟："韩大人，老夫愿率犬子任怀亮及本部兵马前往迎战！"

韩琦看到任福主动请缨，十分高兴："老将军英雄不减当年，真是廉颇在世，黄忠再生，有老将军这样的大宋豪杰，何愁他李元昊不灭！环庆副总管任福听令，今命你为统帅，领军一万八千（原镇戎军守军一万人，临时招募勇士八千人，共一万八千人），耿傅为参军，泾原路驻泊都监桑怿为先锋，钤辖朱观、都监武英、泾州都监王珪率所部随同，迎战西夏军。"

出发前，韩琦授给任福作战方案："此次出征，不必与西夏军硬拼。我军先从怀远城直奔得胜寨（今宁夏西吉县东南），行军到达羊牧隆城（今宁夏西吉县南），插入敌后，占据险要，设置伏兵，以逸待劳。西夏兵固然勇猛不假，然素以骑兵见长，攻打城池非其优势，我自会令渭州坚守抵御，元昊屯兵坚城之下，久之必然失利。待李元昊退兵之时，我军可出其不意，攻其不备，将其一举歼灭。如此，可保全胜。"

黄昏时分，任福率军出发时，韩琦一直送到城外，又再三叮嘱他："将军，怀远

城外，地形复杂，山沟纵横，敌人万一设伏，恐对我军不利。特别是好水川一带，四周多山，又只有一条狭窄小路，任将军你务必要加派探军，勤加查勘，谨慎行事，小心谋划，莫要中了昊贼计。老将军此次出征，非同小可，大宋安危荣辱系于一身。上次延州三川口之败，皇上甚为不悦，希望老将军此战能够一雪前耻，扬我大宋军威。想那昊贼此番来攻，想必也是谋划已久，又有大军号为十万，老将军此去恐免不了一场恶战。我军兵少，万不可分散行军，一定要集中力量，凡事三思而后行，切不可轻敌、贸然出战。”

任福看着比他小二十多岁的韩琦，觉得他真是未老先衰，今日所言有些语无伦次，看他叮嘱烦心，便有些不耐烦，说：“战场上的胜负形势，往往是瞬息万变，关键在于将帅如何随机应变，老夫此番挂帅出征，定当不辱使命，韩大人无需多虑，放心便是。如有闪失，老夫愿提头来见！”说完，任福下令拔营，众将跃然上马，宋朝大军出发了。

走了没多远，又听见韩琦高喊道：“将军一定要按计划行事哪！”远远听到任福回应：“末将领命，大帅速速回营吧！”

宋朝大军像一条长龙，在漆黑夜色的掩护下，向着怀远城奔去。

经过一夜行军，大队人马已进至捺龙川。此刻，天刚蒙蒙亮，天边还挂着几颗星星一闪一闪。初春的早晨还相当寒冷，宋军将士们的铠甲上都凝结了一层薄霜，太阳缓缓升起，照在将士们的脸上，有了一丝温暖。没有人说话，数十里，只能听到马蹄踏在冰冻土地上“得得”的响声，还有将士们的铁甲互相碰撞而发出的清脆声音在山谷回响。

突然，前方传来一阵急促的马蹄声，打破了早晨的宁静。一队探路骑兵飞驰过来，领头的骑兵一边使劲挥着马鞭策马奔腾，一边大喊：“让路！让路！紧急军报！”

任福端坐在一匹枣红色的马上，背后绣着“任”字的帅旗迎风飘扬。见那骑兵来到任福前，一跃从马上跳下，单膝跪地：“禀报大帅，在捺龙川西北张家堡(今宁夏固原市张易乡)一带，发现有西夏军正在偷袭我军营寨，镇戎军西部都巡检常鼎、同巡检内侍刘肃两位将军正与西夏军交战，桑怿将军派我前来禀报大帅，是否前去接应？”

任福获此情报，立即问道：“西夏军多少人马？”

拜寺口双塔

“大约数千骑兵。”

任福心想：原来是小股部队，大军出征，正好借此战鼓舞士气，扬我军威。想到这里，任福传令：“武英、朱观听命。你二人带领大队人马继续前行。本帅带领轻骑先行解救张家堡之围！”

任福率领数千骑兵和桑怿合兵一处，杀奔张家堡而去。

就在任福率军赶赴怀远城之时，西夏探哨早就将宋军的一举一动探查得清清楚楚。野利遇乞连夜派人通知驻扎在天都山的李元昊。

经过一夜狂奔，野利遇乞派回的探哨终于回到李元昊大营。在距离李元昊大营还有一段距离时，他就高喊道：“野利将军有紧急军情上报……”

元昊显得有些迫不及待，焦急地问：“怎么样？是不是韩琦那边有动静了？”

“正如陛下所言，韩琦派环庆路副总管任福率领数万人马已经离开了镇戎军，正在赶往怀远城！”

“哦？”元昊听到韩琦没有亲自出战，有些失望，本想一战擒拿韩琦，想不到只来个行军总管任福。

一旁的张元看到元昊有些失望，说道：“陛下，不必失望，韩琦虽然没有来，但这个任福也并非无名之辈，此人熟知兵法，作战勇猛，又身经百战，也堪称当今宋朝知名的老将军。况且此次出征的都是环庆、泾原两路之精锐，如果一战而胜，韩琦必然闻风丧胆，我大夏则可军威远扬，让宋军为之胆寒。”

元昊听了张元的话，先是脸上露出诡异的笑容，接着咬牙狠狠说道：“传令野利遇乞，继续进攻宋军堡寨，遇到宋军主力，只许败，不许胜！务必要将宋军主力引入我军埋伏圈，我要杀他个片甲不留！”

在任福前往解救张家堡之围的时候，元昊的十万精兵也已经日夜兼程，赶到了羊牧隆城（今宁夏西吉县南）以东五里的好水川和瓦亭川（今宁夏固原市瓦亭）一带，设好埋伏，就等着宋军钻口袋了。

任福率军到达张家堡以后，果然见常鼎、刘肃正率领守军与西夏兵交战。于

西夏王陵3号陵出土的灰陶迦陵频伽

是,果断率骑兵绕道西夏军背后,出其不意,发起猛攻。野利遇乞见任福率军杀来,就按照李元昊的指示,抵挡了一阵后,见任福已经上钩,便仓皇丢下沿路劫获的牛马、羊驼,紧急撤退。任福杀得正来劲,看到西夏军落荒而逃,又见已斩杀西夏兵数百,战利品丰富,心想西夏兵小股部队果然不堪一击,当一鼓作气,将之一举歼灭。却见宋军将士已经忙着争抢散落在战场上的羊只、马匹等,乱作一团。任福急忙下令:"莫要中了西夏军缓兵之计,敢取一物者,斩!众将听命,如今西夏兵仓皇而逃,看他们军阵大乱,宜火速进兵追击!"

正在任福身边的参军耿傅见状,急忙挡在任福马前:"任将军,不可轻敌!昊贼奸诈狡猾,还请大人三思而后行啊!韩大人临行再三嘱咐,不可轻进,您忘了吗?逃敌不可追击呀!"

任福虽然勇猛果敢,然机智不足。此刻,任福有些急功近利,加之宋军将士皆因初战告捷,俘获战利品而愈发高兴,人人贪功亢奋,不可遏止。他轻蔑地望着这个手无缚鸡之力的文弱书生:"耿参军,将在外,君命有所不受。现在西夏军大败,如果不趁势追击,我军就会错过歼敌的最佳时机。我意已决,不必再多说了!"

任福只顾奋勇追击,他压根就不知道自己已经上了李元昊的当,被李元昊牵着鼻子走了。

再说正在镇戎军焦急等待消息的韩琦,听到耿傅派来随从的报告后,不禁大吃一惊,想不到自己临行前对任福千叮咛、万嘱咐,一切要依计行事,到头来他还是擅自主张。韩琦着急得一边咬牙切齿一边跺脚,不禁唉声叹气,叹道:"任福啊任福,毁了自己一世英名事小,误了军国大计事大呀!"想到这里,他挥手写下一篇檄令:"任福立即停止追击,集中兵力,稳扎稳打,步步为营,切不可轻敌出击,如违抗军令,就算打了胜仗,也要处斩!"

写完后,交给耿傅随从:"你立刻赶回大营,将此檄令交于任将军,令他务必谨慎行军!否则军法处置!"那随从立即出发赶赴任福大营。

韩琦还是有些不放心,急忙唤来泾原路部守王仲宝,吩咐道:"王将军,你立即率领人马,前去接应任将军,一旦我军战事不利,请速与任福将军退回镇戎军,不得有误!"王仲宝领命,即刻率部星夜赶去接应。

任福接到韩琦的檄令后,只是淡淡地看了看,说:"韩大人过于谨慎了,不过是书生之见,待我提回李元昊的脑袋,看他怎么说。继续进军!"

西夏史话

野利遇乞率领的西夏军按照李元昊的计策，继续向好水川撤退，与宋军时有交战，但始终保持着一定距离。任福挥军穷追不舍，到了傍晚，任福与桑怿的部队已经到了六盘山下的好水川(甜水河，今宁夏隆德县北，西吉县南)，见天色已晚，便传令大军就地安营扎寨。此时，朱观、武英率领的另一支队伍已到达与好水川隔山相距五里的笼络川(好水川支流)，王珪部也已到达羊牧隆城附近。任福的计划是，待明日三军会合后，再一道追击西夏军，务必将这支部队尽数歼灭。然而，他却怎么也不知道，就在离自己不远的川口，李元昊早已埋伏了十万大军，只等着他们钻进口袋。

第二天清晨，担任前锋的桑怿先率兵沿好水川西行。当队伍走到距离羊牧隆城还有五里远的地方时，突然发现道旁摆放着好些个泥盒子。只见那泥盒子紧闭，但却从泥盒中不断传出扑腾、扑腾跳跃的声音。桑怿和他的士兵都感到惊奇，眼睛盯着泥盒子，心中充满了疑惑，但没有将令，谁也不敢私自打开，因而只好等主帅任福前来。

任福率军赶到后，虽然他也感到不大对劲。在这荒无人烟的谷地，怎么会无缘无故出现这么些个泥盒子？但他转而又一想，夏人素好故弄玄虚，难道以为要些个这样的小把戏就能吓住我任福吗？于是，下令士兵打开泥盒。几个宋卒持枪小心翼翼地打开盒子，突然之间，几十只带着响哨的鸽子从泥盒里腾空而起，士兵被吓了一大跳。众将士都有些发愣，都抬起头看着那些鸽子，伴着悦耳的哨响，盘旋在好水川上空。

任福也在纳闷，突然，他大喊一声："不好！恐中了元昊小儿奸计！"正要下令撤退，但为时晚矣！此刻，在好水川埋伏的李元昊远远地看着盘旋在谷底上空的鸽群，知道宋军已经进入埋伏圈！他挥动着旗令，瞬间，好水川谷地金鼓喧天，伏兵四起。李元昊的作战计划是这样的：先是弓箭手万箭齐发，一顿狂轰乱射。接着骑兵自上而下迅猛冲击，将任福大军截散开来。最后步兵如同洪水，从四面八方压下去，全歼宋军。西夏兵以逸待劳，个个英姿勃发，如同猛虎扑食般地狂吼："活捉任福！全歼宋兵！"

任福适才如梦初醒，急忙组织军队，传令保持军阵，沉着应战，莫要慌乱。他放眼四望，希望还有路可退。但让他失望的是，好水川四周原本空荡荡的山梁上，这会儿已经树起了无数西夏旗帜，黑压压全是西夏兵，一伙接一伙如潮水般向山下

中国国家图书馆藏《悲华经》护法金刚图

扑来。西夏兵呐喊着，挥舞着手里的长枪马刀，转眼间就将数万宋军围了个水泄不通。

任福是久经沙场的老将，毕竟见多识广。紧要关头，他手握那令敌人闻风丧胆的四刃月牙铁锏，强令大军："骑兵居前，步兵在后，弓箭手居中，准备放箭还击！"被猛然出现的宋军吓得目瞪口呆的宋军将士，听到主帅呼喊，迅速从慌乱中抽身出来。一万多宋军聚集到狭小的山谷里，摆开了阵势。在西夏军海水般的围攻下，宋军就像一只被困在铁笼中的野兽，准备与来犯之军拼死一搏。

西夏骑兵精锐"铁鹞子"冲锋在前。"铁鹞子"果然名不虚传，骑兵与马匹皆被铁甲包裹得严严实实，连马腿上都包着铁片，只露出杀气腾腾的两只眼睛，乌黑的铁甲在阳光的照射下，映出晶莹的寒光，让人不寒而栗。

任福看到"铁鹞子"冲得越来越近，还有百步之遥，大声下令："放箭！"宋军的弓箭像雨点般射向疾驰而来的"铁鹞子"，可是，宋军的箭根本就射不透"铁鹞子"身上那厚重的铁甲，箭头撞到铁甲上，发出清脆的"当当"声，然后就无力地滑落到地上。

任福见弓箭手不起作用，急红了眼，大声喊道："骑兵出击，挡住他们！"

宋军骑兵出击，声嘶力竭地吼叫，却终究掩盖不了与西夏"铁鹞子"的差距。只见，任福手下的骑兵高高举起的大刀还来不及砍下，就被"铁鹞子"骑兵那一支

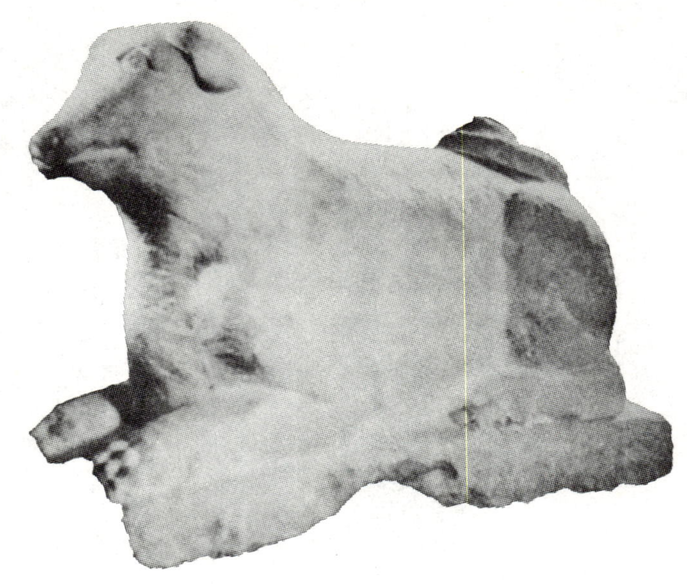

西夏王陵出土的石狗

支沉重的铁枪刺穿了胸膛。但宋朝的铁骑马队依然像疯了一样，用血肉之躯阻挡着西夏的钢铁洪流，一轮一轮自杀式的攻击宛如惊涛拍岸，在西夏“铁鹞子”组成的铜墙上溅起一片血花。“铁鹞子”虽然勇猛，但在这轮番进攻的血肉之躯铸起的壁垒前也被迫减缓了速度，队伍也变得有些混乱，凶猛的冲击力逐渐减弱，双方展开了近距离厮杀。铁甲冲撞，刀枪碰触，战马的嘶鸣，垂死士兵的哀号，响彻整个狭小的山谷，好水川顿时变成了人间地狱。

李元昊在山头上观战，看到宋军虽处劣势，但拼死奋战，杀伤了不少“铁鹞子”骑兵，不禁大怒，传令：“步跋子压下去，打乱他们的阵形！”

“步跋子”是西夏最精锐的步兵，他们翻山越岭如履平地，最擅长近战。“步跋子”的参战顿时改变了战局，两军相交，流箭如雨，杀声震地。宋军渐渐不支，阵形开始变得混乱，宋兵开始被分割包围，只能各自为战了。

西夏军实在太多了，四面八方黑压压一片，蜂拥而至。宋军骑兵部队已经基本上拼光了，任福和桑怿还有其他几位将军依然坚守着，率领残军浴血奋战。山谷中，到处都传来西夏士兵“活捉任福”的喊叫声。

战斗从早晨一直进行到中午。这样下去可不行呀,必须冲出重围才有生机。任福命令桑怿组织敢死队伺机突破西夏兵包围圈, 寻找生机。李元昊站在山顶上,竖起一面两丈多高的大旗指挥西夏军。看到桑怿率领着敢死队,左冲右突,企图冲出重围。桑怿向东突围,李元昊的大旗挥向东边,西夏军就向东边冲去;大旗挥向西边,西夏军又向西边冲去,宋军无法突围。于是,许多宋兵就向山顶上冲,企图抢夺制高点, 却不料西夏军一支骑兵从山后冲下来, 宋军士兵大多落崖而死。不多久,桑怿率领的敢死队也拼光了。桑怿挥舞着手中的马刀,发疯一样砍向西夏兵,一连砍死数十人。突然,一个西夏"步跋子"一枪刺穿了桑怿的左腿,桑怿单腿跪倒在地,仍然奋力挥刀,劈向那个西夏兵头颅。血花飞溅,西夏兵倒地身亡。正当桑怿准备站起再战时,几个"步跋子"围冲上来,将长枪一齐刺进他的胸膛,桑怿瞪着双眼,目视前方,倒在了血泊之中。

任福看到桑怿全军覆没,不禁长叹一声,心想:看来老夫今日必将命丧此地,大丈夫死即死尔,得以报国而死,死得其所。想到这里,任福挥手叫来紧紧跟在他身边的儿子任怀亮,嘱咐道:"亮儿,为父今日恐怕要以身殉国了,你还年轻,赶紧想办法冲出去,你一定要活下来,你才二十出头,没必要跟为父一起战死。为父一生征战,屡历沙场,如今年近六十,能死在战场上也是一生的光荣。你快走吧!"说着话,想要用手推开任怀亮。

任怀亮望着父亲:"孩儿不怕死,愿与父帅共同杀敌,报效国家!"

任福望着年轻的儿子,既为儿子感到骄傲,又为儿子即将失去年轻的生命而倍感伤心。他爱惜地抚摸着儿子的肩膀,说道:"好小子,有志气!"

再说任怀亮吧,那可真是虎父无犬子。他自幼跟随父亲,长于军中,练就了一身好本事,刀枪棍棒样样精通,算不上身经百战,但也算是久历沙场。只见他使劲点点头, 和父亲深情地对望了一眼, 转过身率领一队近卫骑兵杀进敌人的包围圈。一杆铁枪上下翻飞,几个"铁鹞子"顿时死在任怀亮的枪下。

任福挥舞着四刃月牙铁锏,身先士卒,冲入西夏阵营,几个"铁鹞子"前来阻拦,被任福用铁锏猛击中头部。铁锏的巨大力量将"铁鹞子"连铁甲带脑袋打得扁平,血肉模糊,"铁鹞子"应声倒地。周遭的"步跋子"又冲杀过来,只见任福挥起铁锏,狠狠地砸向"步跋子"的头部,一锏一个,勇猛至极,周遭的西夏士兵被吓呆了,心生胆怯,不由往后退去。

李元昊在山上看到任福父子勇猛无比，甚为慨叹。他对身边的国相张元说："想不到宋军有如此猛将，宋军的战斗力如此强悍，看来当年父王的话还是有几分道理，想征服宋朝，难呀！"

突然，探哨前来禀报："在好水川西北方向发现宋军，正全速赶往好水川。"元昊听了，下令："速去查明，这是哪里来的援军！"不一会儿，野利遇乞前来禀报："陛下，此乃宋军泾州都监王珪的部队，全是步兵，只有四千人。"

这时候，李元昊看到这支军队已经冲进了好水川谷地，正拼命朝任福部所在位置冲杀，欲救走任福。于是，他下令野利遇乞："你率领五千骑兵前去阻挡王珪援军，要死死地拖住他，千万不能让他与任福部连为一体，等我消灭了任福，再来收拾他！"

看到十万大军喊杀数个时辰，竟然没能解决区区一万多宋军，李元昊有些恼怒，严令三军全力进攻，速速拿下任福。

西夏的士兵又一次发起冲击，他们狂吼着，杀向残余的宋军将士们。此时的好水川已经尸积如山，鲜血像小溪一样沿着山谷流淌。任福手下的士兵越打越少，败局已定了。他的小校刘进劝他逃走，以免一死。任福说："我身为大将，此刻应与将士并肩作战，杀出重围，即使兵败，亦当以死报国！"

这时候，任怀亮被一群"铁鹞子"纠缠着围在中间，难以脱身。任怀亮勇猛，一次又一次打退"铁鹞子"。却不料，远处的西夏弓箭手突然万箭齐发，任怀亮身中数箭，挣扎着想要再次挥起铁枪，却已没了力气。顷刻间，他坠马倒地，西夏士兵迅速围了上去，一顿狂砍。任福远远看到爱子被西夏士兵乱刀砍死，不禁肝肠寸断，他眼中饱含热泪，喃喃说道："完了，一切都完了。"

他老泪纵横，挥舞着铁锏，想要冲到爱子身旁，却被西夏兵围堵得动弹不得。众将士见此，退至任福身旁，拼力冲杀，护送着任福来到任怀亮身旁。只见任福跳下战马，双膝跪地，抱起儿子，仰天长啸。众将士听着老将军撕心裂肺的吼声，不禁个个泪流满面。忽然，任福放下儿子的尸首，转向朝着东京汴梁方向："皇上！老臣无能，中了李元昊叛贼的奸计，不能再为国尽忠了！今日老臣唯有一死，报答皇恩！"说完后，重重地叩了三个头，又对众将士说："老夫无能啊，连累了诸位将士们，今日以死祭奠尔等屈死的冤魂！"说完，抽出随身佩剑，对着脖子一抹，一股鲜血喷溅而出，躯体重重地倒在地上，鲜血染红了好水川的土地。

此刻，在外围冲杀的王珪正率领着宋兵与野利遇乞大战。数千宋兵在王珪的率领下，拼死想要在西夏兵的包围圈上撕开一个缺口，接应任福。可是野利遇乞率领西夏兵死死缠住王珪，王珪寸步难行，无法前进。王珪眼看着任福的帅旗就在不远处，可是左砍右杀，前冲后突，就是杀不进重围。又看到帅旗轰然倒下，王珪有些心酸，想到任将军可能已经遭遇不测，悲壮之情油然心生，挥舞铁鞭，对准西夏兵一顿狂扫，数十个西夏兵瞬间倒地。王珪正要往前杀去，只听见身边一小校建议道："将军，我们兵少将寡，如此拼杀，恐撑不了多长时间哪，不如暂且退回笼络川一带，与武英、朱观二将军回合，再从长计议！"王珪一听言之有理，只好率领残部退往笼络川。

好水川的激战还在持续，山脉阻隔的数里之外，武英与朱观率领人马，正沿着笼络川狭窄的山谷，向之前约定的羊牧隆城进发，突然听到前面传来一阵急促的马蹄声，武英、朱观一惊，连忙命令部队停止了前进，只见一支狼狈不堪的宋朝军队正向他们靠拢过来。武英、朱观正要上前探个究竟，却见一员满身血污、手持铁鞭的将军迎面赶来。朱观眼尖，一眼就认出是王珪将军，急忙上前，问道："王将军，发生什么事了？何以如此狼狈？"

王珪看到朱观，不由得热泪盈眶，他跳下马来，抱住朱观的肩膀使劲摇晃：

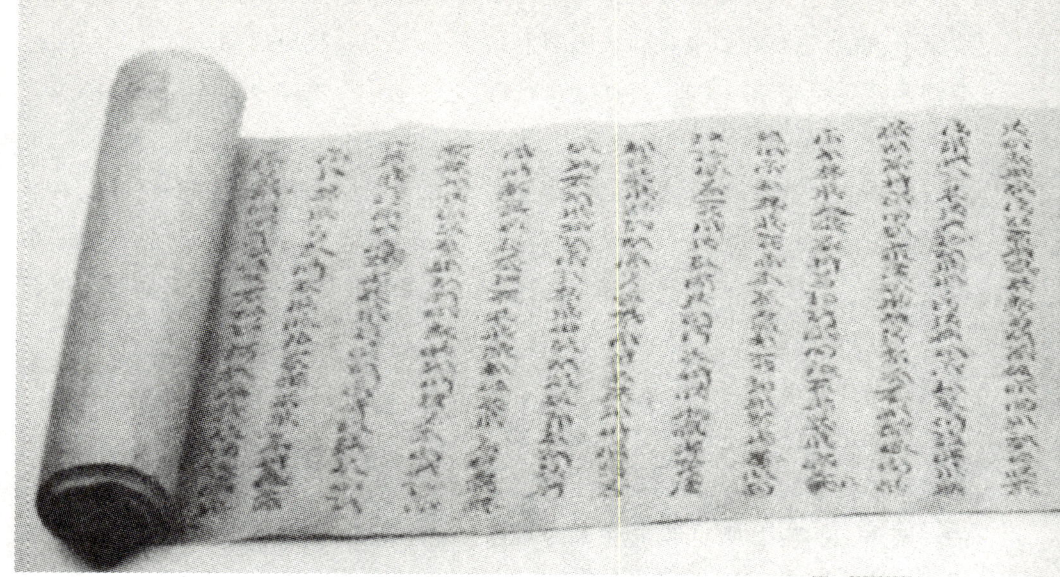

“王某人无能啊，辜负了任将军，辜负了圣上哪！”说着就泪流满面，接着就将任福等几位将军被困好水川，自己如何想要营救，却无奈被打退的事说了一遍。说到任将军等可能已经遭遇不测时，王珪情不自抑，有些哽咽！

武英、朱观听到这个消息，好比晴天霹雳一样，二人傻眼愣在那里，一时说不上话来。恰巧，后面负责押送粮草物资的参军耿傅也赶了上来，问清缘由，不禁长叹一声：“愚臣该死哪，想韩大人出发之前，一再强调我，要时刻叮咛任将军，务必谨慎缓行，不可轻进。可如今……我还有什么颜面回去见韩大人啊！”

几个人扼腕痛心，好不悲伤，正当他们决意合兵杀回好水川，接应被围宋军之时，只见西方数不清的西夏兵呐喊着杀了过来。原来李元昊已经全歼了好水川被围的宋军，又挥师追击王珪部而来。武英、朱观还有王珪三位大将急忙披挂上马，准备迎战。西夏军刚刚取得一场大胜，士气旺盛。很快，双方军队各自在谷地摆开了军阵，准备新的厮杀。朱观、武英看到远处山头上，西夏军的帅旗迎风飘扬，又见李元昊与那张元谈笑风生，气得七窍生烟，恨不得飞上前去，将那李元昊撕个粉碎，于是，大声喊道：“兄弟们，冲啊！为好水川死难的将士们报仇！”自己也率先向山顶杀去。

李元昊看到宋军主动出击，他不慌不忙，传令道弓箭手，放箭。一阵箭雨迎面

贺兰山拜寺沟方塔出土的西夏文草书长卷

飞来，武英、朱观挥舞刀枪，阻挡飞箭，想要继续往前冲杀。可是箭雨一阵接一阵，不一会儿工夫，宋军就被射杀大半，冲在最前面的武英还被一支迎面而来的利箭射中了胸口，跌落马下，几名亲兵冒死将他从战场上救了回来。

朱观一看这种情况，知道硬拼不是办法，急忙下令撤退，准备先稳固防守。就在这时，李元昊已经传达了新的作战命令。只听后面传来一阵惊天动地的喊杀声，原来是"铁鹞子"骑兵从后面冲杀过来，猝不及防的宋军被冲得七零八落。

王珪、朱观等人指挥宋军变换军阵，拼力抵挡着。可是"铁鹞子"最擅长的就是突破步兵的方阵，没有了铁骑的掩护，步兵单薄的防御根本就不是铁甲骑兵的对手。"铁鹞子"像一阵旋风般冲进宋军的方阵，战马的嘶鸣声、马蹄踏在人身上的骨骼断裂声、士兵痛苦的呻吟声、长枪刺在铁甲上刺耳的撞击声，响成了一片。紧跟在"铁鹞子"后面的西夏步兵，手持短刀和长枪，对着被铁骑撞伤躺在地上呻吟的宋兵猛刺，简直就是在上演一场大屠杀。

朱观率领着余下的宋军，左突右冲，拼死殊杀，然而，终究是寡不敌众。尽管身边的将士越来越少，但士兵们脸上却看不到一丝对死亡的恐惧，他们个个都怀着视死如归的念头，拼命厮杀着。朱观放眼四处望去，看着漫山遍野、溃不成军的大宋军队，心想：一切都完了！

战场的另一角，王珪被重重包围在一片开阔地上，他挥舞着铁鞭重重地砸在“铁鹞子”骑兵坚硬的头盔上。铁鞭所触，脑浆迸裂，血花四溅。西夏兵被这位铁鞭将军的神勇惊得目瞪口呆，只能凭借着人数上的优势和王珪展开一轮接一轮的车轮战。接连杀死几十个西夏骑兵后，王珪的铁鞭已经有些变形，他眼中布满血丝，满是仇恨，喉咙里发出野兽般的低吼声。正当王珪杀得眼红之时，冷不防，一支利箭穿透了他的右眼，几乎射穿他的脑袋，王珪“啊”的大叫一声，从战马上摔落下来，昏死了过去。旁边正在厮杀的士兵急忙冲上前去，将王珪救回营寨。

朱观看着遍体鳞伤的王珪，心想：不能再打下去了，我不能让我的士兵白白送死，他们还有妻儿老小啊！败局已定，再做无谓的牺牲是没有意义的。想到这里，朱观果断地发出突围的命令：“兄弟们，跟随我突出重围吧！”

朱观率领残军边打边退，一直退到一处烧毁的民房，这里四面都是残垣断壁，朱观急忙命令全部士兵凭借残垣的掩护，四面放箭，抵抗西夏军的进攻。

此时，在镇戎军通往好水川的路上，响起一阵狂乱的马蹄声，来者正是泾原部署王仲宝。他率领援军正在马不停蹄地赶来支援。天色渐渐暗下来，王仲宝还在拼命赶路，突然前面传来激烈的厮杀声，原来正是朱观的部队在做最后的抵

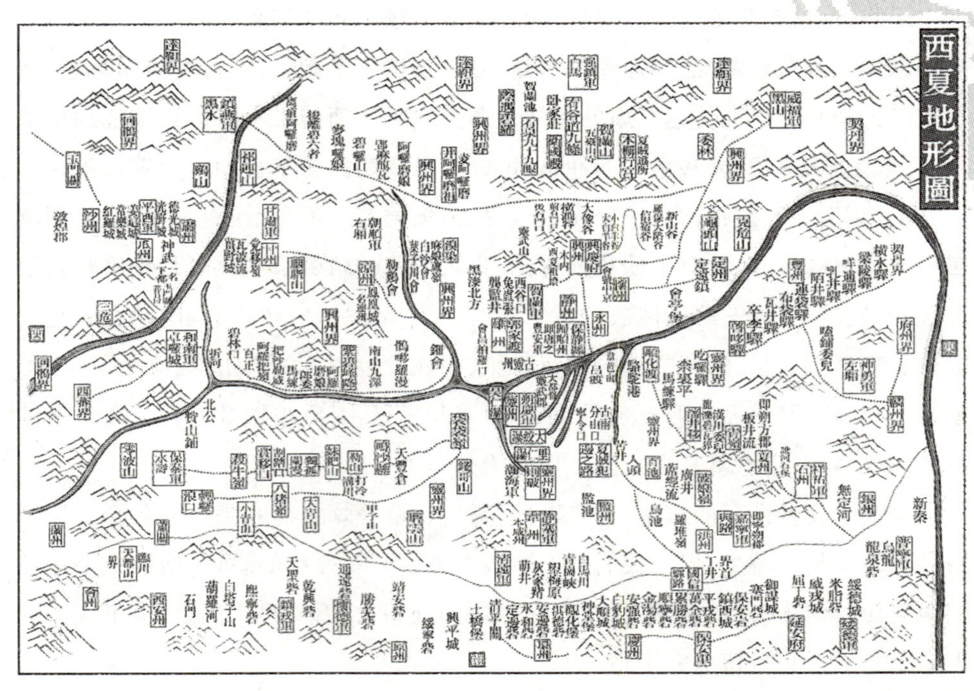

抗。王仲宝急忙率军冲入西夏军包围圈，几个回合下来，宋军死伤不少。

漆黑的山谷里，西夏军队经过一天的苦战，也变得疲惫不堪。李元昊正指挥军队，全力围歼最后一支残余的宋军，突然听到附近传来宋军的喊杀声，不禁有些紧张起来，难道韩琦大军赶来支援了吗？我军此刻正在疲惫之际，不可久战。想到这里，他果断下令西夏军队全线后撤。

西夏大军凯旋天都，饮酒高歌，欢庆胜利。

死里逃生的朱观和王仲宝合兵一处，缓缓向镇戎军撤退下来。经过一天一夜的激战，宋军死伤一万多人，几乎全军覆没，数十员大将阵亡。

好水川一战，宋军大败。

次日清晨，韩琦领兵匆匆赶到了好水川，前来支援，却见数平方公里的谷地，宋夏双方士兵的尸体堆积如山。山谷里、断崖边，到处是断剑残甲，有的地方死尸一层层地叠压在一起，足足有几米厚，鲜血经过一夜的凝固，变成了黑色，整个山谷笼罩在死亡的气氛中。韩琦找到任福死后仍然怒目圆睁的尸体，不禁悲愤交加，放声大哭。

"皇上，微臣有罪，百死莫赎啊！"

凄厉的哭声在死一般沉寂的山谷里回荡着。

韩琦怀着悲怆的心情收拾完残局后，带领残兵败将往回走，刚走到半路，就遇见阵亡将士的父母妻儿数千人披麻戴孝、呼天抢地地前来为阵亡亲属招魂。他们扶老携幼，手里捧着死者的衣物，提着纸钱，跪在韩琦的马前，放声大哭。哀声震天动地，韩琦悲愤羞愧，掩面而泣，停留很长时间不能前行。

好水川惨败的消息传到汴京，宋仁宗十分震惊，气得瘫坐在龙椅上，一句话也说不上来。过了许久，才下令拟旨："陕西经略安抚使夏竦指挥不力，部署不周，铸成我军大败，降职为永兴军通判。副使韩琦轻敌冒进，降职为秦州知州。范仲淹贻误战机，擅自言和，降职为耀州知州。"

接着，宋仁宗还给陕西边境将帅下令："整顿军马，防止西夏兵再次进犯，但严令诸军不可轻易进入西夏境地。"

从这以后，宋朝政府改变了对西夏的策略，基本上采取了范仲淹所提出的持重守御的方略，很少派大部队深入进攻。

君子难测小人意 仲淹误识元昊心

李元昊决定集中兵力攻打韩琦泾原路大军之前，国相张元建议他应先与鄜延路的范仲淹假议和，稳住宋朝鄜延路大军，如此一来，可为西夏赢得好水川之战的胜利创造有利条件，这究竟是怎么一回事呢？

先给大家介绍一下范仲淹。范仲淹(989~1052年)，字希文，其祖乃陕西彬县人，后举家南迁，定居苏州吴县，成为江苏苏州人。北宋一代著名的政治家、军事家、文学家。

范仲淹身世凄苦，两岁丧父，母亲改嫁。青少年时家境贫寒，发奋读书，终成功名。二十六岁考中进士，从此步入仕途，历任节度推官，大理寺丞，右司谏，还有苏州、饶州、润州、越州等地知州，开封府知府，国子监判，陕西路经略安抚招讨副使，鄜延路经略安抚使兼知延州，环庆路经略安抚使兼知庆州。庆历四年(1044年)宋夏议和之后，从陕西前线调回朝廷，任参知政事，是宋代少有的通过科举成长起来的平民宰相之一。

范仲淹一生干过两件大事，一是抗击西夏，二是庆历改革。抗击西夏取得了成功，庆历改革却失败了。被贬官后，他独自登上岳阳楼，写下了《岳阳楼记》这一千古名篇。

康定元年(1040年)三川口战败后，宋朝调整沿边军事统帅，任命夏竦为陕西路经略安抚招讨使，驻京兆长安(今陕西西安市)，韩琦、范仲淹为副使，韩琦驻泾州(今甘肃泾川县)，负责泾原路防务，范仲淹驻延州(今陕西延安市)，负责鄜延路防务。

上一章讲到，韩琦、范仲淹两位边帅在对西夏策略问题上各持己见。范仲淹主守，主张持久防御战，反对深入夏境的进攻战；韩琦主攻，主张集中兵力深入夏境，寻找李元昊主力进行战略决战，试图一战解决问题。后来，经过宋仁宗和两府大臣商议后，认为范仲淹所主张的以防御为主的持久战消耗太大，国家财力吃不消，他们希望最好能够尽快解决西北边防问题，于是决定采纳韩琦的政策，下令鄜延、泾原两路合师。

范仲淹接到皇帝两路合师的命令后，立即又给仁宗上了一道奏折，他提出了两点意见：一、初春天寒地冻，天时不利，不宜轻易出兵；二、如果一定要出兵，请朝廷只发泾原路大军，留下鄜延路，以前西夏进贡时走的是延州，如果鄜延不发兵，可为日后招安李元昊留下后路，同时也能有力配合泾原路大军发起攻击。仁宗皇帝觉得很有道理，便同意了范仲淹的请求。

再说这宋朝将帅内部对夏持有两种不同意见的情况，很快就由西夏的奸细传到李元昊那里。李元昊认为有机可乘，为了进一步麻痹鄜延路宋军，他集中兵力发动对韩琦泾原路大军的战争创造条件，在国相张元的建议下，他决定与范仲淹假议和。

西夏天授礼法延祚四年(1041 年)正月,李元昊放回被俘的宋朝塞门寨寨主高延德,让他把自己愿意讲和的消息带给范仲淹。

宋夏边界延州城内,陕西经略安抚副使范仲淹正在官署之中处理公务,忽然听到幕僚进来禀报说,李元昊派塞门寨寨主高延德前来讲和。范仲淹先是一惊,接着又是一喜。惊的是两军正准备交战,李元昊怎么会派人前来讲和,难道其中有诈?喜的是自己并不主张即刻攻入西夏境内,如今李元昊却意外前来讲和,如此岂不正合了自己心意!考虑到事发突然,不容范仲淹多做考虑,无论如何,范仲淹还是决定先见见高延德,再做决断。

塞门寨寨主高延德被人引入官署,一见范仲淹,先是深深施礼:"小人高延德奉我主昊王之命,前来与大人讲和。我主昊王仁义宽厚,宋夏开战以来,百姓死伤无数,我主深感悲痛,决定派小人前来和大人约定,希望两国能够各守边界,不再轻易开战。小人这里有我主昊王给大人的言和书信一封,还望大人早日定夺,小人我也好回去复命。"说着,从怀中取出书信一封,捧在手中。

西夏黑釉刻画瓷瓶

范仲淹是何等聪明之人，他见高延德带来的不是求和表，而是一纸信函，便知道这李元昊并非真心讲和，心想：要想讲和，连个像样的表章都没有，还派来个不知名的宋朝降吏前来，以为我范仲淹傻呀？但是范仲淹怎么会轻易让对方猜透自己的心思呢。于是，他令幕僚接过高延德手里的书信，递了过来。

范仲淹打开一看，见李元昊追忆先祖创业如何艰辛，又感念大唐朝廷如何恩惠，祖祖辈辈如何对朝廷忠心不二等。接着讲到自己的父亲，说他父亲在世的时候，经常教诲他要与大宋和平相处，万不可兵戎相见。最后又写到自己继承大统以来，兢兢业业，不曾懈怠，创制了党项人自己的文字，恢复了党项族的传统服装，制定了自己的礼仪规章，周围的吐蕃、回鹘等民族，都感怀归顺于自己。如今，从河西走廊到河套一带，尽是他大夏国土了。他希望和大宋保持良好的关系，让宋夏两国永世结为友好邻邦云云。

看完后，范仲淹想这哪是什么求和信呀！想不到李元昊竟然在信中一再自诩大夏皇帝，自封帝号，这可是汴京城里的皇上和臣子们所最不能接受的呀！但他转念一想，上次李元昊上表朝廷要求册封自立，朝廷震怒不许。如今他写这些东西给我又是何意呢？难道是想通过我达成和议吗？李元昊到底是何意图呢？不如将计就计，先稳住李元昊，来个缓兵之计，等开春之后，我大宋兵马齐备，再打他个措手不及也好。

想到这里，范仲淹笑着说："览此信函，知元昊大王议和心切。高将军肩负议和重任，一路奔波，辛苦劳累，今日天色已晚，不如暂且休息一晚。我即刻修书一封，与大王约定讲和事项。待明日一早，遣监押韩周随你一同回去复命，只要两国休兵言和，我朝一定不会亏待你主元昊的。"

高延德在延州侍从的陪同下暂时离开了。

延州城官署府衙，一盏油灯下，范仲淹还在苦思冥想：怎么办呢？李元昊之书本该呈报朝廷陛下，可现在书中多有妄称皇帝，自封帝号之僭越言辞，多些叛离忤逆之语，此对皇帝乃是大不敬。此书若是呈报上去，朝廷看到李元昊死心不改，更加激怒陛下。恐因此战事不休，坏了宋夏和议大计，苦了边区黎民百姓呀！想来想去，范仲淹决定还是先给李元昊写封信吧，晓之忠顺大义、仁爱之理，劝他去了帝号，臣我大宋，再续友善和睦，利国利民。于是，他提笔疾书，不时停笔，对着微弱的油灯，一阵思索，接着又是提笔疾书，不愧是大宋才子，一会儿工夫，信已写就。

西夏史话

答李元昊书

正月日，居位某，谨修诚意，奉书于夏国大王：

伏以先大王归顺朝廷，心如金石，我真宗皇帝命为同姓，待以骨肉之亲，封为夏王，履此山河之大。旌旗、车服降天子一等，恩倍陇厚，始终如下，齐桓、晋文之盛无以过此。朝聘之使，往来如家。牛马羊驼之产、金帛之货，交售其礼，不可胜记。塞垣之下，逾三十年，有耕无战，禾黍之合，甲胄尘委，养生葬死，各终天年，使蕃汉之民为尧舜之俗。此其宋皇帝之至此，亦先大王之功也。自先大王薨背，今皇震悼，累日唏吁，遣使行吊唁之礼。以大王嗣其守国，爵命崇重，一如先大王。昨者，大王以本国众多之情推立大位，诚不获让，理有安，而遣行人告于天子，又遣行人归其旌节。朝廷中外莫不惊愤，请收行人戮于都市。皇帝诏曰："非不能以四海之力支其一方，念先帝岁寒之本意，故夏王忠顺之大功，其一朝之失而骤绝之？"乃不杀而还。假有本国诸番之长，抗礼于大王，而能含容之老惫耶？使战守之人日夜豹虎，竟为吞噬，死伤相枕，哭泣相闻，仁人为之流涕，智士为之扼腕！天子遣某经度西事，而命之曰："有征无战，不杀无辜，王者之兵也，汝往，钦哉！"某拜手稽首，敢不夙夜于怀。至边之日，见诸将帅多务小功，不为大略，甚未副天子之意。某与大王虽未常高会，向者同事朝廷，于天子则父母也，于大王则兄弟也。岂有孝于父母，欲害兄弟哉？可不为大王一二陈之。

传曰："名不正则言不顺，言不顺则事不成。"大王世居西土，衣冠言语皆从本国之俗，何独名称与中朝天子侔拟？名其正而言顺乎？如众情莫夺，亦有汉唐故事。单于、可汗皆本国极尊之称，具在方册。某料大王必以契丹为比，故自谓可行。且契丹自不晋朝有援立之功，时已称帝。今大王世受天子建国封王之恩，如诸蕃中判朝廷者，大王当为霸主率诸侯以伐之，则世世有功，王王不觉。乃欲拟契丹之称，究其礼势，昭然不同，徒使疮痍万民，拒朝廷之礼，伤天地之仁。易曰："天地之大德曰生，圣人之大宝曰俭。何以守位？"曰："仁"。是以天地养万物，故其道不穷；圣人养万民，故其俭不倾。又传曰："国家以仁获之，以仁守之者百世。"昔者唐末，天下恟恟，群凶咆哮，日寻干戈，血我生灵，腥我天地，灭我礼乐，绝我稼墙，皇天震怒，罚其不仁。五代王侯，复王相续。老氏曰："乐杀人者不可加志于天下。"诚不诬矣。后唐显宗祈于上天曰："愿早生圣人以救天下。"是年我太祖皇帝应祈而生，及历事诸难，中外忻戴，不血一刃。受禅于周。广南、江南、荆湖、西川有九江万里之阻，一举而下，岂非应天顺人之至乎？由是罢诸侯之兵，革五代之暴，垂八十年，天下无祸乱之忧。太宗皇帝圣文神武，表正万邦，吴越纳疆，并晋就缚。真宗皇帝奉天修道，清净无为，与契丹通好，受先大王贡礼。自兹四海熙然同春。今皇帝坐朝至晏，从谏如流，有忤雷霆。虽死不赦。故四

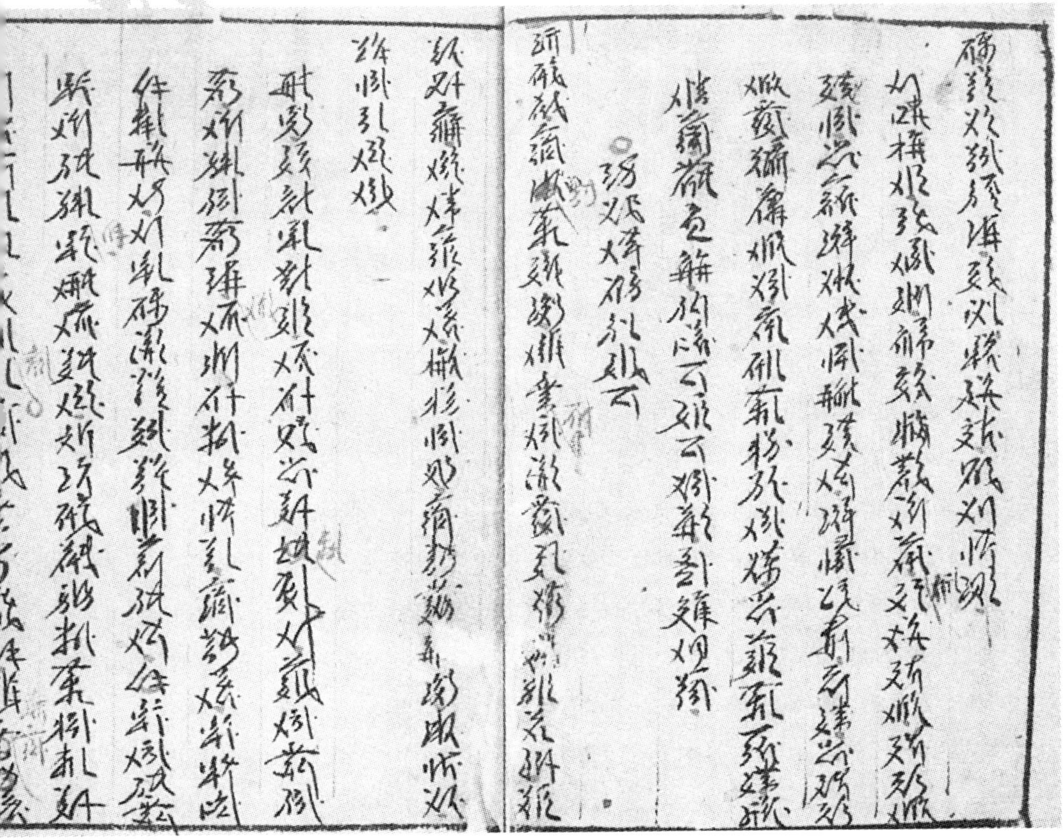

西夏文写本《吕惠卿孝经传》

精美的西夏金器饰物

海之心归之望如父母，此所谓以仁获之，以仁守之，百世之朝也。某料大王建议之初，人有离间，妄言边城无备。士心不齐，长驱而来，所向比下。今已强人猛马奔冲汉地，二军于兹，汉之兵民固有血战而死者，无一城一将愿归大王者，此可见圣宋仁及天下，帮本不摇之念也。与夫间者之说无乃异乎？今天下不久平，人人泰然，不习战斗，不熟纪律。刘平之徒，忠敢而进，不顾众寡，自取其困。余则或胜或负，杀伤俱多。大王国人必以获刘平为贺。昔郑人侵蔡，获司马公子父，郑人皆喜，唯子产曰："小国敌治而有武功，祸莫大焉。"而后郑国之祸，皆如子产之言。今边土训练精进，恩威以足，有功心赏，败事必诛。将帅而下，大知纪律，莫不各思奉力效命，争议进兵，如其不然，何时可了。今招讨司统兵四十万，约五路入界，著其律曰："生降者赏，杀降者斩，犹精强者赏，害老幼妇女者斩，遇坚而战，遇险必夺，可取则取，可城则城。纵来能入贺兰之居，彼之兵民降者死者多矣。"是大王自祸其民，官军之势不获而已也。某又念皇帝："有征无战，不杀非辜"之训，夙夜于怀。虽师帅之行，君命有所不受，奈何锋刃之交，相伤必众。且蕃兵战死，非有罪也，忠于大王耳；汉兵战死，非有罪也，忠于天子耳。使忠孝之人，肝脑涂地，积累媛魂，为妖为灾，大王岂可忽诸？朝廷以王者无外，有生之民皆为臣子，何蕃汉之限哉！何胜负之言哉！

某与招讨太尉夏公，经略密学韩公，尝以其事，莫若通向大王计而决之，重人命也，其美利甚众，大王如能爱民为意，礼下朝廷，复其王爵，承先大王之志，天下谁不称其贤哉？一也。入众多之情，三让不犹，前所谓汉唐故事，如单于、可汗之称，尚有可稽，于本国言语为便；复不失其尊大。二也。但臣贡上国，存中外之体，不召天下之怨，不逮天下之兵，使蕃汉边人复见康乐，无死伤相枕，哭泣相闻之丑，三也。又大王之国，府用或阙，朝廷每岁必有物帛之厚赐，为大王助，四也。又从来入贡使人，指称蕃夷之职，以避中朝之尊，按汉诸大王之体，五也。昨有边臣上言："乞招致蕃部首领。"某乎请罢。大王告于诸蕃首领，不须去父母之邦，但回意中朝，则太平之乐遐尔同知，六也。国家以四海之广，岂无遗才有在大王之国者，朝廷不戮其家，安全如故，岂善事主以报国土之知，惟同心向倾，自不失其富贵，而宗族之人，必更有恤，七也。又马牛羊驼之产，金银缯帛之货，有无交易，各得其所，八也。大王从之，则上下同其美利言，非独立大王，盖亦奉君亲之训，救生民之患，和天地之仁而已乎！惟大王择焉！不宣，某再拜。

这封《答李元昊书》收在范仲淹的文集里，洋洋洒洒两千多字。范仲淹首先历数和平年代的兴旺景象与战争给两国人民带来的灾难，接着劝说李元昊不要称帝，改称单于、可汗之类名号，指出"名不正则言不顺，言不顺则事不成"。大王世世代代生活在西土，有本民族的语言和穿戴，何必在名称上和"中国"一样叫天子呢！如果大王手下人要拥戴，实在推辞不掉，可以称单于或可汗。最后范仲淹陈述了和平与战争的利弊，请李元昊慎重选择。

这封《答李元昊书》不愧是出自北宋大文学家之手，写得情真意切，令人动容，充分体现了范仲淹对大宋王朝的耿耿忠心以及对两国百姓的体贴和爱护。

给李元昊的回信算是写好了，可李元昊的来信该如何处置呢？范仲淹坐在书桌旁，继续冥想。突然，他起身将李元昊的来信三折两折，移到油灯火焰上，房间里突然光亮了许多，他竟然把李元昊的来信焚毁了！

再说第二天一大早，韩周便陪同高延德回西夏复命去了。一路上马不停蹄，很快他们就进入夏国界。

范仲淹派韩周前去西夏讲和，并送去讲和书，本想稳住李元昊，却不料在不知不觉之中，陷入了李元昊的圈套，自己反倒先被李元昊给稳住了，李元昊不再担心陕北的宋军进攻灵州，开始腾出手来率领十万大军悄悄进驻了天都山。

韩周等人到了西夏，起初迎接他们的人彬彬有礼，非常友善，不久后传来了

甘肃武威西夏墓出土的男侍图

消息，说李元昊率领西夏军队在好水川打了胜仗，宋军惨败，西夏官员便傲慢起来。韩周等在兴庆府一待就是数十天，想要拜见李元昊，但李元昊却避而不见。实际上李元昊此时并不在兴庆府，而是在天都山大摆筵席，与三军一同庆祝好水川之战旗开得胜。等待了四十多天后，李元昊才让大臣野利旺荣写信给范仲淹，另遣使与韩周带回。韩周等人日夜兼程，四月回到延州，将李元昊的书信交给范仲淹。

李元昊、张元等人志得意满、得胜而归之时，远在陕北延州的范仲淹还在傻傻地谋划着宋夏议和之事。直到数日之前，范仲淹突然得到消息，说宋军在好水川一带与西夏军大战，几乎全军覆没。范仲淹这才恍然大悟，意识到自己中了李元昊的缓兵之计。想到这里，范仲淹握住拳头狠狠地砸在书桌上，气得咬牙切齿，两眼间冒出愤怒的光芒。

范仲淹又听说韩周与夏使等人已经返回到了延州，立即唤来问话。说了一些鞍马劳顿、一路辛苦的话，他便打发韩周带夏使到驿馆休息。然后坐在案前，打开李元昊的书信，急切地阅览起来。

不看不知道，一看吓一跳。这封信看得范仲淹心惊肉跳。他发现，在二十六页书信中，带有侮辱和不恭敬语言的就多达二十页。于是他急忙拿起笔，悄悄地把"求通好语"誊录下来，小心藏好。然后招来夏使，告诉他带来的书信言语不恭，不能上报朝廷，并当着夏使的面，焚毁书信。过后，范仲淹把抄录的李元昊求和语稍加删改，上报枢密院，转呈仁宗皇帝。

范仲淹私自焚毁李元昊的书信，不管怎么说也算是着眼未来，为两国关系的长远发展着想，希望能够停止战争，化干戈为玉帛，实现两国和平，减少双边军民痛苦，这也正好体现了他对大宋王朝的忠心。可谁也没想到，就是这件事，竟然差点为他引来杀身之祸。

这件事在宋朝内部掀起一场轩然大波，大臣们纷纷责难范仲淹不应与李元昊私自来往书信，更不应该私焚李元昊的来信。参知政事宋庠最激进，他要求宋仁宗直接把范仲淹斩首示众、以谢天下。御史杜衍替范仲淹说情，他说："范仲淹一向对朝廷忠心耿耿，他这样做本意是替朝廷招安叛贼，怎么能处以重罪！"宰相吕夷简和谏官孙沔都赞成杜衍的意见，纷纷上书为范仲淹辩护。宋仁宗头脑也冷静下来，觉得不该因为这事就杀了范仲淹。于是，决定从轻发落，免去范仲淹边帅职务，降任耀州(今陕西耀县)知州。

得到自己被贬官的消息后，范仲淹独自呆呆地坐在行军大营里，手里捧着一壶高粱酒，独自借酒浇愁。他恨恨地思忖，想不到李元昊如此阴险狡诈，我以君子之心待之，好心劝告他休兵弭和，使两国百姓免受战乱之苦，竟然中了他的奸计。多少大宋男儿战死沙场，多少孤儿寡母还在痴痴等待亲人的归来啊！我身为守边大臣，受此大辱，怎么对得起皇上，怎么对得起那些个战死沙场的将士们啊！想到这里，他摇摇晃晃地走出了大帐，站在城墙上，望着因战乱而紧紧关闭的城门，望着城外萧瑟荒芜的田野，不禁感慨万千，借着酒兴，他高声吟诵起来：

塞下秋来风景异，
衡阳雁去无留意。
四面边声连角起。
千嶂里，
长河落日孤城闭。
浊酒一杯家万里，
燕然未勒归无计。
羌管悠悠霜满地。
人不寐，
将军白发征夫泪。

这首《渔家傲》伴着范仲淹悲怆、凄凉的吟诵声，在延州城外的旷野上久久回荡，使人闻之不禁潸然泪下。

李元昊一封假和信，瞒天过海，本来是想借此为西夏发动再一次对宋作战争取时间、创造机会，没想到，一封假和信不仅牢牢牵制了范仲淹麾下的鄜延路大军，而且还取得意外收获，宋朝皇帝竟然以范仲淹与西夏私自议和为由，免了范

石窟雕塑

仲淹的职。李元昊听说后,心里面那叫一个高兴。

再说这时候的韩琦,也因好水川之败被降官一级,改知秦州(今甘肃天水市)。宋朝派陈执中为同陕西经略安抚招讨使,协同招讨使夏竦处理军务,但是夏、陈二人意见不合,于事无补。

李元昊向来蔑视夏竦。有一次,夏竦秘密召集幕僚商议五路进讨,花了整整五个昼夜的时间,终于完成了一大摞调动兵马、运送粮草的部署文件,为防止机密泄露,他将文件封锁在一个大柜里边。可是,这些绝密文件竟然在一夜之间被西夏间谍盗走了。夏竦惊恐万状,连忙派人私下访求,希望能够找回文件。然而让他感到惊讶的是,仅仅过了几天,西夏间谍又把文件悄悄地放回柜盖上,从此夏竦不敢再议五路伐夏。

朝廷见夏竦、陈执中无能,不到半年就解除二人职务,决定重新起用韩琦、范仲淹。出于军事上的需要,宋朝将陕西路划分为秦凤、泾原、环庆、鄜延四路(四个军区),任命韩琦为秦凤路经略安抚使兼知秦州(今甘肃天水市),范仲淹为环庆经略安抚使兼知庆州(今甘肃庆阳市),庞籍为鄜延路经略安抚使兼知延州(今陕西延安市)。庞籍到延州后,重新打开宋夏两国议和大门。

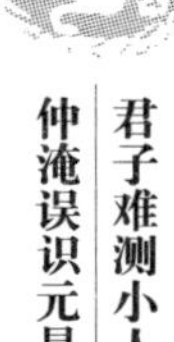

葛怀敏中元昊计 定川寨遇西夏兵

再说宋夏好水川之战,李元昊大获全胜,张元趁机急忙向元昊进谏说:“陛下,环庆、泾原两路宋军主力几乎被全歼,韩琦困守镇戎军,已经没有能力阻挡我军南下了。应当乘此良机,攻占渭州,直取关中,霸王之业指日可待。”不料,李元昊望了望身后疲惫不堪的将士,对张元说道:“国相,好水川一战,我军虽大获全胜,但连日征战,兵将都已是疲惫至极。以此疲弱之师,进攻渭州坚固之城,胜败不可知,还谈什么直取关中之业呢?何况,此役能大败宋军,全赖国相神机妙算、运筹帷幄,我军方能以逸待劳,又巧施埋伏,以众击寡,取得胜利。如果不是计策巧妙,指挥得当,谁胜谁负还说不清呢!宋军将帅任福虽然轻兵冒进,但勇猛无敌,宋军将士之英勇顽强实在是超出我的意料。看来宋朝也并非软弱可欺,宋朝也并非无可战之将啊!我军将士固然勇猛,但毕竟是小国寡民,和大宋无法相比,看来今后和宋朝作战,要慎之又慎哪!如今也没有什么特别有利的时机,所以再言出兵,恐怕胜算不大呀。”

张元听了李元昊的一番话后, 知道李元昊体恤将士,不愿连续出征,便默不作声。他觉得李元昊所言也不无道理,宋朝表象虽然衰弱,但毕竟“瘦死的骆驼比马大”,加上人口众多、经济繁荣，这些都是西夏所不能比拟的，看来今后对宋的战事要改变一下了，得多在计谋策略上下功夫。

正在他沉思冥想之时，吴昊赶来，拱手笑道："张元兄设此奇谋，韩琦老儿兵败如山倒，大宋君臣为之怄气，真是大快人心啊！"

张元也笑道："吴昊兄，你我当年在华州怀抱报国之志，却壮志难酬，想不到今日一飞冲天，一鸣惊人啊！大宋君臣无识才之雅量，将我二人弃为草芥。今天败在我的妙计之下，他们一定是羞愧难当吧！"说完，他二人便一同哈哈大笑。

吴昊也感慨地说："是啊！你我二人以穷困之身，得夏主恩遇，怎敢不鞠躬尽瘁、报效知遇之恩呢？今日之败，可谓是宋朝君臣自作自受、自取其辱罢了。张元兄诗才出众，今日得偿夙愿，何不赋诗一首，以助雅兴？"

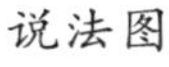

说法图

张元笑着说："我正有此意，那我就献丑了。"只见张元略有思索，吩咐随从取来笔墨，在羊牧隆城一破庙的墙壁上题诗曰：

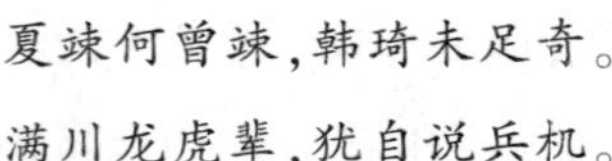

夏竦何曾竦，韩琦未足奇。
满川龙虎辈，犹自说兵机。

诗后还提有落款："太师、尚书令兼中书令随大驾至此题。"

吴昊看到这首诗，连声称赞道："好诗、好诗，倘若给夏竦、韩琦看到，恐怕肺都要气炸了，真是痛哉！快哉！"

就在李元昊、张元等人回军天都山，大摆筵席庆功之时，宋仁宗已经下旨撤去了夏竦的职务，韩琦、范仲淹二人也被降职调离。

张元此次建议乘胜进取渭州，李元昊以三军疲惫为由，没有采纳，但这并不意味着李元昊没有进取渭州、直入关中的想法。

时隔不久，为了防备李元昊再次袭扰，宋仁宗不断调兵遣将，旨在加强陕西边防，却一直苦于找不到合适的将帅。在诸位大臣的推举之下，他决定重新起用范、韩二人，并对西北边防重新进行了调整，将陕西分为秦凤、泾原、环庆、鄜延四路，令韩琦知秦州，王沿知渭州，范仲淹知庆州，庞籍知延州，各兼本路马步军都部署、经略安抚招讨使。

李元昊时刻关注着宋仁宗的一举一动，看到他在陕西又是调兵遣将，又是调整战区、巩固边防，动作频频。一方面李元昊觉得宋朝不断加强边备，看来以后不得不小心对付这些宋朝边帅了，一方面又觉得应该找机会再给宋朝点教训。于是，他找来国相张元商议对策。

西夏国相张元是关中人，虽然他已委身西夏多年，但他无时无刻不在梦想着有朝一日能够指挥大军挥师南下，攻占渭州，直取关中，所以每次一听到李元昊传话商议对宋策略时，他都显得特别来劲。这会儿，他已经来到李元昊身边，只听他说："如今陕西四路之中，鄜延、环庆、秦凤三路地势险要，又都有名将把守，故不可取。唯独泾原路一带地势平坦，沿泾河大川可直抵泾州（今甘肃泾川）、邠州（今陕西彬县），丝毫没有险阻。虽然近些年宋朝在这些地方也修筑了一些城寨，但大多数都建在平地之上，如果我们发兵进攻，他们很难防守。臣听说现在主持

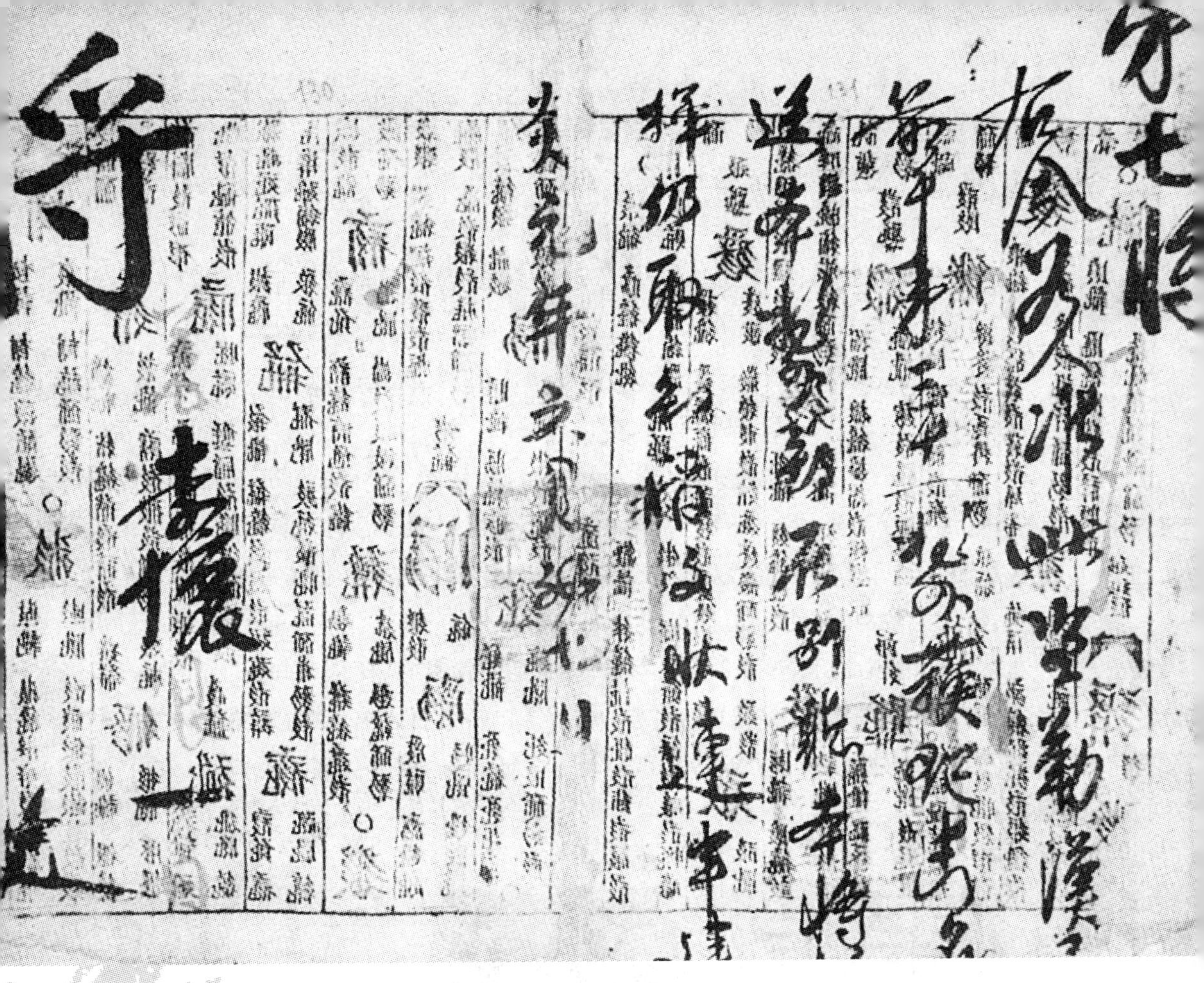

宋西北边境军事公文

这一路防务的是渭州知州王沿，在诸路边帅之中，属此人官品最高。宋朝人都以为他很有本领，其实他纯属浪得虚名，缺乏军事才能。因此，依臣所见，今日之渭州（今甘肃平凉）乃是宋夏边界上最薄弱的环节。”李元昊边听边点头，觉得张元分析形势鞭辟入里，表示赞同。

于是，李元昊把进攻的矛头指向了渭州。

不久，张元又向李元昊献策说：“宋朝的精锐部队多集中在边界城寨，关中之地必然空虚。如果我们用重兵围住边城，使宋军不能出城，我军就可趁机深入。纵横八百里秦川，东阻潼关，隔绝两川贡赋，那么长安就在我们的掌中了。”李元昊觉得张元的谋划总能高瞻远瞩，特别符合他的王霸理想，于是同意了他的计策。

西夏天授礼法延祚五年（1042 年）闰九月，李元昊在天都山（今宁夏海原县南)集合左、右厢兵十万,分为东、西两路,一路出彭阳城(今宁夏彭阳县),一路出刘播堡(今宁夏固原市西北),策划合兵攻打镇戎军。

渭州知州王沿闻讯,命令泾原路马步军副都总管葛怀敏率兵进驻瓦亭寨(今宁夏固原市原州区南)阻击西夏军。临行前,王沿告诫葛怀敏以大局为重,切忌冒进深入,可以在第背城(今宁夏固原市原州区南)安营扎寨,然后伺机诱敌深入,以重兵设伏,出其不意,攻其不备,即可得胜。

葛怀敏这个人,调任边关不久,早年读过些兵书,又有些谋略,谈论起打仗布阵来,他口若悬河、滔滔不绝,因为没有什么实际经验,所以多是纸上谈兵。但此人自命不凡,平日里常常吹嘘自己如何如何能带兵打仗,倘若有朝一日上了战场,定能大败敌军,建功立业。

葛怀敏领命后,率兵来到瓦亭寨,没有遇见西夏兵,便依照知州王沿的策略,部署军队,据守城池,等待西夏军到来。严阵以待数日之后,依然不见有西夏兵前来,葛怀敏有些烦躁,心想:等了数日也不见西夏兵来攻,战场上军情形势可是瞬

西夏文印章

间万变呀，难道情报有误？既然奉了将军之命前来阻挡西夏军，自当奋力有所作为，为什么要选择被动地坐守城中，等待西夏兵来攻呢？为什么不在运动中消灭敌人呢？西夏兵千里行军，道途遥远，必然疲惫，不如我们留下小队人马镇守，大队人马随我主动出击，寻找西夏军，趁其疲惫之时，攻其不备，伺机歼灭，也好早日凯旋回营。于是，他擅自改变了知州王沿嘱咐的在第背城扎营、诱西夏军深入的部署，领兵开赴安边寨、开远堡，直奔养马城(今宁夏固原市原州区西郊大堡村)。

此情此景，让人不禁联想到了好水川之战前，韩琦对任福的一再叮咛和告诫，任福最终没有听从，酿致宋军大败。

历史总是惊人的相似！

王沿在得到镇戎军知军曹英，泾原路都监赵珣，西路都巡检李良臣、孟渊等都要从山外赶来会师的消息后，立即给葛怀敏写信，告诫他万万不可孤军深入，只需原地安营扎寨，等待各路人马到来，合兵一处，寻找有利地形，设伏兵以待西夏军，如此即可建功。

一方面王沿成竹在胸，为前线的葛怀敏设想出了种种军事策划，一再嘱咐他要谨慎行军，以确保对夏战争的胜利。另一方面，葛怀敏对于王沿的种种策划，却怎么也听不进去，反而认为这正是多年以来宋军为何屡次败给李元昊的主要原因。他觉得但凡是一位出色的将领，在战场上都应该有较强的随机应变的能力，不能时时刻刻受制于后方大营。何况古人都云：将在外，君命有所不受。

一日夜间，葛怀敏得到军报，说李元昊大军本来已经越过古长城，深入其境，但很快他们又把兵力移到了古长城边壕之外，并打算在那里安营扎寨。葛怀敏思前想后，觉得兵贵神速，想要趁其不备，当先出其不意。他认为应即刻拔营，连夜急行军，天亮时分即可行至长城边外，然后趁夏卒未醒之时，主动出兵袭击，可速战速决。于是便和大家商议，副将赵珣认为不妥，他建议道："敌兵远道而来，速战对他们有利。何况，此地距离长城边外甚远，纵使连夜马不停蹄，能否如期到达，也不敢保证。加之我军少骑兵、多步兵，长途奔袭本来就非我强势，不如整军背靠马栏城，设置栅栏，控制敌兵的归路，固守镇戎城，以便守住运粮的道路，等到敌兵士气衰落时进攻他们，这样必可获胜。不然，必定被敌人所破。"

葛怀敏根本听不进下属的意见，一意孤行，命令大军分成四路，连夜向定川寨(今宁夏固原市原州区北、葫芦河西)进发，准备在定川寨迎击西夏军。

西夏钱币拓印集锦

宋军出发后,行军速度根本就达不到葛怀敏的要求,他总是觉得军队没有全速前进,便几次下令加快行军速度。黎明时分,宋军还没走到定川寨,却再次接到前线来报,说西夏军两千人马已经在定川寨北列好阵势,等待宋军的到来。葛怀敏一听,区区两千人马也敢前来进犯我大宋,等我大军开到,定将你们尽数歼灭。

将近中午时分,葛怀敏才率部进入定川寨,经过一夜长途奔袭,将帅皆感疲惫,又饥又渴。葛怀敏想到自己所面对的只有区区两千西夏兵,便大胆下令就地休息,起炊就食。

李元昊在远处山坡上看到,宋军大营缕缕炊烟燃起,袅袅升空,知道宋军已经到达定川寨,便果断下令,烧毁定川河上的木板桥,切断宋军的退路;挖断定川水泉上流,断绝定川寨水源。在毁掉木板桥的同时,西夏军却专为自己搭起了二十几道简易桥梁，以便随时出兵合围宋军。

葛怀敏等到大军吃饱喝足以后，才发现形势不对，事有蹊跷。原来列阵等待他们前来的西夏军没了踪影，这才知道中了李元昊的计。他心中慌乱，赶紧派士兵到寨外阻止西夏兵断水，结果被西夏兵打败，兵士四散逃走。葛怀敏率本部人马屯集在寨门东边，曹英等率部把守在东北角。

黄昏时分，李元昊指挥西夏军突然从四面发起进攻。他先是用精锐骑兵冲击葛怀敏的中军，葛怀敏率部奋力死战，李元昊见打不开突破口，转而进攻曹英所部。正在此时，突然一股黑风从东北方向刮起，顷刻间飞沙走石，天昏地暗。曹英将兵不相属，队伍之间失去联系，宋军兵阵大乱，士兵争相攀城入寨，场面一片混乱。

相反，这种恶劣天气对李元昊手下的西夏士兵而言，却是司空见惯，再平常不过的了。李元昊抓住了老天爷赐给他的短暂优势，率领士兵乘机对曹英军展开了猛烈的攻势。

曹英的部队连敌人在哪里都找不到，根本无心作战，这个时候撤退似乎成了他们唯一的选择。可曹英本人此时又受了伤，无法有秩序地组织撤退，结果撤退变成了溃逃，大家一窝蜂全往寨里挤。

葛怀敏的部下一看这个情形，也不管它是怎么回事，跟着就往寨里挤。这一挤，葛怀敏就倒了霉了。

就是这一挤一乱，当时天已近黑，四周飞沙走石风又刮个不停。葛怀敏的部下往里挤的时候一时没看清楚，把葛怀敏给挤倒了，结果后面的人一拥而上，主帅葛怀敏竟然被士兵拥挤踩踏得昏死了过去，幸好身边的人拼死才把他抬入定川寨中，好一阵才苏醒过来。

西夏兵还在死死地追杀宋军，情况仍很危急。危难之际，赵珣率军赶来，与四面合拢的骑兵一起，暂时挡住了西夏军的进攻，西夏军这才稍微退却了一下。只可惜，此时的宋军已是人心涣散，了无斗志，失败已经是不可避免的了。

躲进寨里的葛怀敏尚惊魂未定，寨外的西夏军又开始喊话了，劝葛怀敏早点投降。

四更天时，葛怀敏召集众将士商量计议。众将都不知道从哪里能突围出去。赵珣提出，自己带领部队撤往笼竿城，他认为那里没有危险，而且出其不意。大家都不同意他的意见，最后的议定，天亮时突围，结阵退往镇戎军。

李元昊早已料到宋军逃跑的路线，在长城壕边挖断了通往镇戎军的道路，然

后伏兵以待。葛怀敏等率部撤到长城壕边，见路已挖断，没了主意。这时，西夏军从四面围了上来，将宋军分割包围。彻夜未眠的宋军一触即溃，毫无招架之力。葛怀敏及随从的十六名将领全部被杀，宋军九千四百余人、六百多匹战马，全部为西夏军所俘获。

定川寨大捷后，李元昊乘胜挥师南下，直抵渭州，攻克栏马、平泉二城（今甘肃平凉市境内），纵横驰骋六七百里，一路上焚烧房屋，毁坏城寨，掠夺财物而回。退兵前李元昊命令国相张元写了一封诏书，声称“朕今亲临渭水，直据长安”，宣泄自己得意的心情。

消息传到汴京，时任宋朝宰相的吕夷简一声叹息：“一战不如一战，这可怎么办啊！”

西夏与北宋之间长期的战争给双方的国家和人民都带来了巨大的损害和灾难。对于北宋来说，长期的战争使北宋西北地区军事部署的薄弱环节和军事指挥上的缺陷暴露无遗，连吃败仗，又损兵折将。最头疼的是转运之费，一年四季官私物资，不绝道途，却仍然不能满足边地供应，百姓早已疲困，国库也已空虚，朝廷

再也承受不起这样的巨额消耗了。与此同时，北宋的国家机器也出现了很多问题,全国各地已经爆发了很多起农民起义,这些问题如果不解决,后果不堪设想。

宋朝这样的大国尚且如此,西夏的问题就更严重了。李元昊主动发动战争迫使宋朝停止了对西夏的“岁赐”,关闭了沿边榷场,停止宋夏贸易。李德明时代积攒下的家底很快就被折腾得一干二净。李元昊虽然连战连捷,但他的战利品毕竟极其有限。因此,西夏国内逐渐出现了物资短缺的问题,粮食、布帛、茶叶等日用品奇缺,价格也是一路飙升,老百姓苦不堪言。加之西夏在对宋战争取得胜利的同时,自己的伤亡和消耗也很大,西夏地狭人少,要是再这么跟宋朝干耗下去,李元昊和刚刚建立的西夏国是无论如何也承受不起的。

如此一来,议和便成了剧烈战争之后双方共同的愿望。

既然大家心里想的都一样,那么,宋夏双方也就开始互相试探着议和了。

西夏王陵遗址

世衡巧施离间计 元昊屈杀二大王

议和成了宋夏双方共同的愿望，说是开始互相试探着议和，其实，宋夏之间的这种议和性质的接触早就存在了。之前讲到的李元昊与范仲淹互通书信就属于这种情况，只不过当时李元昊无心议和，只是打着议和的幌子忽悠范仲淹，所以无果而终也在情理之中。

宋夏双方虽都有了议和愿望，然而，让人焦虑心烦的是，以什么样的方式完成议和，才能同时最大限度地给足宋夏双方的面子呢？

宋夏之间真正意义上的议和接触，是由其中的一个间谍开始的，而这个人就是李元昊的心腹近臣李文贵。

野利家族乃是党项豪门望族。李元昊称帝建国，野利氏被封为皇后，内主后宫；野利旺荣统领明堂左厢兵马，野利遇乞统领天都右厢兵马，外掌兵权，成为西夏东西两大军区的兵马大元帅，分别指挥着横山地区和天都山地区的军事行动。

野利旺荣，号为横山大王，宋朝边将又叫他刚浪凌，他的帅府设在夏州（今陕西靖边县统万城）弥陀洞，以横山为大本营，对抗宋朝的鄜延路和环庆路。野利遇乞，号为天都大王，驻防在西夏南疆天都山一带，这里是西夏人的“畜牧耕稼膏腴之地”，以今天的宁夏南部海原县的西华山、南华山、月亮山为天然军事屏障，对抗宋朝的泾原路和秦凤路。

野利旺荣和野利遇乞兄弟二人皆骁勇善战，是李元昊征战沙场的左膀右臂，常常是重拳出击，打得宋朝军队措手不及。更有言者，说只要有此二人为西夏守护万里边疆，则宋朝边将士卒休想安枕。自西夏立国以来，他们兄弟二人，密切配

宁夏贺兰县宏佛塔出土的罗汉坐像

合李元昊武力扩张的政策，曾攻陷延州“金明寨”，生擒宋朝的“铁壁相公”李世彬；大败宋军于三川口，活捉鄜延路副都部署刘平、环庆路副都部署石元孙；袭取塞门寨，生擒寨主高延德；攻三川寨，杀西路都巡检使杨保吉；用兵好水川，败杀环庆路行营总管任福；用兵定川寨，歼泾原路马步军副都总管葛怀敏。也正因为如此，宋朝边将对他们兄弟二人恨之入骨，早就想除之而后快，可惜多次行动都没有成功。

西夏铁骑东征西讨，一路攻城略地，兵锋直指长安；宋王朝损兵折将，疲于奔命，惶惶不可终日。当时，陕西四路统帅王沿、韩琦、范仲淹、庞籍虽然拥兵号称三十余万，但对西夏，防不胜防，一筹莫展。

边境上烽火连天，长安城人心恍惚。宋廷厌战求和，曾多次指示边帅竭力招抚李元昊，诱降野利旺荣、野利遇乞二将，以解朝廷西顾之忧。但是，西夏君臣一心，根本不吃这一套，依然是天马行空，来去自如，所向披靡。

当时在青涧城，驻扎着宋朝的一位名将，此人名叫种世衡，文武双全，颇有谋略，曾在边界地区多次抵挡西夏军队的进攻，时不时还要反咬一口，进攻西夏境

内的党项部族，给李元昊造成了相当大的麻烦。

然而，能征善战并不是种世衡最让人害怕的地方，最让人害怕的同时也是他最大的优势就是此人极其工于心计，他甚至可以猜到对手是怎么想的并找到应对的办法。用现在的话说，他就是一个绝顶的心理学高手。多方侦察打听后，他摸准了李元昊猜忌大臣的心理，决定巧施离间计，借刀杀人，除掉野利旺荣和野利遇乞兄弟。

话说青涧城外有座山，山上有座悟空寺，寺内有一个不安分的和尚，名叫王光信。此人强悍勇健，精通骑射，对西夏境内的山川道路了如指掌。

种世衡经过长期观察，发现王光信特别重信用、讲义气，诚实可靠，能共大事。于是，他便将王光信请入青涧城内的将军府，冠袍加身，尊为座上宾，改其名为王嵩。

王嵩放荡不羁，挥霍无度，种世衡投其所好，为其置办了衣食住行用的一切生活用品,“恣其所欲,供养无算”。王嵩吃喝嫖赌,无所不为,种世衡不但听之任之,而且与之成了莫逆之交。

突然有一天,种世衡翻脸大怒,对王嵩呵斥道:“我种某待你如何不薄,你怎敢背着我私通西夏?来人,绑了,押下去给我重打八十大板!”一声令下,士兵们蜂拥而上,不由分说,便将那王嵩按倒在地,五花大绑,任由他使出浑身解数也无法挣脱。好一顿棍棒齐下的毒打。前后一个月的酷刑折磨,王嵩被打得皮开肉绽,折磨得面目全非,九死一生,总算还保全了性命。但他对种世衡忠心耿耿,从无怨言。行刑官不明内情,威逼招供。

严刑拷打之下,王嵩从未屈服,反倒慷慨陈词,说道:“我王嵩男子汉大丈夫立于世,一仆不侍二主!今日种将军不知听信了哪个奸人的谗言,陷我于不义之中。请转告种将军,我王嵩对他忠心不二,此心苍天可鉴。”

此情此景,令种世衡感动得欷歔不已,心里也踏实了。他亲自给王嵩解开绳子,洗浴敷药。搀扶到自己的卧室,安慰厚谢,并说出了真相:“王贤弟,你没有过错,我这样做只是为了考验你。因为以后你会遭遇到比这更残酷的场面。我想用苦肉计离间西夏君臣,你能为我保守秘密吗?”王嵩涕泪横流,动情地说:“知遇之恩,没齿难忘!王某愿为将军赴汤蹈火,死而无憾!”

种世衡听到这些话后,欣慰至极。只见他取来一块白布,挥笔给野利旺荣写了一封信,信中言词多是一些问候日常生活中的饮食起居情况,但是在字里行间闪烁其词,模模糊糊,夹杂着一些隐讳的词语,读来容易造成歧义,如“曾多次秘密约会,盼望早日决断,弃暗投明,共享荣华富贵”等。书信写好之后,种世衡用蜡水密封,藏进王嵩的百衲衣内,外面又用针线严严实实地缝住,似乎生怕泄露和丢失。

准备工作就绪后,种世衡告诉王嵩说:“此信不到生死关头不得泄露。待到时机成熟,不得不泄露之时,你一定要牢记说出‘大功未成,辜负了将军的重托’等话,以迷惑西夏君臣,使他们深信不疑。”

王嵩将种世衡的话一一铭记在心。临行之前,种世衡又拿来一幅画要王嵩见到野利旺荣以后呈献给他。只见那画上有一串枣子和一只乌龟,大概意思是盼望旺荣早归大宋吧。

领了种将军重任,王嵩一刻不敢耽误,直奔西夏山界。不料,刚入西夏山界,便被山界巡逻的西夏士兵捉获。

不久,王嵩就被押送至野利旺荣大帐之内接受审问。王嵩直言,自己是受了种世衡将军重托,特来拜会大王,说着便将种世衡给他的那幅枣龟图呈给野利旺荣。

野利旺荣看了之后大笑,嘴上说道:"我平素很敬重种将军,没想到今日将军却玩起了小儿妇人伎俩来!"但心里却直犯嘀咕,多少有些丈二和尚摸不着头脑的意思,但又一转念,他深深感到,此事非同小可,自己征战沙场多年,与那种世衡可不止一次沙场相逢,行军打仗、出谋划策这老儿可是一点都不含糊呀,几次险些中了他的诡计。这家伙可不是盏省油的灯哪!此次他遣这老和尚来到我的营地,是何居心?这其中必然另有玄机。

突然,野利旺荣义正辞严,大吼道:"想必种将军此番遣你前来,当是有什么重要信函相托吧?快点交出来,不然我取了你的狗命!"只见那王嵩,神情诡异,环顾左右,既似有所忌讳,又好像是有什么隐情相告。野利旺荣一脸迷惑,但还是下令,叫部下搜了王嵩的身,结果却是一无所获。任凭野利如何威逼恐吓,王嵩也一言不发,无奈之下,只好将他绑了,待日后再做处理。

"这可如何是好呀?"野利旺荣犯了难,不禁心想,这老和尚来得甚是突然,言行、举止、神态,莫不显露出奸诈狡黠,显然是受人指使而来,此人来此到底意欲何为?……野利旺荣陷入了沉思,忽然他大吸一口气,浑身打了个寒战:"莫非此人是想陷我于不义之中呀!"手里捧着那幅莫名其妙的枣龟图,野利旺荣分外感到事关重大,不敢私自销毁。当务之急,乃是赶紧派人带上枣龟图,将这一奇遇上报李元昊,一来,可以表示自己对昊王的一片赤诚忠心;二来,希望昊王能够明察秋毫,还我公道。想到这里,野利旺荣下令将那老和尚打入地牢,等待昊王的审判和发落。

李元昊这边看了枣龟图,心中也是疑虑重重,速遣人令野利旺荣即刻押解王嵩到兴庆府来。得令之后,野利旺荣匆匆忙忙间,只带了亲兵数人,满脸疑惑,还有几多不解,更有几分忐忑,赶紧押解王嵩,踏上了西去兴庆府之路,一路风尘,马不停蹄,这就到了兴庆府。

大堂之上，有几位西夏官员，个个面无表情，严肃至极。野利旺荣也在其中，也许在别人看来，野利大将军那可真是正襟危坐，果然大将风范，好一派凛然正气，只有他自己能够隐约感到那一股迷茫无奈，明知即将被栽赃陷害，却有百口莫辩而又无能为力的不祥之兆。几位西夏官员轮番严令王嵩坦白交代，王嵩面不改色，只是应对如前，并不承认有什么秘信。夏卒扒去他的外衣，捆绑住他的手脚，又是一顿杀威棒，痛苦万状的王嵩咬牙切齿，死不改口。

眼见严刑拷打审不出任何用价值的东西来，几位西夏官员犯了难，奉旨前来审判却一无所获，怎么办呢？他们一合计，不如先将这王嵩打入死牢，饿上他几天

番漢合時掌中珠
凡君子者為物豈可忘己故未嘗不學為
己亦不絶物故未嘗不教學則以智成己
欲襲古迹教則以仁利物以救今時兼番
漢文字者論末則殊考本則同何則先聖
後聖其揆未嘗不一故也然則今時人者
番漢語言可以俱備不學番言則豈和番
人之衆不會漢語則豈入漢人之數番有
智者漢人不敬漢有賢士番人不崇若此
者由語言不通故也如此則有逆前言故
愚稍學番漢文字曷敢默而弗言不避慚
怍準三才集成番漢語節略一本言音分
辨語句照然言音未切教者能整語句雖

番汉合时掌中珠

看他嘴能硬到什么时候，等到饿的半死不活的时候，还怕他不招吗！于是，王嵩便被打入了西夏死囚牢房。

然而，没过几天，王嵩突然被一批西夏卫士带到了一座金碧辉煌的宫殿内，只见门上挂着斑竹帘子，穿着绿色衣服的小官人站在两旁，他估摸着这里大概就是传说中李元昊的皇宫了吧！想到这里，王嵩顿时一阵窃喜，心中有了主意，忍辱负重这么久了，总算是到泄露秘密的时候啦！

过了一会儿，有人掀起帘子走了出来，严厉呵斥道："你到底藏有什么秘密？如若不从实招来，死路一条！"王嵩依然镇定自若，应答如故。那人听后，显然很不满意，只听得一声令下："拉出去，砍了！"两个卫士扑将上来，拖起王嵩往外走，瞬间，便挪到了宫门之外，只见一个魁梧高大的勇士，已经将亮光闪闪的大铡刀举起，似乎顷刻间，王嵩就将人头落地。

此时此刻，王嵩的哭喊声好似在一瞬间迸发出来，可算是号啕大哭了，哭爹喊娘，声泪俱下，真实而令人感动，只听见他哭喊着说道："冤枉哪！大王……小人冤枉哪！大王莫要杀我，小人也是被逼无奈，迫不得已至此哪！我招……我招了……"语速极快！"刀下留人……"坐在帘子后面那人急喊了一声，武士手中的刀

这才缓缓放下。

王嵩夹杂着哭喊声，一把鼻涕一把泪，接着说道："宋朝的种世衡将军托小人给野利大王送信，叮嘱再三不得泄露，没曾想今日险些空死，误了将军大事。我辜负了将军，辜负了将军呀！"在李元昊的步步追问之下，王嵩一五一十尽数招供。

依照王嵩所言，夏卒果然从他的百衲衣中搜出了那封书信，呈给了那个坐在帘后之人。

李元昊看着种世衡写给野利旺荣的信，似懂非懂，将信将疑，心乱如麻。野利旺荣真的要背叛我大夏吗？

为了探明此事真相，西夏天授礼法延祚五年(1042年)夏的一天，李元昊秘密派遣他的心腹近臣李文贵假冒是野利旺荣派来的回话之人，潜入青涧城拜见种世衡。

李文贵来到青涧城，说明自己身负重要使命需要立即面见种世衡将军，但门卫守军愣是不让进，李文贵只好将此行目的告诉士兵，只见他说："王密使带来的书信，我家大王已看过，只是有些地方还不甚明了，百思不得其解，是否为了通和一事？我家大王特命小人前来一问究竟，还请种将军能明示在下。"门卫士兵听

完，就替李文贵传话去了。

种世衡何许人也，不知此人底细，绝不会当面接见。他怀疑此人是李元昊派来的间谍，所以并不急着接见，只是叫部下赶紧把李文贵安排在馆舍休息，好生招呼着，又派去一位机智能言之小将与其面谈。当问及兴庆府的人事风物，此人对答如流，无所不知；当问及旺荣帅府的情况，此人含糊其辞，模棱两可。

这个时候，正好有几个西夏俘虏在青涧城，种世衡让他们从门缝里偷窥，他们一眼就认出此人正是李元昊近臣李文贵。

种世衡得知李元昊的近臣居然来到青涧，立即给上司庞籍打报告，请求定夺。庞籍认为这是李元昊在试探虚实，于是传令种世衡，应将李文贵暂且扣押，不要急于放回。

李文贵在青涧呆了几天后，就发现不对劲，意识到自己是被宋人软禁起来了，既见不到种世衡，又没有办法与李元昊取得联系，这可如何是好，李文贵急得像热锅上的蚂蚁。

再说李元昊，本来就生性多疑，再看这李文贵一去不复返，便对野利旺荣勾结宋朝将领意欲反叛的事深信不疑。但他还没有十足的把握，所以决定暂且继续利用野利旺荣。

转眼间，时间到了第二年的正月，宋仁宗再次诏令庞籍，希望大宋与西夏能尽早讲和。乘此机会，庞籍释放了李文贵，并让他向李元昊转达大宋仁宗皇帝希望双方休战言和的意愿。

得到这样的消息后，李元昊喜出望外，想到自己登基以来，因为连年对宋战争已经使得西夏经济凋敝，国家财力匮乏，老百姓的生活异常艰辛，此时言和正好休养生息。既然大宋已有言和之意，来而不往非礼也，李元昊也打算尽快释放了王嵩，并诏令野利旺荣一起参与对宋议和条款的拟定工作。

不久，李文贵便在王嵩的指引陪同下，带着旺荣起草的议和条款前去延州谈判。等到宋夏和议达成之后，李元昊终于觉得野利旺荣已经没有存在的必要了，遂以叛国投敌罪，诛其全家。

种世衡利用苦肉计陷害野利旺荣的时候，另一个借刀杀人之计也在一步步实施，此次针对的是素有李元昊“右臂”之称的天都大王野利遇乞。

种世衡在边关征战已有多年，一次偶然间，他从一个西夏俘虏口中得知了这样一个消息，说西夏天都大王野利遇乞曾经因为战功卓著，李元昊特意为他打造了一把宝刀，希望他能随身携带，帮助他勇往直前，战无不胜，攻无不克。

种世衡在得知这一消息后，便想尽了法子，想在这把李元昊所赐的宝刀上做文章。几经刺探，种世衡还真有所发现，他发现宋夏边境上有个羌族部落酋长叫苏吃曩，他的父亲深得野利遇乞宠信，二人曾一同征战沙场多年，关系密切，亲如兄弟。至此，种世衡心里涌上了一条借刀杀人的毒计。

种世衡找机会派人潜入西夏境内，用金银财宝、高官厚禄将那个羌族部落酋长苏吃曩诱骗到了青涧城，并酒肉招待，歌舞伺候，终日饮酒作乐，好不欢快。短短半月，苏吃曩便神魂颠倒，不能自拔。

苏吃曩来到青涧城的日子，种世衡几乎隔天就会邀请苏吃曩到他的将军府吃一次酒。有一天，酒过三巡，种世衡拐弯抹角地说："我在边关多年，早就听说天

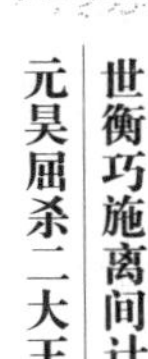

都大王野利将军有一把锋利无比的宝刀，据说那宝刀可削铁如泥，又闻大酋长之高堂与天都大王乃是生死之交，想必您一定见过那神兵利器啦？”

苏吃曩正喝到兴头上，自负地答道：“那是，你还别说，那可绝对称得上是一把人世间少有的神兵利器呀！”

“贤弟，您有所不知，种某我虽然在外征战沙场多年，却也一事无成，平生所好，除了喝酒交到像您这样的朋友之外，那就是欣赏天下之神兵利器了。我一直想一睹天都大王宝刀之真容，只可惜种某与他素无来往，更无交情。”种世衡说着，连叹了几口气，继续说道，“恐怕，我种某人注定此生是没有机会看到那样的神兵利器啦！”

西夏龛楣

苏吃曩听到种世衡这样的感慨，竟然瞬间有些飘飘然，神气得忘乎所以，脱口而出："这有何难？不就是一把宝刀嘛！就凭俺老爹与天都大王那关系，弄他一把宝刀，还不简单？君子一言驷马难追，种兄，请你放心，做贤弟的一定满足哥哥你的愿望，赏宝刀一事，尽管包在兄弟身上，我保证让你看个够！"

只见种世衡这时突然起身，拍着胸脯，许下承诺："倘若贤弟能将那野利遇乞的宝刀借来于我一睹风采，做哥哥的我一定奏请朝廷，赏赐你金腰带、黄金白银、绸缎锦袍，封你做我的副将，保你一生享之不尽、用之不完的荣华富贵！"

苏吃曩这会儿已显现出些许醉意："那就……多谢哥哥啦！"

种世衡举起酒杯："酒逢知己千杯少，来，贤弟，你我干了这杯，祝愿我们兄弟

永生荣华富贵、宏图伟业！”

那一夜，苏吃曩真是喝多了，稀里糊涂就入了梦乡。

第二天一大早，苏吃曩一爬起床，就想起了昨夜与种世衡的约定，回想起自己风餐露宿，终日跟在牛马羊群屁股后面奔波的辛苦，再想想种世衡为他许下的美好承诺，苏吃曩不禁心花怒放，他告别了种世衡，快马加鞭，直奔天都山而去。

苏吃曩曾经跟随父亲多次拜访过野利遇乞大王，野利遇乞倒也真讲究哥们义气，每次都待他如亲侄儿一般，并无戒心。

然而这一次，苏吃曩可是怀揣目的而来。他事先买通了野利遇乞的卫士，乘着野利遇乞去天都山石窟礼佛的机会，苏吃曩悄悄潜入到野利遇乞的行宫之内，神不知鬼不觉地盗走了宝刀。

盗取宝刀成功之后，苏吃曩扬鞭催马，径直东奔，一溜烟回到了青涧城。

苏吃曩见到种世衡后，立即奉上宝刀，说："哥哥你看是不是这把？"种世衡接过宝刀一看，哎呀，好一把寒光闪闪的宝刀，上面果然刻着一个"昊"字。

昊字宝刀已经到手了，接下来该如何"借刀杀人"呢？

种世衡想来想去，觉得堡垒还是从内部比较容易攻破，所以他想利用野利遇乞与李元昊的乳母白姥氏之间的矛盾。于是，他派人在西夏边境四处散布谣言说：天都大王野利遇乞，乃是西夏一等兵马大元帅，曾为建立西夏立下了汗马功劳，如今却遭到小人排挤、诽谤，蒙受不白之冤。遇乞大王曾经送给我们种将军一把宝刀作为信物，想在适当时候投奔大宋明主，不料事情竟被居心叵测的奸诈小人告发，竟致大王冤死九泉之下。大宋军民在听说了遇乞大王被李元昊残酷处死的消息后，悲痛异常，特别是种将军他惋惜英雄人物，为了表达我大宋军民对野利遇乞大王的敬重之意，种将军特意决定择日要在宋夏边境上举行祭奠活动，好让西夏国的臣民都能感受到我大宋的仁义慈悯之心。

俗话说"无风不起浪"，为什么种世衡突然要翻出野利遇乞与李元昊的乳母白姥氏之间的旧账呢？这里需要给大家讲述一个小故事：有一年，野利遇乞带兵巡视边境，深入宋朝境内数日未归。李元昊的乳母白姥氏不知怎么就得到了这一消息，便乘机在李元昊面前告了一状，说野利遇乞那是勾结宋朝边将，意欲对我大夏图谋不轨。李元昊虽然生性多疑，但也不能因为老妇人的一面之词就对自己的肱股大将下手呀！然而，尽管李元昊这一次没有相信，但他还是对野利遇

西夏博物馆西夏历史场景塑像

乞起了戒心。只是碍于夏国刚刚建立,国基尚不稳固,且正是用人之际,遂没有公开问罪。

再说野利遇乞,这一次丢失的可是昊王亲赐的宝刀。野利遇乞忧心忡忡,不知如何是好!

正当野利遇乞为丢失宝刀之事忧心忡忡之际,外界又传来种世衡因刀设祭的谣言,谣言是真是假尚且难以断定。但野利遇乞坚信,如能尽快找回宝刀,或许还有一线生机。所以严令部下四处搜捕追查盗刀之人,希望可以寻回宝刀。

苏吃曩见野利遇乞追查得紧,早就一溜烟,躲得远远的,整个人像是瞬间从人间蒸发了一样。

时间一天天地过去,昊字宝刀的搜查毫无进展,野利遇乞越来越心慌。突然,他接到了一个消息,说自己的宝刀竟然出现在宋朝边将种世衡手上。

"怎么、怎么会在他的手中,这到底是怎么回事呢?"野利遇乞诧异极了,"我与此人素无瓜葛,到底谁要这般害我?"这时候,他才真正强烈感觉到了一种不祥之兆。

野利遇乞纳闷:此事扑朔迷离,一定大有蹊跷,可是这些谣言迟早是会传到兴庆府的,当然也会传到李元昊那里,昊王多疑,恐怕容不得他将整个事情查个

水落石出，昊王最忌讳叛逆之人，他一定会……想到这里，野利遇乞不敢再多想，只能听天由命了。

没想到平日里无敌天下的天都大王野利遇乞，在这生死攸关时刻，却也只能是听天由命，真叫人痛心！

宋庆历二年（1042年）秋末冬初时分，在一个风清月朗的夜晚，种世衡请来了悟空寺的僧人们，他们紧锣密鼓，悄悄爬上了宋夏沿边西夏境内的一个山塬上，面向着天都山，随行的士兵们很快就布置好了祭祀的道场。

这边刚布置妥当，那边吹唢呐的、打鼓的、敲锣的就一起动起来，一时间，噼噼啪啪、叮叮咚咚的哀乐声响彻山谷。接着，他们点燃了大堆大堆的纸钱，当然还夹杂了一些柴草，瞬间，山塬上火光冲天，照耀川谷。他们拿出特意准备好的几片木板上，上面刻着宋朝边将与野利兄弟多次会见时的欢娱情景，如今功败垂成，对其不幸遭遇表示痛心疾首等语句。祭祀悼念的人按照种世衡的吩咐，故意将木板烧得残缺不全，但关键的文字一律“残存”，因为那是留给西夏人看的。

烧纸烧木板的同时，僧人们已经开始诵经超度了，金鼓齐鸣，悲怆的唢呐一声接一声响彻夜空。

夜幕沉沉之下，祭祀悼念活动惊动了西夏边关巡视的一队兵卒，他们起初不明情况，看到山塬上着火，以为是宋军入侵，策马扬鞭，只是一股脑冲杀、呼喊着向山塬上冲来。

参加祭祀悼念的僧人和士兵见状，撒腿就跑。

等到这些西夏士卒上了山塬，来到祭祀现场一看，发财了，眼前满地都是些精美的祭祀礼器、黄金白银、珠宝美玉，还有散落在地上不计其数的铜钱。他们欢呼不已，一个个都急着把宝贝往自个怀里揣，一个个心想着这下可发大财了。

捡着捡着，突然有人捡到了一把刀，看样子好像还是一把西夏人用的刀，到底是什么刀呢？大伙儿都凑了上来，不看还好，一看吓一跳，这个人捡到的竟然是野利遇乞大王的昊字宝刀。就在这时，有人从尚未烧尽的火堆中，挑出来一些刻有汉字的木板，众人倒吸一口凉气，这可不是闹着玩的。

他们赶紧将这一消息上报给了边将上司，边将思前想后，兴奋又惶恐，但终究害怕祸及自身，不敢怠慢，于是，十万火急，昼夜兼程，把收缴的物品全部上缴给了李元昊。

石窟雕塑

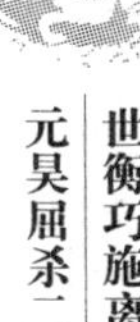

西夏兴庆宫内，李元昊坐在龙椅上，一边抚摸着昊字宝刀，一边思绪纷飞，这宝刀可是李元昊亲自赠予野利遇乞的呀，没想到他竟然以此作为投降宋朝的信物。如今，睹物思人，怎能不叫人心寒哪！

西夏药师佛

李元昊想起就在前些日子，当京城内外漫布着版本各异的关于天都大王野利遇乞要叛离大夏的流言蜚语的时候，他还不愿相信这是事实。可是，那把能够鉴定当年君臣情怀和战斗友谊的昊字宝刀，竟不知为何就落到了宋朝边将手中！回想起当年，自己和野利兄弟为了建立大夏而南征北战、艰苦创业的情景，那是一次艰苦卓绝的战斗，野利遇乞冲锋在前，为了取得战斗最后的胜利，他险些丢掉了性命。战功卓越的野利遇乞深受李元昊青睐。不久，李元昊专门请兵器匠为野利遇乞量身打造了一把昊字宝刀，希望助他冲锋破敌，这在西夏建国史上是从未有过的事情。

如今，眼看这宝刀，依然寒光闪闪，锋利无比，只可惜已然物是人非。李元昊想到痛情处，不禁恨得咬牙切齿，突然，只见他两眼闪着凶光，雷霆大发，吼道："遇乞老儿，我待你不薄，你为何却要负我！"他在大殿内来回踱步，拿着一块块烧焦的木板，看着那些残留的文字，怒火中烧，无限哀伤无限恨。

这时候，他突然不由自主地想起了以前那些不愉快的事：当年乳母白姥氏告发野利遇乞有叛逆之心，自己却怎么也不愿意相信，加上当年我大夏正是用人之际，所以也没有去过多追究他的责任。现在看来，不杀野利遇乞，难整我大西夏军威。

更为可怕的事，近年来谣言四起，说野利家族将在太子宁令哥成婚之夜起兵反叛，这样的事情，对李元昊来讲，那是宁可信其有，不可信其无呀！如今之计，那是先下手为强，后下手遭殃，不杀野利遇乞恐是后患无穷哪！还有一件事，算不得难以启齿，却还真不怎么光明磊落。那就是李元昊看上了野利遇乞的老婆——没藏氏，那女人风情万种，婀娜多姿，言谈举止可谓撩动人心。李元昊曾在天都山一带与宋朝大战，出入天都大王行宫时，与她有一面之缘，当时她对昊王只是回眸一笑，就是回眸一笑让昊王喜欢得不得了。从此，李元昊对她念念不忘，心猿意马，魂不守舍。碍于君臣名分，不得放肆。不杀野利遇乞，昊王又怎能如愿以偿呢？杀是必须得杀，但怎么个杀法？却让李元昊着实犯难！倘若像对待野利旺荣诛灭全家，那如何保全没藏氏？但如果单单留下一个没藏氏而杀了野利全家，恐朝野上下少不了风言风语。思前想后，权衡利弊，李元昊最终下定决心：赐死野利遇乞一人。如此一来，也可展示出我大夏王朝的宽宏大量和对开国元勋家室的体恤。西夏天授礼法延祚六年(1043 年)，是野利家族家破人亡走向衰落的凶煞之年。九月的一个漆黑的夜晚，李元昊的幸臣悄然来到囚禁野利遇乞的牢房，向野利遇乞宣读了昊王的谕旨，并递上那把失而复得的宝刀。曾经叱咤风云的天都大王野利遇乞手捧宝刀，一言不发，悲怆地看着这把夺命宝刀，辉煌鼎盛时，刀也，落寞断头时，亦是刀也！突然，他仰天长啸，拔刀自刎。

种世衡利用李元昊生性多疑的心理特点，巧妙地实施离间计，借李元昊之手除掉了西夏国的两位野利氏大将军，作为西夏君王的李元昊一叶障目，不能明察秋毫、明辨是非，自己砍掉了自己的左膀右臂，这无异于自毁长城。

争名分讨价还价 订和议一拖再拖

西夏天授礼法延祚五年(1042年)十月,北宋知延州兼鄜延路经略安抚使庞籍到任不久,便向朝廷报告:"从各地传来消息,皆言西夏境内大旱,黄鼠啃光庄稼,又多年与我朝不通贸易,茶货奇缺,物价飞涨,老百姓都希望两国和好。"宋朝方面,因对夏战事的一再失利,仁宗皇帝早就厌倦了与西夏的军事较量,加上国内财政运转困难重重,早就希望尽快结束战争,于是派人请辽朝出面向西夏发出讲和的意愿。

正所谓鹬蚌相争,渔翁得利,宋夏之间连年的战争最占便宜的就是辽国了。辽兴宗看到宋朝一仗打得不如一仗,就想乘机敲诈一下。他向宋朝提出,西夏与辽乃是"甥舅之亲",辽国对西夏有保护的责任,为什么宋朝与西夏开战,不先向辽国通报呢?他还说宋朝在宋辽边界地区修建长城、增加边军,这纯属向辽国挑衅。基于这些原因,辽兴宗要求宋朝将晋阳(今山西太原市)和瓦桥关(今河北雄县西南)以南十县土地割让给辽国。

辽国无故指责宋朝在边界地区的军事行动,公然提出割土要求,明摆着就是无理取闹,讹诈宋朝。

按理说对于辽国这种乘人之危、无理取闹的行为,宋朝应该予以坚决拒绝。可是,宋仁宗继承了宋真宗急于求和、惯于妥协退让的性格特点,他思前想后,觉得只要能达成宋夏和议,付出一点也是值得的。于是乎答应每年多给辽国二十万岁币,条件是不允许辽国再打晋阳等十县的主意,同时对西夏施加压力,要求西夏罢兵讲和。

有了如此丰厚的价码，辽兴宗自然十分乐意充当调和人的角色。俗话说：“拿人钱财，替人消灾。”如今，腰包鼓起来之后，便要开始充当说客了。

西夏天授礼法延祚六年(1043)正月，辽兴宗派大臣耶律敌烈和王惟吉来到西夏，要求元昊停止发动对宋朝的战争，同宋讲和。

有了这么大个台阶可下，李元昊觉得倍有面子，但他还是请求辽国使者去宋朝东京，代其向宋朝说和。

第二年正月，辽国便遣使王惟吉从西夏来到宋朝，对宋仁宗说：“我奉大辽皇帝的命令，已见过西夏国主李元昊，让他请罪讲和，如果宋朝能够按照辽朝礼制册封李元昊，李元昊肯定会洗心革面、悔过自新的。”

看来辽人还是蛮讲信誉的，辽使王惟吉带来的消息，让宋仁宗倍感议和有望，他立即下令鄜延路经略安抚使兼知延州庞籍全权负责与西夏接触议和的事务。

宋仁宗给庞籍的诏令中，再次申明了与西夏议和的原则是：“只要李元昊肯俯首称臣，其他一切都好商量，甚至自称皇帝也无妨，但如果能够改称单于、可汗什么的，那是最好不过的啦。”这比范仲淹提出的议和条件宽松了许多，可见仁宗议和是百分百的诚心诚意。

庞籍领命之后，考虑的是用什么样的方式去与西夏接触，才不至失了我大宋国的体面。宋夏议和必须要有个中间人代为传话才行，遍观手下这帮人，显然没有一个适合。这个时候，他忽然想起了一个人，那个名叫李文贵的元昊近臣，此刻他正被扣押在青涧城。

青铜峡一百零八塔远景图

李文贵这个人，已经讲过，是李元昊派来青涧城刺探情报的间谍，更是李元昊身边的红人。庞籍觉得释放此人，让他返回西夏，给李元昊传达议和之事，应该是最合适不过了。于是，他派人召来李文贵，先是严厉斥责了西夏李元昊对宋朝发动战争的非正义性，然后又分别讲了战争对宋朝和西夏造成的严重后果，完了还不忘加上一句："我国家富有四海，虽偏师小衄，未至大损。汝一败，则社稷可忧也"。

做了一番交代之后，庞籍向李文贵一再强调，一定要有正式的请和表章，才会上报朝廷。

李文贵回到夏国后，一字不落地向李元昊转达了庞籍的口信。早有讲和之意的李元昊听后十分高兴，想到如今夏国经济凋敝，百姓生活困难，如果能尽快与宋朝达成议和是最好不过的了。

但是，派谁去呢？李元昊眼珠子一转，不如就派那个宋朝的奸细王嵩去吧。李元昊对王嵩好生安抚了一番，就让李文贵带了一封讲和信和王嵩一起返回延州去了。

当初庞籍放归李文贵之时，一再强调说要有正式表章才能继续议和，可李元昊为什么仍然没有写表章呢？他不是也很想议和吗？

其实在这个问题上，李元昊有着自己的想法。

“表章”是什么东西？那可是臣子写给皇帝的。李元昊之前发动那么多战争，就是为了迫使宋朝承认自己的皇帝身份，倘若现在要是随随便便就向宋朝上书了，那他以前的种种努力不就全都白费了吗？所以，在上书之前，他还是要再试探一下宋朝的态度。

正因为如此，李元昊才没有派出正式使臣（李文贵不能算），也没有写表章，只是写了一封信。而且在这封信里，他仍然称帝号。

庞籍看完李文贵带来的信后，考虑到此信言语不逊，不敢随便回信，就先请示了一下宋仁宗。

现在的宋仁宗一听到打仗的事情就头疼，他只想尽快跟李元昊签了和平协议，然后好好过几天安稳日子。他命令庞籍赶紧给李元昊写信招抚他，不得有误。

庞籍接到这样的命令，自然不敢怠慢，可是在对野利旺荣的称呼上犯难了。因为野利旺荣在西夏官居太尉，封号“宁令”（“宁令”是党项语，汉语“大王”之意）。庞籍认为，太尉乃是皇帝才能封赐的官位，野利旺荣是“叛逆”李元昊那边的人，如果称他为太尉，那岂不是间接地承认了李元昊帝位的合法性？如此一来，怎么向朝中大臣交代？

为了这个称谓，庞籍煞费苦心。终于，庞籍想出了一个他自认为很完美的办法。既然来信里自称宁令或谟宁令（“谟宁令”，汉语“天大王”之意），这些都只是西夏官名，干脆直接用这种称号算了，反正本国人也不知道它们的具体意思，如此，便也不会造成很恶劣的政治影响。想来想去，他还是决定再请示下宋仁宗。

宋仁宗一想，这个办法好呀，两全其美，立即就同意了。

庞籍回信语言中肯，再次强调，一定要有正式的使者带着表章前来，才能上报朝廷，而且必须取消皇帝称号。

经过李文贵和王嵩的投石问路，李元昊知道议和乃是宋夏双方之所共同的愿望。西夏天授礼法延祚六年(1043 年)四月,正式派遣刺史贺从勖出使宋朝。

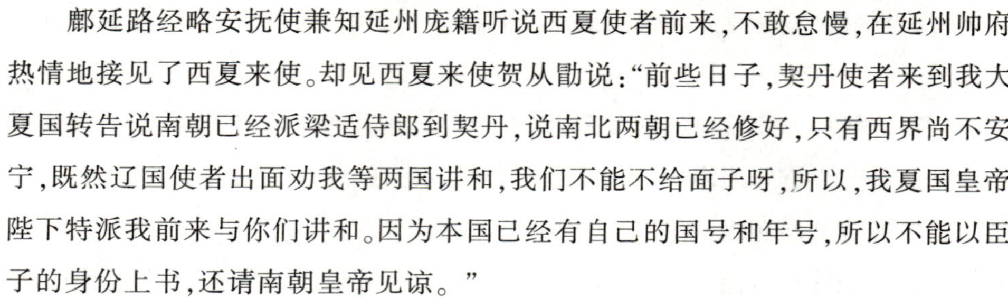

鄜延路经略安抚使兼知延州庞籍听说西夏使者前来,不敢怠慢,在延州帅府热情地接见了西夏来使。却见西夏来使贺从勖说:“前些日子,契丹使者来到我大夏国转告说南朝已经派梁适侍郎到契丹,说南北两朝已经修好,只有西界尚不安宁,既然辽国使者出面劝我等两国讲和,我们不能不给面子呀,所以,我夏国皇帝陛下特派我前来与你们讲和。因为本国已经有自己的国号和年号,所以不能以臣子的身份上书,还请南朝皇帝见谅。”

庞籍见是这等状况,心想自己以前只是听说夏人特别狡猾,今日一见,果然是名不虚传。再看贺从勖,这不明显就是个汉人嘛,瞧着一副伶牙俐齿的样子,好一番娴熟的外交辞令呀,说得圆滑,又不失身份。简简单单几句话,就讲明了,他之所以来宋朝讲和那都是辽朝人从中斡旋的结果,竟然敢自称小小西夏为西界,还敢拿来与我大宋、辽国相提并论,什么宋在南、夏在西、辽在北,说什么李元昊不能以臣子的身份前来。这是要干啥呀,这不明显想要三足鼎立嘛!竟敢妄称西夏有了自己的国号……

庞籍不糊涂呀,他一下子就听明白了,这绕来绕去,就一句话是最关键的,那就是西夏不愿向宋朝称臣。

庞籍心里琢磨,这样不好吧,我们皇上唯一的要求就是李元昊必须称臣,你这不称臣,我没法跟皇帝交代呀!罢了,还是先看看你们家君上李元昊的书信是怎么写的吧。

庞籍让负责接待夏使的保安军判官(专门负责文案处理的幕僚)邵良佐接过西夏使者手中的书信。邵良佐打开信一看,只见信的开头就有这样一句话:“男邦泥定国兀卒曩霄上书父大宋皇帝。”“邦泥定”是西夏自称“大白高国”的党项语,“兀卒”意为青天子,表示李元昊已经称帝,“曩霄”是李元昊新改的名字。这李元昊对宋称男不称臣,说自己现在已是邦泥定国的天子了,不过不要紧,你们宋朝还是我的父王呀,儿子给父王上书,还是很应该的嘛!可是,按照当时的封建正统观念,西夏属于夷狄,宋朝才是“中国”,“中国”对夷狄称男则为卑,夷狄对“中国”称男则为亢。李元昊如此折腾,其实还是一个目的,那就是想借机抬高自己,贬低宋朝。

庞籍心中很不愉快。此前,宋仁宗曾三番五次交代,说议和的底线就是李元昊必须称臣，而且只要称臣，其他一切条件都好商量。这下可好，偏偏李元昊称男不称臣，名分不正，庞籍表示不敢向朝廷呈报。于是，庞籍又把书信还给西夏使者贺从勖，说是这样的书信我没办法上奏，您还是带回去吧。

庞籍与判官一脸惆怅。帅府之中就好比一场雷雨来临前的团团乌云密布，不透一丝风，闷得叫人喘不过气来。

西夏使者贺从勖见状，又显出一副焦急神情，连忙解释道："儿子侍奉父亲与臣子侍奉君主其实就是一回事呀，请庞将军容我去汴京开封面见大宋天子，如果天子不答应，我等再回去商量，如何？"他的意思明摆着，关于这些口头称呼上的小事，庞将军你不必过分烦恼，一切都还有商量的余地。

庞籍经过深思熟虑之后，想想也是，不能让和谈在自己这里卡住，于是决定将这一情况报告给朝廷。他给宋仁宗上报说，尽管李元昊暂时还是不愿意称臣，但是所遣来使语言恭顺，温文儒雅不失风范，行为礼仪一切都很规范，希望能让

西夏建筑装饰物鸱吻

西夏使者先入京朝见圣上，没准还有商量的余地，过后，咱们大宋再派遣朝中能言善辩的大臣去夏国劝说，李元昊必然会幡然悔悟，俯首称臣的。

一心求和的宋仁宗认为庞籍所言不无道理，于是下诏，召夏国来使入京觐见，并诏令沿途州县隆重接待，各州通判亲到驿馆宴请慰问。

得到皇帝同意后，庞籍立即派保安军判官邵良佐陪同贺从勖启程，经潼关、陕州（今河南三门峡市）、西京（今河南洛阳市）、郑州（今河南郑州市），到达汴京开封城外的都亭西驿。

这时，贺从勖接到了宋朝政府通知，说西夏使者现在还不能直接面见圣上，必须在此耐心等待，等待朝廷传唤。

宋朝官署之内，两府大臣开始对李元昊的书信展开讨论，经过激烈的讨论，资深外交家富弼和中书、枢密两府大臣一致认为，西夏使者贺从勖朝见皇帝，名不正、言不顺，只有李元昊称臣，皇帝才能接见。最终决定由枢密院出面，召见贺从勖，并提出六点意见：第一，带来的书信有一字犯圣祖名讳，不能进呈皇帝，原书退回；第二，李元昊对宋帝称男，虽表示情愿恭顺，但既然是父子之间，就没有不称臣的道理，今后上表需称臣子，朝廷当册封为夏国主；第三，允许西夏自设机构，自任官员，即建立行政特区；第四，宋朝每年赐赠西夏白银两万两、绸绢两万匹、茶叶三万斤（战争赔款）；第五，允许开放两国边贸市场；第六，两国在沿边所修筑堡寨当维持原状。

贺从勖听了枢密院提出的六点意见后，虽有不满但不敢当面争执。好在仁宗皇帝又命邵良佐以著作郎的身份出使夏国，与贺从勖一道返回兴庆府商议。

宋朝使者邵良佐到了兴庆府后，看到李元昊身着便装，俨然以战胜者自居，十分傲慢地躺在龙椅上，责问宋使邵良佐："朝廷既然想议和，何必去问辽国？"邵良佐听后脸色煞是难看，无言应对。看了宋朝提出的六项议和条件之后，李元昊吩咐左右，带邵良佐下去休息。

西夏天授礼法延祚六年（1043 年）六月，李元昊再派如定聿舍、张延寿等人同宋使邵良佐一同来到汴京，一口气向宋朝提出了割地、赔款（岁赐）、不称臣、自立年号、改"兀卒"为"吾祖"等条件，所谓巨细十一件事，这不明摆着讨价还价吗？

谈判其实就是讨价还价，面对西夏的强硬态度和提出的如此苛刻的十一个条件，宋朝内部对此展开了激烈的争辩。以宰相晏殊等为代表的两府众臣大多厌战，他们纷纷劝告仁宗，算了吧，他李元昊称帝也是关起门来称帝，不臣就不臣，只要宋夏双方以后不再开战了，什么都好商量嘛，你看咱们每年花在对夏战争上的钱何止百千万呀，所以就答应他的条件吧。只有一人坚决反对，他就是刚从陕西前线调回朝廷的新任枢密副使韩琦。二人在皇帝面前各抒己见，滔滔不绝，相持不下。宋仁宗只好下令两府再议。到了宰相府，韩琦的态度更加坚决，晏殊也是"色变而起"，最终不欢而散。

李元昊此次与宋朝谈条件讲和，文字运用细节之处，拿捏得恰到好处。今天看来，若是宋朝当初忽略了这些细节，后果可真是不堪设想呀。

本来李元昊自称"兀卒"（即青天子），宋朝商量来商量去，都已经答应了他的这个称号，可是他现在偏偏又把"兀卒"改为了"吾祖"，并且作为与宋朝人讨价还价的又一重要砝码，宋人的神经哪里受得了这样的刺激。

心思缜密的宋朝人果然在这个称呼上犯了难，当然这一切都在李元昊的意料之中，宋朝那些资深的谏官一直纠结在李元昊将称号由"兀卒"改为"吾祖"上。

"李元昊开始称'兀卒'，待到邵良佐从西夏回来，又改成'吾祖'，这李元昊明

摆是在侮辱朝廷呀！‘吾祖’岂不就是‘我翁’之意，‘我翁’何者？乃‘父亲’之谓也！”谏官蔡襄有些气急败坏地说，“朝廷本来想叫他俯首称臣，现在可好，他此意就是要朝廷将来在赐他的诏书时称他‘吾祖’，这……这……这成何体统！简直是千古之笑话！”

谏官余靖也认为李元昊改称“吾祖”，分明就是在戏弄朝廷，侮辱大宋，他引经据典地说，自古以来，边疆少数民族首领皆称可汗、单于，此中外共知，假若李元昊只是要求这样的称谓，倒无嫌疑，也是无可厚非。而如今，这李元昊无端编排出个“吾祖”来。他称陛下为父，却也要陛下称其为“吾祖”，这难道不是在明摆着

中国国家图书馆藏西夏文《金光明最胜王经卷第十》变相图

玩弄朝廷吗？

以文学著称的欧阳修更是咬文嚼字，他分析说："'吾祖'之中，'吾'就是'我'的意思，'祖'就是'翁'(父)的意思，现今，贩夫走卒尚不肯随便呼人为父，更何况贵为我大宋天子的皇上。倘若应允了李元昊这等名号，今后我大宋朝廷赐诏书时就得写上'吾祖'，这岂不是让皇上呼李元昊为'我父'吗？不知何人敢开口！"

看来李元昊想要将称号"兀卒"改为"吾祖"这样的行为，宋朝人无论如何都是不可能答应的，不过在李元昊看来，不答应也好，不答应就说明更有的谈。

一个多月后，宋朝又派张子奭、王正伦出使西夏。这次宋使张子奭把价压得很低，要西夏归还侵占的城寨，赔款(岁赐)不超过十万，以迫使李元昊在名分和称呼上让步。哪知李元昊更是针锋相对，漫天要价，他派人对张子奭说："至少得二十五万，没有这个数，我看你也就别想回国了，不行你就在这里等着吧！"

经过宋夏双方使臣的你来我往，还有激烈的斗争和讨价还价之后，双方决定都做出一些让步，为了得到更多的实际利益，李元昊基本上同意称臣和去掉"吾祖"的名号，而张子奭也原则上答应每年给西夏岁赐(赔款)二十万。李元昊这才放他回去。

虽说双方都妥协了，但离正式签约还有很大的距离，因为李元昊放回张子奭回国时，让他给朝廷带了一封信。信中李元昊提出每年向宋朝出口十万石青盐，这样新的问题又出现了。

中国历史上自汉武帝实行盐铁专卖以后，把盐利收归国家，卖盐收入成为国家财政的重要支柱，如果答应西夏在沿边地区出口青盐，就破坏了一千年来的专卖制度。

如果官方把西夏的盐包买下来，又得给西夏十万贯钱，加上已答应的二十万赔款，就是三十多万了，这下宋朝人坚决不同意了。

宋朝有钱这在中国历史上那是出了名的，他们之所以不同意倒不是给不起这个钱，而是考虑到如果同意了李元昊的请求，那么给西夏的岁赐就和给辽国的岁赐差不多了，这样辽国估计就该不高兴了。担心引起契丹不满，想再增加岁赐，这样就会形成一种恶性循环，所以宋朝坚决不能同意。

为此，双方谁也不肯再做出大的让步，谈判开始陷入了僵局。为了能达到自己的目的，李元昊在边界上制造军事冲突，给宋朝制造压力，双方开始剑拔弩张，战争一触即发。

西夏天授礼法延祚六年(1043 年)十二月，李元昊再次派遣张延寿出使宋朝，这次直接把赔款(岁赐)提高到三十万，比原来达成的二十万涨了十万，但是宋朝只答应包买青盐再加五万。

正当宋夏议和陷入僵局的时候，辽夏关系发生了重大变化。因为边界民族问

题，李元昊得罪了辽兴宗，而且两国矛盾呈现越来越尖锐的态势，以致发生了局部冲突和战争，李元昊见势不妙，既然已经得罪了辽朝，就不敢再同宋朝闹翻了。为了避免两线作战，李元昊决定尽快与宋朝达成和约。

西夏天授礼法延祚七年(1044 年)六月，李元昊主动遣使向宋朝呈议和保证书(誓表)，同意向宋称臣，同时请朝廷赐颁“誓诏”(议和保证书)。

这时宋朝神气起来，也想来个坐山观虎斗，派人到辽朝打探消息。九月，李元昊再次遣使来请，为了使李元昊“专力东向，与辽朝争锋”，宋朝很快颁赐“誓诏”，给李元昊吃了个定心丸。十二月，宋朝遣张子奭等前往兴庆府，正式册封李元昊为夏国主，每年赐赠西夏绸缎十五万三千匹、银七万二千两、茶三万斤。一年多的宋夏议和终于画上了句号。

夏宋和好之后，双方冲突开始逐年减少，两国关系进入了一个较为和平的发展时期。

边界党项惹争议
宗主大辽伐西夏

宋夏双方为了争取名分和利益，讨价还价，互不相让，和议一拖再拖。正当宋夏议和即将陷入僵局的时候，辽夏关系发生了重大变化。两国因为边界党项部族的归属问题，矛盾越来越尖锐，以致发生了局部冲突和战争。李元昊见势不妙，心想，既然已经得罪了辽朝，就不敢再同宋朝闹翻了，遂很快与宋朝达成了和议。

再说夏辽两国都是少数民族建立的政权，他们之间的关系，从某种程度上来讲是在共同对付宋朝的基础之上建立起来的。

遥想当年，宋太宗借夏州党项宗族内部矛盾重重难以调和为由，遣使下诏，令夏州党项首领李继捧入朝觐见。李继捧本不愿入朝，但迫于当时的形势和来自宋廷的压力，无奈之下，只好去往汴京觐见宋太宗，并表示愿意献出党项所辖的银夏绥宥四州八县之地。李继捧的这一举动遭到了本家族弟李继迁的强烈反对，他认为祖祖辈辈世代居住的土地怎么能够轻而易举、随随便便献给他人？为了保住祖宗基业，他愤然出逃，起兵抗宋。

在随后与宋朝的多次作战中，李继迁那种不屈不挠、执着的斗争精神，感染了许多党项部落首领，他们纷纷表示支持李继迁的复兴大业。特别是那次偷袭了位于夏州西北的王庭镇，此役因宋军无备而党项大获全胜，真是鼓舞人心。但也正是这一仗，惹怒了宋朝知夏州尹宪和都巡检曹光实，此二人遂即决定反击，摸清了李继迁大营所在，连夜奔袭，捣毁了李继迁在地斤泽的大本营。四面楚歌、万般无奈之下，李继迁选择弃众而逃，这才捡回一条性命，但三年来的艰辛和努力就这样在一夜之间付诸东流。

西夏文黑釉陶瓶

颠沛流离的李继迁该何去何从呢？每当夜深人静的时候，他就独自一人温酒思索几年来斗争成败的经验与教训。李继迁认识到自己将少兵寡，势单力薄，想要割据一方，与大宋王朝抗争，称王自立，谈何容易？就在这时，李继迁的谋士张浦高瞻远瞩，审时度势，为他分析天下形势，并献上了足以改变党项民族历史发展的两个战略性决策，其中之一便是“联辽抗宋”，即通过投靠宋朝的劲敌辽朝，以求得物力、人力、财力等各方面的支持。

宋雍熙三年(986年)，宋军第二次北伐辽朝。正当宋军连克沿途州县，节节胜利，辽国感到形势危急的时刻，李继迁觉得时机成熟，便遣使请求投附辽朝。辽圣宗欣然采纳了西南诏讨使韩德威的意见，准予李继迁归顺，并任命李继迁为定难军节度使，赐给大量物资，支持他与宋朝对立。随后的历史发展证明，李继迁“联辽抗宋”的策略取得了巨大成功。

李继迁归附辽朝不久，为了进一步密切两国关系，取得辽朝更大的支持，他亲自率领五百骑兵到辽夏边界向辽朝求婚，请求辽圣宗下嫁公主。当时恰逢辽与宋作战失利，辽圣宗觉得大辽急需李继迁从西北河朔一带牵制宋军，于是非常痛快地答应了这门亲事。

要知道，此前辽朝从未将公主嫁与番邦邻族，之后也是少见。而李继迁刚刚与辽朝结好，辽圣宗就同意把公主许配给他，由此可见，夏辽关系从一开始就非同一般。三年后，辽圣宗兑现承诺，将宗室女封为义成公主，下嫁给李继迁。

李继迁从辽统和四年(986 年)与辽朝结盟，到他中箭身亡的十年间，对辽朝毕恭毕敬，小心从事。他每一个半月就要向辽朝进贡一次，其贡品之丰，纳贡次数之勤，很是少有，而辽朝为了表示对西夏的重视，也在西夏进奉时，回赐一些礼品，其中不乏贵重之物。李继迁为了显示自己的实力与能力，每当与宋朝作战或取得胜利后，都要向辽朝禀报或告捷，有时候甚至打了败仗也称取胜，而辽朝为了巩固夏辽联盟，也不予深究。

李德明即位之时，宋朝在位的是宋真宗，也是刚刚继位不久，他实行的是从宋太宗时就开始实施的“守内虚外”和“安定国内”的治国方略，因而不愿与夏州李继迁轻举干戈。李德明心里盘算，只要宋辽能保持互斗的状态，他们必将努力争取夏州力量，鹬蚌相争、渔翁得利。鉴于整个形势的变化，加上李德明一心想要全力西征，以洗国耻家仇，也为了减轻来自宋朝的威胁，便决定与宋朝达成和约，互不侵犯，友好往来。

西夏王陵迦陵频伽像

辽统和二十二年(1004年),辽圣宗亲率二十万大军攻宋。起初进展相当顺利,一路南下,径直杀到了与宋朝京城开封仅仅一河之隔的澶州,双方激战,打得不可开交,宋朝岌岌可危。

然而李德明始料不及的是,就在澶州城下,辽朝居然与宋朝言和了,宋辽很快也达成了和平协议,关系得以逐渐缓和,夏辽之间遂失去了共同对付宋朝的基础,双边关系开始疏远了,不愉快的事情接踵而至、时有发生。

辽开泰九年(1020年),辽圣宗竟以狩猎为名,亲率五十万大军攻打了西夏的凉州。当时李德明也不甘示弱,亲率大军设伏,挫败了辽朝大军,并单方面宣布停止向辽朝的贡奉。经过这次大败,辽朝皇帝才认识到:一直依附于自己的西夏如今也有了相当的实力,不可小觑;也意识到长期以来对西夏所采取的压服策略已经行不通了,只好改施羁縻笼络的政策,封李德明为大夏国王。

李德明、李元昊时期的夏辽关系与李继迁时代的夏辽关系已发生了很大的变化。虽然两国一直保持着比较好的礼尚往来的关系,特别是实现了夏辽第二次和亲,然而随着宋、夏、辽三国对峙形式的不断变化,夏辽两国之间大大小小的摩擦不断发生,两国关系渐行渐远,以至于发展到后来的兵戎相见。夏辽之间一共进行了三次大规模的战争。

导致辽夏第一次战争的原因是多方面的,但真正的导火线是双方为了争夺边界地区的党项族。西夏天授礼法延祚六年(1043年)八月,居住在辽国夹山地区(与西夏接壤)的党项部族呆尔族,因为不愿再接受辽国的统治造反了,辽国几次派兵前去平定都没有成功。于是,辽兴宗就命令李元昊出兵,与辽军一起前去镇压。镇压之后,辽兴宗自己独享了所有战利品,一点也没分给李元昊。辛辛苦苦忙活大半天,打的还是自己的同胞,结果到头来竹篮打水一场空,啥也没捞到,等于是义务劳动去了,李元昊啥时候受过这种窝囊气!

事实上,当时李元昊称帝建国以后,为了争取宋朝的承认,发动了几次较大规模的对宋战争,都取得了重大胜利。居住在夏辽边界辽朝境内的党项族看到自己本民族建立的大夏国日渐强大,国运昌盛,纷纷前来投附。本来李元昊还一直不太同意他们归属西夏,因为他不想和辽国撕破脸,这次他却欣然接受了他们的投附。

辽朝皇帝辽兴宗认为李元昊不应该接受辽朝边境党项族人的归附,就遣使

发函,希望李元昊能够及时遣回辽朝境内的党项归附者。

但是李元昊现在不那样认为,他觉得党项族人归附党项族人建立的王国,此乃天经地义、理所当然,所以他不但没有将这些投附者送还辽朝,反而表现出一种要主动派人前去招纳、接收边界党项族人的姿态。是年七月,辽朝出兵征讨背叛的党项族,元昊以同族为由发兵援救,还杀死了辽朝招讨使萧普达等人。

如果说之前李元昊对付辽国的动作算小打小闹的话,那么这次他就是捅了马蜂窝,彻底惹怒了大辽国的皇帝。辽国君臣一致认为,李元昊的行为是典型的背信弃义,破坏两国友好盟约,是对大辽国家主权的一种严重侵犯和挑衅。

辽重熙十三年(1044年)十月,辽兴宗亲自率领十万骑兵出金肃城(今内蒙古准格尔旗西北),以皇太弟天齐王耶律重元为骑兵大元帅,率领七千骑兵出南路,北院枢密使韩王萧惠统兵六万出北路,以东京留守赵王萧孝友率师为后援,兵分三路,浩浩荡荡,渡过黄河,向西夏发动了大规模进攻。

一直以来,西夏与辽朝隔河相望,两国长期结盟,互为声援,故黄河沿岸根本就没有修筑过稍微大一点的城堡寨垒,有的只是一些小小的驿站性质的据点。既然无城可据、无险可守,李元昊干脆就统统弃而不守。因此,辽朝三路大军进入西夏境内后,长驱直入四百余里,没有遇到任何的阻击和抵抗,甚至连一个夏人也没见到!辽兴宗只好率领大军在德胜寺南壁安营寨扎,观察形势,等待战机。只有辽朝北路大军在抵达贺兰山北侧时,遭到了李元昊的埋伏。但辽朝大军来势凶猛,不可抵挡,将军萧迭里得英勇无比,身先士卒,左右驰射,率领庞大的骑兵军团直入西夏兵军镇之中,左冲右突,才几个回合,就将西夏军团冲散开来。西夏兵自知寡不敌众,只好撤退。

李元昊伏击失败,率部退守贺兰山。

这个时候,辽朝的后援大军还在源源不断地进入西夏境内,人马越聚越多。一向足智多谋又奸诈狡黠的李元昊看到这样的情景,他觉得既然自己已经明显处于劣势,如果还要硬拼的话,无疑是以卵击石,自找苦吃。好汉不吃眼前亏,李元昊下定决心以退为进,使用缓兵之计,派出使者向辽朝谢罪请降。

辽兴宗也不是等闲之辈,看到夏国来使请降,暗自琢磨:自己好不容易亲率大军浩浩荡荡、汹涌前来,辽夏尚未交战,胜负未见分晓,不知这李元昊请的是哪门子降?请降如此迫不及待,莫非其中有诈?于是派遣右夷离堇萧滴洌作为皇帝

西夏文铜牌

特使，前往西夏营中探个究竟，看看这李元昊要的什么把戏，是真心请降还是别有用心？

辽朝皇帝特使萧滴洌来到西夏大营，李元昊亲自热情接待，还未等萧滴洌问罪，李元昊便要求设宴请罪，表示今后愿意遵从大辽皇帝的旨意，即刻奉还投附西夏的党项部落，并答应恢复向辽朝的进贡。

辽兴宗得到李元昊确实是真心请降的准确消息后，命令北院枢密使萧革率部前去接受李元昊的请降。

萧革到了夏营，一通大棒式的说服教育。先是严厉责备李元昊：“大辽国朝仁义四海，威服万疆，历来对你李元昊不薄，你这个反复无常的小人，不知道感恩回报也罢，为什么还要屡屡挑衅，对我大辽国朝不恭不敬，背叛辽夏联盟，教唆辽朝境内的党项部落叛逃！你可知罪？”

只见李元昊面带笑容，点头哈腰，连连赔罪，表示自己确实糊涂呀，险些就铸成大错，伤了辽夏两国人民的传统友好关系，但随即他又表示说自己新继王位之时，有很多人都不服从自己的调遣，根基不稳，免不了有些边将擅自主张，不服号令，干一些伤害夏辽两国人民友谊和感情的事情，还信誓旦旦地说他要将这些伤害两国友谊的事情彻查清楚，给大辽一个满意的交代。

萧革之前未曾见过李元昊，今日一见，见此人如此油腔滑调，阿谀奉承，并不

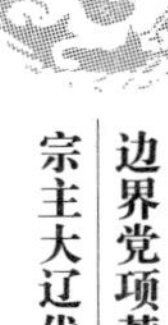

像传言中那样睿智神勇，倒像极了大戏里面的小丑角。看到李元昊一再点头哈腰，极力表示要悔过自新，他觉得李元昊这次应该是真心悔过了，便取出辽兴宗所赐御酒，对李元昊好言相慰。在一片鼓乐声中，李元昊举杯为辽兴宗祝寿，并拿过一支箭，当众折断，发誓道："我李元昊如对大辽再有不敬，背叛夏辽联盟，如同此箭！"随后李元昊恭送萧革返回辽营。

韩王萧惠一直觉得李元昊请降其中必定有诈，他辗转反思，最后还是决定向辽兴宗建议："臣素闻李元昊睿智神勇、胸怀大志，且不探究今日所见，何故与传言大相径庭。愚臣以为此人狡猾奸诈，是个反复无常的小人，此人不念我朝大恩，屡生奸计，处处与我大辽国为难。陛下可不要因他一面之词，施之一念之仁。今日他穷途末路，如果不趁此机会杀了他，消灭了西夏主力，恐留下祸患呀，等到他日再次与我大辽国朝为难之时，恐怕就追悔莫及啦！"辽兴宗听了韩王的话，沉默了半晌，觉得韩王萧惠所言确实有一定的道理，便默许萧惠次日凌晨向西夏不宣而战，趁其不备，一举消灭李元昊和他率领的西夏主力部队。

哪知李元昊更聪明，与辽朝特使约定请降之后，他依然不放心，眼见辽朝军队人多势众，此刻虽然表示同意他请降，但谁敢保证辽朝不会临时变卦，突然对他发起进攻呢？于是乎，他心生一计，立即上书辽兴宗，说古者圣贤帝王，战必重礼，今日陛下前来却不曾相告，臣愚昧以为陛下当发给我夏国宣战之书，如此，夏国请降岂不更加心服口服，他日必当服服帖帖。接着以此次大战没有得到辽朝的宣战书为由，提出容许他率军先后退三十里，等待辽国战书。辽兴宗没有理由拒绝，只好应允。哪知，这李元昊一口气，一连退了三次，一下子退出辽营近百里地，撤退之时，还下令军卒每退后三十里，就将方圆几十里的田园枯草统统放火烧尽。坚壁清野之后，辽兵无粮、马无草，在这种情况下，辽兴宗只好许和。但李元昊又上表说，为了表示对大辽的敬重，他认为应当挑选一个良辰吉日，做好各项准备，再与大辽陛下商谈和议事项。

李元昊故意拖延，迟迟不肯去辽营接受和议，直到数日之后，他觉得辽军已经出战半月有余，想必此时已经是草尽粮绝，人马疲惫了估计也没有什么精力再打仗了。于是，便率大军突然向辽军发动了猛烈进攻。

李元昊到底还是把大辽军队的战斗力想简单了，自认为此战必定横扫辽营，大获全胜，却不料对手毕竟人多将广。大辽骑兵将李元昊所部团团围住，李元昊

甘肃武威西夏墓出土的武士图

国师说法图

数次突围都没能成功。这一战，直杀得天昏地暗、日月无光。正当李元昊溃不成军的时候，突然狂风大作，飞沙走石，天昏地暗。辽军将士被飞沙迷了眼睛，看不见对面的人影，犹如无头的苍蝇乱作一团，一时间阵脚大乱。李元昊乘机纵兵急攻，突破包围圈，横冲直撞，斩辽军首级，如同砍瓜切菜一样，一举扭转了败局，取得大胜。接着，他乘胜围攻辽军大本营——德胜寺南壁。大辽将士前赴后继，英勇无畏，殊死拼杀，死死护卫辽兴宗，杀退夏国士兵一轮接一轮的进攻。李元昊见状，知道如此拼杀下去，自己定会元气大伤，于是，示意将士，为辽兴宗留下退路。辽兴宗在护卫的重重簇拥之下，这才杀出一条血路，突出重围，落荒而逃。

这里还有一个小故事。话说以前，李元昊每次逮着辽国人，都要把他们的鼻子割了，所以这次辽国兵士一个比一个跑得快，生怕被西夏人逮到割掉了鼻子。辽兴宗一路狂奔，总算摆脱了西夏人，正在那儿心有余悸地大口喘气，这时候有一个叫罗衣轻的伶官跑过来，对辽兴宗说："陛下，赶紧看看你的鼻子还在不在！"辽兴宗听了大怒，心想你一个小小伶官居然敢这么跟我说话，活得不耐烦了！他当时就命人用绳子将罗衣轻五花大绑，捆在了帐后，准备心神安定以后，杀了这个不知死活的戏子。就在所有人都认为罗衣轻必死无疑的时候，辽兴宗却放了他。因为辽兴宗知道罗衣轻并非真的嘲笑自己，而是用一种委婉的方式告诉自己，发动这场战争是错误的。他想明白以后，自然就把罗衣轻放了。

这一仗西夏俘获了辽朝驸马都尉萧胡以及辽朝近臣数十人。缴获的车骑、器服等物堆积如山，史称“河曲之战”。

夏辽河曲之战，以西夏大获全胜而结束。想当初，辽兴宗以十万大军直逼西夏，大有踏平贺兰山，活捉李元昊之势。然而李元昊以乞降麻痹辽军，以主动退兵疲惫辽军，等到辽军人困马乏时，果断出击，一战打败强大的辽朝大军。这个战役的全过程充分展示了李元昊把握战机、指挥有方的高超军事才能。

李元昊取得河曲之战的胜利后，考虑到西夏连年战事，国内财力困乏，百姓需要休养生息，而辽朝虽然战败，但其综合国力远远强于西夏，同时，在夏、辽、宋三国的关系中，西夏最为弱小，要想生存和发展下去，就必须依靠结盟，要想和强大的宋朝持续抗衡，即必须和辽朝结盟，思来想去，也就只有辽国这个盟友比较可靠了。利用辽宋矛盾向宋朝讨价还价，还可以取得更多的经济利益。因此，李元昊取胜后，不失时机地派遣使者同辽朝讲和。辽朝因为暂时无力与李元昊再战，也乐得就坡下驴，答应和西夏讲和，辽、夏第一次河曲之战宣告结束。

与李元昊比起来，辽兴宗这个人免不了显得有些做作，当然他向来都是一个虚荣心很强的皇帝，打了败仗，还派人到幽州(今北京市)地界张贴榜文，大肆吹嘘其对西夏作战取得了很大的胜利，说什么“躬驱锐旅，往覆危巢，方逊贼庭，乞修觐礼”。这样做，无非就是为了掩盖吃了败仗的事实。

短短几年时间，西夏与宋朝、辽朝连续进行了几次战役，不仅在军事上取得了重大胜利，而且在政治上也取得了平等的地位。虽然西夏在形式上仍要向宋、辽称臣纳贡，然而实际上已成为西北地区的一个军事强国。至此，西夏王国与宋、辽王朝已形成三足鼎立之势。

需要说明的是，西夏天授礼法延祚七年(1044)十二月，夏辽大战刚刚开始，西夏太师、中书令张元卒。

当初张元和吴昊投奔西夏，在很大程度上改变了李元昊武将有余、谋臣不足的局面，李元昊对他们非常倚重张元到西夏还没两年，就官至太师、中书令，李元昊攻打宋朝的几次大的战役，他都参与了谋划和商议。张元的存在，在一定程度上保证了李元昊作战的胜利，也正因为如此，李元昊对张元几乎是言听计从。

为雪耻辽夏再战 请议和谅祚罢兵

辽兴宗是一个虚荣心极强的皇帝，退兵回辽以后，对上次遭遇的河曲战败一直耿耿于怀，一想起当时自己亲率十万大军，雄赳赳气昂昂前去讨伐李元昊，竟然中了李元昊的计谋而大败，每每咬牙切齿，认为是奇耻大辱，日夜盘算着如何报仇雪耻，对西夏新的进攻一直处于酝酿之中。

西夏天授礼法延祚九年(1046年)十一月，辽兴宗再次发兵西夏。然而，辽朝大军渡过黄河后，遇到了跟上一次一模一样的状况，一口气向西夏腹地推进数百

里，竟如入无人之境。辽兴宗对上次河曲之败心有余悸，故而在进攻之初，便考虑到退路。他派遣西南面招讨使萧蒲奴把数十艘大型舰船用铁索连在一起，在黄河上搭起十分壮观的浮桥。为了防止黄河上游顺流而下的漂浮物撞坏浮桥，萧蒲奴又派军士划着小船来回巡逻。可惜的是，有关这次战役的战况，目前所见史料没有留下更多的记载，似乎辽军根本就没有找到西夏主力。

西夏天授礼法延祚十一年(1048 年)，西夏祸起萧墙，李元昊被弑身亡。一时间夏国朝纲不振、乱象四起，西夏太子宁令哥旋即被大臣没藏讹庞诛杀。当时李元昊的小儿子李谅祚，年仅周岁，在皇后没藏氏的簇拥下匆忙继位，朝政随之落入皇后没藏氏及李谅祚的舅舅、没藏氏的哥哥没藏讹庞手中。李谅祚继位以后，没藏氏遵照前朝旧规，立即分别遣使携贡赶赴辽、宋，请求予以册封。

一直居心叵测、时刻准备对西夏大举用兵的辽兴宗认为机会来了。他不但不册封李谅祚，反而以西夏贺正使来迟为由，扣压了西夏贺正使。

没藏氏见派出的使者迟迟不归，焦急等待之中，又听说辽朝准备大举进攻西夏，更加惶恐。考虑到西夏国人正因为李元昊的去世而悲伤不已，谅祚年幼刚刚即位，没藏兄妹二人专擅国柄，遭到不少元昊旧臣的不满，他们不想这么快与辽国发生战争。既然没有别的办法，就只能假装什么都不知道，故作虔诚，再派使者前往辽朝，一来请求为谅祚册封，二来顺便探探辽朝虚实。这次西夏使者带去了更丰厚的贡品，一方面上表请求辽兴宗念及李元昊已经去世，原谅夏国，并尽快册封谅祚；另一方面西夏使者每到一处，便留心观察，探看辽朝虚实，以判断辽国是否真的要对西夏采取军事行动。让没藏兄妹郁闷无奈的是，这次派出去的使者跟上次一样，羊入虎口，又被辽兴宗以各种理由给扣压了，反倒给了辽朝出兵西夏又一个借口。

就在没藏氏两次遣使辽朝期间，辽朝已经做好了进攻西夏的全部准备工作。辽兴宗发布昭告，摇身一变把自己塑造成为了夏国保护神。昭告之中，先是细数辽夏两国人民结盟互助、情同手足以及多年的友谊和深厚感情。又一转话锋，借口夏国太后没藏氏不遵先王遗命，擅自拥立谅祚继位，企图与其兄没藏讹庞擅权主国，罪在不赦，念及辽夏两国世代交好，今特率大辽精兵前来助夏国铲除奸逆，保夏国民主安泰。辽兴宗一声令下，大军兵分三路，以天齐王耶律重元、北院大王耶律仁为先锋，率先向西夏杀来，三路大军紧随其后，气势汹汹地向西夏扑来。

南路以韩王萧惠为行军都统，赵王萧孝友、汉王粘不为副都统。

中路由辽兴宗亲自统领。

北路以敌鲁古为行军都统。

先说兵力最多、实力最强的南路大军。南路统帅韩王萧惠早就窝了一肚子火，上次进攻西夏，眼看就要将李元昊生擒活捉、大功告成了，可不知是什么原因，天公不作美，突然刮起了一阵邪风，直吹得将士们都睁不开眼睛，不但让李元昊趁机逃脱，自己还损失了不少兵马。更要命的是李元昊那老小子竟然乘胜攻破了辽军大本营，险些活捉了皇帝老子。上苍保佑，亏得辽兴宗福大命大，逃过一劫，不然的话，自己的罪责可就大了。要是辽兴宗真有个什么三长两短，恐怕不仅仅是简简单单取他一个人的人头问题。为了这件事，萧惠很长一段时间都是提心吊胆，惶惶不可终日。虽然后来辽兴宗并没有向他问罪，而且这次又委任他为南路统帅，可萧惠自个儿心里明镜似的，这是辽兴宗给他的一个将功补过的机会，这次可得给西夏一点颜色看看，让他们也知道我大辽韩王萧惠的厉害！

南路大军很快就渡过了黄河，进入夏境。萧惠认为西夏主力肯定会首先去迎战大辽的军事指挥中心，即辽兴宗统领的中路军，夏国兵力有限，不可能分散应敌，所以大战初期他们根本顾不上南路，又鉴于前两次出征西夏，深入数百里皆无人防守，于是果断而大胆地决定，命令士兵们将铠甲、武器都放到车上，减轻负荷，又令军士不得骑马，让战马得到充分休息，全军空手徒步而行。

有部将提出意见："我军已进入西夏境内，正在不断深入敌境，将军却下达这样的命令，恐怕多有不妥。如今人卸甲、马去鞍，兵士们手中没有兵器，万一遇到西夏军队来袭击，这可如何是好？还望将军三思，西夏兵狡诈多端，要提高警惕哪！"

萧惠听后哈哈大笑，不以为然！他坚持己见，丝毫没有把部下的劝告放在心上。

不过说来奇怪，南路军就这样空手徒步，慢腾腾一连走了好几天，果然没有遇到西夏一兵一卒，自然也就不存在西夏兵来袭击的危险。萧惠好生得意，起初还战战兢兢，以为鏖战在即的辽军众将士们，经过这几日在西夏国境内轻装行军，皆认为西夏兵懦弱不敢迎战，骄傲轻敌的情绪迅速在大军中滋生。萧惠既陶醉于自己的神机妙算，又因深入夏境而不见西夏军来拒，增添了几分对西夏军队的蔑视。

窟顶藻井

大辽南路军在萧惠的统领下，慢慢悠悠溜达在西夏境内，好不逍遥，本以为此次伐夏将是辽夏两国之间的大战，那该是如何的血雨腥风，如何的殊死拼杀，没想到竟然如此惬意自然。然而这样的日子总是不会长久，毕竟辽夏两国已经开战。

忽然有一天探子来报，说附近发现有大量西夏军队活动的残迹。岂料，萧惠听后却不相信，要求再探："怎么会呢？这些天从未见过西夏一兵一卒，料他们早已被我辽朝大军吓破了胆，你这个探子不会是胡言乱语、谎报军情吧："速去再探，若是有假，看我怎么处置你！"晌午，探子又来报告说，发现有西夏大队人马安营扎寨、起炊的痕迹，又见有小股西夏人马窜逃，不知何意。萧惠听了，哈哈大笑。何意？分明就是见我大军前来，吓得逃跑了呗！

萧惠觉得时机差不多了，也该到大辽勇士们彰显神威的时候了。萧惠正要下令将士穿甲整装，准备追击逃敌时，突然，听到对面山上传来闷闷的擂鼓之声，接着，角号四起。恰巧，探子此刻又来报告。只见那探兵战战兢兢，张口结舌，有些慌乱："禀告将军，前方发现夏国大军，正朝我大军杀来。"说时迟，那时快，再看对面

山坡上，早已经是旗帜飘扬，鼓声隆隆连着角号阵阵，喊杀声震耳欲聋，数不清的西夏"铁鹞子"骑兵狂吼着直扑过来。萧惠见状，也不免有些慌乱，先是一阵发懵，接着豆大的汗珠不断从额头上冒出来。他急忙大喊传令众将士列阵备战，但匆忙慌乱之中，很多辽军士兵根本就来不及拿起自己的武器，更别说穿上铠甲了，顿时乱作一团。他们身着便衣，手无寸铁，被飞驰而来的西夏"铁鹞子"冲散，来不及自卫反抗就一个接一个地倒在血泊之中。战场上，辽将还在高喊"骑兵、骑兵……""弓箭手、弓箭手……"但是有什么用呢？所有的士兵都变成了四处逃命的步兵。骑兵最可怜，他们根本来不及披甲上马，又缺少步兵作战经验，只得跟步兵

一样四处狂奔乱逃。萧惠看到辽军阵营已经失去了反抗的能力，便下令大军开始组织撤退，以保存实力。岂料，又有大队夏国“步跋子”步兵从辽营阵后冲入，辽营大乱。萧惠只得率领数千辽国骑兵，前后冲杀，左砍右斩，保护辽国步兵，减少步兵伤亡，最大限度保存实力。再说这萧惠倒也勇猛无比，挥起大刀，身先士卒，一阵接着一阵冲杀，西夏步兵倒下了一拨又一拨。但是，辽军溃败，大势已去，仅凭数千骑兵显然已经无力挽回败局。西夏“铁鹞子”还未冲杀上来，不如趁机突围吧！萧惠率领骑兵为辽国步兵杀出一条血路，下令辽兵撤退，自己则率骑兵阻击西夏兵。

萧惠率领残军一路狂奔数百里，一口气过了黄河，逃回辽境。这一仗，辽军死伤数万，损失十分惨重。

尽管辽朝南路大军由于统帅韩王萧惠轻敌而遭到惨败，但是其他两路大军却取得了胜利。辽兴宗的中路大军打败了西夏军队的拦截，渡过黄河，攻克西夏东部要塞唐龙镇。北路辽军在行军都统敌鲁古的率领下，绕道凉州，一路过关斩将，直趋贺兰山，与扼守贺兰山险要的一千西夏军队相遇，形成对峙之势。

贺兰山关口要道极其特别，险要隐蔽，在茂密的大森林中，狭窄的山谷绵延数十里，曲折蜿蜒，相隔百米却不得相见，只能听到对方的声音。如此复杂多变的地形地貌，特别适合小股部队的隐蔽。因此，千万不要小看据守在贺兰山的仅一千西夏兵，那可都是世代居住在贺兰山里的土著党项。他们熟悉山谷环境，来去自如，平日以打猎为生，有丰富的丛林作战经验，战时才点集据守关口，战斗力极强。

敌鲁古率军到达贺兰山关口后，起初打算强行突破，但随后对地形的勘察让他不得不放弃了这一想法，迫于山谷狭窄隐蔽，地形复杂，大队人马无法通行，便下令暂且安营扎寨，并

从军中挑选一百名猎户出身的兵士前去探路,约好探路做好标记便返回,结果无一生还。敌鲁古非常生气,但生气归生气,路还是得探,于是,他索性派出三百名士兵进入山谷探路,每三十人组成一个小队,防御敌人出其不意的袭击。哪料想,这三百人进入山谷之后,很快又失去了联系,最后也是有去无回。敌鲁古面对着幽深峡谷,想到自己率领数万大军,竟然被困在一个小小的关口之外。一怒之下,他下令大军强行入谷,探兵在前,边探边走,就不信了,还走不出这小小山谷!

敌鲁古率领大军进谷,山谷里幽静极了,但刚走进不过一里左右,就隐隐听到有鬼哭狼嚎般的声音传来,他立即举手示意大军停止前进,多年的作战经验告诉他,情况有些不妙!果然,听到一阵窸窸窣窣的声响,闻声查看,见山谷两边悬崖上的灌木晃动不止。“上边有人!”不知谁突然喊出一声,弓箭手的反应极快,瞬间就对准动静之处射出数十支箭,众人都仰头看去,却再也听不到任何声响。

突然,又是一阵窸窸窣窣的声音传来,闻声望去,另外一边悬崖上的灌木猛烈晃动,好似闪过人影,但瞬间又不见了踪影。弓箭手和上次一样,几乎在声响的同一时间已经射出数十支箭。

就在这时,军队正前方也传来一阵连续的窸窸窣窣的声响,灌木剧烈地晃动,大家都屏住了呼吸,弓箭手也早已做好准备,正当大家目不转睛盯着前方的时候,又听到:“不要放箭、不要放箭,我是大辽探兵……”果然,有一探兵连滚带爬冲了出来,来到大军前面报告说:“不好了,不好了,将军,前方探兵都死了!”敌鲁古一听说自己派出的探兵又没了,甚是生气,对着幽深的山谷,大声喊道:“何人鬼鬼祟祟,不敢与我大军战……”话还没说完,突然一阵窸窸窣窣,无数支细小的短箭持续从山谷两侧悬崖上茂密的灌木中射出,辽兵中躲闪不及者立刻倒地毙命。抵挡了一阵后,敌鲁古一看,辽兵伤亡惨重,招架不住呀!还是先退出山谷为妙呀!于是,又被迫退出山谷。

退出山谷后,敌鲁古望着幽深的山谷,觉得它就像是一个能够吞噬万物的神秘的怪洞。辽军士兵伤亡惨重,一个个心生畏惧,贺兰山关口就像织起了一张神秘的死亡之网,触者必亡。

敌鲁古的大军就这样一度被挡在了贺兰山关口之外。无奈之下,敌鲁古张贴告示,百两黄金悬赏,寻找能够带领大军过谷之人。古人云:重赏之下必有勇夫。但对于西夏来讲,可算得上必有叛徒了。

西夏钱币

很快,一个山野樵夫般的人(其实他就是关口土著党项中的一员)来到了敌鲁古的大营,声称自己可以助敌鲁古大军穿越贺兰山关口。

敌鲁古喜出望外,答应事成之后,不仅有黄金百两,而且会给予高官厚禄。在那个山野樵夫的带领下,敌鲁古大军绕开谷底,小心翼翼爬上两边的峭壁,这才发现陡峭的悬崖峭壁上有一条人工开凿出来的小道,沿着这条小道,敌鲁古大军勉勉强强不断深入关谷。令人诧异的是,峭壁上的人工小道越走越宽,敌鲁古恍然大悟,原来此关谷正道并不在谷底,难怪他的探兵个个有去无回。大约到了谷地中央之时,这才与守卫贺兰山关口的一千西夏兵照面,一千西夏兵没有料想敌鲁古大军会从天而降。尽管他们迅速隐蔽,隐蔽处弩机立刻射出无数利箭,走在前面的辽国士兵应声倒地,但他们终究是仓促应战,寡不敌众。辽军凭借着在人数上的巨大优势,死死咬住他们不放,一轮接一轮地进攻,加上统帅敌鲁古等辽国将领身先士卒,率领将士冲杀在前,几个回合下来,西夏兵伤亡惨重。这时候,敌鲁古发动了最后一次进攻,双方进入肉搏阶段,杀得十分惨烈。最终,这一千西夏军

全部阵亡,辽军也死伤近万。就是这仅有的一千夏国守军,凭借着贺兰山关口的有利地形和易守难攻的特点,据险死守,打退了辽军一次又一次的进攻。

敌鲁古攻破贺兰山口后,一路狂飙,杀进李元昊时修建在贺兰山上的离宫别墅,俘虏了西夏国母没移氏及一部分西夏臣僚的家眷。

夏辽之战,互有胜负。辽兴宗鉴于西夏兵固守城寨,颇有方略,也苦于与西夏兵作战辽军的损耗巨大,遂历数没藏氏几大罪状,并声明此次讨伐乃是给予严正警告,希望好自为之,随后便下令班师回朝了。

本来这次战争,夏辽双方互有胜负,请和当在情理之中。但掌管西夏军政大权的太后没藏氏及外戚没藏讹庞等并没有审时度势向辽朝请和,反而不自量力,接连向辽朝发起进攻。

就在夏辽战争结束后的第二年(1050 年)二月,没藏讹庞派遣大将洼普、猥货、乙灵纪等,率兵进攻辽朝金肃城,遭到早有准备的辽朝南面林牙耶律高家奴、西南招讨使耶律普里笃的迎头痛击,结果西夏军大败,猥货、乙灵纪等大将战死,洼普中箭,带伤逃回。三月,没藏氏又率兵进屯河南三角洲(今内蒙古达拉特旗南)一带,准备袭取辽朝的威塞堡,结果又被辽朝殿前都点检萧迭里得率领的轻骑兵击溃。

西夏没藏氏兄妹的一犯再犯,又一次激怒了辽兴宗,新仇旧恨涌上心头。

是年五月,辽兴宗决心再次发兵西夏,命西南面招讨使萧蒲奴,北院大王耶律宜新、林牙萧撒末等率部出征,行宫都部署别古得监战,北院同知枢密使萧革驻守边城声援。

辽军长驱直入,将西夏首都兴庆府团团围住,没藏氏不敢出城迎战,只是下令诸将闭城坚守。六月, 辽军攻破了贺兰山西北的摊粮城 (今内蒙古巴音浩特北),大掠而回。

在辽国接连不断的打击下,没藏氏深感西夏国力衰减,无法与辽国抗衡,这才下定决心遣使向辽朝求和。而辽国也因与西夏的几次战争,国力消耗不少,虽然在前两次的战争中损失惨重,但第三次战争的胜利多少也挽回些面子。辽兴宗心里明白,两国再这样打下去,得利的只能是宋朝,因此,也就答应了西夏的求和。

辽重熙二十二年(1053 年),西夏国主李谅祚向辽朝进降表,辽兴宗遣林牙高奴赍招抚谕,夏、辽两国终于重新恢复了和平。

元昊大王娶没移
天都离宫藏美人

史书记载，在李元昊的文武百官之中，有一位名叫没移皆山(亦作克结星)的臣子，此人忠厚老实，喜爱吟诵儒家典籍，仰慕中原汉地文化，但为人木讷繁缛多礼，又不晓兵法，不习战事，故而只能算是一介书生，毫无英雄气概。因此为官多年，一直得不到提拔重用，在尚武好斗的党项人看来，这样的人终究是不会有多大出息的。但就是这样一个人，却因为养育了一个貌美如花的女儿而名留史册。

没移(亦作摩移)，其实也算是夏国的一个大姓，但这个家族在西夏王国一直

以来都没有显赫的社会地位，事实上，他的族人也从来没有创造出什么惊天动地的丰功伟绩。然而，就在李元昊宣告称帝，建立起党项人自己的国家大夏的时候，这个家族中却养育出了一位绝代佳人——没移氏。没移氏多才多艺，美丽大方，深得李元昊宠爱。但即使出了这样一位绝代佳人，也没能给没移家族带来显赫的地位和荣耀，反而因为没移氏被卷入一场宫廷争斗之中而受到牵连，上演了一幕幕残酷而凄楚的人间悲剧。

没移氏的家乡在美丽的葫芦河(今宁夏南部清水河一带)东岸的群山之中。那儿水草丰美，林木茂密，牛羊遍野。一方山水养育了一方勤劳质朴的人，葫芦河的好山好水养育了楚楚动人、温情脉脉的没移氏。没移氏是没移皆山唯一的女儿，一直被没移皆山视为掌上明珠。在没移皆山的精心培养下，没移氏琴棋歌舞样样精通，在当地党项族人眼里，她分明就是一个跟传说中的仙女一样的奇女子。

西夏天授礼法延祚四年(1041 年)早春二月，西夏出兵天都山，发动了好水川(今宁夏隆德县西北)之战，此役宋将任福全军覆没，李元昊大胜而归。战后，李元昊凯旋天都山，打算大摆宴席与众将士欢庆胜利。

在南牟会城，天都大王野利遇乞正在焦急地等待昊王的归来，在此之前，他依照昊王吩咐，早就准备好了一切，只等待为胜利归来的李元昊和诸位将士们接风洗尘。

李元昊此战出奇制胜，重创宋师，心中十分高兴。他分析总结经验，认为此战胜利全赖于天都山优越的山川形胜和军事地理条件，故而强调说经营天都山意义非凡，必须加紧实施。

随军出征的太师、尚书令兼中书令张元心领神会，立即附和说："天都山地理位置优越，又是护卫我大夏国南部的重要门户，加之景致优雅，风景如画，愚臣以为应该尽快在天都山一带修筑堡垒，加强防御工事，最好是能建造一些宫殿。一来可安定天都山区各部落首领的心，方便争取被宋朝诱骗的党项生户；二来，日后若有战事，也方便陛下就近决策指挥，以便他日挥师南下，直取关中，入主长安。"说完，诸位大臣、将帅皆喝彩欢呼，妙哉！

有一天，李元昊偕张元、野利遇乞等文武大臣游览天都山。那时天都山上正春意盎然，百花烂漫，一片生机勃勃。李元昊君臣相伴，国事家事天下事，无所不谈，一路上有说有笑，好不欢快。李元昊登高望远，远处美景尽收眼底，不禁慨叹：

西夏供养菩萨

“表里山河，这天都山果然是风光无限好哪！”接着，只听见李元昊喃喃自语道：“可惜啊，江山无限好，只是缺美人！”张元马上附和道：“陛下乃当世之真英雄耳，自当拥有天下一切。”

事后，张元上了一道奏折说：“天都山，自古形胜险要，今乃为五路要地，是我大夏在南部点集兵马的军事基地，由此发兵，经渭州(今甘肃平凉市)，可直捣长安。今昊王雄才大略，英明睿智，欲取关中，称霸天下，现在的南牟会城显然已经无法适应这种战略的需要。应速在天都山选择风水宝地，修建一座繁华壮丽的离宫别墅，好让昊王安心处理军政大事。古人常云，运筹帷幄之中，决胜千里之外。”众将领同声赞成，李元昊更是喜笑颜开，遂任命张元为国相，全权负责天都离宫建设事务，以迎娶他新近相中的美人没移氏。

张元领命后，迅速调集全国能工巧匠，征发民工数万。他亲临现场，亲自指挥选材取料，不到一年时间，即西夏天授礼法延祚五年(1042年)八月，天都山离宫便提前竣工，宏伟壮丽的七座大殿布局精美，巧夺天工。飞檐翘角，雕梁画栋，曲廊通幽，红墙绿瓦，一派皇家气象。

一个风和日丽的日子，蓝蓝的天上飘着几片白云，景致如画的葫芦河畔迎来了一队豪华迎亲彩车，他们打着鲜艳的旗帜，吹吹打打，来到了葫芦河畔没移盘山的府邸。引来观看的各族乡亲们围了一层又一层，不时传来阵阵欢声笑语。

只见美丽的没移氏披着镶满金丝珠宝的红盖头，娇滴滴、羞答答，在丫鬟的搀扶下上了彩车，带着党项民族最华丽的嫁妆，乘坐着李元昊派来的豪华迎亲彩车，在族人护送陪伴下，欢欢喜喜地朝着天都离宫走去。

浩浩荡荡的迎亲队伍到达天都山下，西夏数万将士列队迎接，鼓乐喧天，角

号长鸣，欢声如雷。在国相张元的主持下，李元昊与没移氏举行了西夏国有史以来最盛大的结婚典礼。

迎娶了没移氏之后，李元昊更是春风得意，历史记载："日与没移氏宴乐其中。"英雄惜美人，美人伴英雄。

新婚燕尔，如胶似漆，李元昊与没移氏的蜜月尚未度完，远在贺兰山下的兴庆府就有人散布谣言，说年轻美貌的没移氏本来应该是太子的未婚妻，只因昊王贪恋其美色，竟然占为己有。李元昊听到这样的流言蜚语后，害怕引起宫廷内乱，遂决心暂且辞别没移氏，赶回兴庆府，以安定皇后之心，进而安定朝臣之心。

这李元昊的皇后是谁呢？她就是西夏国显赫荣耀的野利家族的女儿野利氏。野利氏出身豪门大族，仅朝中就有野利仁荣、野利旺荣、野利遇乞等重臣大将，野利家族为大夏的建立和巩固立下了汗马功劳。因此，在西夏国内享有崇高的地位。再说野利氏眉清目秀，人长得十分漂亮，身材又特别好，而且智商不低，李元昊对她是又宠爱又畏惧。她与李元昊育有三子，长子宁明，次子宁令哥，三子薛理死得早。好在李元昊能及时赶回兴庆府，而太子也忙于学道修功，根本无暇顾及这些他从来不感兴趣的流言蜚语。既然无人刻意提起，此事也就暂且随着时光的流逝销声匿迹了。加上当时夏人有"妻其庶母及伯叔母嫂、子、弟之妇"的婚俗，一国之君迎娶未过门的儿媳，当然也算不得什么奇异之事，甚至无可厚非。

当年闰九月，李元昊出兵攻打宋朝镇戎军(今宁夏固原市)。定川寨一战，斩杀泾原路副总管葛怀敏，元昊心情愉悦，便纵兵南下渭州，大肆抢掠财物，满载而归天都山。李元昊正好借机探望朝思暮想的没移氏，并送给没移氏许多战利品。

俗话讲，乐极生悲。这年十二月，李元昊的长子——宁明学道修功，走火入魔，不幸身亡。李元昊悲伤不已，为了尽快稳定人心，遂下诏立年幼的次子宁令哥为太子。

悲伤的李元昊不想再回兴庆府，继续与没移氏住在天都离宫。

天都山上兵马云集，声势浩大，西夏中央政府官员频繁往来于天都与兴庆府之间，这使得宋朝边将们十分担忧。

宋朝边帅韩琦、范仲淹联名给朝廷写了一份报告，说："今李元昊在天都山营造离宫，必有建都郊祀之僭，以后官方文字与军民语言，当有西朝、西帝之称。因其地直通汉界，我方逃亡人员必去投奔李元昊。西顾之忧，后果不堪设想哪！"

为了削弱李元昊的势力，进而铲除边患，宋朝边将种世衡利用李元昊生性多疑的心理，巧施离间之计，先后借李元昊之手斩杀了横山大王野利旺荣和天都大王野利遇乞两位西夏开国大将，断了李元昊的左膀右臂。

此时，夏辽之间也因为边界党项部族问题而互不相让，直至大打出手，酿成两国交战。

西夏国天灾人祸，内外交困，李元昊不得不向宋请和称臣，这使得当初张元为李元昊设定的直捣长安的宏伟理想瞬间化为虚有。

西夏天授礼法延祚七年(1044 年)，终年追随李元昊南征北战的国相张元一病不起，不久病情恶化，愤然离世。李元昊在这么短的时间里，接连失去几位心腹大臣，心里空荡荡的，倍加思念远在天都的美人没移氏。于是，干脆把远在天都的没移氏接到了兴庆府，以排解郁闷忧伤，消遣时光。

西夏天授礼法延祚十年(1047 年)六月，李元昊终于找借口废掉了已经失宠的野利皇后，册封新宠美人没移氏为皇后。然而，好景不长，1048 年 1 月，西夏祸起萧墙，太子宁令哥受权臣没藏讹庞的挑唆，深夜潜入李元昊寝宫，割掉了父皇李元昊的鼻子，李元昊因伤势过重，不久便黯然死去。

很快，权臣没藏讹庞以谋逆罪杀掉太子宁令哥，立自己的外甥，年仅一周岁的李谅祚为帝，遵李谅祚母没藏氏为太后，西夏朝政落入没藏家族手中。

善良的没移氏在听到夫君李元昊惨死的噩耗时，如同晴天霹雳，悲痛欲绝，终日以泪洗面。不久，她就被没藏兄妹赶出兴庆府，移居到贺兰山离宫。没移氏曾多次向没藏兄妹提出请求，希望能允许她回到天都山离宫以度残生，但都被没藏讹庞以国母身体尊贵、不得轻易外出为由拒绝了。

西夏延嗣宁国元年(1049 年)十月，辽朝大将耶律敌鲁古突然挥师绕过凉州，直扑西夏贺兰山一带。

自从李元昊去世后，贺兰山上凄凉的离宫内更是死气沉沉，全然没有了往日的繁华和热闹景象，只有没移氏还守在那儿。

很快，敌鲁古的大军就攻破了贺兰山关口，夏国兵败。契丹兵轻取离宫，可怜的国母没移氏及部分臣僚的家眷遂被俘虏，成了辽军的战利品。

茫茫雪原，寒风呼啸，一辆木轮老牛车嘎吱嘎吱地碾过冰雪覆盖的大草原。就在这辆车上，蜷缩着容颜憔悴、身心疲惫的西夏皇帝李元昊最心爱的皇后没移氏。经过几十天的风雪兼程，没移氏一行终于到达了辽国上京(今内蒙古巴林左旗南波罗城)。

当时，辽朝君臣一致认为，没移氏虽说不是西夏国主李谅祚的生母，但她毕竟也是西夏开国皇帝李元昊的皇后，贵为国母，长期拘押没移氏可以达到重挫西夏锐气、炫耀大辽霸业的目的，同时还可以作为谈判筹码，要挟西夏，使其俯首称臣。可是，让他们大跌眼镜的是，当权的没藏讹庞和没藏太后并不买账，他们只管点集人马，日夜操练，准备随时与辽国决一死战。

西夏天祐垂圣二年(1051 年)的夏天，辽主觉得把没移氏留在上京已没有多大意义了，于是决定将她转移到辽国的大后方。六月的一天，没移氏与被俘的西夏人，统统被迁往苏州，此处的苏州可不是现在我们所讲的江苏苏州，而是当时高丽人所称的南苏，即今天辽宁省新宾东北一带，也有人说是迁到了蓟县(今天津蓟县一带)。

此次迁居，离西夏国土更加遥远。回首西望，关山重重，故国已是遥不可及，英雄已逝，美人也早已心碎。没移氏的心彻底碎了，漫漫人生路上陪伴她的只能是无边的寂寞和孤独，还有难解的忧伤。

李元昊风流韵事
没藏氏巧设连环

天都大王野利遇乞的爱妻没藏氏，美丽大方而婀娜多姿，高贵典雅又风情万种，是没藏家族的一枝花。野利与没藏两大家族联姻，真可谓是珠联璧合。

西夏天授礼法延祚六年(1043年)秋天，祸从天降，李元昊以叛国通敌的罪名，赐死了天都大王野利遇乞，贵妇人没藏氏一下子沦落为社会底层的罪犯家属。出乎意料的是，李元昊网开一面，并没有因此株连野利遇乞的亲属，死罪可免活罪难逃，等待他们的是充军、劳役以及发配边疆。丈夫莫名其妙地被赐死，没藏氏悲伤不已，念想着这么多年来，丈夫追随李元昊南征北战，屡立奇功，刚正不阿，却依然招来杀身之祸。没藏氏越想越觉得苍天不公，越想越悲痛欲绝，万念俱灰，她决定暂时离开天都山这个伤心之地。

没藏氏离开天都山大王府之后，独自一人辗转来到了西夏都城兴庆府。本来打算回娘家，想着或许还能得到些许安慰，没想到狠心的哥哥没藏讹庞看到妹妹已沦为罪犯家属、风光不再，竟然以本家已经受到很大连累为由，劝妹妹为本家人着想，离开娘家，莫要害了亲爹娘！没藏氏心想，父母、哥哥也确实因此事受到了不小的牵连，能够保全自身已是幸运，无奈呀！如今娘家已是回不去了！无奈之下，她只好寄宿在城外的一个叫作三香的佛教徒家里，青灯黄卷，打算了此余生。

后来，野利皇后在李元昊面前为野利遇乞鸣冤叫屈，李元昊事后也觉得事有蹊跷，后来查明真相，才知道是自己冤杀了情同手足的好战友、好兄弟，自知有愧，便下诏赦免了野利家族的幸存者。

下诏赦免野利遇乞亲属的同时，李元昊开始派人四处打探没藏氏的下落，但在很长的一段时间都一无所获。

李元昊牵肠挂肚，念念不忘，下令继续打探。

不久，果然有了没藏氏的消息，有人报告说是在一个佛教徒三香家发现了没藏氏。

李元昊立即派人把没藏氏请进皇宫，安排在一座别院里，山珍海味、绫罗绸缎样样俱全，并指派仆人和丫鬟细心伺候，享受的是王妃的待遇。

李元昊是个爱江山更爱美人的皇帝，早在天都山，他就暗恋着没藏氏，只是碍于与野利遇乞的君臣名分，他唯有单相思。

如今，美人没藏氏近在眼前，剩下的就只是好好把握了。可是，如何消除没藏氏对他怀有的杀夫之恨呢？空说无凭，一切要看实际行动。

自从将没藏氏接入皇宫别墅后，他每日前来嘘寒问暖，关怀备至。终于，没藏氏对他的态度稍稍有了些变化，李元昊也趁机开始和没藏氏搭话，偶尔还能聊上几句，时间一长，没藏氏觉得李元昊这个人，也并非想象中是个无情无义之人。李元昊受到鼓舞，前来问候安慰的次数更加频繁。

宁夏青铜峡一百零八塔出土的擦擦

后来，李元昊找机会逐渐将自己如何受到宋朝边将欺骗，狡猾的宋朝人如何挑拨离间他与亲密战友天都大王野利将军之间的关系等事情说与没藏氏听，并怪自己鲁莽，听信谗言，才错杀了亲如兄弟的爱将野利遇乞。说到痛心之处，李元昊不免哽咽流泪。没藏氏听了，也表示对元昊的理解。谈到自己与野利君臣之间那种兄弟般的友谊、默契和深情，李元昊更是悔恨、扼腕。最后竟然发展到，每每谈起野利遇乞的死，李元昊就与没藏氏抱头痛哭。这样一来二去，两人很快坠入爱河。野利遇乞之死的话

题也随之慢慢淡化，不再被提及。

富丽堂皇的皇家宫苑内，雕梁画栋飞檐的台阁之间，总是充斥着各种流言蜚语。日子一长，风言风语也就传到了野利皇后那儿。听到这个消息，她颇为惊讶，想不到自己当初为死去的兄弟求情，竟然无意中成全了李元昊与没藏氏。

身为皇后的野利氏对李元昊与没藏氏的私情，当然不能听之任之，视而不见。她一逮着机会，就对李元昊不是数落就是规劝："朋友之妻不可欺，大臣之妻更不可欺。你作为一国之君，日理万机，江山社稷就在一念之间，如此迷恋女色成何体统！"李元昊也时常听到一些关于自己和没藏氏的流言蜚语，觉得这样确实

西夏供养人像

是有失君臣之礼，要是这样的事再被某些个不明事理的耿直大臣提出、议论，恐怕影响也不太好。于是他遵照野利皇后的意见，安排没藏氏出宫，将她转移到了兴州的戒坛寺，削发为尼，特赐法号“没藏大师”。

佛门圣地，清静无尘，外人只知道在兴州的戒坛寺，有一位师傅曾经贵为天都大王的王后，后来，昊王又特赐她法号“没藏大师”，令其在戒坛寺潜心礼佛，殊不知这是李元昊为自己与没藏氏偷情而设的幌子。自打没藏氏出家去了戒坛寺以后，本来对佛事不感兴趣的李元昊，突然之间对礼佛充满了兴趣，长则月余，短则十来天，就要去戒坛寺礼佛一次，美其名曰：为国家兴旺与百姓康宁祈福。每次去戒坛寺宠幸没藏法师，李元昊的贴身侍从保细吃多已就在门外把风、侍候。

刚开始的时候，李元昊只是借口礼佛，隔三差五到戒坛寺与没藏氏幽会一番后便返回兴庆府。后来发展到干脆直接以出巡的名义，带上没藏氏外出游玩。久而久之，李元昊的部下也就都知道皇帝新纳了一个尼姑做“妃子”。

当李元昊带着没藏氏到处游玩的时候，曾经贵为国母的野利皇后逐渐失去了李元昊的宠幸，当然也无权再过问后宫事务了。

西夏天授礼法延祚十年(1047 年)早春二月，李元昊外出打猎，马嘶犬吠，鹄飞鹰扬。和往常一样，没藏氏随驾远行。大半天的追逐颠簸，没藏氏不时感到腹部隐隐作痛。

黄昏时分，李元昊一行回到了两岔河行营。这天夜里，没藏氏生下一个男婴。因为出生在两岔河，李元昊便给孩子起名宁令两岔，后来转音唤作“宁令谅祚”。

出家为尼的妹妹居然生下个了皇子，这让有政治野心的没藏讹庞喜出望外，整个没藏家族也为此而感到无比的荣耀。恰好当时李元昊决定暂时将没藏母子送回娘家，由其兄长讹庞照料，这可是作为哥哥的讹庞好好表现的时候呀。于是，他给妹妹安排了多名仆人、丫鬟，精心伺候照料着妹子坐月子。

没藏氏出身名门，理所当然嫁予豪门大族，谁想到会突遭横祸，以致后来各种艰辛、磨难接踵而至，这些坎坷的人生经历，让聪慧的没藏氏开始工于心计。如今，儿子宁令两岔的诞生，可以说更是把她推到了人生的风口浪尖，她没有退路，只有拼杀出一条血路，她们母子二人才能生存下去。

为了能使没藏家族彻底改头换面、出人头地，没藏氏和他的哥哥没藏讹庞绞尽脑汁，终于策划出了一套步步惊心的夺权连环计。

他们兄妹俩的计划是这样的：第一步，没藏氏出面极力推荐哥哥没藏讹庞登上西夏国相的位置。第二步，兄妹联合鼓励和支持李元昊废掉野利皇后，册立无依无靠的没移氏为皇后。第三步，接近太子宁令哥，教唆怂恿他去刺杀李元昊，然后讹庞就可以堂而皇之地以平叛之名诛杀太子宁令哥及其生母野利氏。第四步自然就是拥立自己的爱子宁令谅祚继承皇位。最后，当然是没藏氏与哥哥没藏讹庞主持夏国朝政。

很快，没藏氏兄妹俩的计划就开始紧锣密鼓地实施开来。

西夏天授礼法延祚十一年(1048 年)年底，李元昊被太子宁令哥削掉了鼻子，因失血过多而死。没藏讹庞以国相身份，拥立未满周岁的外甥宁令谅祚为大夏国君，封谅祚母没藏氏为宣穆惠文皇太后。至此，兄妹两人的连环计大功告成。

如今，没藏讹庞既尊为国相，又贵为国舅，权势更加显赫。没藏太后则垂帘临朝听政。

没藏太后和他的哥哥一样，也是一个极富谋略的人。她觉得以西夏现在的国力和形势，去对抗辽朝那是有百弊而无一利，所以一直希望能够继续执行联合辽朝共同对付宋朝的方略，如此一来，也可从中为西夏国获取丰厚的利益。

然而，辽朝人似乎不太喜欢她这个尼姑太后，一直对她冷言冷语，不仅如此，辽朝皇帝还发大军先后攻破了西夏唐隆镇，深入到贺兰山一带，掳走了包括没移氏在内的众多皇亲国戚，一边包围兴庆府，一边大肆劫掠西夏诸城粮草及各种军用物资。辽朝这次针对西夏的掠夺战，明显是要给这些夺权的没藏家族一个下马威。

不甘心被欺侮的没藏兄妹决定以牙还牙，发兵围困契丹金肃城，攻打三角川，不断骚扰辽国边境。可是，事与愿违，没藏兄妹不仅没有得到辽朝的承认，反倒是自己连战连败，狼狈不堪。

没藏兄妹的对辽战事一败涂地，面对辽朝对他们没藏家族的冷淡和不屑，兄妹俩无可奈何。没藏太后为了儿子李谅祚的江山社稷，最终还是决定向辽朝服软。她准备用各种手段和途径去巴结讨好辽朝，只要能与辽朝恢复联盟关系，其他的一切都好商量。

西夏天祐垂圣元年(1050 年)十月，没藏太后向辽朝遣使请求通和，十二月乞臣。

西夏天祐垂圣二年(1051 年)四月,向辽朝代献方物。

西夏天祐垂圣三年(1052 年)五月,没藏氏义正辞严地拒绝了收编归附的阻卜酋长。

西夏福圣承道元年(1053 年)九月,再次遣使向辽朝进降表。

西夏福圣承道二年(1054 年)七月,请婚,十月再进誓表。

可怜的没藏太后,奴颜婢膝好几年,始终没有感动辽朝人,辽朝皇帝自始至终都没有答应她的任何请求。直到她去世,辽朝也没有给她的儿子李谅祚册封名号。

然而,和宽厚仁爱的大宋王朝比起来,那辽朝可就显得太吝啬了。想当初李谅祚初立,宋仁宗就派人册封其为夏国主,这使西夏人感到莫大的荣幸。当年十二月,没藏太后就派使者向宋朝贡献马、驼各五十匹,以表示谢意。

西夏福圣承道三年(1055 年)二月,西夏绥州蕃族酋长阿讹等人率部投奔宋朝,仁宗皇帝念及李谅祚年幼,不愿在边界生事,便诏令阿讹等回归西夏。

没藏太后有出家多年的苦难经历,当年她落难的时候,受到很多佛教徒的庇护和留养,所以她个人对佛事颇有好感。在她执掌西夏大权时期,她屡屡大兴佛事,动辄调发兵民数万人,特别是她在兴庆府西侧建造了一座规模宏大的皇家寺院,大寺竣工后,赐名承天寺。

宋仁宗曾经赐给西夏不少《大藏经》,为了更好地收藏这些佛学经典,没藏太

后决定在新落成的承天寺院中再修造一座佛塔收藏佛教经典。佛塔竣工后，雄伟高大，成为当时兴庆府最高的建筑物，因为建在皇家寺院承天寺内，所以人们习惯唤之为“承天寺塔”。没藏太后不仅把宋朝赐来的《大藏经》珍藏塔内，而且还不远万里邀请来回鹘高僧，希望他们能够留居承天寺，为西夏国人译经讲经。

当上太后的没藏氏偶尔还会留住寺内，吃斋礼佛，给儿子祈福。除此之外，她还经常带着八岁的小皇帝李谅祚前来聆听高僧的佛法讲座。遗憾的是，她的生活极尽奢靡。且不说她化妆妖艳，穿戴时髦，就是每次外出游玩，也总是要带领着近千名西夏骑兵卫士，前呼后拥、浩浩荡荡，仪仗队伍更是庞大，奢靡之极。

不甘寂寞的没藏氏，还在身边收留了两个情人，一个是已故西夏皇帝李元昊的贴身侍卫，名叫保细吃多巳，以前李元昊到戒坛寺和她幽会时，他就是那个把门放哨的家伙，所以也算是知根知底，可称得上是出入亲密无间。另一个是她第一任丈夫野利遇乞的管家，名叫李守贵，因为这层关系，他们走得很近，几乎就是无话不说的知心人。

没藏太后的这两个情人，依仗着有没藏氏给他们撑腰，经常纵容家奴囤积居奇、欺压百姓。此二人在兴庆府城无恶不作，经常还要为一些鸡毛蒜皮的小事大打出手。因为没藏氏每次都偏向保细吃多巳，引起李守贵的妒忌和不满，一怒之下，李守贵竟然雇佣杀手，伏杀了没藏氏和保细吃多巳。

身为西夏国相的没藏讹庞早就看此二人不顺眼，这下正好借机彻底铲除了李守贵和保细吃多巳的势力。之后，他把年仅九岁的李谅祚接到家中来抚养，并自作主张将自己的女儿许配给李谅祚，造就了西夏历史上第二代没藏皇后。

妹妹虽然已经去世，但作为哥哥的没藏讹庞却摇身一变，既是国舅宰相，又是国丈大人。如今，少了妹妹没藏太后的约束，没藏讹庞更加有恃无恐、肆无忌惮，对内诛杀异己，贪赃枉法；对外屡屡兴兵，扰乱边关。

不得不说，西夏江山，风雨飘摇！

惊心步步连环计 昊王一命丧离宫

李元昊万万没有想到，戒坛寺中吃斋念佛的没藏氏竟然怀上了龙种，高兴欢喜之余，他对没藏氏更加宠爱，每次外出巡游狩猎，都要将没藏氏带在身边。

西夏天授礼法延祚十年(1047 年)早春二月，李元昊又一次携身怀六甲的没藏氏在外巡游狩猎，暂时居住在两岔河行营。二月的塞外，天气异常寒冷，到处都是一望无边的枯黄牧草。这天下午，李元昊与诸位随从又在草场上追逐打猎。突然，有人发现了一只肥兔，众人皆策马追逐，欢呼呐喊，一派热烈欢腾的景象。正在大家兴高采烈之时，李元昊跃马在前，搭箭引弓，一箭命中猎物。众随从皆感

叹:“大王果然好箭法！”

突然,远远听到有人高喊:“报……”近了,才知是没藏氏的贴身侍从前来报告,只听他说:“没藏皇妃从下午开始感到腹部不时隐隐作痛,恐怕是皇子要出生了,特命小人前来禀报陛下！”李元昊听后,又惊又喜,赶紧率众向两岔行营方向奔去。一路上,李元昊倍感身心愉悦,一阵又一阵的欢喜在他脸上凝结成一朵又一朵的微笑之花,尽情绽放。

刚刚回到两岔行营,李元昊就径直往扑没藏氏的房间而去,只见众丫鬟皆站立门口,随时待命,等候吩咐。房间内传来没藏氏一阵接一阵撕心裂肺的呼喊,声声凄惨,李元昊于心不忍,不断询问着进进出出的产婆:“皇妃怎么样？皇妃到底怎么样？”突然,一声嘹亮而高亢的啼哭声传出来,久久回荡在整个两岔行营的上空。这时候,产婆推开门走出来,李元昊迫不及待地迎上前去,问:“生了？”那产婆喜上眉梢,说:“恭喜大王,再添皇子,请大王放心,皇妃平安无事！”李元昊冲进没

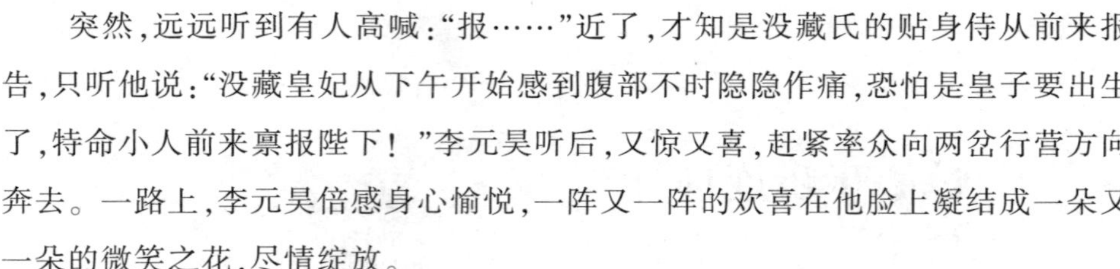

藏氏房间，疲惫的没藏氏怀抱皇子躺在床上，看到李元昊进来，她面带微笑对着李元昊，挣扎着想要坐起来。李元昊赶忙上前扶住没藏氏："爱妃，莫动！赶快躺下，赶快躺下！"接着，他双手紧紧握住没藏氏的左手，深情地对着没藏氏说道："爱妃，你辛苦了！"说完，吻了一下没藏氏的额头。没藏氏面带笑容，眼中含情脉脉："快看看我们的孩子！"李元昊抱起孩子，脸上的笑容像极了盛开的花，不知道嘴里哼着什么，却是在逗孩子开心。看到孩子盯着自己看，李元昊抖抖眉头，做出鬼脸状，接着又是花开一样欢心的笑。躺在床上的没藏氏看着这对父子，脸上也露出了欣慰、幸福的笑，就在这一瞬间，本来艳丽的没藏氏突然展现出一种往日不曾有过的细腻、温柔美。那种美，到了一种极致，无法言述。

过了一会儿，李元昊走出没藏氏的房间，高兴之余，很快又陷入沉思，喜得皇子心中自然欢喜，可是，尽管他和没藏氏的关系已经是满城风雨、妇孺皆知，但归根到底还是处于地下状态呀，一想到自己现在还不能给这对母子个名分，心里还真不是滋味！眼看着巡游狩猎行程已尽，该返回兴庆府了，没藏母子该如何安置呢？这时候，随从中有人建议说："可以将没藏皇妃和小皇子暂时寄住在大臣没藏讹庞家中，日后有机会再做打算！"李元昊觉得是个不错的建议，便欣然采纳了。于是他挥笔就给没藏讹庞写了一封信，要求没藏讹庞好生照管没藏母子，不得有误！

晚上，李元昊又来到没藏氏的房间，看见没藏氏正怀抱着小皇子，逗他嬉戏，十分开心。没藏氏见他进来，赶紧起身准备行礼，却见李元昊赶忙迎上前去，扶住没藏氏："爱妃，免礼免礼！"李元昊一直扶着没藏氏走到床边坐下来。自己则双手背后，在屋子里来回踱步，一圈又一圈，该怎么说呢？突然他觉得自己有些不忍心，但是想来想去还是决定将自己的打算告诉没藏氏。

沉浸在幸福欢乐中的没藏氏突然听到这样的消息，先是一愣，表示诧异和莫名其妙，接着，她开始小声哽咽起来。李元昊本以为没藏氏会一万个不愿意，甚至都做好了她要哭闹的准备，然而，这一次，没藏氏在短暂的小声哽咽之后，便开始收拾行李。李元昊看在眼里，疼在心上，心中默默念叨："皇儿，父皇暂时还不能给你们母子个名分，只能暂时委屈你们了，他日，父皇一定加倍偿还你们母子！"这时候，没藏氏突然转过身来，对李元昊说："陛下，给孩子起个名吧！”李元昊这才记起，自己为琐事烦忧，竟然忘了给自己心爱的皇儿起名字。“嗯……”李元昊捋着小胡子，眼珠子转来转去，“有了，咱们皇儿生在巡游狩猎途中，降在两岔行营，‘两岔’、‘谅祚’不如就叫他‘谅祚’吧，对！就叫‘谅祚’！”“宁令谅祚！”没藏氏边想边说：“嗯，好吧！”她转身抱起小皇子，对他说“谅祚！宁令谅祚！我们的皇儿有名字啦！”李元昊也走了过来，三人依偎在一起，好一幅温馨浪漫的画面，要是放在寻常百姓之家该有多幸福啊，只可惜，他们都身处皇室，皇室家族的人生难免会有些许无奈！

第二天，没藏氏便带着刚出生的宁令谅祚，在李元昊近卫随从的护卫下，缓缓离开了两岔行营！

能收到李元昊的亲笔书信，没藏讹庞已经感到是莫大的荣幸了，又见书中所言，自己的妹妹竟然为大夏国的昊王陛下诞下龙子，更是欣喜若狂！曾经身为罪犯家属、已经出家为尼的妹妹居然生下个皇子，这让素有政治野心的没藏讹庞喜出望外，而事实上，整个没藏家族也为此而感到无比的荣耀。讹庞赶紧安排多名仆人、丫鬟，翘首盼望，等候没藏母子的到来。

没藏母子在讹庞府上住下后，身为哥哥的讹庞一改之前对妹子冷漠无情的态度，整个像是变了一个人，不仅严令下人精心伺候照料自己的妹子，还亲自为小外甥宁令谅祚挑选了两个奶妈，一个是高怀正的妻子，一个是毛惟昌的妻子。

诞下龙子的没藏氏，真的就能够给没藏家族带来荣耀吗？事情远远没有大家想象的那么简单！没藏讹庞一点都不傻，妹子和小侄儿虽然都是李元昊的人，本该贵为皇妃和皇子！但如今她们母子二人却还要可怜兮兮地借住在娘家。为什么呢？不就是因为没个名分吗？没有名分可真是可怕！妹子和李元昊的那些事在兴庆府无人不知、无人不晓，可是又能怎样？没有个名分就什么都不是！所以，他必须把握机会，帮妹子和小外甥一把，顺便也为自己的将来赌一把！

我们回过头来再说这个没藏氏，她从小就聪明伶俐，长大后，嫁给了西夏国最骁勇善战的天都大王野利遇乞，二人比翼双飞于天都山，也算

风光一时。却不料丈夫野利遇乞遭人陷害，突遭横祸，自己也因此受到牵连，经历流离失所、挨饿的生活。坎坷多磨的人生经历，让她更加珍惜与国君李元昊的这份感情。原以为只要自己铁定心思跟李元昊在一起，为李元昊诞下龙子，便可以得到嵬名皇室和西夏朝野的认可，恢复往日的风光荣耀，不曾想如今这李元昊不光给不了她个名分，竟然还狠心将她们母子二人寄养在哥哥家！

幸好哥哥见她为李元昊诞下龙子后，转变观念对她倍加照顾，当然，她也不

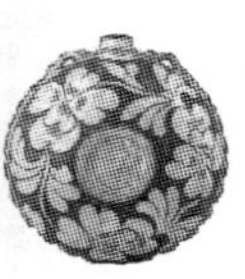

计前嫌，主动和哥哥没藏讹庞交流沟通，兄妹二人逐渐有了共同的目标，他们齐心协力，只为没藏家族的辉煌和荣耀。他们精心策划了一套夺权连环计，不动声色却步步惊心。首先，没藏氏以退为进，淡出宫廷内斗，转而极力推荐没藏讹庞步步高升，直至担任国相。然后，伺机煽动和利用后宫争斗，尽可能铲除其他竞争对手，等到时机成熟，再鼓动李元昊废掉野利氏，册立孤立无援的没移氏为皇后，只要野利氏一废，紧接着就可以趁机教唆太子宁令哥去刺杀李元昊。正所谓“螳螂捕蝉黄雀在后”，等到太子刺杀李元昊以后，没藏讹庞就可以以护国平乱为由，堂而皇之地除掉太子宁令哥。最后，当然是网络朝臣，力排众议，坚决拥立年幼的谅祚继位。如此，大计可成。至于那李元昊最宠爱的没移氏，虽说那时贵为皇后，但她无依无靠、无谋无势又无欲无求，自然不足为惧。

再说此时的西夏国皇帝李元昊，他已经不再像当年那样富有进取之心了，没有了雄心壮志，也不再励精图治，更失去了继位初期那种虚怀若谷、纳谏如流的良好施政精神。相反，他开始变得有些狐疑猜忌，他偏执地认为西夏国内有一种

力量正在时刻威胁着皇权，所以他不但随意猜忌文臣武将，而且动辄一人有罪便株连全族，而且手段极其残忍。因此，整个西夏国人人自危，莫言国事，生怕祸从口出。

西夏天授礼法延祚六年(1043年)春，西夏国内首屈一指的豪门——野利家族突然横遭灭族惨祸，野利氏兄弟双双被诛杀。想那野利兄弟骁勇善战、文韬武略、无人能及。兄弟二人都曾追随李元昊为创建大夏国基业而东奔西走、南征北战、立下赫赫战功，野利旺荣号为“横山大王”，野利遇乞号为“天都大王”。就是这样的开国功勋竟然在一夜之间，双双被李元昊赐死！国人莫不惊异，谁能料想两位将军战功如此卓著，更与李元昊情同手足，号称左膀右臂，天都大王野利遇乞对李元昊还有救命之恩，没想到结局竟是如此悲惨，国人莫不感到心寒。

时隔两年之后，天授礼法延祚八年(1045年)，西夏国又发生了一件足以让整个兴庆府臣民感到后怕的事，那就是太子宁令哥同父异母的哥哥，远居夏州王庭镇的阿狸，突然因传说密谋造反被李元昊沉入黄河，还有他的母亲咩米氏也被处死。

接着，失宠的索妃被打入冷宫，来不及为李元昊生下皇子，便莫名其妙地自杀了。最后，连心高气傲的契丹公主也因一场意外，一命呜呼，同样没有留下一男半女。

念及兄长之死，野利皇后每次都哭得极为伤心。想自己的父兄忠心为国，却惨遭浩劫，留下自己孤身一人，无依无靠，如今她只盼望着自己的两个孩子尽快长大。虽说她的大儿子宁明已稳坐太子之位，小儿子宁令哥也在茁壮成长，日后自然也会成为哥哥宁明的得力助手。在别人眼里，两位皇子的前途不可限量，但在野利氏看来，如今西夏国内人人自危，两个儿子显然还需要母亲保驾护航。

西夏天授礼法延祚五年(1042年)金秋八月，一贯喜新厌旧的李元昊在天都山上营造了一座豪华离宫，迎娶了没移氏。这件事不免让远在兴庆府的野利皇后有苦难言、忧心忡忡。不过，好在没移氏一直没有为李元昊诞下一儿半女，自然尚不足为惧。

转眼间，到了十二月，一直被野利氏视为未来皇位继承人的大儿子宁明却因修道走火入魔而一命呜呼。野利氏哭得死去活来，李元昊也为之心动，便依了皇后的请求，让八岁的宁令哥接任太子之位。野利皇后这才拭去泪水，终于可以长

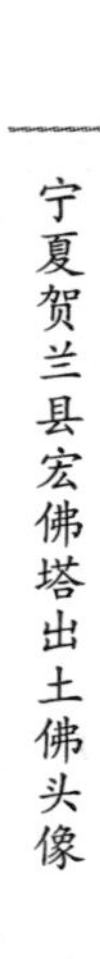
宁夏贺兰县宏佛塔出土佛头像

出一口气了。

然而，更闹心的事接踵而至，野利皇后千算万算，怎么也没有想到，当年已经到戒坛寺出家当了尼姑的没藏氏，竟然也能为李元昊生下一个儿子！没藏氏的哥哥没藏讹庞素来野心勃勃，她顿时感到情形不妙，自己的皇儿宁令哥的太子之位恐怕要受到威胁，而她的皇后之位也将遭受严峻的挑战。

李元昊实在是花心，暗地里与没藏氏幽会，明着又娶了没移氏，看来，野利氏想要保住儿子的太子之位还得继续努力啊！然而，就在这个时候，有一件事却着实叫野利皇后感到后怕。

话说当年，李元昊这边刚刚在天都山迎娶了没移氏，兴庆府城那边便谣言四起，说什么没移氏本来应该是太子的未婚妻，因天生丽质，貌美倾城，便被昊王霸占了去。一时间，有关没移氏本是太子妃的流言蜚语，充斥了整个兴庆府。当时李元昊为了安定人心，迅速赶回了兴庆府。这样的谣言出自何人之口，自然是无从查起，恐怕除了昊王之外，谁人也不敢过多盘问。时间一长，谣言不攻自破，自然也不再有人提起。

可是，如今又有人旧事重提，兴庆府街头巷尾又开始议论纷纷，李元昊还是和当年一样不闻不问，别的人自然也不敢过多议论，就这样任凭流言蜚语，慢慢消逝。然而，敏锐的野利氏皇后却从这样的谣言中感受到了一种危险，他知道肯定是有人在背后捣鬼，有人想挑拨离间李元昊与太子宁令哥的父子关系，因此既紧张又害怕。特别是，自己娘家兄弟野利旺荣和野利遇乞已经相继被李元昊杀害，现在自己无依无靠。这样的恐惧每天萦绕在野利皇后心头，着实叫她寝食难安。

野利皇后整天思绪难安，长期处于精神欠佳的状态，自然就越来越得不到李元昊的宠幸。终于，李元昊听信了没藏讹庞的谗言，找借口废去了野利氏的皇后之位，立温柔善良的没移氏为皇后。

舅舅们相继被杀，现在母后又被废，试问有这样背景的太子还能立多久，年仅十三岁的太子宁令哥心中充满了恐惧和仇恨。身为父王的李元昊整日寻欢作乐，竟然也没能察觉到自己心爱皇子的艰难处境。在宁令哥眼中，曾经对他疼爱有加的父王已不再和蔼可亲，已不再爱他！该如何抉择？宁令哥不知所措！而躲在幕后，以妹妹没藏氏的裙带关系早已登上国相的没藏讹庞密切关注着事态的发展。在他看来，宁令哥的太子之位，废黜已经是迟早的事，不足为虑。他所担心的是，李元昊新立的皇后没移氏，万一她再给李元昊生个儿子，那么他的小外甥，妹子没藏氏所生的李谅祚不就当不上太子，更没有机会继承皇位了吗？没藏讹庞想来想去，终于决定实施下一个步骤：尽快借太子宁令哥之手杀掉李元昊，然后趁机废黜宁令哥太子之位，接着以谋逆之罪杀掉太子，这样的话，只要李元昊一死，他的小外甥李谅祚别说是接任太子之位，就是立即继承皇位也不是问题。真可谓是一箭三雕。

在没藏讹庞的挑拨教唆之下，一个月黑风高的夜晚，宁令哥带着几个贴身随从，突然来到了父王李元昊的寝宫，熟睡中的李元昊被值勤卫士唤醒，看见自己最疼爱的皇儿到来，李元昊甚是欢喜，示意卫士退下。心想着，皇儿真是有些时日没有过来了，却不知深夜造访，所为何事？便迎上前去，想要问个究竟，不料，刚走近宁令哥，来不及问话，却见宁令哥突然发疯一般冲上前来，手持短剑，刺向李元昊。李元昊急忙躲闪，并大喊一声，值勤侍卫应声冲进寝宫，只见太子和他的侍从

手持短剑,追赶元昊。见侍卫冲进来,宁令哥只身跳窗逃之夭夭。宁令哥的贴身侍从却被卫士们瞬间剁成肉酱。

宁令哥那一剑虽然没有刺中要害,但却割掉了李元昊的鼻子。

趁乱出逃的太子宁令哥,躲进了没藏讹庞的家中。年少无知的他以为给他出谋划策的国相没藏讹庞会把他保护起来。他哪里知道,在确认了李元昊驾崩的消息之后,达到目的的没藏讹庞獠牙外露,现出原形,将惊恐万状的宁令哥乱刀砍死。

被关在深宫的废后野利氏尚不知外面发生了什么事,就被没藏讹庞派来的人以叛乱之罪处死了。

萧墙起祸乱宫闱
没藏擅权立幼主

西夏天授礼法延祚十一年(1048 年)冬天,天气异常寒冷,凛冽的西北风翻越巍峨的贺兰山,呼啸着卷起苍茫旷野上堆积的雪花,大雪没完没了地下着,丝毫没有要停或者减小的征兆。整个兴庆府城被笼罩在茫茫飞雪之中,几十户人家的房子都被纷纷而下的大雪压垮了。这个冬天, 注定了是西夏人悲喜交加的冬天。悲的是他们仁慈的皇太后卫慕氏饮鸩驾崩了,喜的是他们伶俐的野利皇后又生了一个皇子。

西夏王陵遗址

卫慕氏本是西夏建国前后银、夏两州一带党项族中最显赫的大族，李元昊的祖父李继迁和父亲李德明都曾与之联姻，到了李元昊这一代也不例外。

这年十月，有人告发李元昊的舅舅卫慕山喜谋反。李元昊大怒，不由分说，便将卫慕山喜家族的人统统投进黄河淹死。后来，事态不断扩大，李元昊开始在全国范围内追查同党，查来查去，老母亲皇太后卫慕氏也被无情地卷了进来。卫慕氏贵为母后，自然不能投河，李元昊心一横，赐了一杯毒酒将他的老母亲送上了西天。国人悲伤恐惧，无不心惊胆寒。生母尚且不能活命，其他人的命运可想而知。寒雾阴霾笼罩着西夏国的天空。

出人意料的是，李元昊的妃子、卫慕山喜的小女儿卫慕氏居然在这场卫慕氏家族的浩劫中存活了下来。她得知李元昊极其残酷地处死了自己的族人后，大义凛然，视死如归，强烈地辱骂和谴责李元昊不能明辨真相、凶残成性、大逆不道。李元昊当时特别生气，本想将她一起沉入黄河，一了百了，却发现卫慕氏已经怀了自己的骨肉，这才网开一面，给予宽大处理，把她幽禁起来，等待产后处置。

恐怖的日子让人窒息，兴庆府人人自危，政治灾难像幽灵一样将兴庆府笼罩在无边的阴暗之中，死气沉沉。十月的一个夜晚，一阵婴儿嘹亮的啼哭声像闪电一样划破了迷茫的夜色，西夏皇宫里，所有人都深深喘了一口气，皇子终于平安诞生。原来是皇后野利氏为李元昊生下了第二个儿子宁令哥。

李元昊甚是欢喜，最近经历的事情实在是太多了，这会儿，他正坐在野利氏身旁，仔细地端详、审视着他刚刚出生的儿子。他越看越发现，这孩子长得太像自己了，没问题，正宗亲骨肉。想到皇室家族人丁兴旺，后继有人，不觉对这孩子更加疼爱。第二天，李元昊大摆宴席，文武百官欢天喜地，纷纷进表以示庆贺。不久，李元昊向宋朝贡献良马五十匹，求得佛经一套。他此举意在，既超度母后卫慕氏的亡魂，又为自己的新生儿祈福。

第二年五月，被幽禁的皇妃卫慕氏妊娠期满，顺利产下一男婴。李元昊见状动了恻隐之心，心想，既然事情已经过去了这么久，算了吧，毕竟她已为我们嵬名家族生下皇子，姑且留这母子俩一条活路吧！然而，卫慕氏母子终究还是没有逃过浩劫。在野利皇后的指使下，不断有人在李元昊耳边嘀嘀咕咕，说什么卫慕氏的儿子，怎么看都像极了某某大臣，简直就是一个模子刻出来的。李元昊听后，怒火中烧，大发雷霆，不由分说便将这对可怜的母子赐死。

西夏涅槃图

宁令哥在野利皇后的精心培育之下，小小年纪便知书达礼，又勤学好读，深得父王李元昊的喜欢，特别是当身为太子的哥哥宁令明皈依道教，整日潜心修道炼功以后，宁令哥就更讨李元昊的欢心了。

西夏天授礼法延祚五年(1042年)，西夏太子宁令明因修道炼功走火入魔，不幸青年陨殁。李元昊在伤心之余，听从了野利皇后的建议，决定立小儿子宁令哥为太子。继立太子之后的宁令哥，依然保持着爱学习、懂礼貌的好习惯。朝中文武百官见之，都夸赞太子好读嗜书，懂礼明制，他日一定能够成为大夏国有作为的国君。李元昊听后，更加高兴。当然，文武大臣之中，不免会有一些阿谀逢迎之徒，他们见风使舵，对小太子宁令哥毕恭毕敬、赞不绝口，甚至极尽甜言蜜语，无非就是想趁早给自己寻个靠山。然而，正当太子宁令哥少年得志，准备将来继承皇位，驰骋疆场，施展他远大抱负的时候，一连串任何人也不曾料想、破天荒的事件彻底粉碎了他远大的梦想，太子宁令哥最终走上了一条不归路。

第二年，野利皇后的亲兄弟、太子宁令哥的亲舅舅野利氏兄弟双双被李元昊赐死。因为舅舅们被父皇认定是犯了投敌叛国的罪，所以，宁令哥只有在母后的陪伴下偷偷祭拜一下自己敬爱的舅舅们。后来，真相大白以后，宁令哥才知道舅舅们都是被冤枉的，是宋朝人使用离间计借父皇的手屈杀了两位舅舅。知道真相

象边纹饰

后,野利皇后吵闹着为自己的兄弟鸣冤叫屈,要求李元昊给自己的兄弟和死难的族人平反。李元昊也知道自己上了宋朝人的大当,怪自己听信谣言,不能明察秋毫,冤杀了与自己情同手足的好战友、好兄弟,便同意野利皇后的请求,下诏为野利兄弟及死难的野利家族平反,同时赦免了野利家族的幸存者。

闹心的事接踵而至,西夏天授礼法延祚十年(1047 年)早春二月的一天,从两岔河畔的李元昊行宫之内,传出一个婴儿的啼哭声,闻者莫不惊诧。谁能料想,陪同李元昊出巡的尼姑没藏氏竟然喜得贵子,为嵬名家族增添了新的成员。

李元昊在巡游狩猎途中喜得龙子的消息迅速传遍了整个兴庆府,以大臣没藏讹庞为首的没藏家族更是欢欣鼓舞。

野利皇后怎么也没有想到自己在为死去兄弟鸣冤叫屈的同时,竟然无意中成全了李元昊与没藏氏。最让野利皇后不能忍受的,就是已经到戒坛寺出家当了尼姑的没藏氏,竟然为李元昊生下一个儿子!

野利皇后很快意识到,儿子宁令哥的太子之位将要受到威胁,该怎么办呢?想那没藏氏的哥哥没藏讹庞素来野心勃勃,现在他的妹妹又给李元昊生下了儿子，虽然现在还没有什么名分，但此人肯定不会善罢甘休、袖手旁观的。

一直以来，野利皇后都有一个永恒的目标，那就是一心想保住儿子的太子之位，希望儿子能在李元昊百年之后，继承大统。然而，野利皇后处处费尽心机，却终究被没藏兄妹所利用。

没藏兄妹精心设计的一整套夺权连环计，一直在有条不紊地实施着，妹妹以退为进，只为哥哥没藏讹庞扶摇直上，直至位居万人之上、一人之下的国相位置。

当时野利皇后为了保住儿子的太子之位，寻找各种机会扫清其他皇妃，但她没有意识到，自己在无意间更加孤立了自己。本来远居天都山的没移氏也来到了兴庆府。没移氏贤惠善良、温柔大方又与世无争，一方面李元昊对她宠爱有加，另一方面没移氏对待下人和蔼亲切，下人都很喜欢她，这就反衬出野利皇后常常以上压下，对待下人蛮横无理、刑责苛刻了。

时间一长，李元昊越来越不喜欢野利皇后，相反却更加喜爱没移氏。身处宫外的没藏氏幸灾乐祸，立即见风使舵，让哥哥怂恿李元昊废去野利氏皇后之位，册立温柔贤惠的没移氏为后。起初李元昊并不理睬，但最后，李元昊还是听信了没藏讹庞的建议，找借口废去了野利氏的皇后之位，册立没移氏为大夏国皇后。

短短数年之间，最疼爱自己的两个舅舅相继被杀，现在母后又被废，年仅十三岁的太子宁令哥整日胡思乱想、诚惶诚恐。诸位文武大臣见状，也渐渐疏远了太子，再也没有人像以前那样围绕着他夸赞不已，他已经不再被朝中大臣们所倚重。宁令哥不知道像他这样背景的太子还能当多久。想想父皇已经很久没有关心自己了，曾经对自己疼爱有加的父皇难道也不再爱我了吗？就在这个时候，以前很少与太子接触的国相没藏讹庞却来到了宁令哥的身旁，他假装对太子一片赤诚，耐心地开导着宁令哥，一面要宁令哥以大局为重，理解自己的父皇，一面又不失时机不断放大李元昊冤杀忠臣良将、暴戾成性的种种恶行，讲述两位野利将军是如何被冤屈，直至被冤杀，讲李元昊是如何无情地废黜了宁令哥的母后，甚至还将前太子宁明的死也归结于李元昊。总之一个目的，就是要宁令哥坚信：虽然李元昊是你宁令哥的父皇，但他却是万恶的魔鬼，是他在一步步夺走着你宁令哥的一切！没藏讹庞不断煽动和怂恿宁令哥要为死去的舅舅们和哥哥报仇，并一再表示自己对太子忠心耿耿，日月可鉴，而且承诺将来还会联合朝中大臣，拥立宁

令哥继承大夏国皇位。在没藏讹庞一步步别有用心的“开导”下，看着父皇整日寻欢作乐、不理国事，宁令哥越来越觉得自己的父皇已不再是以前那个和蔼可亲的父皇了，也不再是万众期待、万民敬仰的英明神武的大夏国君了！父皇已经彻底地不再爱他了，宁令哥小小的心灵充满了恐惧和仇恨。

可悲的是，李元昊竟然没能察觉到自己心爱皇子的敌对情绪。

没藏讹庞长期的挑拨、煽动和怂恿，终于促使太子宁令哥鼓足了勇气，拿起了复仇的匕首，刺向了他的父皇。可太子哪里知道，自己只不过是没藏讹庞精心谋划的连环计中的一枚棋子而已。达到目的的没藏讹庞凶相毕露，以平叛为名，杀死了众叛亲离的太子宁令哥。

这么短的时间内，西夏皇帝与太子相继归天，看来这大夏国的天是要塌了，国都兴庆府城内人心惶惶。

国不可一日无君，元昊临死之时，曾立下遗嘱，希望自己死后，能由自己的从弟委哥宁令继承皇位。然而，就在诸位大臣商议拥立委哥宁令为新君之时，却遭到了以没藏讹庞为首的几位大臣的坚决反对。没藏讹庞说：“委哥宁令虽贵为皇族，但是他并非先帝之子，而且也无功于国家，怎么可以立他为国君呢？”众大臣

慑于没藏讹庞的权势，不敢与之多辩，只有一位大臣发问："请问没藏大人，既然您觉得委哥宁令不是合适人选，那谁人是合适人选？您又觉得立何人为君合适呢？"没藏讹庞说道："混账话，怎么能说是我觉得谁合适谁就合适呢？诸位同僚莫要糊涂，西夏国自祖宗以来，一向都是父死子继，国人才能认同。如今我大夏立国，崇尚文明礼制，虽然先帝不幸英年早逝，驾鹤西游，但诸位大臣不要忘了没藏后有先帝之子，那可是先帝的嫡系骨肉，立他为主，又有谁敢不服从呢？"

此时的没藏讹庞权倾朝野，独掌朝政，诸位大臣唯恐没藏加害自己，便齐声呼应，表示赞同。没藏讹庞狡黠的面目中透出洋洋得意，数日后，在没藏讹庞的主持下，令妹妹没藏氏抱着不到周岁的宁令两岔（李谅祚）匆匆登基，大夏国的第二位皇帝就这样登基了。

谅祚登基之后，尊没藏氏为皇太后，没藏讹庞以皇帝年幼为由，允许没藏氏怀抱谅祚，一同听政，接着封自己为国相，总揽朝中军政大权。至此，西夏的朝政大权落入了没藏氏兄妹手中，开始了西夏历史上第一次皇帝年幼、母后垂帘、外戚专权的年代。

谅祚夺权搞改革 少主图志兴汉礼

一夜之间，乾坤倒转，元昊父子竟然迭遭横祸。随着没藏太后的离世，没藏讹庞更加放纵，彻底肆无忌惮，成了大夏国的无冕之王。

西夏奲都三年(1059年)八月，没藏讹庞借故要杀掉高怀正、毛惟昌，外甥皇帝李谅祚曾不止一次出面说情阻拦，希望能刀下留人，网开一面，放高、毛两家一条生路。但没藏讹庞总是连哄带骗，阿谀逢迎，一面夸赞说皇上这么小的年纪就知道关心国事，懂得治国用人，真乃是我大夏之福；一面又强调，说什么高、毛二人乃是触犯国家律法，罪大恶极，实在是难以饶恕，皇上你这般为他们求情，叫微臣实在是为难！李谅祚实在是执拗不过，无奈之下，只能眼睁睁地看着高、毛二家被没藏讹庞杀掉。虽然李谅祚心中充满了无奈，但也有着无限的愤怒，仇恨的种子已经在谅祚小小的心中生下根来，这也为日后李谅祚决心除掉没藏讹庞埋下了伏笔。

高、毛何许人也？李谅祚从小就是吃高、毛二人妻子的奶水长大的，谅祚对待两位奶妈，那可是敬如母亲，将高、毛二人更是倚为心腹。随着时光的流逝，逐渐长大的李谅祚开始懂事，高、毛二人常常将民间疾苦还有朝野上下对没藏讹庞专权是如何的不满，敢怒不敢言讲给谅祚听。讹庞得知以后，对在皇上面前说自己坏话的高、毛二人，那可真是恨得咬牙切齿，总是希望找机会除掉二人。终于，讹庞等到了这样的机会，有人告发高怀正放高利贷逼死人命。正当讹庞暗自开怀，打算拿高怀正开刀之时，又一个让他欢喜的消息传来，说毛惟昌竟然私下里偷偷试穿昊王的盘龙服。讹庞不禁心中欢喜，暗自狠狠说道："真是踏破铁鞋无觅处，得来全不费工夫，高怀正呀高怀正、毛惟昌呀毛惟昌，这些年来，你们俩没少跟我作对，屡屡坏我好事！如今'证据确凿，罪名成立'，没招了吧，栽在我手里了吧？哈哈哈……你们自认倒霉吧！此乃天助我也！"说完，一阵接一阵的狂笑。不久，高、毛两家便被满门抄斩。

高、毛二人被杀，这件事情给了李谅祚极大的震动：自己贵为西夏国皇帝，连宠信的大臣都不能挽救，你没藏讹庞何许人也，我凭什么一切都要听你的？这个国家究竟是你说了算还是我说了算？

一颗仇恨的种子从此埋进了谅祚的心中，开始生根、发芽……

西夏奲都五年（1061 年），李谅祚已经成长为十四岁的小伙子了，他希望自己能够真正行使皇帝至高无上的权力，于是，对他最敬畏的舅舅、兼任国相和国丈的没藏讹庞的专横和飞扬跋扈越发感到憎恨和不满，还有对奶妈两家人的悲惨遭遇，李谅祚一直愤愤不平。可是要想扳倒已经根深蒂固、枝繁叶茂的讹庞势力集团谈何容易？经过仔细观察，细心的谅祚发现常年征战在外的大将军漫咩为

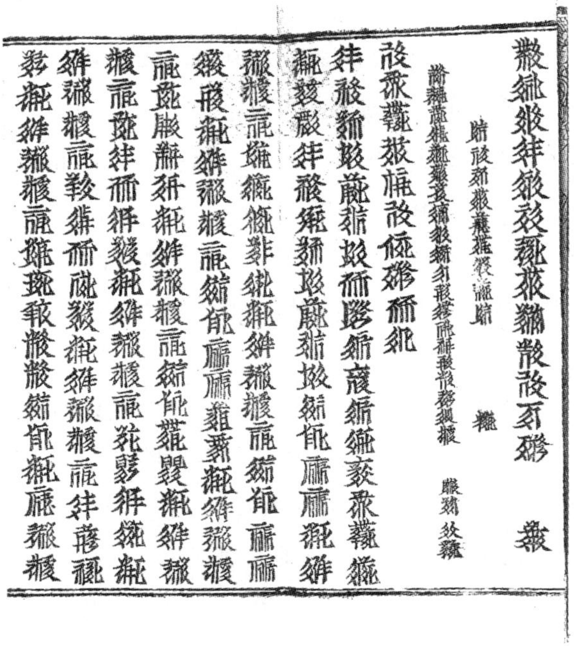

人正直豪爽，早就对讹庞擅主国政的行为感到不满，于是便找机会秘密召其进宫，结为心腹，授以秘密机要。没藏讹庞也不傻，他对李谅祚的监视从来都没有放松过，时刻派人密切监视着谅祚的一举一动。当内线来报说小皇帝秘密召见了漫咩大将军时，讹庞顿时感到有些不太对劲。讹庞是何等细心之人，任何的风吹草动对讹庞来讲都不容忽视，尽管心生恐惧，但他立即想到，一不做、二不休，干脆想办法来个斩首行动，灭了李谅祚。于是迅速与儿子密谋以梁氏为诱饵，伏兵寝宫内，待到李谅祚进来，乱刀砍杀。

再说这梁氏，何许人也？她可是没藏讹庞的儿媳妇，年轻漂亮，但不知何时就与李谅祚纠缠到了一起。梁氏红杏出墙，讹庞的儿子气得吹胡子瞪眼，愣是没招，毕竟谅祚贵为皇帝。讹庞得知此事后，也是有苦难言，一个是外甥皇帝，一个是儿媳妇，谁也说不得，只好睁一只眼，闭一只眼，装作什么都不知道。

这一回，讹庞可不想再袖手旁观了，他和儿子打算利用李谅祚和自己儿媳的这种暧昧关系，改朝换代。然而，讹庞父子万万没有想到的是，他们父子俩自认为天衣无缝的计划竟然被儿媳梁氏偷听了去，旋即就告诉了李谅祚。无奈之下，没藏讹庞只好取消了行动。

当没藏讹庞父子的斩首行动暂且宣告流产的时候，李谅祚却在有条不紊地实施着同样的斩首行动。所幸的是，李谅祚比他的舅舅更加沉稳，他没有露出一丝破绽，而且不断推迟时间以麻痹没藏讹庞。一直等到了四月份，突然有一天，李谅祚以商议军政大事为由，召舅舅讹庞入宫。接到传令后，讹庞心神不宁，感觉情况有些不妙，心中一万个不想去，但谅祚催得实在太急，不得不去呀，怎么办呢？讹庞想来想去，转念又开始安慰自己，想着半年来这样的急召也不下数十次，哪一次不都是平安无事吗？最后，没藏还是硬着头皮去了。然而，讹庞没有料到的是，这一次真的是有去无回！

没藏讹庞急匆匆地刚踏入宫门，大将军漫咩便带重兵冲入，众卫士瞬间便将讹庞扑倒在地，五花大绑。李谅祚尽数外戚权臣没藏讹庞的种种罪恶，下令诛灭九族。没藏讹庞的女儿没藏皇后也被废为庶人，打入冷宫，后又被李谅祚赐死。

赐死了没藏皇后，李谅祚迫不及待地迎娶了梁氏，他认为梁氏忠实于自己，又对自己有救命之恩，遂立为皇后。不久，谅祚又任命梁氏的弟弟梁乙埋为国相，自己亲自执掌朝政。

西夏剔花瓶

谅祚亲政以后，决心一扫没藏讹庞专擅国权时的乌烟瘴气，创造一个属于自己的全新时代。为此，他对西夏国家制度进行了一系列卓有成效的改革。

西夏立国之时，李元昊曾在国内大力提倡蕃礼，推行党项旧俗，其目的是为了突显党项民族的独特性，方便建立党项政权，与宋朝抗衡。事实上，党项民族已经内迁河朔数百年，一直受中原朝廷册封，深受汉地文化影响，加上在西夏国内也生活着大量的汉族人，而且不少汉族士大夫还在西夏各级政府任职。谅祚意识到，想要管理好国家朝政，必须要坚定不移地推行中原汉礼。因此，他决定在国内去除蕃礼，改兴汉礼。

西夏䄂都五年(1061年)十月，李谅祚在彻底铲除了没藏讹庞及其党羽的势力以后，正式下诏，西夏国境以内停止使用蕃礼，改行汉礼，并在全国范围内提倡并推广汉族文化，推广汉族服饰。不久，李谅祚便开始尝试用汉族礼仪来迎接宋朝使臣，同时将党项贵族的姓氏恢复为唐朝时所赐给的汉族“李”姓。

接着，李谅祚增设官职，完善西夏官制。谅祚在其父元昊设立的西夏官制基

础上，又仿照宋朝官制作了一些补充。他不仅增设了各部尚书、侍郎、南北宣徽使以及中书学士等汉族官职，而且在蕃职中也增加了昂聂、昂星、谟固、阿泥等官号，使西夏的中央官职比元昊时代更加丰富和完善。在调整官制的同时，李谅祚十分重视中原文化，不仅在西夏境内弘扬中原汉地文化，而且注意起用汉族人才，重用汉族知识分子，尤其对宋朝投奔过来的失意的知识分子，择优起用，待遇优厚。

西夏拱化三年(1065 年)，谅祚在攻掠宋朝秦凤路时，俘获汉族文人苏立，与之交谈，知其博学多识，甚为欢喜，当即授以官职。陕西延安文人景询因犯罪出逃至西夏国，谅祚闻之，惜其才华，以他为学士，参与国事。史书记载，李谅祚在位时

文殊菩萨造像

期，对待这些来自宋朝真正有才华、有抱负的文人非常亲近和优厚。李谅祚重用汉人知识分子的举动，对当时宋朝那些才华横溢而又科举失意的汉族知识分子产生了很大的吸引力，很多人不远千里，慕名前往，希望能够一展所学，获取功名，实现人生理想。当然，李谅祚重用汉族文人，这既是他倾慕汉文化思想在行动上的具体表现，又与他改蕃礼、行汉礼的行动是相一致的。

其次，鉴于西夏境内地广人稀、兵力有限，难以全线防守的实际情况，李谅祚进一步完善了军事部署，以更加合理的部署增强军事力量。李元昊建国称帝之时，曾在全国范围内选择战略要地，设立了十二监军司，对此，李谅祚作了大胆的调整和变更。他将原来驻扎在石州的祥佑军司换驻到绥州，改名为"祥佑军"；将威州军司改名为"静塞军"；将左厢神通军司改名为"神猛军"。将监军司改名军，一方面是对中原汉地文化仰慕的表现；另一方面，通过对西夏军队的驻防地点的重新调整，加强了边境军事力量，也消除了过去地方军政合一，各监军司权力过大的弊病，使地方文武官员能够相互制约从而进一步巩固西夏的中央集权。

没藏讹庞专权时期，夏宋的边界纷争一直得不到有效解决，不时还要诉诸武力。为了尽快结束与宋朝边界连年战乱的局面，李谅祚亲政以后，多次派遣使者上书宋英宗，请求重新划定地界、恢复榷场贸易，坚持要与宋朝达成议和，友好相处。

当时，在西夏和宋朝麟州交界地带，有七十里地没有设置堡垒屏障。其地位于屈野河西，土壤肥沃。没藏讹庞专权时期，曾默许甚至鼓励西夏边民侵入这一地区，耕作收获并占为己有，最严重的时候曾一度占领了屈野河。宋朝不甘示弱，既然劝告不能解决问题，那就只好诉诸武力。因此，西夏和宋朝麟州交界一带的百姓连年遭受战乱之苦，双方无休止的军事冲突严重扰乱了边境居民的安定生活。谅祚亲政后，为了彻底解决这一问题，于西夏䄆都六年(1061 年)开始，多次派遣使者前去与宋朝议定，恢复疆界，在边界设立堡寨，双方百姓恪守边界，皆不得在边地耕作。划定地界以后，西夏乾道二年(1069 年)，进一步恢复榷场贸易，夏宋重新通市。

经过一系列行之有效的改革，西夏国力明显增强。然而，李元昊后期以及没藏专权时期，夏辽关系的持续恶化还是给西夏带来了麻烦。

西夏曾经收纳过不少吐蕃唃厮啰政权境内的叛降之人。唃厮啰一直想方设

法要对付西夏,但鉴于自己力量弱小,尚不具备与西夏较量的实力,便寄希望于通过联络契丹辽国以共同对付西夏,故而年年遣使贡奉辽国,极力讨好,三番五次表达想要与之结为姻亲的愿望。当时辽夏交恶,辽主见吐蕃唃厮啰供奉频繁又殷勤有加,同时再三请婚,便答应将宗室之女许配给唃厮啰的儿子董毡。第二年,唃厮啰第三子董毡迎娶了辽国公主。到了这个时候,西夏与唃厮啰之间就不可避免地要发生战争了,后来便有了西夏与唃厮啰之间的三次较量。

西夏奲都二年(1058 年),唃厮啰属下的吐蕃部落首领挨罗部阿作率众来降,没藏讹庞欣然接受,授予他官职,并使之据守在边境要地。是年六月,讹庞以挨罗部阿作为向导,率兵围攻青唐城,被唃厮啰战败,西夏党项酋豪六人被俘,战乱时丧失的马匹和骆驼不计其数。

西夏奲都六年(1062 年)八月,唃厮啰第三子董毡因与辽使话不投机,为泄一己私怒,竟然背着唃厮啰杀害了辽国使者,一时间,与辽断交。谅祚刚刚亲政,见有机可乘,便派兵再次攻打青唐城,不料,却再次被唃厮啰打败。

西夏拱化二年(1064 年)五月,原属夏州的党项贵族邈奔作战勇猛,但生性鲁莽,见李谅祚亲政后一直重用汉吏,觉得自己受到排挤不可能再受到李谅祚重用,又见吐蕃势力逐渐强盛,西夏国屡遭败绩,便头脑发热,以陇、珠、阿诺等三城投降了唃厮啰,以为可以受到重用,大显身手。然而,到了吐蕃之后才发现自己错了。因为他在吐蕃根本得不到唃厮啰的信任和重用,甚至还要遭人白眼。无奈之下,他于是年九月只身一人逃回了西夏国,勇敢坦荡的邈奔负荆请罪来到兴庆府,请求谅祚出兵收复三城。李谅祚见他知错能改,便同意发兵,即刻拨给西夏军一万,并任之为统帅,邈奔里应外合,很快收复了三城,夏蕃边界再次得以安定。

这一年三月,宋仁宗驾崩,英宗继位。李谅祚派使臣吴宗来到汴梁,一则对宋仁宗的去世表示吊唁,二则向宋英宗表示祝贺。吴宗带着礼品来到皇宫顺天门前,准备觐见皇帝。不料,引伴使高宜不仅不准他进入,还让他在马棚里待了一夜。吴宗气愤地和高宜争吵起来,争了很久,才被允许进入顺天门。在大殿门口,吴宗向通判程戡控告了高宜,并且质问他:“引伴使高宜所言,应当派出一百万兵马,踏平夏国贺兰山的巢穴,这是什么意思?”

这下可惹恼了谅祚,谅祚认为,这是宋朝官员在故意侮辱西夏。我大夏本来好心好意遣使对宋仁宗的去世表示吊唁,对你家新任皇帝宋英宗表示祝贺,

西夏王陵3号陵出土的石碑座

你宋朝竟然狗咬吕洞宾,不识好人心,故意找茬、挑起事端,你们当我谅祚好欺负不成?

恰恰在这个时候,发生了这么一件事,让李谅祚找到了和宋朝交兵的理由。西夏拱化元年(1063年)二月,宋朝河州刺史王韶攻占熙河,降服洮河以西吐蕃各部落。西使城吐蕃族首领禹藏花麻不愿意归降宋朝,但凭一己之力根本无法抵挡宋朝的攻掠,于是,率众将以西使城(今甘肃定西市西南)和兰州(今甘肃皋兰)一带为中心的地盘献给西夏,希望能够得到西夏的庇护。谅祚十分高兴,他除了出兵支援禹藏花麻之外,还决定将宗室女嫁给禹藏花麻,封他为驸马。同时将西使城升为保泰军,任禹藏花麻为都统军,领兵驻守。

第二年七月,李谅祚以宋朝官僚故意侮辱西夏国使者为借口,点集人马十万,亲率大军攻入宋境。宋泾原副总管刘几提前得到了这一消息,立即派人赶往秦凤路报告给暂时担任秦凤路经略使的陈道古,请求加强防备,严加防守。但刘几的意见没有得到陈道古的重视。在宋朝毫无防备的情况下,李谅祚以迅雷不及掩耳之势,攻入宋朝的秦凤路(今甘肃天水市)、泾原路,杀掠人畜数以万计,掠杀

弓箭手数千人，胁迫归附宋朝的党项八千余族人重归西夏。

西夏拱化三年（1065 年）正月，谅祚派兵万人深入庆州（今甘肃庆阳市），进攻王官城，被宋朝鄜延路经略使孙长卿击退。

三月，西夏再攻宋保安军顺宁寨（今陕西志丹县北），围攻半月，无功而返。

十一月，西夏又出兵攻打宋朝德顺军（今甘肃静宁县）同家堡。同家堡之地本为党项生户居住地。这一次，西夏大获全胜，杀死宋朝属户数千，劫掠马、牛、羊数以万计。

西夏的不断侵扰终于惹怒了宋英宗，尽管他十分恼火，但他和父亲仁宗一样，能够很快克制住心中怒火，息事宁人，能不打仗就不打仗，这是他一贯奉行的金科玉律。于是，遣使持诏前来责问李谅祚。诏书说："如果宋夏两国交兵，就会不可避免地残害双边百姓，这并不是朕所期望的宋夏关系，关于泾原、秦凤路一带熟户，以及我弓箭手的分地，应当遵照以前旧事处置。今后不得再行侵扰，所掠人口一律遣还住地，所掠牲畜一并归还民户，两边百姓得以平安耕作，安居乐业，从而世世代代忠顺犹如金石一样持久不变，两国毗邻友好相处，这不是很好的事情吗？"没想到，宋朝使者走到西夏边界时，竟被西夏兵阻拦，并被告知不准进入西夏境内。

西夏拱化四年（1066 年）九月初一，谅祚亲率数万大军，攻打宋朝的大顺城（今甘肃庆阳市北）。西夏军攻入柔远寨，放火烧毁了屈乞等三个村落，又用栅栏截断了段木岭的通道。宋军只好命令边塞附近的民户一律迁入堡寨，实行坚壁清野。

西夏军围攻大顺城，整整攻打了三天三夜都没能拿下。

李谅祚觉得太扫兴了，想不到我大夏数万精兵数日鏖战，竟然拿不下个小小的宋城，于是乎，他决定亲自指挥。只见他身穿银甲，头戴毡帽，乘坐着数匹骏马拉的黄屋车，来到了大顺城外，亲自督战。宋军守城将领蔡挺见西夏军再次卷土又来，急忙将弓箭手分为八队，轮番放箭。谅祚沉着冷静，指挥西夏兵攻城，但眼看着西夏兵攻不上城墙，又见一个接一个地被宋箭射杀，心急如焚，不由跃跃欲试。却不料他刚一走出黄屋车，就被迎面飞驰而来的利箭射中腹部，无奈之下，仓皇逃回西夏。看到皇帝受伤，西夏兵无心再战，纷纷败逃。

谅祚回到都城兴庆府后，箭伤一直得不到有效控制，甚至不断恶化，眼见对宋作战不断失利，遂决定于西夏拱化五年(1067年)闰三月，派人向宋朝贡献物产表示谢罪，请求议和，并保证今后夏国自会严守疆界，不再侵扰宋境。

是年，宋英宗病故。宋神宗此时刚刚即位，西夏请和使的到来让他十分高兴。他当即颁诏，同意和解，并赐给谅祚银五百两、绢五百匹。

是年，十二月，谅祚因伤势过重，不治而逝，时年二十一岁。谅祚死后，谥号昭英皇帝，庙号毅宗。

李谅祚继位之初，面临没藏兄妹窃夺国柄、弄权专政以及辽兴宗入侵的严峻考验，他机智果敢、卧薪尝胆、小心翼翼、把握时机，诛杀没藏讹庞，败退辽兵。为了稳固国家根基，巩固统治，也为了适应夏国政治、经济发展的需要，谅祚力排众议，改蕃礼、兴汉礼；增设官职，大胆重用汉人大夫；调整监军司，军政大权得以分明；划清地界，恢复榷场，在短期内使西夏走上和平发展的道路。一系列措施的实施，表明李谅祚继承了他父亲李元昊的大胆革新精神，对西夏国家的稳定和社会经济的发展都起到了不可忽视的作用。但是，他显然没有继承他父亲卓越的军事指挥才能，在他不断发动的对吐蕃、宋朝的战争中，没有取得大的成功，反而削弱了西夏国的国家力量，有雄心壮志，却操之过急，免不了有穷兵黩武之嫌疑，最终命殒沙场，英年早逝。

梁氏专权出二后 后族独断动刀兵

西夏拱化五年(1067年)岁末,雄才大略,颇有其父遗风的李谅祚箭伤骤然恶化,医治无效后撒手人寰。年仅二十一岁的夏毅宗李谅祚壮志未酬,竟盛年辞世,西夏臣民悲痛不已。

就在大夏皇帝李谅祚箭伤恶化,生命危在旦夕、生死难卜之际,身为皇后的梁氏挺身而出、义无反顾地挑起了重担。当李谅祚驾崩以后,年仅七岁的儿子李秉常在其母后梁氏及势力的支持和簇拥下匆忙登基,继承大统。

李秉常因为年幼无知,不能处理国政,身为母后的梁氏便以恭肃章宪皇太后的身份垂帘听政,而她的弟弟梁乙埋则出任西夏国相。梁氏姐弟独掌西夏朝政,从此开始了西夏历史上第二次因皇帝年幼而造成的母后垂帘、外戚专权的时代。

此情此景,与当初的没藏氏兄妹专权何等相似!可怜的西夏政权好不容易才摆脱没藏兄妹专权的阴影,紧接着又陷入了梁氏姐弟专权的泥潭,真可以算得上是国运多舛了。

西夏乾道元年(1068年)二月,梁太后分别遣使宋、辽两国,一来报丧,二来请求宋、辽两国尽快对新任西夏皇帝李秉常予以册封。

是年十月,辽主册封李秉常为西夏国主。

宋朝方面却一直不见动静,而且对待西夏国来使的态度极为冷淡。宋神宗不急于册封李秉常是有原因的,一方面,宋朝上下都特别厌恶西夏后族梁氏专擅西夏国政的局面，故迟迟不肯对李秉常行册封礼；另一方面，数年来西夏国出尔反尔，多次侵袭北宋边境，危害边民生产生活，为此，宋朝君臣极为恼火。因此，册封西夏新任国主之事，宋朝君臣一拖再拖，直至整整一年以后，宋朝才决定遣使册封李秉常为西夏国主。

西夏天赐礼盛国庆元年(1069 年)八月，梁太后上表宋神宗，请求废去汉礼，重新实行蕃礼，神宗采取了放之任之、不加干涉的策略。梁太后的这一做法，很快遭到了西夏国内很多党项贵族和汉吏的强烈不满，其中以元昊的弟弟嵬名浪遇为主要代表。嵬名浪遇在谅祚时期曾身居国相要职，又精通兵法谋略，此时他虽年事已高，但依然担任西夏都统军之要职。梁太后觉得他顽固迂腐日后必为患，便想方设法罢了他的官。不久，又以非议朝政为名，将其全家发配边疆。可怜的嵬名浪遇，忠心为国却被流放千里，无奈之下只能颠沛流离，远走边疆。贤臣良将不能用，亲戚小人尽得利，梁太后一意孤行，为西夏统治阶层内部矛盾的激化埋下了隐患。

西夏后妃供养像

梁太后摄政初期，对宋朝继续执行了李谅祚前期的方针，一面进贡，一面打劫。因此，宋朝陕西边界，自东向西，鄜延、环庆、泾原、秦凤、熙河五路烽火连天。

梁氏在排除异己的同时，大力提拔梁氏子弟为官，培植自己的亲信力量，以梁乙埋父子为首的后族母党集团势力手握军政大权，旗下子弟个个身居要职，飞扬跋扈。

西夏天赐礼盛国庆元年(1069 年)三月，梁氏向宋神宗上表，请求以塞门、安远二寨换回绥州，宋朝君臣不许。是年四月，梁氏便以此为借口，发兵进攻宋朝的秦州一带，攻破刘沟堡，宋将范愿战死，宋军损失士卒数千人。九月，又以宋神宗严令禁止宋朝边民与夏人私市，致使西夏国内百货日用极度缺乏为由，发兵攻打庆州一线，大掠人户而还。十二月，西夏国相梁乙埋亲自率军攻打宋朝绥州境内的顺安、绥平和黑水等寨，由于宋朝守将郭逵防守得法，未能攻下，西夏兵只好撤退。

西夏天赐礼盛国庆二年(1070 年)五月，梁氏突然调兵遣将，以十万兵马，在宋夏边界靠近宋朝庆州一带筑闹讹堡，大败北宋庆州防御李复圭。李复圭损兵折将严重，非常恼火，他为挽回面子、报复西夏，率军避开西夏兵锋，私自偷袭了西夏金汤城。当时金汤城中的西夏防兵，已尽数被梁氏调往前线，仅留有一二百个老人和小孩居住，面对这些西夏老幼，李复圭竟然为泄一己私愤，下令将其全部屠杀，随后，竟谎报以军功向朝廷献捷。

宋夏边界冲突由此升级。

是年八月，梁乙埋点集全国兵力倾巢而出，深入宋朝环庆路攻打大顺城、柔远寨、淮安镇等地。不料，庆州守将早有防备，领兵应战，梁乙埋自己统兵无方，又不晓谋略，只知一意孤行，孤军深入，最后只能是接连败阵。中途又听说吐蕃董毡乘西夏国内空虚，率军进入西夏国西境，梁乙埋被迫退兵。

西夏天赐礼盛国庆三年(1071 年)正月，宋朝以知青涧城种谔为鄜延钤辖，命诸将皆受种谔节制。种谔为了夺取宜农宜牧、西夏人赖以生存的横山地区，率领两万宋军深入横山要冲啰兀城，大败西夏军，攻占啰兀城。随后，种谔又不失时机地发兵进筑了永乐川、常逋岭两寨，形成互助声援之势。宋军攻占横山要塞啰兀城，等于在西夏的战略要地打进了一个楔子，宋西夏军事形势日益恶化，以梁太后为首的西夏国统治集团霎时极度恼怒和恐慌。为了有效抵抗宋军对横山地区的进

驻和蚕食,是年二月,梁太后不得不向辽国求援,辽主答应发兵三十万助夏。

有了辽主的承诺,西夏军士气大振。西夏国相梁乙埋乘机发兵十万,以迅雷不及掩耳之势,攻破了宋朝抚宁城,宋朝将士千余人阵亡。在梁乙埋的指挥下,西夏军乘胜包围了顺宁寨。

眼看着顺宁寨危在旦夕,戏剧性的一幕出现了。宋朝顺宁寨内有一位李姓的娼妇,她毛遂自荐,自称有破敌良策。只见她冲上顺宁寨城头,面对西夏军就是一顿臭骂,历数西夏后族母党集团专擅西夏国政的件件丑事。梁乙埋听后羞愧难当,只好下令暂缓对顺宁寨的围攻。

三月,西夏兵夺回了啰兀城。

五月,西夏兵因粮草不济而退去,这才解了顺宁寨之围。

这时候的宋朝国内,正酝酿着变法革新活动。年轻气盛的宋神宗继位于宋朝士大夫变法思潮方兴未艾之时。血气方刚的宋神宗身处太子东宫之时,便关注边防,留心国是,希望有朝一日能够有所作为,革除弊政,振兴国力,重振大宋国威,彻底改变宋朝积贫积弱的局面。史书记载"帝奋然将雪数世之耻","欲先取灵、夏、灭西羌,乃图北伐"。宋神宗继位以后,立即向父皇在世时力主变法革新的元老重臣富弼征询富国强兵之道。然而,令神宗失望的是,此时的富弼已经因为庆历新政的失败而丧失了当年力主改革的锐气,而且久居高官,整个人已经变得因循守旧,老于世故。面对着神宗的意气风发,革新图强之兴国大志,他不仅不予以支持,反而一再敷衍搪塞,最后才说出了自己的意见,竟然是要求神宗"二十年口不言兵",试图让宋神宗放弃改革时弊的想法。胸怀壮志的宋神宗大失所望,既然无法从元老重臣那里得到有力的支持,那就只得另择贤良了。就在这个时候,雄才大略的宋神宗遇到了当时已经以道义文章名扬天下的王安石。王安石是中国古代历史上杰出的政治家、改革家和军事战略家。此时的王安石,面对国家在宋夏边境战事中屡战屡败,疲于奔命的危机局面,提出了从经济入手的改革方针,受到了许多士大夫的认可,其政治主张和个人操行深孚众望。宋神宗便把一切希望放在了在士大夫中享有很高声望的王安石身上。王安石在宋神宗的大力支持下,开始了著名的"王安石变法"。

王安石变法以经济改革为切入点,进而展开全面革新。内修政治,疏活财政,革新军政;外则积极强兵备战,尽天下之财力,军民一心,同仇敌忾。随着王安石

西夏伎乐

变法如火如荼地进行，宋朝国家日渐昌盛，民富兵强，宋神宗为此备感欣慰，准备挥戈西进，彻底打败西夏，彰显大宋国威。

而看当时的西夏国内，梁氏姐弟专权，排斥嵬名家族的贤臣良将，重用亲属，恢复蕃礼，统治阶层内部矛盾不断激化。加之西夏境内灾荒连年，民怨沸腾，而梁氏姐弟却一意孤行，接连发动对宋战争，战火连年，败多胜少，极大地削弱了西夏的国家经济和军事实力。

西夏大安二年(1075 年)，李秉常已经十六岁了，依照祖制，当完婚亲政。在文武百官的要求下，梁太后被逼无奈，决定还政于李秉常。但她在还政之前，亲自为儿子李秉常操办了婚事，将自己娘家侄女、国相梁乙埋的女儿册为皇后，以便梁氏集团能够继续掌握大权干预朝政。梁乙埋的女儿就是后来的小梁太后。

与西夏前两代帝王相比，夏惠宗李秉常不免显得有些仁慈懦弱。他自幼熟读经史百家，酷爱中原文化，极其推崇中原宋朝的典章制度，不喜欢打打杀杀，所以极力反对战争和杀戮，希望能早日实行仁政，救万民于水火。执政以后，他决心改弦更张，与大宋化干戈为玉帛，让西夏国的子民过上安居乐业的生活。

为了实现这一政治理想，秉常亲政伊始就经办了三件大事：换将、复礼、议

和。换将就是撤换一批主战的臣僚；复礼就是恢复汉人礼仪，废除蕃礼；议和就是派遣使臣出使宋朝，主动请和。

然而，十六岁的秉常毕竟太年轻，他把经国大事想得过于简单，过于乐观了。他以为办完这三件大事之后，战火即可熄灭，天下就会太平。而事实上呢？理想很丰满，现实很骨感。李秉常哪里知道，撤换掉那批主战的臣僚之后，西夏不仅政令不通，处处掣肘，而且战事依旧不断。所谓复礼，也是表面工作，搪塞而已，西夏全境依然是蕃礼盛行。至于议和，难度就更大。西夏的使臣受命来到宋朝主动提出议和，本以为宋朝会积极响应，哪知道宋朝得寸进尺，以为夏国是兵败乞和、无力再战，非要西夏交出若干土地堡寨，致使宋夏和约难以签订。

李秉常身边的心腹爱将是一个名叫李清的汉人，他利用自己常年出征前线之便，经常给李秉常从宋朝境内招诱一些美貌乐妓，供李秉常玩乐。

西夏供养菩萨

西夏大安八年(1081 年)三月,李清向李秉常出谋献策说,可以将西夏所属河南之地划归宋朝以改善两朝关系,进而达成李秉常所梦寐以求的夏宋和议。长久以来,李秉常求和心切,对于李清的建议,他表示默许。

然而,谁也不曾料想,此时此刻,身居后宫的梁太后一直关注着秉常的一举一动,她通过各种手段来影响秉常的决策。

在梁太后眼里,儿子秉常虽然有些仁慈懦弱,但还算孝顺,继位后勤政爱民,励精图治,虽然始终想跳出她的手掌心,但他那股子折腾劲儿,到底还是随了梁太后,所以说她还是蛮喜欢秉常的。但当梁太后确信已经亲政的儿子并不能很好地执行她对宋的既定策略,竟敢听信汉将谗言,意欲私下割让西夏国土向宋求和之事后,便按捺不住她的愤怒了。于是,她采取断然措施,突然发动政变,杀死了李清,将夏惠宗李秉常囚禁于兴庆府外的木寨行宫,再次夺权主政。

梁氏夺权主政后,大权独揽,一切恢复了旧制。

李秉常被梁太后囚禁的消息很快传遍整个兴庆府, 拥护李秉常的亲信旧党和一些同情李秉常的部落酋长,纷纷拥兵自重,与以梁太后为首的后族母党集团形成对峙,他们一致要求还政李秉常,并发誓不与梁太后合作。

西夏君臣不合,国内局势一度失控,险些酿成大乱。

然而,这对于一直准备用兵西夏的宋神宗来讲,无疑是天赐良机。收到这样的消息后,宋朝上下普遍认为收复失地,铲除宗藩,一统天下的时机终于到来。宋朝迫不及待地调集五路大军,浩浩荡荡、分头并进,大有铲平西夏之势。

梁太后刚刚夺回大权,就遭遇了宋军来势汹汹的军事进攻。大敌当前,梁太后镇定自若,她传令各路监军司坚壁清野,加强防御,避免与宋军主力正面作战,同时纵敌深入,保存实力,然后以逸待劳,发挥骑兵长途奔袭优势,用不间断的突袭战术骚扰敌人,用游击战分兵从背后抄掠敌人的粮草和其他物资,一有机会,便创造条件,适时展开消灭敌人有生力量的战斗。

在梁太后的指挥下,不到五个月,宋朝五路大军先后溃败,一场声势浩大、规模空前的西讨运动宣告结束。梁太后迅速率军收复了在战斗初期沦陷的土地,为报仇雪耻,其攻掠程度前所未有。

宋军刚刚遭遇败绩,还来不及喘息,就在第二年九月再次遭遇梁太后的猛烈进攻。梁太后亲率西夏军进攻绥德,大破永乐城,宋军将士伤亡惨重。随后,西夏

兵围困米脂城，宋军将帅胆怯，竟无人敢出城迎战，任由西夏兵百般挑衅。西夏兵在城下接连辱骂了宋军三天三夜，无奈之下才扬长而去。

这仗打得真漂亮，梁太后又一次率领西夏军取得了对宋作战的新胜利，然而，西夏朝野上下，对梁太后却依旧是一片反对之声。反对梁氏后族母党集团专擅国柄，反对累年发动战争，更反对他们的专政和飞扬跋扈，反对力度没有丝毫减弱。

这是为什么呢？因为更现实的问题已经摆在了梁太后和西夏军民面前，夏宋开战，直接影响了双方经济交流和贸易往来。如今宋朝不仅断绝了给予西夏国的岁赐，而且禁止了和市，宋朝的货物进不来，西夏的土特产出不去。没有了与宋朝的经贸交流，西夏国内经济开始萧条，西夏百姓生活用品极度匮乏，物价飞涨，民不聊生，仅一匹马就要价一万钱。尤其是连年不断的战争，横山一带的田地几近一半不能耕种，严重破坏了老百姓正常的生产和生活，即使各监军司也不得不面临粮草不足，人饥马乏的困境。

为了尽快稳定时局，西夏大安十年（1083 年）闰六月，梁太后决定第二次还政于儿子李秉常。

西夏天安礼定元年（1085 年）二月，国相梁乙埋病故。梁太后依照李谅祚的遗诏，让梁乙埋的儿子梁乙逋世袭国相之位。

三月，梁太后的老对手宋神宗驾崩。

第二年七月十日，年仅二十六岁的李秉常也突发疾病，不治而亡，梁太后伤心不已，从此一病不起，很快也撒手人寰。

新任国相梁乙逋遵照姑妈大梁太后的遗命，拥立三岁的小外甥李乾顺继承皇位，是为夏崇宗。尊梁皇后为昭简文穆皇太后，西夏梁氏专权进入下一个历史阶段。

短短一年的日子，西夏和北宋曾经最高的统治者都先后撒手西去，这不得不让人感叹造化弄人！

是年十月，西夏遣使到宋朝报丧，宋哲宗辍朝三日，表示哀悼，并遣祭奠使和吊慰使前去西夏吊唁。

西夏国没有因为大梁太后的去世而迎来新的气息，梁氏后族母党集团新的兄妹组合再次登上西夏的政治舞台。

小梁太后和他的哥哥一个是皇太后，一个是国相，兄妹俩把持西夏国政，小梁太后立志要继承她姑妈大梁太后的衣钵，做个战争女强人，梁乙逋也想学习父亲梁乙埋和姑妈大梁太后的用兵之道，当个盖世英雄。

西夏天仪治平元年（1087 年）四月，梁乙逋致函宥州，宣称："朱梁川系西夏土地，宋朝不得擅自筑堡，如若不然，后果自负！"这一信号，表明新梁氏集团与宋朝争夺土地的强硬立场。

宋朝宥州守将还来不及回信解释或者说明一下，梁乙逋就率领西夏兵突袭了泾原蔺家堡，掠去不少牛羊，焚毁边民庐舍。

五月，西夏与河湟吐蕃大首领阿里骨相约进攻宋朝，瓜分熙、河、岷三州及兰州、定西城。于是，阿里骨破洮州，梁乙逋出河州，合围宋朝南川寨，大肆焚掠。随后又攻陷定西城，杀都监吴猛。八月，小梁太后与梁乙逋召集十二监军司兵马于天都山，谋攻兰州、熙河。阿里骨发兵十五万围河州，表示响应，鬼章率两万人筑城洮州作为接应，梁乙逋在黄河上架设飞桥以方便联络。岷州知州种谊与总管姚兕间道出奇兵，斩断飞桥，袭破洮州，生擒鬼章，蕃、西夏兵士闻风溃散。捷报传至汴京，百官相贺。

宋朝和西夏双方虽然几乎在同一时间段迎来了新国君，但与西夏相反，宋朝

人字披顶东披(局部)

方面坚持对西夏采取强硬态度的宋神宗驾鹤西游,其幼子哲宗继位,实际权力却落到了宋神宗的母亲宣仁太后高氏手中。她起用极力反对王安石变法的司马光为宰相,打着“以母改子”的旗号,将熙丰以来的新法全部废除,史称“元祐更化”。在对待西夏的政策上,也一反宋神宗积极进取的强硬做法,主动提出归还自用兵以来所占据的西夏横山诸堡寨。

然而,西夏梁氏兄妹却不领情,他们将宋朝的妥协退让看作是软弱可侵。按照宋夏划界条约,当年李宪所筑的质孤、胜如二堡当属兰州地界,归宋朝所有,而梁氏兄妹则固执地认定此二堡之地,乃是西夏“御庄”所在之地,强烈要求宋朝方面废除二堡,且不得于此处屯兵。宋朝熙河将帅范育认为西夏这是无理取闹,坚决不答应。梁乙逋当即率领万余骑一举荡平质孤堡,又焚掠了胜如堡。

“你不接受我就出兵。”自从宋朝“元祐更化”决心归还所占西夏堡寨之后,梁氏兄妹摸清了宋朝君臣不愿再开战的心理,经常因地界问题,对宋朝大打出手,每一次都能如愿,这几乎成了西夏处理对宋地界问题的一个既定方针,同时也是法宝。

西夏天祐民安二年(1091 年)三月,西夏派出外交大臣嵬名麻胡前去鄜延商议划界,双方依旧是口舌大战,嵬名麻胡出言不逊,甩手而去,谈判被迫终止。梁乙逋闻讯,以十万兵马压熙河通远军境,围定西城,毁沿边护耕七堡。

七月,拆毁镇戎军八处烽堠,并警告不许再修。

八月,又毁鄜延路荔园、土门二堡。

九月,集兵十五万进犯麟、府二州,杀掠不可胜计。

然而,就在西夏军民为麟、府二州之胜狂欢的时候,接连发生了两件对西夏不利的事:一件是来自漠北的塔坦大军突然袭破了西夏国国都兴庆府的屏障——贺兰山,劫杀西夏人户千余,掠去牛羊万计,此事无疑是朝西夏人的背后捅了一刀;另一件是宋朝将领章楶趁西夏韦州一带防备疏松之时,突然命令部将张存统兵入韦州,斩杀蕃部千余人,此事又无疑是朝西夏人的胸前捣了一拳。经过这两件事刺激,小梁太后顿感腹背受敌,形势堪忧。

西夏天祐民安三年(1092 年),西夏再次遣使向辽国求援,辽主命大将萧里海驻兵宋朝北境以张西夏声势。

是年十月,为报仇雪恨,小梁太后决心兵临章楶所辖之环庆一路,她亲自领兵十万围攻环州。宋朝官军防守得法,戒备森严,小梁太后一时无法攻取,只好就地安营扎寨做长久计。

再说这环州地处黄土高原,水泉奇缺,驻扎后不久,小梁太后的人马很快便遭遇了缺水的困境。好在环州城外一百里开外的地方有一个牛圈,倒是积了一大坑的水,但宋朝环庆路统帅章楶早就预料到西夏军会有缺水的困境,因此派人连夜在水里投毒。西夏人马喝了有毒的水后,纷纷倒地毙命,士气大挫,攻城七天不下,只好扫兴撤去。

没曾料想,宋将折可适率部早已为西夏军设下伏击,还命部下瞅准大旗位置,全力追击,力争活捉梁氏。西夏军一进埋伏圈,宋军众将士便奋勇高呼:“活捉梁氏!活捉梁氏……”一通接一通的穷追猛打。

西夏军阵彻底被这突如其来的伏击扰乱,军心动摇,人心涣散,丢盔弃甲四处奔逃,小梁太后虽有数万铁鹞子拼死护驾,但也不得不丢弃大帐和首饰,用青幕遮盖,换了普通女兵的服装,这才侥幸逃脱。

西夏天祐民安四年(1093年)宣仁太后病死,宋哲宗亲政,改元为“绍圣”,意为“绍述先帝”,重新启用变法派,恢复神宗时的内政与外交政策,决心对西夏采取强硬措施。

西夏天祐民安七年(1096年),宋哲宗采纳宰相章楶的建议,令各路停止一切与西夏划界谈判事宜,采取步步进逼的策略向西夏发起蚕食性进攻。

小梁太后实在是好战,面对宋朝的强硬立场,她不以为然,决心以牙还牙,带上小皇帝李乾顺御驾亲征,率领五十万大军杀向鄜延路,真可谓是,烽火连天数百里,劫尘飞扬蔽天日。

战场上,母子二人亲擂战鼓,一举攻破金明寨。两千五百名宋朝守军,只有五人幸免于难,城中五万石粮食、千万束草全部落入西夏人手中。

三关口

战后，梁太后母子还写了一封信，挂在一名俘虏的脖子上，令其投送给鄜延路经略司。信的大意是："划界谈判半途而废，责任全在你朝出尔反尔，无赖悔改，我大夏全民愤慨，决心与违约之敌血战到底！今日取一金明寨，以示警告。"

面对西夏的猛烈进攻，宋朝君臣不急不躁，各路大军依旧是按部就班，稳扎稳打，步步为营。

西夏天祐民安八年(1097 年)正月，泾原路钤辖王文振袭破没烟峡(今宁夏海原县苋麻河流域)。小梁太后不甘心失去城池，出兵七万攻绥德，不胜，又转攻麟州神堂府，不料被都监贾岩数百骑击败，七位大首领阵亡，将士羞愧，号哭而还。梁太后认为哀兵必胜，又围攻葭芦城，结果七天七夜仍未能攻克。宋军反守为攻，夺洪州，破延州。是年，宋军在石门峡口筑平夏城(今宁夏固原黄铎堡古城)，直逼西夏天都山。小梁太后集全国兵力，出没烟峡，欲毁平夏城，结果依然是以失

败而告终。出师不利，她又转而恳请辽国出面干涉，指责宋朝毫无信义，出尔反尔，应当返还所侵西夏疆土，毁去所筑城堡。但辽主心怀鬼胎，敷衍了事，坐山观虎斗，对宋夏两方都不表态。

穷兵黩武的小梁太后不仅继承了她姑妈大梁太后的衣钵，而且有过之而无不及，在她的独裁专政下，江山社稷、黎民百姓都全然不在她的眼中，西夏王国因此一步步陷入了内外交困、众叛亲离的泥潭。史书记载，从1097年五月到1098年底，仅仅一年半的时间内，先后就有八位西夏官员投奔宋朝。同时，在军事上也是屡战屡败，西夏国人身处水深火热之中，不仅正常的生产生活根本无法保证，而且还要深受战争之害，丢失城池暂且不说，长此以往，恐怕会动摇了大夏国的根基。

这里需要特别指出的是，西夏永安元年(1098年)的第二次平夏城之战，小梁太后亲率四十万大军鏖战了大半个月也没有攻破平夏城，最后落了个丢盔弃甲，溃不成军，慌忙逃窜间连西夏的南大门天都山都丢掉了。天都山易手，导致整个西夏南疆防线的全面崩溃，宋夏形势直接变成了宋强夏弱。自此，宋军骑兵可直抵西夏国都兴庆府城下。

小梁太后接二连三遭遇失败，但她全然没有悔改之意，她想过来想过去，竟然将失败的原因归结到了辽人身上。因为在夏宋鏖战之际，她曾多次向辽主乞兵求援，但没有得到一次实际意义的援助，她认为辽国是口惠而实不至、见死不救。然而，小梁太后没想到自己的几句牢骚话，竟然传到了辽国。有人借题发挥，说梁氏素来对辽主大为不恭，经常口出怨言，曾多次扬言来日要报复辽国，以泄见死不救之恨。

辽主本来就对西夏大小梁氏专擅国柄的行为感到反感，闻听此言，决计要除掉小梁太后。

当时，西夏国内自上而下的反梁斗争开始白热化，忠于皇室的大臣们不满梁氏统治，部族矛盾也日益激化。于是，当辽国派遣使臣来到西夏，秘密联系反对梁氏的大臣时，竟得到了西夏大臣的全力配合，在梁太后招待辽使的隆重国宴上，辽使偷偷在酒里下毒，梁太后饮后，当即七窍流血，倒在杯盘狼藉之中。小梁太后一死，标志着西夏后族梁氏集团专权的时代一去不复返了。

出良策坚壁清野
操胜券败宋退敌

西夏大安八年(1081年),西夏国内发生政变,西夏第三代皇帝李秉常被母后梁氏软禁起来。忠于李秉常的大臣及亲近豪酋纷纷对梁氏的行为表示反对和谴责,为了迫使梁氏还政于秉常,他们私下沟通,表示不再听从梁氏的指挥,很快,西夏国内就出现了诸族各自为政、拥兵自固的一片混乱景象。

当时宋朝在位的是年轻有为的宋神宗,他雄心壮志,一心想要恢复太祖太宗时期的荣光,当政以来,起用主张改革的大臣王安石,掀起了大刀阔斧的变法运动。不久,宋朝国府开始充盈,国力也逐渐得到增强。宋神宗看着蒸蒸日上的宋朝国势,感觉荡平西夏,指日可待。

西夏王陵117号墓出土的文臣头像

西夏国母子失和,君臣离心,局势动荡的消息传到宋朝后,坐镇西北的大将种谔率先表奏皇上:“夏国无人,秉常儒子,臣往持其臂以来耳!”宋神宗也认为这是一个千载难逢的机会,是一个

俄藏黑水城出土的大势至菩萨图

剿灭西夏，剪除藩镇的好机会。所谓良机已到，稍纵即逝。于是他调兵遣将，发动了北宋历史上规模空前的五路伐夏运动。王中正从河东路出发，种谔从鄜延路出发，高遵裕从环庆路出发，刘昌祚从泾原路出发，李宪从熙河路出发。

宋朝军队的作战方案，从来都不是临战而决，宋朝君臣作战讲究阵图运用，仗打得好坏，就看你阵图运用得好坏。宋朝大军开拔之前，皇帝与机要重臣事先都会为大军制定好作战方案，将帅出征需严格遵照既定方案行事，一般不允许私自改变阵图既定方案，如若改之，虽胜犹罪！因而，关于此次五路伐夏之作战方案，宋神宗早已成竹在胸，那就是：一、泾原、环庆两路大军先会师攻取灵州，然后渡过黄河，直捣西夏都城兴庆府；二、河东、鄜延两路大军会师夏州，然后西进，最终的进攻目标也是西夏都城兴庆府；三、熙河路也向西北方向挺进，形成三路大军联合夹击兴庆府的态势。其中，河湟吐蕃大首领董毡派出的蕃兵距离兴庆府太远，可就近北上攻取凉州，牵制西夏右厢兵力。总的战略意图是诸路合围，一举消灭西夏。

起初，西夏见宋军是兵分数路而来，便制定了处处布防的作战方针，所谓你几路来，我几路挡；你大军三十多万，我全民皆兵，叫你处处受制，有来无回。然而，宋朝五路大军有备而来，很快就冲破了西夏军防线，原来西夏军处处设防的方针，看似遍地开花、无处不在，但在局部范围内却大大削弱了自己的防御力量。很多地方出现了敌我力量悬殊的态势，西夏军猝不及防，连连败阵，丧失了很多堡寨。事关西夏国生死存亡，梁太后立即下令召开紧急军事会议，希望能够找出破敌良策。

大敌当前，那些曾经闹矛盾、搞分裂的部落大族抛弃了以往的成见，主动团结在梁太后的大旗下，誓与大夏共存亡。

在大梁太后召集的紧急军事会议上，年轻将领义愤填膺，壮怀激烈，纷纷要求与宋军展开决战，誓死捍卫国土，要全力以赴给宋军迎头痛击。只有一位老将军提出不同的意见："依老臣之愚见，南朝五路来攻，想必有备而来，今看其军容整齐，气势凶猛，有锐不可当之势呀。若如我大夏将士此刻与他正面交锋，恐此乃南朝兵士求之不得，南朝来犯之敌，此时好比刚刚射出的利箭，神速有力，无坚不摧，我大夏此时与之交战，敢问胜算能有几分把握？不如先避其锋芒，避免硬拼，只需坚壁清野，与他持久周旋，纵其深入。我主力部队可暂且撤退到兴州、灵州一

西夏史话

带，保存实力，伺机反击。期间，可遣我大夏骑兵，轻装上阵，千里奔袭，迂回到宋军后方，抄掠粮道，以破坏敌人后勤为主，见好就收。切记，要灵活应对，万不可恋战。宋军数十万大军一旦粮草不济，军心必散，自然就会不战而退。趁其丧失斗志，徘徊之时，我大夏勇士可倾巢出动，给以坚决痛击。想我太祖、太宗、景宗时代，之所以能够屡屡重创宋师，就是灵活运用游击战，这是咱们党项人的法宝哪！”

大梁太后听了这位老将军的话后，不禁脸上露出了得意的笑容：“嗯，老将军身经百战，极富作战经验，此计谋坚壁清野，以逸待劳，果然妙哉！甚好！各监军司将帅听令，依老将军所言，尔等所属城、寨、堡，赶在宋军来袭前，清点一切军用，撤离军队，能带走的带走，带不走的就地毁弃，万不可留资宋人。”十二监军司果断执行命令，数十万精锐部队迅速撤回内地，沿边各城寨留守人马能守则守，守不住就速速撤离，难以撤离也可先投降，不在乎一城一池一得失，保住有生力量是最重要的。

西夏军新的迎战方针很快就在西夏境内铺展开来，这无疑是敞开西夏国大门迎接宋师，所以，宋朝五路大军都进展得非常顺利。

先说种谔一路大军，九万人马，自鄜延路北绥德出发，很快攻入西夏境内，首战米脂。米脂的西夏军统帅梁永能也是梁氏家族成员，他率八万将士迎战，刚一接战，便显力不从心，西夏军阵混乱，最终梁永能大败而逃。镇守米脂的守将讹遇见状打开城门，表示愿意献城投降。接着，种谔进围石州，州将不战，弃城逃跑。

种谔所率鄜延军人马众多，又号称战斗力最强，但神宗的旨意是，种谔一路人马受王中正节制。自从相继攻取米脂和石州以后，种谔便在报捷表里提出要独立行军，以便见机行事。宋神宗正在兴头上，又见种谔一路大军收复了那么多州县，便认为种谔所请，言之有理，诏令种谔单独作战，争取更大的胜利。本来宋军兵分五路伐夏，就已经犯了兵家大忌，这就好比把拳头岔开了，五个手指头伸出去打人，你想能有多大力度呀。

种谔这下再也不用听从王中正的调遣了，终于可以独立行军了。于是，他率军径直向银州奔去，按照最高指示，西夏统军索九思早跑得不见了踪影，种谔部乘胜收复银州。银州是当年党项人世袭的五州之地中的一州，没想到，从拓跋思恭时代就被党项占有的汉唐旧土，居然也被收复了。捷报送达汴京后，宋神宗备

受鼓舞,君臣拍手叫好!

这时候,王中正率领着六万河东兵从麟州出发,一路慢慢腾腾,游走在沙漠边缘,仅仅是在白草坪一带就逗留了九天,才渡过无定河,后来又不小心进入到了沼泽地带,尚未与西夏兵交战,就损失了不少兵马,士气低迷,只好悄悄跟随在种谔部队的后面,走走停停,磨磨蹭蹭又是一月有余,终于到了宥州地界。探子回报说,城中西夏守军早已弃城,没了踪影。这时候,王中正的一个部将终于按捺不住了,他赶忙向王中正提建议说:“你看人家鄜延军自出兵以来,已经攻取了那么多州县,取得了那么大的成功,可是咱们自出征以来,连一支像样的西夏军队都没碰上,仅凭这三十来个首级,将来怎么向皇上交代呀?今日,宥州城内已无西夏守军,机不可失哪!”接着,自告奋勇道:“臣愿借兵率军拿下宥州城。”岂料王中正道:“小小宥州城,举手之间即可拿下,还用你去吗?”

这宥州城,那也是党项祖居世袭的五州故地之一呀,所以,只要能拿下宥州城,也算是大功一件,还怕没有赏赐吗?王中正越想越觉得是上苍垂怜自己,想自己所率大军自出兵以来一直不顺,没想到今日天赐良机,何不速战速决呢?于是,他亲自率军攻入宥州城内,屠杀城中老弱病孤五百余人,急急忙忙将战功报

观世音菩萨

送朝廷。

再说环州方面，环州方面的最高统帅那可是太后的弟弟、神宗的舅舅高遵裕。高遵裕本人刚愎自用，也不懂兵法，但他贵为皇亲国戚，深得神宗信任，众部将也没人敢随便给他提建议，就连泾原路的刘昌祚也受命由他节制。只见他趾高气扬，率领部下兵马八万七千，从环州洪德寨出发，一路奔袭，很快就兵临清远军城下，西夏守将嵬名讹兀稍作抵抗，便举城投降。看到西夏守将不战而降，高遵裕十分得意，下令大军继续进发。高遵裕的大军一路马不停蹄，径直杀向韦州。西夏韦州守军弃城北撤，保卫都城兴庆府去了，宋军攻占的是一座空城。

拜寺口双塔

刘昌祚常年生活战斗在边关，算是一位有着丰富作战经验的老将，但此次五路伐夏，作为泾原路副统帅的他，却领旨受命于一个不懂兵法、不习战事的皇亲国戚，自然免不了闹些小情绪。就在诸路大军相继出发的时候，他也奉命率领蕃汉兵马五万，日夜兼程，向葫芦河一带进发。当刘昌祚大军行军至磨移隘时，遭遇了西夏的主力部队十万大军的阻击。老将就是有老将的风范，大敌当前，刘昌祚毫不示弱，只见他身先士卒，左突右冲，奋力冲杀，很快就突破西夏军防线，西夏军见状只好退去。刘昌祚以五万军队杀退西夏十万大军，更重要的是他还斩杀了西夏大首领没罗卧沙、监军梁格嵬，而且还活捉了梁乙埋的侄儿讫多埋。

战场形势瞬间万变，刘昌祚不想错失战机，便一鼓作气、乘胜追击，直捣鸣沙州，取“御庄”粮食百万石。然而，拿下鸣沙州之后，接下来是继续前进还是原地待命呢？刘昌祚想来想去拿不定主意，可是他左等右等就是不见主帅高遵裕所率大军到来。

着急归着急，但刘昌祚是副将，就得等。这时候，偏偏传来种谔鄜延军已经摆脱王中正节制独立行军的消息。刘昌祚见状，心一横，将在外，君命有所不受。于是乎，他一方面给宋神宗上书，要求摆脱高遵裕的节制，自己部署军事行动；另一方面不等宋神宗答复，就指挥兵马北上，于十一月到达灵州城下。

灵州城，那可是西夏太祖李继迁时从宋朝手中夺去的，自从宋朝丢失灵州后，丝绸之路几乎是断绝了。

探子回报说灵州城内仅剩僧道数百人，诵经祈福，貌似并无抵抗之意，刘昌祚的先锋部队几欲夺门而入。

高遵裕离开韦州后，行军速度就慢了下来，大军浩浩荡荡、慢慢悠悠地向灵州进发。途中，他接到宋神宗的手谕，说刘昌祚此人不明事理，好大喜功，难以胜任其职，要求另择将帅取而代之。显然，宋神宗对于刘昌祚此前的上书十分恼怒。高遵裕看完手谕，还没来得及处理刘昌祚，突然探马来报，说刘昌祚所率泾原军已经兵临灵州城下，准备攻城，高遵裕担心被刘昌祚抢去头功，便急遣传令兵十万火急勒令刘昌祚不可轻举妄动，只需原地待命，待我大军杀到方可行动。

刘昌祚终究还是担心灵州城内有伏兵，未敢贸然攻城，只好先令人马在灵州城外安营扎寨，又下令谁也不可鲁莽行事。部署停当后，刘昌祚这才准备下令攻打城池。碰巧的是，高遵裕的信使来了，传令要他按兵勿动，原地等候大帅。

不久，高遵裕所率环庆兵一路飞奔，齐聚到了灵州城下。刘昌祚赶忙前去拜见高遵裕，想与他商议攻城之事，却不料高遵裕拿出了宋神宗的手谕，严厉训斥刘昌祚胆敢擅自行动、不服节制，好大喜功、违抗帅令，罪不可赦。他想剥夺刘昌祚的兵权，交给姚麟代理，但灵州未破，事关重大，姚麟不敢受命。高遵裕只好让刘昌祚暂且继续处理军务，以观后效。

然而，自刘昌祚大军出征以来所缴获的西夏马匹、粮草及其他军用物资，皆被高遵裕以必须上缴国库为由没收，泾原兵因此牢骚满腹，愤愤不平。

宋军围住灵州城后，因灵州城墙坚固雄伟，多次攻打不克。宋军长途奔袭，本来就没带多少攻城器具，仅带的一些也已经在半道上被西夏游击部队毁坏殆尽。没了攻城器具，如何攻城？无奈之下，高遵裕只好下令将士就近采伐树木制作云梯，可灵州城外，方圆数里都只是零星有一些小树，根本派不上用场。

正当高遵裕就如何攻城之事头痛之际，突然有人献策，何不试着劝降？既然探子来报说灵州城内已无甚西夏军士，想必多是些老弱孤残，这些人能有什么战斗力？不如向其喊话，晓之以正统大义，兵祸残酷，王师不忍心伤及无辜，没准他们就投降了呀！高遵裕觉得有些道理，便传令士兵，不间断向城头喊话："王师在此，念尔等受小人蛊惑，误入歧途，多年来战乱不休，王师念及无辜，实在不忍伤及黎民百姓，灵州城本来就属于朝廷，想必城内该是有人通得正统大义，何不速降？"不一会儿，见那城楼之上，出现了一位慈眉善目，一派仙风道骨的白胡子老和尚，只听得那和尚心平气和说道："将军你有所不知，我等灵州黎庶，几百年来，世代居此，从来就不敢有叛变之心，也不曾生得与王师交战之心，王师如若体恤百姓生存多艰，何不退去兵马，还我等太平？却又为何不惜千里行军，烧杀抢掠，而今盘踞在此，意欲何为，恐是路人皆知吧！还望将军三思而断，若能退去大军，实在是灵州之福，黎明百姓之福！阿弥陀佛，善哉！善哉！"

高遵裕气急败坏，本想劝降，哪知碰上个这般能言会道的老和尚。无奈之下，只得在城下团团乱转。他又想出一条奇计，令兵士乘夜背土垒上城墙，没准等到天亮的时候，就可以大摇大摆地进入灵州城了。可当时天寒地冻，挖土十分困难，好不容易背土到城下又被城上西夏弓箭手一顿乱箭，死伤不少士兵，负土登城之计又告失败。

宋军劳而无功，乱哄哄折腾了十八天，灵州城岿然不动。

这时候，大梁太后亮出了杀手锏。灵州是西夏重要的灌溉农业区，当时宋军驻扎在收割后的稻田里，地势低洼。大梁太后密令将士偷偷掘开黄河七星渠，大水咆哮，冰冷刺骨，淹死冻死宋军无数。西夏骑兵趁机迅速追击，劫掠宋军粮草，截断粮道。很快，宋军断炊，人心涣散，开始出现逃兵直至四散逃命，许多士兵竟然纷纷投降奔入灵州城。宋军两路大军十多万人马，仅剩一万三千多人侥幸逃脱。西夏兵趁势大举反攻，高遵裕率环庆残兵仓皇逃走，却严令刘昌祚戴罪立功，殿后抵挡。刘昌祚边退边战，伤亡惨重，不得已退守韦州，又遭西夏兵围攻，抵挡不住，只好弃城南逃。

环庆与泾原两路大军已经接连溃败。再说种谔的鄜延大军，他们的日子也不好过。这位出征前曾吹嘘说要一个人去俘虏秉常的大将，此时正饿得头昏眼花、有气无力，丝毫不见当时的雄心壮志。早在宋军出征后，粮运就开始出现问题，因为宋军每前进一步，运粮部队身上的担子就会加重一分，加上大梁太后又执行了袭击宋军粮草的计划，更使宋军粮草供应越来越困难。自打出了夏州到了麻家坪一带，由于孤军深入，军粮渐渐供应不上，“三军无食，皆号泣不行”。好不容易到了盐州，却也是空城一座、一无所获，人无食、马无草，士气集体低落，毫无斗志，将士们再也无法挪动一步了。屋漏偏逢连夜雨，此时居然下起了鹅毛大雪，没完没了下个不停，气温急剧下降，这让原本穿得就很单薄的宋军士兵更难御寒。在如此饥寒交迫的情况下，众将士们身心疲惫到了极限，士兵开始逃亡，最后只剩三万余人。

相较鄜延军，王中正的河东兵似乎还要悲惨。在王中正的“英明”领导下，河东军从出征开始就没吃过几天饱饭。现在其他几路尚且缺了粮，王中正的河东军是“没有最缺，只有更缺”了。话说王中正大军由奈王井行至牛心亭，士卒饥寒交迫，归心似箭，还未投入大战，就有两万多人病的病、死的死、逃的逃。又听说高遵裕和刘昌祚已经败走，王中正也急忙收兵，匆匆退往保安军顺宁寨。河东军出征时的五万人，回去时只剩下了两万多人。

最后再说说李宪所率大军，先是经由熙河北上刚刚进入西夏境内的西市城

(今甘肃定西县西南)附近,尚未接战,西夏守将禹藏花麻就假装不敌,一溜烟跑得无影无踪,留守的二十多个大小首领与一万多西夏军队献城投降。李宪见状,不禁有些春风得意,没想到西夏竟然会是这样一支军队,这胜利来得也太快了吧!攻克西市城后,李宪意气风发,指挥大军向兰州进军,不费吹灰之力,顺利攻克了兰州,然后东进,在龛谷城(今甘肃榆中县境内)内,挖出了大量窖藏粮食和武器。十月,李宪如期攻占了屈吴山(今甘肃靖远县东部一带)。随后,他率军翻越天都山,夺取西夏战略要地南牟会。

但是,李宪大军自从夺取了西夏南大门天都山之后,就不思进取了。李宪一把大火烧毁了当年李元昊在天都山修筑的离宫别墅,觉得自己这是空前绝后的不朽功勋。他踌躇满志,趾高气扬,在天都游山玩水,无心作战。当听到其他各路大军纷纷败阵回撤的消息后,他也急忙收兵撤回兰州。

宋朝五路大军气势汹汹,乘兴而来,败兴而归,本欲兴师问罪却遭遇连连败阵。各路将帅为开脱罪责,在向朝廷汇报时不约而同都以粮草不济为由。朝中大臣议论纷纷,有人说:“粮草不济纯属自欺欺人,当初捷报传来,李宪说掘得龛谷‘御庄’窖藏粟数万石;刘昌祚说收取鸣沙州积谷百万石、草万束;种谔说获取米脂窖藏九千五百余石,收七里平粟十万石,还说挖出桃堆平窖藏粮食数百万石。可自出兵到收兵还不到三个月,怎么可能粮草不济了呢?如果说真是粮草不济的话,那就只有一种可能,便是诸路将帅所谓的掘得西人窖藏粟多少多少万石,根本就是一个骗局,目的只是为了冒功请赏,仅此而已!”

其实,早在宋朝五路进军西夏时,西夏人就已经按照梁太后的吩咐,将沿边各地的粮草转移得一干二净,即使某些城寨偶有残留,也只是为数不多的一些,根本不可能有像宋将捷报中所言,动辄数万、数百万石。所以说,那些让宋神宗兴奋不已的所谓捷报,都是宋将欺瞒朝廷,邀功领赏的小把戏罢了。

元丰五路征讨西夏,轰轰烈烈,凄凄惨惨,西夏人却不费吹灰之力,大获全胜。宋朝劳民伤财,最终却只能草草收场。

腥风血雨横山战
昏天暗地永乐城

西夏大安八年(1081 年),宋朝五路大军规模空前、浩浩荡荡进剿西夏的军事行动宣告失败了。面对诸路大军之败,一方面,宋神宗百思不得其解;另一方面,他并不想就此放弃伐夏大计。于是,他一再严令各路将帅及时总结经验和教训,为下一步进剿西夏做好充分的准备。

主帅李宪反思了五路大军进剿失败的原因,他认为宋军败绩的主要原因在于兵力分散,最要命的是孤军深入;还有,后勤补给供应太不给力,导致大军粮草

不济；而且各路人马都不能做到很好的配合，只知各自为营、单打独斗，甚或孤军奋战，这就严重降低了宋军的整体战斗力。怎样才能解决好这些问题呢？李宪觉得，首先，必须严令宋军各路人马在进军的过程中，谨慎前行，万万不可贸然挺进，必须步步为营，渐次推进。其次，在不断的推进过程中，注意修堡筑寨，建立起根据地。于是，他立马上报朝廷，要求神宗再发大军，集中主力于泾原一路，从镇戎军熙宁寨进发，接连修筑堡寨，逼近鸣沙城（今宁夏中宁县鸣沙镇），找准时机，夺而据之，作为宋朝驻兵进讨西夏的军事根据地。如此，则灵州可不攻自破，河外西夏巢穴必可扑灭。

可是，当时宋夏大战刚刚结束，宋朝难免有些师疲民困，不宜立即再发大军。因此，宋神宗迟迟不愿采纳李宪大规模进筑鸣沙城的主张。

就在这时，鄜延路经略安抚副使种谔提出了不同的意见，他极力主张持续经营横山，巩固和扩大宋朝在这一地区的占领。鄜延路经略安抚使沈括也上奏朝廷，建议在延州以北之地筑乌延城，经营横山，断绝西夏人越过沙漠的寇掠之路。种谔和沈括不谋而合，都是想先夺取横山，断绝西夏人寇掠之路，进而剿灭西夏。接着，他们二人联合上表宋神宗，提出了经营横山的三大意义：一、横山是西夏的东大门，易守难攻，如果能够守住横山地区，那么进可攻取西夏银、夏、宥三州，退可保宋朝边界地区免受西夏侵扰；二、横山地区民风剽悍，一直以来都是西夏精兵的主要来源地，守住横山地区，既可削弱西夏军队的战斗力，又能使这些党项人为我所用；三、横山地区盛产马匹、青盐和铁器，守住横山地区既能打击西夏经济，又能扩大宋朝的财源。

宋神宗对种谔和沈括所提出的经营横山之策表示出了极大的兴趣。因为经过宋朝将士拼死拼活，好不容易才从西夏人手中夺取的那么一点点地盘，如果就那样拱手而弃，着实太可惜了，所以神宗皇帝立即差遣亲信大臣徐禧和李舜举去鄜延路与种谔等人商议此事，以便尽早选择修城筑堡的最佳地点。

这个徐禧，又是什么人呢？史书记载，徐禧，字德占，洪州分宁（今江西修水）人。此人少有大志，颇有才华，却极其鄙视科举考试，所以一直与做官无缘。赶巧的是徐禧这样一个怪人，却因为得到了当朝宰相王安石的青睐而平步青云。当时王安石正轰轰烈烈、大刀阔斧地施行新法，大家都知道，王安石变法在当时遭到了朝野上下许多人的反对，但聪明的徐禧却发现，尽管朝野上下反对王安石的人

宁夏永宁县闽宁村西夏墓出土的木俑头

很多,但大宋天子神宗皇帝却对王安石信赖有加。他强烈地感觉到,这是一个千载难逢的好机会。于是他大笔一挥,写了一篇名叫《治策》的文章,大力颂扬变法,并提出了自己关于变法的许多意见和建议。王安石看到这篇《治策》后,拍案叫好,认为徐禧简直就是个奇才,于是,迫不及待就将他推荐给了宋神宗。正如徐禧所料想的一样,很快他就步入了仕途。在王安石的大力推举下,徐禧得以一路平步青云,官运亨通。

不过徐禧这个人后来的表现却有点不厚道。当年承蒙王安石的慧眼引荐和大力提拔,他才得以为官,可到后来,当王安石与吕惠卿俩人因变法主张不同而闹矛盾(事实上主要是吕惠卿的问题),互相不待见之时,徐禧二话没说投靠了吕惠卿,还帮着吕惠卿出谋划策,暗中拆王安石的台。徐禧这样的做法在当时就受到了朝中许多正直人士的鄙视和嘲讽。

鄙视归鄙视,嘲讽归嘲讽,反正徐禧的官是越做越大,况且此人从来都是感觉良好,不曾感到一丝亏欠。再说说徐禧这个人虽然是一介书生,却极好谈军事,

称得上是个狂热的军事迷。此人谈论起兵法，那可真是滔滔不绝，头头是道，还经常大言不惭地向人慨叹：西夏小虏，唾手可得！可惜呀，只可惜我大宋边将缺乏胆略哪！吹牛吹的次数多了，效果自然不错，后来，连宋神宗都以为他是真有军事才能。只有当年力举徐禧的王安石一再表示，此人志大才疏，不可重用。然而，无论如何，神宗这一次，却已经是铁了心："诸位大臣不必再议，朕意已决，就派徐禧前去实地考察！"

至于李舜举这个人嘛，没什么好介绍的！只交代两点：第一、他是位公公；第二、他是个老好人。

通过实地勘察，徐、李二人提交了一份报告，先是罗织了一大筐理由，否定了鄜延路统帅沈括、种谔所提出修筑乌延城的主张。接着，他们认为银、夏、宥三州交界之地有天险可倚，有"一夫当关万夫莫开"的地理优势，应当充分利用，所以他俩主张在那儿修筑永乐城。

种谔极力反对，他认为永乐城址虽然依山，地势险要，易守难攻，但无水源，在不能保证水源的地方建城，此乃兵家之大忌，万万不可。

但种谔没想到的是，自己的顶头上司沈括，这次居然同意了徐禧的意见。沈括态度的巨大转变使种谔的反对显得苍白无力，宋神宗大笔一挥，决定采纳徐禧的方案，尽快兴筑永乐城。

西夏大安九年(1082年)九月，徐禧、李舜举与沈括率数万兵夫前去修筑永乐城。由于种谔曾多次反对徐禧的筑城方案，为此，徐禧内心十分不爽，所以种谔被勒令留守延州。

徐禧为赶在西夏军队到来之前完工，严令士卒民夫夜以继日，三班轮换。工地上热火朝天，民夫们累死累活，苦干了十四个昼夜，终于按期完工。此番筑寨，大大小小一共修筑了六个堡寨。大寨周边九百步，小寨五百步；大堡周边五百步，小堡一百步。城筑好后，宋神宗赐名"银川寨"，钦点徐禧率领部队驻扎此地。

永乐城所在之处，控扼西夏三州咽喉之地，西夏当然不能坐视宋军在此地筑城。大梁太后得到宋军连夜筑城的消息后，立即召开了紧急军事会议。

西夏诸位将领一致认为永乐城所在地势险要，地接宥州，势控横山，倘若西夏是个巨人，那么宋人所筑永乐城就好比卡在西夏喉咙中的一棵硬刺，绝对不能等闲视之，置之不理。就在永乐城刚刚建成之时，大梁太后便急命部下统军悖麻

俄藏西夏唐卡《比丘像》中的武官供养人

率兵马二十万前去争夺。

这时候，徐禧和李舜举、沈括等人都已率部回到了五十里外的米脂城，永乐城中只留下了曲珍所率万人屯守。得到西夏兵来犯的消息后，曲珍立即发报米脂，请求徐禧定夺。

边报一天十几次，都说西夏集结重兵将犯永乐城。徐禧却半信半疑，在部将的再三催促下，与李舜举、李稷等率众赴援（徐禧担心沈括与自己抢功劳，便将他打发回延州去了）。

临行之前，大将高永亨劝道："永乐城小兵少，又无水泉，不宜死守。"徐禧一听这话，急了，在他看来大战在即，高永亨此番话语纯属妖言惑众，企图扰乱军心，罪不可恕，遂令部下将高永亨押送至延州监狱，待他凯旋归来时再做发落。

徐禧率领大军来到永乐城，登上城头一望，不由得心惊胆战，但他又故作镇定，以显大将风范。俗话说："兵到一万无边无沿，兵到十万彻地连天。"西夏二十万大军，刀枪耀眼，铁甲狰狞。只见远处尘土飞扬，西夏战旗如云，人山人海，漫无边际。

西夏王陵遗址

部将高永能(高永亨的哥哥)建言说:“大帅,趁现在西夏兵还没有摆好阵势,我军可迎头痛击,挫其锐气。要是等到西夏兵排兵布阵妥当后,再攻打,胜负难料,不堪设想。”哪知,徐禧冷冷地瞪了一眼高永能,捋着自己的山羊胡子说道:“你们兄弟俩怎么回事?长他人志气,灭自己威风,怎么尽说些丧气的话!”

高永能见意见不被采纳,便接着说:“观敌军将领云集,兵士又数倍于我,相较而言,我军则将孤兵寡,出城迎战,恐不是对手,故守御大计,宜早做决策!”没想到,徐禧竟然因此生气,只见他用一种极其蔑视的口吻,说道:“真是一介武夫,什么都不懂呀!古人云‘王师不鼓不成列’,绝对不能在人家没有列好阵的时候去打人家。敌人多怕什么?瞧好了,老夫自有破敌之策。”

所谓“王师不鼓不成列”,这是一个很有名的典故。讲的是周襄王十四年(公元前638年),宋襄公兴兵伐郑,郑国向楚国求救。宋襄公急忙撤兵,回师迎战楚军,十月,宋军在泓水(古河流名,故道约在今河南柘城县西北)北岸摆好阵势,专等楚军到来。十一月,楚军进军到泓水南岸,准备渡河发动攻击。敌众我寡的情况下,宋国大司马孙固向宋襄公建议趁楚军渡河一半时向其发动进攻。没想到宋襄公自命是仁义之师,不肯乘人之危,结果楚军从容渡河。之后,宋国的公子目夷又劝宋襄公趁楚军未列好阵势时发起攻击,宋襄公即口出名言“不鼓不成列”,即绝不攻击还没摆好阵势的敌人。等楚军摆好阵势后宋军才发动攻击,结果宋军大败,宋襄公自己身受重伤,第二年就一命呜呼了。

待到西夏军排兵布阵完毕,徐禧这才觉得时机到了,传下命令,以一万宋军列阵城下,等候调遣。自己则爬坐在城门楼的瞭望台上,只见他羽扇纶巾,摆出一副儒雅姿态,手里拿着一杆黄旗,下令让将士们看着自己的黄旗方向行动。当时,大将曲珍的兵被安排在城外的无定河畔,因地形不利,难以御敌,导致军心忧惧,曲珍便上书徐禧要求收兵入城。没想到徐禧好一顿训斥，道："曲珍你身为大将，当万众一心、安心抗敌，怎么能够遇敌未战先退呢？原地守御，不准入城！"

宋军这边部署尚未妥当，西夏的"铁鹞子"骑兵就已经开始渡河。曲珍急忙向徐禧请示："这是西夏最精锐的部队，请允许我率军在敌骑过河当中发起突袭，必获大胜。若等敌骑上岸后再战，那就为时已晚，必败无疑。"徐禧传令不许。

西夏"铁鹞子"上了岸，以闪电般的速度向宋军阵营发起扫荡，锐不可当。西夏的精锐步兵"步跋子"紧随其后，杀声震天。刚刚接战，宋军阵营便已大乱。当时，鄜延军号称最为勇猛，可以以一当百，将士们的装备也最精良，银枪锦袄，光彩耀日，这样的精锐部队当然被安排到最前线。然而，徐禧没有想到的是，自己的精锐部队鄜延军刚与西夏兵接战，连一个回合还没有打完，竟败下阵来。鄜延军作战勇猛那是出了名的，可是再勇猛的士兵也不能白白去送死呀，你看看西夏军那阵势，人头攒动，杀声震天。如果说鄜延军前锋将士是猛虎的话，那么西夏军队一波接一波攻击，无疑就是一群饥饿的豺狼。猛虎终究不敌群狼，因此，前锋将士很快败下阵来，这一败阵可就惨啦，他们争先恐后地往城内奔逃，后面的其他军队也不知发生了什么事，跟着掉头也就往回撤，很快。撤退变成了溃退，后面的军队在推扯拥堵之间，自相践踏，死伤无数。

徐禧见状，不禁纳闷："怎么我大军如此混乱，莫非是有人动摇了军心？唉，这仗打得怎么和我想象的一点都不一样！"急令收兵回城。曲珍得令后，匆匆率领残部夺路奔回，因山路陡窄，敌军又追袭猛烈，曲珍部损失惨重，光是战马就损失了一千多匹。

宋军狼狈撤回永乐城中，紧闭城门不敢出城迎战。西夏兵趁机四面合拢，把永乐城围了个水泄不通。

此时，徐禧这才感到大事不妙，便急急忙忙传令，发报求援。徐禧的告急快报送到汴京，宋神宗急令李宪率兵火速增援，又令延州知州沈括赶紧找机会与西夏人谈判，条件是，只要西夏军撤围退兵，就把永乐城送给西夏。然而，此时西夏游骑正在延州一带四处攻掠，沈括组织防御自顾不暇，哪有机会找西夏人谈判哪？

永乐城外，西夏国旗帜随风飘扬，战马嘶鸣，人声鼎沸。西夏兵狂吼着轮番攻城，大将曲珍身先士卒，率众将士昼夜浴血奋战。

永乐城中的宋军，盼兵兵不到，盼粮粮不来，唯有死守到底。可是，更闹心的事情发生了，种谔将军所担心的水源问题终于出现了。

短短几天时间，永乐城内窖水已经用完，众将士组织挖井，挖数丈仍不见有水。昼夜奋战，士卒本来就身心疲惫，加上连续几天喝不到水，渴死、累死者十之六七，有人甚至从马粪中挤水喝。李宪援兵迟迟不到，众将士望眼欲穿。延州沈括谈判无门，竟然退保绥德去了。种谔早就料到徐禧大军会是这样的结果，这会儿高坐延安的他，也收到了神宗发兵救援的诏令，可是西夏军来袭兵马号称二十万哪，明显就是围城打援嘛，谁敢去救？于是随便找了个留守延州的借口，见死不救。

西夏的攻城部队如蚂蚁一般一批接一批地爬上城墙，宋军殊死拼杀，伤亡惨重，永乐城岌岌可危。

部将曲珍见大势已去，死守也是徒劳，就力劝徐禧："趁我军还未完全崩溃，尚可一战，不如率众拼死突围，让将士们各自求生。"见徐禧无动于衷，他接着说："不然城破以后，我们这些朝廷官员都会落入夏人手中，到那时，就有辱我大宋尊严了。"

这时候，高永能也劝告副将李稷说："为今之计，希望将军能拿出所有金银财宝、丝绸绢帛，招募一支敢死队，冲杀出一条血路，说不定还有突出重围生还的一线希望。"

然而，徐禧和李稷二人坚决不同意，表示城在人在，城陷人亡，发誓要以身报国，誓与永乐城共存亡。

就在这个时候，西夏大军突然停止了进攻。宋军将士还没有搞清楚状况，只见城下有一西夏骑兵小将勒住战马，向城上喊话说："宋军将士们听好了，永乐城内已经没水了，如果你们不趁早投降的话，免不了全都得渴死！"正好，徐禧与李稷每人手中都还有一壶水，徐禧听后，高举着自己的水壶，"哗"一下子撒出半壶，大声喊道："瞎了你的狗眼，看看这是何物？等我援兵一到，我要了你们的狗命！"没想到西夏兵哗然大笑，嘲讽道："您就这么点水，莫要浪费，还是留着保你的老命吧！"徐禧自知无趣，下令众将士继续死守永乐城。

西夏兵此时围而不攻，因为他们知道，永乐城内已严重缺水，宋军也已是瓮中之鳖，撑不了几天永乐城就会不攻自破了。

永乐城被围第十天了，城内军民的抵抗斗志已低到了极限，曲珍劝徐禧试着和西夏人谈判讲和。万般无奈的徐禧只能表示愿意试试。围城的西夏将领悖麻听说宋军愿意谈判讲和，心想围攻永乐城也有些日子了，不能再拖了，如果能顺利招降永乐城内的宋朝将士，也不失为大功一件，于是便欣然同意。

本以为山重水复疑无路，没想到还能柳暗花明又一村。徐禧见有一线希望，赶快派偏将吕文惠前去与之交涉。吕文惠领命来到悖麻帐前，却被勒令坐在地上，悖麻一看吕文惠的穿着打扮，就知道是个小人物，他大声呵斥道："你是何人？小小无名稗将，胆敢前来与本大帅谈判，你能担负起谈判的重任吗？还是赶紧滚回去吧，顺便给徐禧带个话，叫曲珍前来见我！"吕文惠无奈，只能灰溜溜回到城中，告诉徐禧说人家点名叫曲珍大帅去。徐禧也不笨呀，现在守城抗敌靠的就是曲珍，万一他一去不复返，我该怎么办？可不能让曲珍去呀，于是便以曲珍军务缠身，不能轻易出城为由，再遣吕整、景思义出城谈判。

临行前，徐禧拉着俩人的手，十分动情且有些悲伤地说："尔等此去夏营，凶险万分，万一有个闪失，恐不能再相见！"这俩人慷慨激昂地表示，七尺男儿大丈夫，自当顶天立地，报效国家，赴汤蹈火，在所不辞！若能以我等薄命换取永乐城

数万将士的性命,就是死也值得!

到了西夏军营,俩人赶紧跟西夏军统帅交涉谈判事宜,希望悖麻尽快说明讲和条件。悖麻见这俩人开门见山,自己也不好意思再拖延,便说条件很简单,那就是宋朝必须归还上一次你们侵占的我大夏国领土,比如兰州、会州、米脂等城堡,这样的话,我大夏立即解围撤兵。景思义听了以后,答道:"此乃朝廷大事,我等小小边臣不敢妄自做主。"悖麻一听,怒道:"嗨,你俩小子做不了主,还敢跑来与本元帅谈判,这不是明摆着戏弄本帅吗?我说你们宋朝人可真是不讲究呀,一边吵着说想要谈判,一边居然连个像样的人都不给老子派来,还谈什么谈呀?我看着谈判到此为止吧!"一声令下,叫人给景思义剃了个党项人的发饰,并将他囚禁起来,以示羞辱。

吕整则被轰出帐外，他连滚带爬跑回永乐城报信。

至此，宋夏之间的谈判算是破裂了，形势又严峻起来。

在一个阴云密布、电闪雷鸣的夜晚，永乐城外的西夏大军听说西夏军仁多凌丁部已在前来增援的路上，西夏兵士气高亢，统帅悖麻趁机下令，对永乐城发起最后的猛攻。西夏兵的进攻一轮接一轮，攻势之猛烈前所未有，一场酝酿已久的暴风骤雨也铺天盖地而来。西夏兵的杀喊声，振聋发聩的雷鸣声，伴随着闪电瞬间划破黑暗无边的天际，守御城头的宋军士兵慌乱了，惊呆了，吓傻了。结果可想而知，西夏军一鼓作气，跃上城头，永乐城被攻破，西夏士兵如潮水般破城而入，开始了疯狂的杀戮。

危急时刻，高永能准备冲出去与西夏兵决一死战，正准备上马，却被孙儿高昌裔抱住了双腿，孙儿哭喊着不让爷爷再战，他劝爷爷还是趁机从小道逃走吧。听着孙儿的话，高永能仰天长叹："我从青年时代便生活战斗在边关，与西夏人打仗我从来没有吃过亏，没想到今我年已七十，却落得如此狼狈。想我高永能身负皇命，怎可在这城陷之际出逃呢？我断然无法做到。皇上啊，老臣愿以死报国！"说完，他纵马冲入敌阵，再也没有回来。

其他的宋朝将领，大部分都秉承着忠君报国的信念，义无反顾地冲入了敌阵，有力战而死的，也有被俘虏的，还有一些趁着城陷慌乱之际悄悄出逃了。至少曲珍、王湛、李浦、吕整等人是逃出来了。

混乱之中，城陷之际，主帅徐禧却神秘失踪，下落不明。数年之后，夏宋双边关系缓和，交换俘虏，有从西夏回来的人说在那里看到过徐禧，听说早已改名换姓，还做了当地的什么官呢。

副帅李舜举找来半张纸，挥笔写了寥寥数语，用蜡液封住交给部下，然后自个儿单枪匹马，喊杀着冲入敌阵。西夏军弓箭手万箭齐发，又一道耀眼的闪电伴随着雷鸣声，李舜举倒地而亡。

永乐城，风声雨声雷声喊声哭声杀声交织在一起，城下尸体堆积如山，城内血流成河。宋夏之间的这场恶战，仅将校宋朝就阵亡数百人，沿边各堡寨及城池的士卒役夫伤亡损失二十余万。

当永乐城陷落的消息传到京城，宋神宗扼腕悲痛，竟致一病不起。史书记载神宗皇帝"涕泣悲愤，为之不食，早朝，对辅臣恸哭，莫敢仰视。"什么意思呢？意思

是宋神宗得到永乐城陷的消息后，失声恸哭，食不下咽。早朝召见各位辅佐大臣的时候，皇上还是痛哭流涕，哭得大臣们一直低着头，不敢看皇上。

过了些日子，有人送上李舜举“臣死无所恨，但愿陛下勿轻此贼”的遗书时，神宗皇帝再次失声痛哭，更加伤心。

永乐城之败后，史籍记载：“帝始知边臣不足任，深悔用兵，无意西伐矣。”由此可见，永乐城之败对宋神宗打击特别大，神宗不再轻易相信边关将帅恢复汉唐旧土的用兵承诺了。在他看来，边关将帅只知好大喜功，建立自己的功勋，哪里会为国家社稷、黎民百姓着想。从此，神宗朝再也不想西伐征讨了。

永乐大战的捷报传到兴庆府，大梁太后欣喜若狂，不仅召开了隆重的庆功大会，颁诏嘉奖前线将士，还令统帅悖麻率军耀武扬威于米脂城下，宋军不敢出战，任由西夏人各种辱骂和挑衅。西夏人大掠三日后才返回。

平夏城梁氏三败
天都山夏军失守

天都山一带，川谷相连，形势险峻，战略地位极其重要，西夏国人称之为“西夏的南大门”。早在李元昊时期，西夏就非常重视对天都山一带的经营，为了不断加强西夏在这一地区的军事攻防能力，李元昊在天都山一带修筑大量军事营垒、堡寨，特派大将野利遇乞带重兵常年驻守天都山，后来野利遇乞有了“天都大王”的美称。当年，在国相张元等人的提议下，为了方便就近指挥西夏大军南下攻入

关中、入主长安，李元昊又在天都山上为自己修筑了富丽堂皇的离宫别墅。因此，这里就成为了西夏兵进攻宋朝泾原、秦凤、熙河兰会的重要军事基地。

西夏人因天都山川原平旷，水草丰美，视之为“唱歌作乐的地方”。宋廷将帅对天都山一带也极为关注，将这里看做是五路要地，志在必得。绍兴开边、渭州知州章楶在他哥哥当朝宰相章惇的大力支持下，率军经由渭州、镇戎军西进，后筑城于葫芦河畔的石门峡口，率先进驻到天都山地区，目的是以此为根据地步步为营，蚕食西夏国国土，并逐步夺取天都山，贯通泾原与熙河兰会两路，居高临下，直捣兴、灵二州。

为保西夏国南大门天都山，防止宋军向西侵夺疆土，西夏天祐民安三年(1092 年)，西夏国相梁乙逋在小梁太后的授意下，率军在天都山没烟峡筑堡建寨，控扼天都山东出要道。西夏天祐民安六年(1095 年)，西夏又将防线延伸至距离渭州地界仅有三十里的石门峡。

宋夏双方都在这一带加紧修堡筑寨，形成对峙之势。小梁太后为了确保天都山万无一失，不断派兵在西夏南疆险要关口筑堡立寨，重兵戍守，宋军探骑不敢过界。

当时，渭州知州章楶给宋哲宗上书说，宋夏边界葫芦河一带为天都形胜之地，若能夺取其地修城筑堡，驻以重兵，一方面可断绝西夏南下攻宋的重要道路，另一方面长久经营，就会逼迫西夏臣服。以当朝宰相章惇为首的大臣纷纷表示此举可行，宋哲宗也大为赞许，遂任命章楶为五路统帅，暗中置办筑城所需物料工具，择日前往葫芦河修筑城堡。

章楶在石门峡口外筑城的行动，很快就被西夏探兵报告给了兴庆府的小梁太后，西夏朝野为之震动。小梁太后更是觉得宋朝此举无异于在自己头上悬了一把刀，便迅速调兵遣将，点集左右两厢兵马，号称十余万，汇集于天都山没烟峡。

西夏大军在小梁太后的指挥下，很快冲破宋将折可适、姚雄的防御工事，猛烈扑向正在修建中的平夏城。小梁太后来到平夏城外一看，嗬，宋人动作还挺快，几天工夫就修筑了这么一座坚固高大的城。她暗自庆幸，幸亏命令士兵每人都拿了一把铁锹或者镢头，并携带了一捆草，好填平护城壕，毁挖新筑的城墙。

双方昼夜鏖战，伤亡都很惨重。宋军毕竟占有城池之利，易守难攻，城头上弓箭手不断射出利箭，西夏兵死伤惨重。本以为可一鼓作气打退宋军，毁掉平夏城，没想到折腾了一天一夜，非但没有打退宋军，也没有毁掉平夏城，倒是把士兵们个个累得筋疲力竭。眼看破城无望，将士们也已丧失了斗志，小梁太后信心全无，只好下令全军撤退。西夏军这边刚一撤退，宋军将士便乘胜追击，西夏兵三千余人被杀，数万兵马被俘，小梁太后一路逃回了天都山腹地大本营。

章楶在西夏撤兵以后，令全体将士役夫继续赶筑城寨，不日工程告竣。宋哲宗既闻捷报，又知新城已筑就完工，心中欢喜，赐名“平夏城”。这就是宋夏第一次平夏城之战，是为平夏城外“第一败”。

西夏永安元年（1098 年），正当小梁太后还在为上次大败之事怒气难消之时，宋军又以平夏城为据点，多次出入石门峡和没烟峡，毁坏了西夏不少军事据点，掠去许多羊马。

小梁太后遣使向辽国上表告状：“宋朝诸路大军深入我大夏国境，烧杀抢夺，杀我人民，修城筑寨，夺我疆土，还请大辽国主您出面加以调停，令其毁弃所筑城堡，归还所占夏国领土，退出我大夏国境。或者您速发义师，助我打败宋军。”

小梁太后本打算通过外交手段在辽国的斡旋下，收复葫芦河，哪知辽主只是

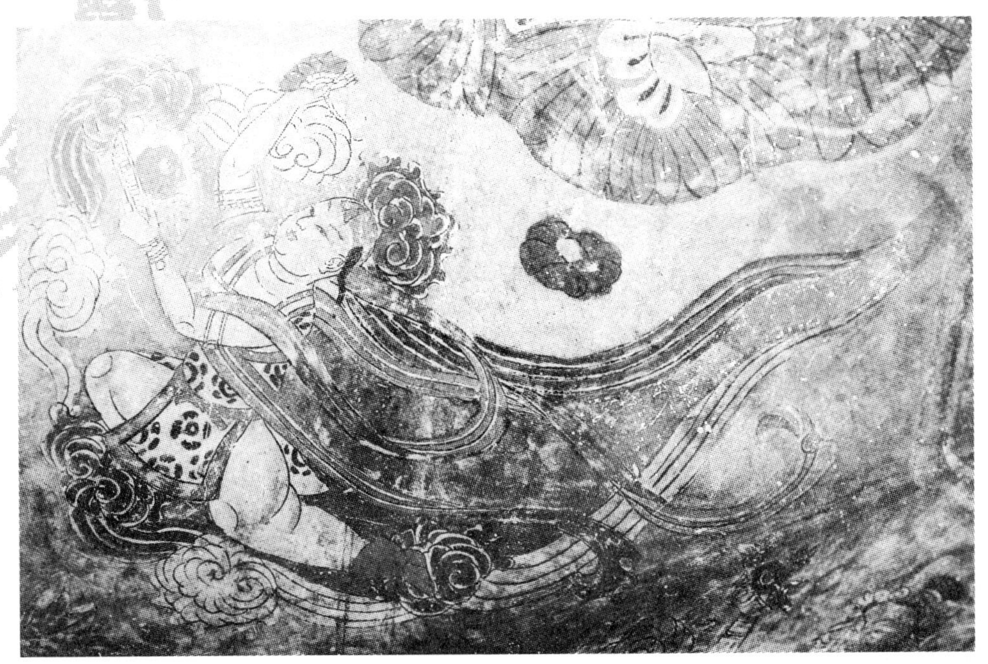

飞　天

敷衍,根本不愿意为西夏出头,当然也就没有对宋朝采取强硬态度。

小梁太后心里很清楚,自己的事情还得自己办,辽人怕是指望不上了。回头再看,这拿不下平夏城就控制不了葫芦河,丢失了葫芦河就保不住大夏国的南大门天都山。天都山一旦落入敌手,则左右两厢吃紧,兴灵危急呀。该怎么办呢?小梁太后决定以牙还牙,令天都守将自隆德寨、九羊谷等地连续出兵,疯狂侵袭宋朝边寨,劫掠物资,斩杀戍卒,以表示对宋朝进筑平夏城的不满。

但小梁太后心里很清楚,小打小闹终究解决不了根本问题,自从章楶修筑平夏城占领葫芦河以后,西夏人可算是尝到了平夏城给他们所带来的威胁了,别说是起兵攻宋,当地的党项部落都没人敢再到葫芦河一带放牧耕作了。天都部族到处传说:"我们唱歌作乐的富饶田地都被宋军占领了,这以后让我们何以为生?抢夺我们饭碗的人,就是我们的仇敌,我们决不轻饶。"眼见党项诸部落群情激奋,同仇敌忾,小梁太后决心与宋军决一死战。

小梁太后对宋朝人修筑平夏城的行为那可真是恨之入骨,她把平夏城看成是眼中钉、肉中刺,必欲摧之而后快。

西夏永安元年(宋元符元年,1098 年)十月,小梁太后带着儿子夏崇宗李乾

顺在天都山点集两厢兵马，亲率四十万大军，气势汹汹地朝平夏城扑去。

宋哲宗闻报后，诏令五路军厉兵秣马，严密防备，并抽调精锐部队增援平夏城。平夏城经过宋军一年的经营，早已是铜墙铁壁，固若金汤，守城的又是最善于打防御战的新秀大将郭成，可以说是万无一失。章楶信心满满："西夏兵是不可能攻破平夏城的，西夏兵不来则已，来就肯定会中了我军计策。"章楶似乎有点太自信了，再怎么说小梁太后那也是四十万大军呀，说句难听的，西夏人就是用牙啃，也能把平夏城给啃下来了。

小梁太后与李乾顺亲自率领四十万大军从没烟峡出发，直扑平夏城。事实上，这一次西夏方面的准备相当充分，为确保万无一失，打胜这一仗，小梁太后绞尽脑汁，为了弥补西夏军不善攻城的劣势，她亲自主持设计并制造了一种名叫"对垒"的新式战车。这种战车车身高大，内部暗藏机关，是一种可装载近百人的神奇战车，威猛异常，既可驰入护城壕以作渡桥，又可抛石攻击城头上的敌人，还可以直接跨过护城壕，帮助士兵登上城墙。与小梁太后的新式战车"对垒"相比，宋军那些云梯之类的攻城器具简直就是小儿科。

小梁太后信心满满，坚信有了自己设计、制造的这款战车的相助，西夏军一

定能攻破平夏城，夺回葫芦河地区。小梁太后与儿子李乾顺的军事指挥部坐落在距离平夏城外不算太远的一处高地之上，此时此刻的战场上，金鼓齐鸣，喊杀声震，铁骑冲荡，尘土飞扬。只见西夏军连营百里，将平夏城层层包围，而西夏帅旗也随风猎猎作响，好不威风。将士们推着“对垒”战车，呼啸着扑向平夏城。

宋军在郭成的带领下，开始了艰苦的防御战。一方猛攻，一方死守，昼夜鏖战。这一仗直杀得昏天黑地，双方均损失惨重。小梁太后设计的这款战车确实不赖，西夏兵依靠它不断攻上城墙。郭成身先士卒，率部奋勇砍杀，不让任何一个西夏兵在城墙上站稳脚跟，然而，再坚固的城、再勇猛的将军也经不住这样惨烈的攻伐。西夏军连续十多天的猛烈攻打，眼看着就要破开城门了，小梁太后仿佛已经看到，胜利在向自己招手。

到了这个份上，战争的结局其实已没有悬念。然而，老天却跟小梁太后开了一个玩笑。正当平夏城城破在望的一个傍晚，突然狂风大作，飞沙走石，遮天蔽日，猛烈的黑旋风席卷了整个西夏阵地。高大的“对垒”战车被这突如其来的黑旋风刮倒损坏，小梁太后引以为豪的攻城利器就这样变成了一堆破木头。西夏人向来迷信，都以为这是老天爷在惩罚自己，士气顿时降到了低谷，各部落兵马纷纷回撤、落荒而逃。小梁太后见功亏一篑，破城无望，不由得捶胸顿足，欲哭无泪，只好收拾残部，怏怏而去。这就是宋夏第二次平夏城之战，是为“再败”。

小梁太后兵败平夏城，既有天灾，又有人祸。就在宋夏两军交战之际，接二连三的坏消息不断传来。当初，为防备宋军驰援平夏，小梁太后曾特命驸马都尉罔罗屯兵罗萨岭以御熙河路，大首领咘心屯兵梁桎台，嵬名济乃驻白池，分别防御鄜延和秦凤两路。就在小梁太后率领大军全力攻城的第十二天，紧急军报传来：熙河路宋将王愍已斩杀罔罗，鄜延宋将刘安、张诚又大败咘心和嵬名济乃。听到这些坏消息后，小梁太后与李乾顺攻克平夏城的信心受到沉重打击，将士们也斗志锐减。西夏军一轮接一轮的进攻，就像涨潮后潮水翻起的浪花一样不断拍打着坚硬的礁石，然而无论潮水翻起浪花跳得多么高，拍打得多么猛烈，礁石依旧还是好端端地在那儿，而潮水却总有退去的那一刻。

小梁太后再次率领着残兵败将，回到了天都山腹地大本营，传令各部清点人马，报告损失情况。结果显示，西夏军此战死伤士卒两万有余，牛羊马驼丢失数万。

为防宋军趁势大举反攻，小梁太后一面派大首领嵬名咩布向辽国求援，一面令各州挖窖藏粮，实行清野。同时，又暗中派出精锐骑兵偷袭镇戎军，焚掠乾兴、天圣二寨，以解心头之恨。然而，天不佑人，当铁骑得胜返回天都山时，却遭遇天降暴雪，冻伤人马过半。

小梁太后彻底失望了，想到自己连年与宋军开战，不仅一无所获，而且还要赔上西夏国疆土。小梁太后走投无路，只好带着小皇帝李乾顺和数万大军伤心地撤回兴庆府了。

临别之前，小梁太后让统军嵬名阿埋、监军妹勒都逋留守天都山。嵬名阿埋是六路军都统，妹勒都逋是西寿保泰军司的监军，此二人能征善战，勇猛无敌，曾在战场上屡立奇功，但缺乏谋略，经常鲁莽行事，实为一介武夫。他们自负地认为天都山天险重重，进可攻、退可守，地势险要，万无一失。认为宋朝刚刚遭到西夏军的打击，必不敢主动前来挑衅，所以他们对自己的安全也十分放心，竟然还琢磨策划着等葫芦河解冻了就率大军渡过河去，攻打平夏城。

西夏文物

西夏王陵117号墓出土的鎏金铜牛

临别时，此二人向小梁太后夸下海口："有我二人在，宋军胆敢来犯，天都山就是他们永久的坟墓！"大军撤离后，他俩略作部署，便安居山林，高枕无忧，终日醉卧不醒。

十二月，一个风高月黑之夜，宋将折可适从荡羌寨出发，分道并进，在投降蕃人的引导下，万骑摸黑夜行，沿着蜿蜒捷径悄悄摸进，神不知鬼不觉，直奔天都腹地。月夜深沟，山路难行，终于到达了西夏军驻营地。这时候，折可适选派了数百敢死战士，准备摸入大营，直袭西夏军帅府，希望能够一举擒获西夏将领。数百敢死战士在蕃人向导的引导之下，巧妙地避开了西夏一个又一个哨兵营，直奔帅府大帐之内，嵬名阿埋和妹勒都逋酣睡正香，猝不及防，一举被活捉，蒙胧之中，已成了宋军俘虏。郭成率部从平夏城跟进，不费吹灰之力就歼敌三千多人，获牛羊不下十万。天都部族扶老携幼，纷纷降宋。至此，宋军不但牢牢稳固了在平夏城一带的统治，而且还单刀直入，将宋军势力插入了素有"西夏南大门"之称的天都山。此为平夏城外"第三败"。

小梁太后这边刚刚回到兴庆府，还未从平夏城的惨败噩梦中缓过神来，就接到了天都山失守的可怕消息，她的精神彻底崩溃了。费尽心机打算夺取平夏城，结果平夏城没夺回来，反而连南大门天都山都丢掉了，这对于小梁太后而言，打击着实不小。本来国内矛盾就已经重重难解，本指望打几次漂亮的大胜仗冲冲晦气，安定人心，如今可好，祸不单行，她怎么能够承受住如此巨大的打击呢？人算不如天算，小梁太后不禁仰天长啸："天亡梁氏啊！"

西夏国内民众越来越不满梁氏集团的统治，对宋战事接连惨遭失败，导致党项部族矛盾日益激化，反梁斗争逐渐开始白热化。小梁太后自觉单独对付宋朝十分吃力，因此才接二连三地向辽主乞兵求援，希望辽国能担负起宗主国的责任，帮助自己对抗宋朝。小梁太后一厢情愿又异想天开，十分渴望能得到辽朝的帮助。可是，人家大辽国的皇帝也不傻呀，自从澶渊之盟后，辽国与宋朝已和好近百年，在此期间两国从未发生大的军事冲突，权衡利弊，辽国君臣达成一致意见，认为没必要为西夏这样一个小小的国家而破坏了与宋朝的百年和好的和平局面。所以，尽管小梁太后请求帮助的使者来来往往、相望于道，但是却没有得到任何实际意义的援助。多重打击之下，小梁太后的心情可想而知，心烦意乱的她在给辽道宗的表章中表达了对辽国不作为的强烈不满。辽国君臣本来就对西夏大小梁氏接连专擅国权感到不满，闻听此言，更是怒从心起，决心除掉这个不知天高地厚的女人。于是派遣使臣来到西夏，秘密联系那些反对梁氏的大臣，在小梁太后招待辽使的国宴上，偷偷在酒里下毒，小梁太后饮后，当即七窍流血，倒在杯盘狼藉之中。

一杯毒酒终结了西夏历史上第二位梁太后专权的局面。这位争强好斗、在西夏政权舞台上活跃了十三年的女强人就这样结束了她轰轰烈烈，而又复杂、坎坷的一生，梁氏后族集团统治西夏的时代一去不复返了。

在辽国的扶持下，十六岁的李乾顺终于走上了早该属于他的皇位，成为西夏第四位皇帝。

宋将刘法丢性命 晋王察哥占统安

察哥，全名嵬名察哥，夏崇宗李乾顺同父异母的弟弟，生年不详，卒于西夏天盛八年(1156年)。察哥为人沉稳，机智多有谋略，因军功而受封晋王，曾独掌西夏兵政数十年。

史书记载察哥从小就“雄毅多权略”，小时候就表现出了异于常人的闪光点，这就可以解释为什么他后来能够取得那么大的成就了。在宋朝人的记载中，察哥力大无穷，年纪轻轻就能轻易拉动二石多的劲弓，而且劲射出去的箭可以轻易洞穿重甲。

晋王察哥生活的年代，夏宋军事斗争形势发生了根本性的转变，西夏对宋战争失去了以往的优势地位。西夏国境内，臣民笃信佛事，梵音袅袅，然而，战争的迷雾依然笼罩在这个王朝的上空。北宋王朝年轻有为的宋神宗继承皇位后一直雄心壮志想要彻底打败西夏，收复河朔，恢复汉唐旧境，大力支持王安石变法，从经济改革入手，逐步实现宋朝的富国强兵，扭转长期以来北宋王朝在宋夏战争中的被动局面。在边备大增的基础上，宋神宗在以王安石为代表的鹰派大臣支持下，开始改变了北宋以往的御边政策，由战略防御转为全面性战略进攻。这个战略进攻的基本构想是：在一个较长的时期内依靠武力逐步夺取西夏的横山地区，切断其左臂；同时，用武力打败熙、河、湟、鄯地区的吐蕃势力，夺取今青海东部和甘肃南部一带，砍断西夏右臂。这一左一右，形成一个扇面包围圈，为北宋彻底制服西夏，解除西北边患打下坚实的基础。此后，宋朝对西夏所采取的五路伐夏、进筑永乐城和进筑平夏城等军事行动，基本上都是按照这个战略构想进行的。

北宋治平四年(1067 年),刚刚继位的宋神宗就收到了时任建昌军司理参军王韶的上书——《平戎策》。王韶的奏疏引起了朝野的一片震惊,自然也引起了宋神宗的高度关注。王韶在这封奏疏中指出:“一旦西夏攻破吐蕃青唐城,就彻底扫除了南下的屏障,接着就会大规模掳掠渭水秦地。据臣所知,退居青藏高原东北边缘地带的吐蕃部落首领董毡根本就不是西夏的对手,河湟一带随时可能成为西夏的地盘。因此,朝廷如果想要谋取西夏,应当先收复河湟,使西夏有腹背受敌之忧患。”王韶的战略主张得到了宰相王安石的赞许,自然也就得到了宋神宗的赞同。王韶先是被任命为秦凤经略安抚司机宜文字。尽管这只是一个文官,但王韶抵达秦州后立即发挥了他的经济和军事头脑,开始注重与河湟一带的吐蕃首领修好,不久便在边界之地设立了蕃汉贸易市场。

药师经变

王韶在河湟一带卓有成效的工作,很快得到了当朝宰相王安石的认可和大力支持。王安石不仅亲自写信给前线的王韶,表示对他工作的持续关注和鼓励,而且还经常在宋神宗面前替王韶美言。因此,王韶被任命为提举秦凤路蕃部及市易司事,主管在西部边境地区和吐蕃人的商业贸易。这期间,王韶注意到吐蕃首领俞龙珂的势力在不断增长,对边境形势素有前瞻性预感和判断的王韶果断地率领身边仅有的几个骑兵卫士,直接来到俞龙珂的军帐,

当面陈述了吐蕃荣辱与宋朝联合的利害关系。烛火通明的营帐内，两个人彻夜交谈，凌晨时分，俞龙珂终于下定了决心，带领十二万部下归附宋朝。宋神宗给俞龙珂赐名“包顺”，接着授他负责今甘肃临洮、青海东部地区的蕃部巡检。王韶与吐蕃势力的修好，不仅使西夏渐有腹背受敌之忧，而且在西夏往西发展的道路上修筑了一道坚硬的屏障。

要想突破这道屏障继续向西发展，解除西夏腹背受敌的不利处境，都必须依靠战争。察哥正是在这种背景下，奋起抗宋，经受战火的洗礼，逐步成长为西夏国所依赖的肱股重臣。

察哥曾随西夏大将仁多保忠援西番，兵败后退，前有湟水不能渡，后有宋军穷追不舍，千钧一发之际，察哥弯弓搭箭，一箭正中苗履的副将，宋兵乃退。察哥一箭射退宋军，使西夏军队免受灭顶之灾，他的事迹被众口传颂。由于察哥在这次战斗中表现非凡，李乾顺因此破格提拔他为都统军，负责守卫都城中兴府。

为了尽快改变西夏国在军事上的不利处境，西夏贞观(乾顺仰慕唐太宗贞观之治，欲效仿之，所以给自己改了这么一个年号)二年(1102 年)九月，都统军察哥向乾顺上书，请求对西夏的军事体制进行改革。

察哥分别指出宋的长处和西夏的短处，主张仿效宋朝在夏宋沿边广筑堡寨，进行有效防御。他说：“自古打仗都是步骑并用。我们虽然有‘铁鹞子’可以驰骋平原，有‘步跋子’可以逐险山谷，但是一旦遇上宋朝的‘陌刀法’，我大夏铁骑的威猛就无法施展；遇上宋朝的‘神臂弓’，步兵便只能无奈溃散。原因在于百年以来，我们的军队只会按老办法打仗，而不能应对战场上瞬息万变的形势变化，用兵贵在能审时度势，瞅准机会，善于根据战场上的各种变化不断调整自己的作战方略。针对我大西夏军士中存在弓弱矢短、射技良莠不齐的情况，应该尽快加强弓箭手队伍的建立、作战技能的提高和训练等的制度化，挑选蕃汉身强力壮、勇敢善战的青年士兵，集中起来加强训练，教习使用强弩和盾牌。面对宋朝多次轻而易举就能深入到我大夏腹地的情况，我们应当尽快调整以往只强调流动作战，而不重视边关城寨的修筑及布防的应对策略，向宋朝学习，在我大夏边界，择有利山川地势，修城筑寨，挑选军中将才，委以守御之责；在沿边山界招募蕃汉部众，施之羁縻之策，使之上下一心，保卫边疆；学习宋人的长处，弥补我们的短处，如此扬长避短，我大夏神兵才能无敌于天下。”

西夏王陵102号墓出土的石马

察哥不愧是难得一见的军事奇才，年纪轻轻就能透过现象看出问题的本质。事实上，西夏自李元昊之后在战场上的表现一直不如人意，其根源就在于他们只知道用李元昊时期的老办法打仗，不懂创新。与此相反，宋朝人在长年与西夏作战的过程中逐渐发现了“铁鹞子”和“步跋子”的弱点，找到了克敌制胜的法宝，如此一来，西夏又怎能在战场上占得大的便宜？察哥正是敏锐地看出了这一点，才提出了这个改革军队的建议，如能照此方案施行，西夏将既有“铁鹞子”和“步跋子”之利，又有宋朝步兵的长处，察哥所谓“无敌于天下”，并不夸张。

李乾顺对察哥的主张大加赞赏，西夏贞观三年(1103年)九月，封他为晋王，全面负责抵御北宋的进攻。晋王察哥受命危难之际，不负重托，屡立战功，最著名的要数统安城之战了。

宋徽宗在位期间，奸相蔡京当权，政治上极端黑暗和腐朽，对内大兴土木，广建宫室；对外则好大喜功，不断加强对西夏的进攻。宋宣和元年(西夏元德元年，

1119年)三月,尽管之前李乾顺已经提前得到宋军来攻的情报,也做了相应的兵力部署,但还是被童贯所率大军轻而易举地夺取了西夏东南重镇“割牛城”(今甘肃永登县西,宋朝占领后更名为“统安城”),成为宋朝进攻西夏的又一个新的桥头堡。鉴于陕西各路形势一片大好,现在又攻下了西夏东南的防御重镇,童贯觉得西夏已经是强弩之末了,不趁此时一举灭掉西夏,更待何时?于是,他命令熙河经略使刘法火速出兵,进取西夏腹心地带兴州、灵州等地。

刘法认为时机尚未成熟,不愿意冒险进兵,提出了反对意见。他认为,虽然现在宋朝占据了战略上的主动,西夏的生存空间被大幅压缩,但是西夏军主力并未遭受大的打击,西夏仍然有相当强悍的实力,如果此时贸然出兵,不仅很难取胜,而且还极有可能会破坏现在的大好形势。不如继续执行步步紧逼战术,等时机成熟再出兵。

童贯对刘法的建议嗤之以鼻,斥责道:“当初在京师,将军在圣上颁布诏令的时候夸下海口,一定要成功,现在怎么反倒为难,是何道理?”

刘法好生郁闷:是的,我是当着圣上的面说过,此行一定成功,但成功就必须要现在出兵吗?不是我为难,只是现在时机确实不成熟,贸然出兵,恐怕……唉!谁叫人家是咱的上级呢?官大一级压死人哪!

事已至此,那就啥也别说了,出兵吧。刘法不得已,只好率兵两万到统安城,会合那里的宋军进攻西夏。

得到宋军即将进兵的情报后,李乾顺展开了积极的应对措施,他集结了西夏国所有能够抽调到前线的部队,任命晋王察哥为主帅,统率大军前去御敌迎战。

对于察哥来说,这一次是真正意义上的“受任于败军之际,奉命于危难之间”了,此战若胜,国家可保;若败,身死国灭。

成败在此一举。察哥料定,宋军精锐必定集结于先遣部队,为了挡住敌军,不至于一开战就被刘法击溃,他将主力分为三阵,轮流抵御前敌。此外,他另派一支精锐骑兵队伍绕道山后,突袭刘法的后备军。察哥相信,前后夹击之下,宋军必然难以支撑,自己一定会取得最终的胜利。此战直杀得天昏地暗,日月无光。宋军遭受前后夹击,却毫不畏惧,硬是挡住了西夏军潮水般的攻击,而西夏军虽然掌握着战场的主动权,一时半会却也吃不掉宋军。

战斗从早晨一直打到傍晚,双方一连激战七个时辰有余。

拾得和尚造像

俗话说得好，人是铁，饭是钢，一顿不吃饿得慌。一个人就是啥都不干，一天不吃东西也受不了，更何况宋军干的还是体力消耗非常大的拼命活，从早晨到晚上粒米未进，实在是饿得受不了了。再看看对面的西夏军，打饿了还能换下去吃饭，那可真是羡慕嫉妒恨啊！

这还不算完，由于喝不上水，没法补充水分，宋军的马大批渴死，如此一来，西夏骑兵更是无所顾忌，四处砍杀疲惫不堪的宋军士兵，如入无人之境。仗打到这个份上，已经没有什么悬念了。

宋兵长时间不得进食，疲惫不堪，战马也渐渐不支，先遣部队将领杨惟忠、后备部队将领焦安节、左军将领朱定国等相继战败。刘法见大势已去，利用夜幕仓皇出逃，一口气大约逃了七十里地，才敢稍稍出了一口气，继续逃窜。

天亮时分，刘法到了盍朱岭(今甘肃永登县南)，还没来得及休息就又被那里的西夏守兵发现，西夏守兵见来人一副宋朝军官打扮，料想定是个不小的官，便一通猛追。

刘法气都没来得及多喘一口，又是一路狂奔，结果由于跑得太急，一不小心坠入山崖，摔断了一条腿。西夏军中一个做杂役的小卒呼喊着跑上前去，一刀砍

下了他的脑袋。

察哥见到刘法首级后，轻轻叹了一口气，无不惋惜地说："刘将军深谙用兵之道，当年在古骨龙、仁多泉之战中数次打败过我，我常常是避其兵锋，从不敢轻易与之交战，认为他是一员天生神将，岂料今日却被我的一个小小杂役兵枭首！他之所以失败，就在于他恃胜轻易出战，不可不引以为戒哪！"之后，在察哥重兵围攻之下，统安城失守。

察哥攻占统安城后，有部将建议察哥挥师乘胜攻取震武城。震武城就是古骨龙，自从宋朝修筑震武城以来，多次遭到西夏军的袭击，宋熙河、秦凤两路军队为救援震武城疲于奔命。当时，北宋援军未到，震武城危在旦夕，察哥本来可以一举拿下该城，但他在围攻数日之后，却突然下令停止攻城，并撤军。

这是为什么呢？察哥看着部下们一个个不解的眼神，他淡定而又老谋深算地对部下说出了自己的理由："不要攻破此城，还是给宋军留一个负担吧。"这可能就是军事家与大老粗的微妙区别吧！

察哥高超的军事指挥才能由此可见一斑。西夏虽然取得了对宋作战的大胜，但自身的损失也不小，再这么打下去，不用宋朝来攻，西夏自己就崩溃了，所以请和成了西夏唯一的选择。

西夏元德元年（宋宣和元年，1119 年）六月，李乾顺在对宋作战大获全胜的情况下，又以辽的名义再次向宋朝请和，宋朝被迫暂时接受与西夏和议。

晋王察哥戎马一生，南征北战，虽然战功卓越，但为人处事却劣迹斑斑。史载他"贿货公行，威福自用"，对老百姓更是横征暴敛，搜罗民脂民膏为自己建造起一座座华丽的宅第，甚至还多次强占民间宅园。察哥古稀之年，仍然是妻妾成群，只顾尽情享乐。尤其是在他晚年时，收受了任得敬的贿赂，并向皇帝李仁孝保举任得敬，要求将他调入朝廷，以致后来酿成西夏建国以来最为严重的分国祸乱。

李世辅借力西夏 真英雄回归宋朝

李世辅，字君锡，陕西省青涧人。自唐朝五代以来，李氏家族就世代袭为苏尾九族都巡检一职，在当地也算得上是世家大族了。到李世辅的父亲李永奇的时候，因为李永奇文武兼备，且小有谋略，还曾担任过宋朝的同州观察使、延安巡检使等职务，官虽然不算大，但多少也算是为家族争了光，李家也颇以为荣。

据说李永奇的妻子生李世辅的时候难产，一连几天都生不下来，恰好此时有个讨斋的和尚路过李家，对李永奇说："你妻子要生的乃是一个世间奇男子，只有把刀剑放在孕妇身边，这孩子才能顺利生下来！"李家人都觉得奇怪，但无奈之下，只好就此照做，令人惊讶的是，小世辅果然顺利出生了。

金人进犯鄜延地区时，经略王庶命李永奇招募军队，年方十七岁的李世辅投笔从戎。李世辅第一次参战就杀敌十余人，经略王庶发现他小小年纪已有大将风度，便补为承信郎，提升为队将。由此李世辅便在军中有了名声，不久被提升为副将、鄜延路兵马都察兼任第六正将等职务。

金人攻陷延安后，为了尽快稳固统治，决心就地安抚，利用宋朝旧将，李永奇、李世辅父子自然在列。李永奇面对此情此景，老泪纵横，哽咽着对李世辅说："我乃宋朝臣子，世袭国恩，如今已这把年纪，怎么可能替金人做事呢？但是，你还年轻，大丈夫一定要懂得能屈能伸的道理，希望你能忍辱负重，委曲求全，曲线救国也不失为一条报效国家的路子！"李世辅听后，泪流满面，使劲地点头表示应允，接着父子俩相拥而泣。

当时的傀儡皇帝刘豫要移都汴京，就命令李世辅亲率所部兵马赶赴汴京，听

西夏石碑拓片

候调遣。

临行之前，李永奇拉着儿子的手，悄悄叮嘱儿子说："此次南行，你若得机会，速归宋朝，不要因为替我考虑而放弃机会。如果你能成功，那我的心迹世人也就可以明白了！"因此，李世辅一到汴京开封，便立即秘密派遣部下雷灿携带蜡书赴南宋行在，联络南归宋朝。

南宋绍兴十七年(1147 年)，金兀术正以万余骑驰猎于淮河边上，李世辅本打算生擒金兀术南归宋朝，但苦于一直找不到机会，只好在表面上对金兀术表示愿意归附，接受金朝承宣使、知同州(今陕西渭南市境内)的任命。

幸运的是，金朝元帅撒里曷突然来到同州，李世辅瞅准机会，一不做二不休，表面上对撒里曷点头哈腰、毕恭毕敬，实则以为撒里曷接风洗尘为名，摆下鸿门宴。事情进展得很顺利,李世辅如愿擒获了金朝元帅撒里曷。

擒获撒里曷后,李世辅整顿人马,快马轻骑,率部飞奔出城,准备南归。结果因为找不到渡洛河的船只而无法前行,加上金朝追兵已尾随而来,只好且战且退。

麻烦的是,身边有一个人质当累赘,李世辅行军的速度自然就慢了下来。眼看追兵越来越多,他决定暂且释放撒里曷,换取自己归宋的心愿。他与撒里曷折箭为誓,要求对方保证,不得因此事为难同州百姓,也不得因此事株连他的家人。在得到了撒里曷的保证之后,李世辅便将其释放。

与此同时,他命人通知自己的父亲带着家人在指定地点与自己会合。李世辅原本打算先返回故地迎接父兄子弟一同归宋。可是他刚到鄜城县,就听说父亲数日前携带家里老小出城避难,到达马翅谷口的时候,被一伙金兵追上,二百余口全部被杀害。而且,官府正在悬赏追查李世辅的下落。

此时的李世辅已是国仇家恨集于一身。

金兵对李世辅的搜捕不遗余力,对他往日的旧部穷追不舍,李世辅突然有一种天下虽大,却无处藏身的感慨。南宋绍兴十八年(1148年)十月,走投无路的李世辅仅仅带了二十六个亲信逃往西夏。

西夏皇帝李乾顺听说宋朝大名鼎鼎的李世辅将军来投,甚为欢喜,立即遣使在郊外举行了隆重的欢迎仪式。翰林杨学士还亲自将李世辅迎入馆舍,好酒好肉,热情款待,两人相谈甚欢,引为至交。

一个风雪交加的夜晚,李世辅提着一壶好酒来到了杨府,说是要与他把酒言欢、不醉不

归。翰林杨学士喜出望外，能与宋朝世家大族之李世辅这样的人喝酒聊天，真是荣幸。赶忙把他请进里屋，吩咐下人弄了几个小菜，两人话语投机，一来一回开始对饮起来。酒到酣处，李世辅忽然声泪俱下，说金人背信弃义，残酷杀害了自己的父母妻儿，自己每念及此，伤心欲绝。愿领二十万人马去生擒撒里曷，取陕西五路归于西夏，以报不共戴天之仇，了却心愿。

第二天，翰林杨学士便向西夏皇帝李乾顺报告了李世辅想要借兵攻金的想法。李乾顺说："他要是能立功，借兵一事自然没问题。"

李世辅得知乾顺的态度后，便去朝见乾顺，问该如何立功，还请陛下明示。

李乾顺开门见山："将军若能擒得'青面夜叉'，借兵不难矣！"

这"青面夜叉"何许人也？李世辅问过杨翰林，才知这"青面夜叉"是西夏边界上的流寇首领，手下精兵数万，恃勇桀骜，劫掠边境十余年，一直以来是西夏边界治安管理的一大祸患。

李世辅听说是想要他去消灭实力强大的流寇，没有气馁，欣然自往。李乾顺问他需要多少人马？李世辅胸有成竹地说："我当以计取得，精锐五百足矣！"却见乾顺说："朕听说过将军勇武善战，很能打仗，但对方好歹也有几万人，这海口夸得恐怕有点大了吧？"没等李世辅说话，李乾顺又坚持说："此虏难以拿下！朕今日拨给你大夏精兵三千。愿你早日凯旋而归！"

一切安排妥当后，李世辅带领三千精锐骑士裹粮卷甲，昼夜兼程，如同天兵天将，突然降临"青面夜叉"的老巢。

按说西夏军人少，应该采取"擒贼先擒王"的战术，直取"青面夜叉"才对，但李世辅却没有这么做。他先是设下埋伏，然后叫来一个部下，叮嘱他说："待会我与'青面夜叉'交战时，你什么也不要做，只需要骑马从我身后疾驰奔走即可。"

那部下左思右想，仍然没能想明白将军让自己从他身后骑马奔走是何用意，不过，既然将军已经这么吩咐了，照办即可，简单！

一切准备就绪后，李世辅亲率少数人马，前去找“青面夜叉”挑战。

据说这“青面夜叉”打仗总是带着一张青面獠牙、极其恐怖的面具，又多出没在三更半夜时分，所以才被人称为“青面夜叉”。他听说有人来找麻烦，特别好奇，想当初西夏军数次来伐，无一例外被打得落花流水，最后拿我没辙，只能听之任之了。所以，他特别想去看看又是哪里来的不自量力的家伙，敢在自己的地盘上撒野，定会让他有来无回。

“青面夜叉”跃马扬刀，率领手下驰奔出巢。当他看到李世辅身后只有稀稀拉拉那么一点人的时候，不由得哈哈大笑，心想不知哪里来的小喽啰，就这么点人，还敢大呼小叫着要找我挑战？

李世辅见“青面夜叉”出来，先发话说：“以前你打胜仗，所依靠的不过是手下人多而已，以众胜寡，这根本算不上什么英雄好汉。你要是果真厉害，敢与我单挑吗？”

“青面夜叉”没说敢还是不敢，只是扭头环顾自己的部下，脸上露出不屑一顾的笑。同一时间，“青面夜叉”的部下你看看我、我看看你，不由得都哈哈大笑起来！“青面夜叉”还是想先满足一下自己的好奇心，便问：“哪里来的毛小子，敢拿鸡蛋碰石头？姓甚名谁，快快报上名来！”

李世辅双目瞪着“青面夜叉”，回答相当简单：“废什么话，有本事就出来接战！”

“青面夜叉”这下被激怒了，占山为王这么久，还从来没有人敢在他面前如此嚣张呢。他大吼一声，挥动着大刀，策马朝李世辅奔来，李世辅也舞起长枪，迎上前去。只见两人你来我往，大战几十个回合，都不分胜败，看来两个人是势均力敌！

就在这时，那个西夏士兵按照李世辅之前的命令，骑马从李世辅背后飞奔而过。“青面夜叉”战得正酣，不明状况，刚一分神，便被李世辅抓住空当，冲上前去将其掀翻马下，生擒正着。之后，西夏军伏兵尽出，“青面夜叉”的大军失去了统帅，乱成一团，纷纷投降。就这样，为患西夏边界十几年的大流寇“青面夜叉”就这样覆灭了。

李世辅仅用三千骑兵便平定了“青面夜叉”，解除了西夏大患，李乾顺大悦，

传出话来要将女儿许配给李世辅。但李世辅一心只顾着为家人报仇雪恨，并且希望有朝一日能够回归大宋，哪里还有心思考虑儿女情长、风花雪月的事情，便以正值家亲丧期为由，委婉地推掉了这门亲事。

虽然没能招李世辅做自己的驸马，有一点小小的遗憾，但一码归一码，答应借李世辅兵马报仇的事情，乾顺总还是要兑现的，遂同意给他借兵二十万收复陕西五路。以文臣王枢、武臣移讹为陕西招抚使，以李世辅为延安招抚使，鼓行而东。李世辅借西夏兵以雪金人耻辱的时机终于到来。

二十万大军浩浩荡荡，李世辅所至之处，原北宋的残兵余将，无不望风投降，有些旧部听说李世辅率大军归来，甚至不远千里前来投奔。

南宋绍兴十九年(1149 年)，李世辅率领大军到达延州城下。

此时形势已经发生了天翻地覆的变化，宋金已经议和，金人废掉了伪齐的刘豫，还归还了包括延州在内的河南地。

历经千辛万苦的李世辅终于回到了大宋的怀抱。他与部下面南而拜，感慨万千。可是感慨归感慨，既然宋金已经议和，延州也已回归，金人显然也已打不成，

那率领的二十万西夏大军该何去何从呢？当初许给西夏皇帝李乾顺的诺言也无法实现了，如果自己南归，会不会有些忘恩负义呢？一心怀恋故国的李世辅再三思索，最终还是决心南归，但所率人马该怎么办？他深知西夏人多怀恋乡土，不愿远离故土，肯定不会愿意随他南迁。于是，他带了八百旧部来见王枢、移讹，当面提出了自己要南归宋朝的要求。

王枢、移讹二人听说后，傻眼了，什么情况呀？特别是移讹坚决不答应，他说："当初，将军你穷途末路，来到夏国，我大夏上至皇帝下至百姓，都给予你莫大的关怀和恩惠。你说你要借兵攻金来取陕西路，为父报仇雪恨，我皇帝陛下没有二话。陛下爱悯将军才华，不惜将公主嫁与你。今我大军既随将军到此，将军你却要南归，让我等回去如何交代？"

李世辅归心似箭，他管不了那么多了，如今的形势没有想象中的那么简单，和平南归显然不大可能，不果断采取点措施是不可能脱身的。李世辅当机立断，

遂抽刀砍向移讹，移讹始料不及，没想到自己就多说几句话而已，便招来杀身之祸，只见他挥刀招架，闪过刀锋，纵身夺路逃脱。

站在一旁的王枢彻底懵了，怎么变得这么快！傻乎乎还来不及反应，就被李世辅的部下五花大绑，成了俘虏。

移讹逃回西夏军营后告诉西夏士兵，说李世辅忘恩负义，欺骗了我们西夏人，辜负了陛下的一番厚望，背信弃义想要南归，西夏兵一片哗然。

之后移讹率领“铁鹞子”数千来追袭，李世辅曾经历大小战事无数，面对西夏军追袭，他沉着应战，一边指挥新附旧部，部署战斗，一边跃马上阵，挥舞双刀，冲入敌阵。在李世辅部将的英勇抵抗下，西夏兵渐渐不敌，败下阵来，死伤甚众，最糟糕的是被李世辅掠走战马四万有余，对于李世辅来讲，这简直是奇迹般的大胜。有了这些战马，李世辅发榜招兵，每得一人，便给马一匹，十日内竟招得骁勇少壮者万余人，组建了一支规模可观的骑兵。及至耀州，已有马步军四万余人。时金元帅撒里曷还在耀州，听说李世辅要来，连夜逃遁。

后来，南宋抗金名将吴玠在河池县(今甘肃徽县)与李世辅相会。他对李世辅说：“忠义归朝，唯君第一。”至行在，高宗抚劳再三，赐名显忠，赐田镇江和金银绢帛。此后，李世辅历任保信军节度使、浙东副总管、淮西制置使、京畿等处招讨使、太尉、宁国军节度使、御前诸军都统制、殿前都指挥使、武威节度使、左金吾卫上将军、提举兴国宫、提举万寿观等。宋淳熙四年(1177 年)七月李世辅病逝，时年六十九岁，赠开府仪同三司，谥忠襄。

李乾顺尚文重法
西夏国弃辽附金

小梁太后虽然专横，长期把持朝政，但对乾顺还是相当不错的，经常带他出兵打仗，有时还和他一起讨论国家大事，似乎真的是把他当作接班人来培养的。可现在辽国人一杯毒酒就把自己的母亲干掉了，此时的乾顺才十六岁，到底还是个孩子，你说他怎么可能不伤心呢？

可是他再伤心，又能怎么样呢？难道要他去找对方理论？或者干脆起兵复仇？显然都不合适。辽国既然能一杯毒酒除掉他母亲，自然也能轻而易举地把他干掉，所以，有些想法只能是在心痛的时候想一想，仅此而已，若想要实施根本不可能，也行不通。

思来想去，乾顺打算保持沉默。现在宋朝咄咄逼人，大有要灭掉西夏国的架势，而自己又无力抵御宋朝，为今之计，只有傍辽国这棵大树，靠辽国来与宋朝周旋了。至于母亲的死，就这么着吧，不然还能怎样？

乾顺亲政后做的第一件事情就是赶紧找宋朝和解。这也是没办法的事，葫芦河丢了，天都山也丢了，再不找宋朝求和，估计人家就打到灵州城下了。

宋哲宗直接拒绝了乾顺的请求。形势一片大好，鬼才愿意和你讲和呢！

宋朝这样的态度早在乾顺意料之中，所以他并不意外，赶紧采取了第二套方案——请辽国出面调解。恰好当时，辽国西南招讨使所辖的一个名叫拔思母的部落，不断联合达里底部频繁起兵反辽，尽管辽国一度平息了叛乱，但他们还是反叛不已。

辽乾统九年(1109 年)二月，拔思母部和达里底部再次叛乱，天祚帝请求西

夏出兵帮助平叛。在辽国扶持下亲政的乾顺皇帝，当然义不容辞地答应了这个请求，并且出色地完成了任务。因此，当乾顺的使臣到达辽国说明来意，请求辽国出面调停，天祚帝当然也觉得不能坐视不理，当即表示愿意帮乾顺这个忙。

这次宋哲宗的口气不像之前那么强硬了，毕竟辽国的面子不能不给。他提出，讲和也不是不可以，但乾顺必须把嵬保没、凌结讹遇两人抓住送来，否则讲和之事免谈。

嵬保没、凌结讹遇二人是小梁太后的宠臣，小梁太后当政时，这两个人天天劝她攻打宋朝，臭名昭著到连宋朝都知道了，所以这次宋哲宗才会提出这个要求。

完成这个要求对于乾顺来讲并无难度，毕竟这两个人是他母亲的宠臣，又不是他的。再说，除了会鼓动侵犯宋朝他们似乎也没啥别的本事，现在自己要和宋朝讲和，这两个人的这点本事自然也没有用武之地了，既然如此，就让他们最后为国家作点贡献吧。乾顺以小梁太后之死系嵬保没二人所为为由，命人将他们抓住杀了，然后派人转告宋朝。

宋朝得了面子，自然不好再为难乾顺，于是当乾顺再次派人前来谢罪求和时，宋哲宗答应了，他同时表示，以前的一切岁赐照旧。

终于避免了亡国的命运，乾顺长舒了一口气，心里这块石头总算落了地。

再说小梁太后去世后，李乾顺在辽朝的支持下，一步步重掌西夏国朝政大权，开始了西夏和平岁月的固国大业。

李乾顺亲政以后，根据西夏国情的变化，实施了一系列巩固西夏国主政权的措施：第一，坚持依附辽朝，与宋达成和解；第二，实行分封，巩固皇权；第三，建立国学，提倡汉文化。

前面讲到依仗大辽的支持，李乾顺很快就与宋朝达成和解，解决了西夏外部问题。接着，乾顺开始专心于国内的发展和改革。乾顺借鉴中原王朝封王的办法，开始了西夏历史上第一次封王，逐步实行分封皇族，用以巩固皇权。

西夏贞观三年(1103 年)，李乾顺庶母所生的嵬名察哥成为西夏历朝中第一个受封为王者。他被封为晋王后，在李乾顺的授意下，逐步掌管了西夏军权，多次在战争中展示了自己卓越的军事才能。

西夏元德二年(1120 年)，李乾顺加封宗室中的嵬名仁忠为濮王、嵬名仁礼为舒王。这两兄弟的父亲嵬名景思在秉常被梁太后囚禁之时，曾竭力保护秉常。

当年李秉常继位以后，曾打算起用嵬名景思，但碍于国政大权被梁氏后族掌控而未能实现。乾顺念其父保护先帝有功，遂将这两位通晓蕃、汉文字且善于管理的皇室亲族分别委以礼部郎中和河南转运使的要职。

说法图

乾顺在位期间，还致力于减弱国内手握重兵的心怀叵测的悍将以及一些强横难制的部落酋豪的实力，因此逐渐取得国家实权。乾顺亲政后渐次深入的封王和夺权运动，代表了传统保守势力的专擅朝政的母党外戚集团，与代表着统一的封建中央集权的帝党之间的长期深刻的矛盾和斗争，至此告一段落。

西夏永安三年（1100 年）八月，御史中丞薛元礼向乾顺上言："当年先帝筚路蓝缕，艰苦创业，方得立国建业，称雄西北。时先帝曾设置蕃汉两院，分别培养蕃学和汉学人才，可后来我大夏不幸横遭外戚擅权，没藏氏、没藏讹庞、梁太后、梁乙埋等，这些人对汉学极端仇视，他们在专权的时候都不同程度地对汉学进行打压，致使我大夏的汉学发展一日不如一日，一年不如一年。如今西夏国内，自上而下无论是王公大臣，还是市井百姓，皆寡廉鲜耻，民乐贪顽之习，士无砥砺之心，长此以往，我大夏国祚必不长久，所以臣建议陛下仿效先帝，崇尚儒学，兴办文教，创建国学（汉学）。"乾顺听后，十分赞

同薛元礼的建议，即刻诏令在蕃学之外特创建国学，挑选亲贵子弟三百人，由国家供给衣食，设置教授对他们进行培养。不久，李乾顺又诏令全国，各地都要修建蕃汉学校，培养人才，大量学校的修建，使得西夏很快涌现出了一批经世治国的人才。西夏大规模推崇儒学从此开始，乾顺在位期间，逐步确立了儒学在西夏政治、文化中的至尊地位，也了夯关乾顺、仁孝两朝近百年盛世的文化基础夯实和文化人才的储备。

李乾顺礼贤下士，纳谏如流，逐步将夏景宗元昊以来推行的“尚武重法”的立国方针，转变为“尚文重法”的方针。

莫高窟第16窟甬道说法图

李乾顺大力推行“尚文重法”的立国方针，一方面给西夏社会带来了一个相对和平的国内政治环境，对西夏国的政治秩序、经济发展、军事力量的积累以及文化繁荣都起到积极的作用；另一方面也确实为国家的长久发展带来了比较严重的后果。

后果之一，长期推行尚文重法的立国方针，必定大力推进以儒治国，这就要求以仁政施天下，宽刑薄惩。实行以仁孝治天下，那些儒士出身、野心勃勃的大臣，依仗学问，讲究君臣情分，一再忍辱退让，从而导致内乱的发生。乾顺之子仁孝统治时期，其岳父任得敬窃国篡权之事之所以能够发生，正是李仁孝一再忍辱退让的结果。

后果之二，长期抛却党项民族尚武好斗的民族传统，以文治国，致使西夏军政日渐松弛，军队战斗力急剧下降，使得一贯习武好战、民风强悍的党项民族，竟然在数十年间渐变成一个文弱的民族。尚且不说侵扰他国，就是基本的抵御外侮的能力也丧失殆尽，最终经不住蒙古人的强大军事进攻而寿终正寝。

进入12世纪以后，西夏的军事、外交形势都发生了极大变化。西夏与北宋长期战争，国力大衰。北宋自熙宁(1068~1078年)年间，拓境熙、河，又占据河、湟，至宋徽宗政和六年(1116年)全部占有原吐蕃唃厮啰所辖地区，从西南侧背威胁西夏，又采取进筑堡寨和浅攻的战术，步步为营，蚕食西夏国土。宋宣和元年(1119年)，宋鄜延、环庆两路大军大败西夏军，尽夺横山之地，完成了对西夏东、西夹击的战略计划。夏宋双方主动进攻与被动防御的战略地位发生了根本的转化。但是，这种局面持续的时间并不是很长。当女真人崛起，灭辽宋之际，西夏趁机东进攻打宋朝麟州、府州、延州等地，又向西夺取河湟地区。到夏崇宗乾顺大德三年(1137年)，西夏西南扩展到湟水流域和黄河上游地区的西宁、乐、廓、积石数州，东面攻取宋保安军和丰州、麟州，此时，为西夏立国以来版图最大之时。

在我国东北吉林省和黑龙江省交界地带的白山黑水之间，曾居住着一个古老的民族——女真族，他们祖辈世代居住于此。契丹人建立大辽以后，女真族在契丹人的胁迫之下归属了辽朝，被辽朝统治。11世纪，女真族已经进入了奴隶社会，面对辽朝的经济掠夺和政治压迫，他们不断聚众反抗，但

都失败了。

进入 12 世纪以后,居住在此地的女真族完颜部落逐渐强盛,他们不断发动反抗辽朝统治、压迫的战争,取得了一系列胜利,以致辽朝在宋、西夏、辽三国鼎立之时,特别是西夏、宋争战之际,无暇顾及中原。面对屡屡兴兵反抗的女真族,辽朝伤透了脑筋,不断调集各路兵马,严令镇压,却始终抵挡不住女真完颜部落的节节胜利。西夏雍宁二年(辽天祚帝天庆五年,1115 年),女真族的杰出首领完颜阿骨打统一女真各部,称帝建国,定都会宁府(今黑龙江阿城区),国号大金,年号收国。金朝建立以后,继续发兵,南向攻伐,首当其冲的就是他原先的宗主国——辽国。金国步步紧逼,曾经傲立塞外漠北、不可一世的大辽却兵败如山倒,节节败退。

面对女真阿骨打咄咄逼人的态势和摧枯拉朽般猛烈的攻伐,辽朝末代皇帝天祚帝只有一个选择——马不停蹄地逃亡。

金天辅四年(辽天庆十年,1120 年),金攻占辽上京临潢府,很快又攻占了辽上京道、东京道地区。

北宋朝廷以童贯为首的一批大臣,迎合宋徽宗好大喜功的心理,建议说:"这是消灭辽国的大好时机,应该依靠新兴金国的力量,对辽国两面夹击,收复燕云十六州之地。"当时宋徽宗对此建议十分赞赏,命童贯具体负责此事,于是就有了宋金的"海上之盟"。

宋徽宗正做着恢复燕云十六州的美梦,阿骨打正在指挥部下攻城略地,天祚帝在马不停蹄地奔逃,乾顺这个时候又在干什么呢?他正在调兵遣将,希望可以挽救江河日下的辽国!

西夏与辽朝虽然时战时和,但两国亲密关系由来已久,自李继迁起兵反宋以来,西夏一直接受辽的册封,而且夏辽之间还一直维系着政治联姻的关系。特别是西夏贞观四年(1104 年),辽主再次将宗室女成安公主下嫁给新近继位的夏崇宗李乾顺,并全力支持李乾顺稳定国内局势。女真兴起之时,夏、宋酣战,但夏辽关系还是比较密切的,这从夏崇宗李乾顺的所作所为就能看出来。

接到金兵攻破辽上京的消息后,西夏国朝政议论纷纷,唯恐自己的盟主国被新崛起的金国灭亡,很多大臣将帅都呼吁李乾顺出兵支援辽国。李乾顺思前想后,倘若辽朝真的被灭了,唇亡齿寒,我们大夏还能撑多久呢?

一边是辽朝兵败如山倒，节节败退，直至无路可退，一边是李乾顺正在调兵遣将，想要拯救辽国于危难之间。

西夏元德四年(1122 年)三月，李乾顺派两千人马作为先锋部队，前去救援辽国，刚走出夏境，就听说金军已经接连攻破了辽朝的中京(今内蒙古宁城西)和西京(今山西大同)，又听说金将耶律坦所率先头部队正密谋召集辽西南诸部落，准备彻底瓦解大辽。李乾顺继续发兵，就在耶律坦率军逼近夏境之时，西夏大军早已在边界完成了集结，并声称奉辽主之命，夏、辽两国交界的金肃、河清两军的土地和臣民已经处于西夏军的保护之下，劝金军勿犯。见西夏军镇整齐、严阵以待，为避免腹背受敌，金将耶律坦主动退去。

五月，李乾顺得到消息，辽朝天祚帝被金兵追击已经逃入阴山之中。便遣大

内蒙古额济纳旗达兰库布镇东四十公里的西夏古庙出土的泥塑供养人像

将李良辅率三万兵马前去营救。李良辅率军到达天德军一带时，与金军将领完颜娄室相遇。两军一触即战，一个回合下来，长途跋涉而来的金兵有些不支。时恰逢瓢泼大雨，有些金将便不想再战，认为没必要过早与西夏军冲突。但完颜室娄不那样认为，他整顿人马，告诫诸位将士，夏辽友好，今辽将亡，夏人怎会视而不见呢？切不可因小败而驻足不前，否则会招致西夏军更大规模的进攻。于是，金军士气重整，将人马分为两队，轮番迎战西夏军。夏辽两军转战三十余里，不分胜负。突然，金兵统帅斡鲁率军赶来，两军合二为一，夏辽争斗形势急速变化，西夏军渐渐不支，步步败退，直至被逼到宜水河畔（今内蒙古呼和浩特市东南）一带，西夏军继续败退，一直被追击到一处野谷涧的狭窄山谷。见金军的进攻稍稍松缓了一些，西夏军趁机渡河，屋漏偏逢连夜雨，不料涧水暴涨，西夏军士兵慌乱无措，淹死无数。

西夏遭此重创，但仍未停止援辽行动，当辽天祚帝被金兵追得四处逃窜时，乾顺派大臣问候起居，馈赠粮食。

西夏元德五年（1123 年）八月，金太祖完颜阿骨打将辽朝天祚皇帝追击到一处悬崖。无奈之下，天祚皇帝假意投降，派人给金朝送去国印，自己却趁机逃亡云内州（今内蒙古土默特左旗）。乾顺听说辽朝皇帝临近西夏境地，立即派人前去迎接。辽朝中军都统萧特烈等人劝阻天祚帝不要去西夏国，天祚帝不听，渡过黄河来到金肃军（今内蒙古东胜以东），遣使者封李乾顺为西夏皇帝。

金主听说辽天祚皇帝将要逃亡西夏国，便写信给李乾顺说："今大辽覆灭亡国，乃天运天命使然，夏国如能依据前事，以事辽之心事我大金，大金愿与夏国和平相处。如果夏国能将辽天祚皇帝缚送金国，金国愿意将辽国西北的土地割让给夏国。"

收到金主的信后，李乾顺看到此时辽朝败亡已成定局，想到自己虽然几次出兵援救，却无异于杯水车薪，根本无法阻止辽朝的灭亡。如今，金国又把矛头对准了自己，金国的军事力量那样强大，怎样才能保全大夏国，不至于毁了祖宗留下的万里基业，更不至于步辽朝亡国的后尘，乾顺选择了向现实妥协，他决定答应金国的条件。

西夏元德六年（1124 年）正月，乾顺遣使上表金国："一切永依臣事辽国旧例。其契丹昏主，今不在臣境，至如奔窜至此，不复存泊，即当执献，若大朝知其所

在,兴兵追捕,无敢为地及依前援助,其或征兵,即当依应。至如殊方异域朝觐天阙,合经当国道路,亦不阻节……”表示愿意成为金国的藩邦属国,接受金朝赐给的土地。自此,两国确立了政治上的主从关系,史称“天会议和”。

失去了西夏的援助,辽国灭亡指日可待。金天会三年(辽保大五年,1125)二月,辽朝天祚帝刚刚落脚应州(今山西应县),就被尾随而至的金将完颜娄室擒获。

契丹辽国,自 907 年建国,至此灭亡,共历 219 年。

辽国灭亡以后,金朝依约把今内蒙古土默特左旗、东胜和山西五寨以北的土地,划割给西夏。

当然,西夏也遵守“天会议和”,恪守着金夏之间的主从关系。

女真部族在他们的杰出首领完颜阿骨打的带领下,短短数年之间,就攻灭辽国,此刻,大金勇士们士气正旺。于是,金国新任统帅金太宗完颜晟一合计,决定一鼓作气,将攻伐的矛头指向外强中干的宋朝。于是,他撕毁了宋金“海上之盟”,兵分两路,东路军由完颜宗望(斡离不)率领,攻燕京(今北京市);西路军由完颜宗翰(粘罕)率领,直取太原。金兵开始大规模进犯宋朝。

这注定是一场实力差距悬殊的战争。面对金军的强大攻势,宋军的表现可谓是惨不忍睹。金军十月发兵,一月就攻到了汴京城下。宋徽宗早见情形不妙,禅位于太子赵恒,自己跑到镇江“烧香祈福”去了。赵恒在哭哭啼啼中即位,是为宋钦宗。

大金雄兵两次兵临汴京城下,宋人的京都保卫战,一次比一次差劲,贤臣良将尽数摒弃,贼臣逆子相望朝堂。北宋王朝日薄西山、奄奄一息,各路兵马,士气低落。相反,金国虎狼之师,士气旺盛。一个月后,北宋汴京城便被攻破。

大宋王朝的徽宗、钦宗以及众多的王公大臣、公主、嫔妃等尽数被金人俘虏,押解启程,前往北方,史称“靖康之变”,北宋宣告灭亡。宋靖康二年(1127)五月,宋徽宗第九子康王赵构于南京(今河南商丘市)称帝,重建大宋王朝,史称南宋。

至此,西夏、金和南宋的“新三国”取代了原来辽、宋和西夏的“旧三国”。

金灭北宋后,为了有效牵制西夏的扩张,他们策划拥立了伪楚政权,并假意从中撮合,使之与西夏划清地界,并要求双方发誓互不侵犯,如此一来,便导致夏金双方联盟逐渐出现破裂的迹象。

此后近百年间,夏、金双方虽以和平相处为主,但也时有征战,直至两国皆为蒙古所灭。

任得敬逆谋分国 皇帝梦福祸相依

今宁夏回族自治区海原县天都山一带，西夏李元昊时代曾在此地修筑离宫别墅，集结了五万职业军人组成精锐之师，准备南下关中，攻取长安。西夏永安二年(1099年)，宋朝军队占领这一带后，为了增强在这一地区的防御能力，耗时四个多月，在天都山脚下一块平旷的土地上，修筑了一座边长一千二百步，周长约五公里的土城。皇帝赐名"西安城"，这个叫法要比现在陕西省的省会西安市早上几百年。

西夏元德八年(1126年)九月，西夏趁金人攻宋之机，发重兵前来围困西安

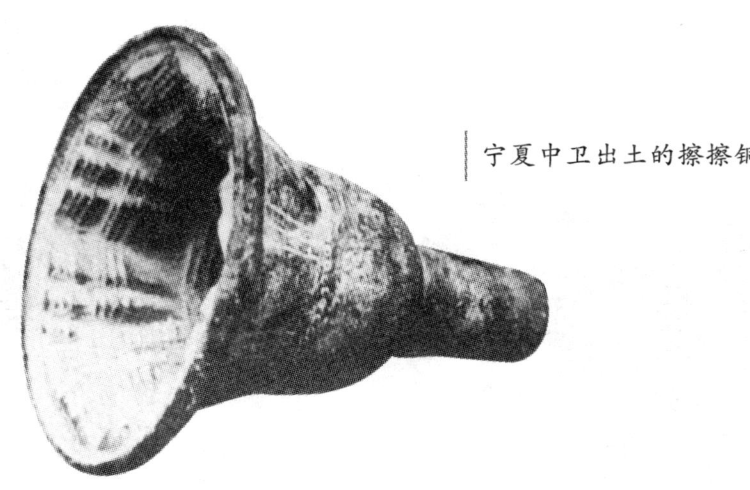

宁夏中卫出土的擦擦铜范

州城。此时,西安州城的宋朝州判是一个名叫任得敬的汉人,别看他只是一个边疆小吏,看到西夏兵来攻,他不慌不忙,在对局势作了一番分析判断之后,他果断认为北宋大势已去,此地终为西夏所有,于是,便令部下打开城门,率全体军民出城投降。任得敬因献城有功,李乾顺便让他继续担任西安州知州。没想到,宋朝人精心打理了二十七年之久的西安州城,从此成了西夏人重要的军事基地,甚至一度成为西夏南下侵入宋朝的指挥中心和大本营。

任得敬在西安州的位子上一干就是十年,西夏皇帝似乎已经把他早忘了。他不甘心一辈子这样默默无闻,他是个有野心的人,处心积虑,苦苦寻找能得到皇帝关注、宠信和提拔的途径,最后把目光放在已经长大成人的女儿身上。

西夏大德三年(1137 年),任得敬终于做下决定,决定把自己年方十七岁的女儿晋献给西夏皇帝。尽管夫人一百个不愿意,如花似玉的女儿哭成了泪人儿,但任得敬显然已经是铁了心,最终他苦口婆心地说服了夫人和女儿,由弟弟任得聪亲自护送到远在三百公里之外的西夏国都兴庆府。李乾顺见任氏美丽动人,落落大方,高兴得合不拢嘴,欣然接受。虽然任氏庄重寡言,但作为一个汉家女子,她琴棋书画,无所不通,加之长袖善舞,莺语娇颜,深为李乾顺宠爱,不久便册封她为贵妃,任得敬也因此被提拔为静州防御使。

任贵妃知书达理,庄重寡言,与曹贵妃亲如姐妹,相处和睦。宫中无皇后,但二人都安分守己,不争不抢。任得敬瞅准了皇后缺位的机会,拿出金银财宝,巴结贿赂朝中的王公贵族和大臣们,尤其是用重金收买了御史大夫巴里祖仁,让他出面上书,请李乾顺册封皇后之位。李乾顺犹豫不决,征求文武大臣们的意见,结果

受到任得敬贿赂的大臣们异口同声，奉承说："今日后宫佳丽无数，但唯有任贵妃才是真正的门第高贵，德才兼备，贤惠仁慈，是册封皇后的最佳人选。"西夏大德四年(1138年)八月，李乾顺正式册立任贵妃为大夏国皇后，并昭告天下。任得敬也因此被提升为静州都统军。

然好景不长，第二年(1139年)的六月，李乾顺驾崩，时年56岁，谥曰圣文皇帝，庙号崇宗，墓号显陵。

李乾顺卒，十六岁的长子李仁孝继位，是为夏仁宗，尊其母曹氏为国母，与任氏并列为太后。

李仁孝做了大夏国的皇帝，任得敬颇有失落之感，古人常言：一朝天子一朝臣，任得敬担心前功尽弃。为此他唉声叹气，不知如何是好。不过，古人还说：时势造就英雄。正当任得敬劳心烦恼之时，新的机会又出现了。

西夏大庆元年(1140年)，夏州统军萧合达突然发动叛乱，占据州城，然后挥师西进，很快就攻陷盐州，继而大举围攻灵州西平府。刚刚继位的李仁孝见此状，乱了方寸，不知如何是好。就在这个时候，任得敬挺身而出，主动请缨，要求出征平乱。只见他不慌不忙，分析形势后，决定围魏救赵，先派兵攻打叛军实力较弱的夏州，一举攻克。萧合达听说夏州老巢被围，立即撤兵回援。不料任得敬又迅速指挥大军，向盐州一带迂回移动。等到萧合达叛军行至盐州境内之时，任得敬早已布下了天罗地网，果然萧合达中计被歼。任得敬趁势收复盐州，灵州之围既解，萧合达也兵败被杀。捷报传到兴庆府，李仁孝欣喜若狂，不仅对任得敬的军事才能大加赞扬，而且还产生了欲把任得敬调到朝中任职的想法。

濮王仁忠劝谏说："任得敬将军，统帅大军平叛，兵威震慑河南，今祸乱方平，就这样解除其兵权，恐有不妥。那些图谋造反的逆臣贼子见任将军离去，必会再次兴风作浪，离乱天下。依臣所见，不如让任将军继续在外领兵，朝廷只需为其加官晋爵即可。还望陛下三思而后行。"李仁孝觉得有道理，遂授任得敬为西平都统军，驻灵州西平府，晋封西平公，并给予金银珠宝、绫罗绸缎等重赏无数。

高官厚禄，威名远扬。任得敬还是觉得不满足，在接下来的岁月里，他不择手段，一步接一步爬上更高的位置。

西夏人庆四年(1147年)五月，任得敬主动上表请求入朝。李仁孝认为，任爱卿功勋卓著，理应参与国政。因此，打算准其所请。但是，却遭到了以濮王嵬名仁

忠和御史大夫热辣公济为代表的一些重臣的极力反对，因为在他们看来，不论是后宫、还是外戚参政都会给国家带来政治灾难，特别是在西夏国历史上，可谓是前车可鉴哪！特别是御史大夫热辣公济坚决反对任得敬入朝，他说："任得敬身为外戚重臣，请求入朝，恐怕其心思是图谋干预朝政。自古以来，外戚擅权，国无不乱。他虽然贵为皇亲国戚，但终究不是我们党项人。谁能保证他没有二心呢？还请陛下三思哪！"濮王也点头示意，表达了同样的意见，李仁孝遂以灵州西平府乃大夏门襟、安危要紧为由，婉言拒绝了任得敬入朝之请。任得敬怀恨在心，但不露声色。

西夏人庆五年(1148 年)，中书令、濮王仁忠去世。任得敬见有机可乘，遂以金银财宝笼络晋王、夏崇宗的弟弟嵬名察哥。至此，宫外有晋王察哥的大力推荐和保举，宫内有女儿任太后的四处游说和活动，很快，李仁孝终于同意了任得敬的入朝请求，并接替了濮王之职，任尚书令。

任得敬坚持不懈的努力，终于为自己步入西夏皇权的核心地带打通了一条阳关大道。为了感谢晋王察哥的保举之恩，任得敬时不时就给他送来各种奇珍异宝，加之拍马溜须，极尽阿谀逢迎之能事，很快，任得敬与察哥的关系更加密切。西夏天盛八年(1156 年)四月，骄奢淫逸、贪婪成性的晋王察哥一命呜呼，临终前，他拉着李仁孝的手，以叔叔的身份交代说："任爱卿忠心耿耿，陛下可放心重用！"一个月后，李仁孝便任命任得敬为大夏国相。

任得敬当年为自己制定的宏伟的理想终于实现了。大夏国相，一人之下，万人之上，从此任得敬更加肆无忌惮。再也没有什么力量能够对任得敬的行为说三道四了。任得敬当政期间，专横跋扈，政由己出，连李仁孝都要让他三分。第二年，他便提拔自己的弟弟任得聪为殿前太尉、任德恭为兴庆府尹，二人因此直接控制了西夏皇宫和都城的行政大权。两个弟弟仰仗哥哥的权势，网络党徒，胡作非为，整个兴庆府城一派乌烟瘴气。秘书监王举看不惯，上书揭发其罪行，竟被罢官发配边疆。

李仁孝酷爱中原文化，曾大办学校，开科取士，尊孔崇佛，他的理想是把大夏国建设成为一个礼仪之邦。而任得敬对西夏皇帝的这些举措，深恶痛绝，因为，他不希望大夏国培养出能超越自己的人才。于是，他给李仁孝上了一道奏章，说："治国要勤俭节约，化俗要权衡利弊，我大夏国正处夷戎之间，土地贫瘠，人民贫

上海博物馆藏黑釉划刻西夏字瓶

苦，终年劳作而耕获甚微。那些儒士多是滥竽充数、骗吃骗喝之人，国家每年要耗费多少钱财才能养活他们呀？所以，臣下建议尽快撤销这些学校，并停止科举考试。"李仁孝对此事没有表态，只管继续做自己想做的事。但是为了笼络任得敬，还是封给了任得敬一个楚王的称号。

任得敬封楚王号！这还得了，要知道在西夏国内，王爷的桂冠向来只有皇室嫡亲才配享有，李仁孝怎么能够轻而易举地将尊贵的王号赏赐给了任得敬呢？一石激起千层浪，任得敬封王之事迅速引来朝中大臣非议，不满任得敬的大臣对此议论纷纷。身为御史大夫热辣公济实在看不过去，便偷偷上书弹劾任得敬，说他有僭越之罪。李仁孝收到热辣公济弹劾任得敬的上书后，知道御史大夫忠心为国，但他却依旧没有表态，只是悄悄焚毁了奏章，不让任何人知道。

任得敬作为一个汉人，从名不见经传的宋朝边疆小吏一路升任到大夏国相，如今又由国相转而受封楚王，这在大夏国历史上可真正是绝无仅有的头一遭，任得敬不免有些得意忘形了。他出入宫廷，车马仪仗，俨然天子出行，众臣子碍于其威势，敢怒不敢言。

西夏天盛十七年(1165年)五月，任得敬以灵州为根据地，调集数十万民工，表面上讲的是要整修旧的西平府，实际上呢？他已经派人重新选址，大兴土木，准

备营建崭新的西平府。不到一年时间，金碧辉煌的西平府就落成了，其建制规模堪比兴庆府的皇宫，任得敬令部下一律称之为“楚王府”。在这个时候，任得敬萌生了一个不可告人的想法，那就是他打算伺机篡权分国。

任得敬在等待着合适的机会，然而，比较麻烦的事情出现了。庄浪族居住在青藏高原的东北部，本是吐蕃大族，后来吐蕃衰落以后，曾一度接受了西夏的统治，但又常常发动叛乱，可谓是叛服不定。

西夏天盛十八年(1166年)二月，庄浪族的陇逋、庞拜两个部落再次联结诸部发动叛乱。战报传到兴庆府，任得敬不加思考地就派遣自己的弟弟殿前太尉任得聪发兵两万，千里奔袭，出其不意，很快袭破了庄浪族叛乱势力，其中包括吹折、密藏两个部落。任得聪凯旋，掳回大量人畜财物。金主得知任得敬残酷镇压了庄浪等族这一消息后，心中很不愉快，因为这四个部落曾经表示想要归附金国。

直到第二年正月，任得敬才听说了金主对平定庄浪叛乱之事怀有不满情绪。这下任得敬有些麻烦了，本来还打算找机会亲近金主，没准能得到金主对他分国另立的支持呢，却不曾想怎么就得罪了金主呀！看来分国大业不得不先搁置一段

西夏王陵

时间啦！他越想越觉得事态有些严重，便立即派遣他的族弟、武功大夫任得仁为贺节使出使金国，以恭贺金国万春节为名，观察金主对此事的态度。等到任得仁从金国回来，报告说："金主对他们的态度特别冷漠，从头至尾都是一脸的不高兴。"任得敬听后，数日忧心忡忡，竟然卧病不起。十二月，李仁孝出面说情，派遣大臣巴里昌祖等出使金国，为任得敬求医，金主看在李仁孝的面子上，这才勉强答应派金国名医保全郎王世道前去为其医病。

西夏天盛二十年（1168 年）二月，任得敬病情好转，李仁孝便打算派遣任得聪到金国向金主表示感谢，谁知任得敬也趁机悄悄向金主上表并进献礼物，希望能够讨好金主。岂料，金主拒不接受，并且义正辞严地提醒他说："任得敬你作为夏国的臣子，应该时刻注意自己的身份。你还没有资格给我大金皇帝上表和献礼！"这对任得敬来说，无疑是一个危险的信号，看来想要得到金主的支持，没有想象中那样简单。自此，任得敬有些坐立不安了。

此事传到了御史中丞热辣公济耳中，他立即上书西夏皇帝李仁孝，说："任得敬私自上表金国，献礼金主，这是大逆不道的僭越行为，身为一国之相，不能以国家利益为重，背着朝廷，假公济私，为个人捞取功利。怎么能指望这种人与我大夏国休戚与共呢？请陛下立即免去他一切职务，逐出朝廷。"众所周知，热辣公济向来都是任得敬的死对头，但这次上表算是彻底得罪了权倾朝野的任得敬，任得敬忍无可忍，出口大骂热辣公济是老不死的，活得不耐烦了，扬言要除掉热辣公济。西夏天盛二十一年（1169 年）二月，迫于任得敬的淫威，李仁孝强令热辣公济辞去御史中丞一职，回家养老。

死对头热辣公济终于被赶走了，任得敬越发有恃无恐。他的女儿任太后都看不下去了，屡次劝解父亲要注意君臣之礼，并说："古人常云，满招损，谦受益，盛极必反。"任得敬哪听得进去，照旧一意孤行，唯我独尊。西夏乾祐元年（1170 年）四月，任太后撒手西归，死不瞑目。

任太后去世还不到一个月，掌握西夏国军政大权的任得敬就迫不及待地向李仁孝提出另立中央的要求，李仁孝被迫下诏：分大夏国西南路及灵州、罗庞岭一带，给楚王任得敬，允其自立为国，并依任得敬所请，赐国号"楚"。

随后，任得敬又胁迫李仁孝派遣左枢密使浪讹进忠、参知政事杨彦敬、翰林学士焦景颜等出使金国，为任得敬求封。翰林学士焦景颜接到李仁孝的命令后，

悲愤难抑，破口大骂任得敬分裂国家乃是大逆不道，谋逆大罪，罪不可赦，并强烈表示自己坚决不去金国。李仁孝亲自召见焦景颜说："此事事关重大，爱卿非去不可，莫要抗旨不遵！"

三人不远千里，跋山涉水来到金国，见到金世宗以后，说明来由，并请求金主给予楚王任得敬册封。金世宗听后，哭笑不得，因为他还不曾听说有哪国皇帝为自己的臣下请求册封分立之事，便觉得此事定有蹊跷，于是他征求大臣的意见。却见尚书令李石说："他国之事，与我何干，不如做个顺水人情，许他就是了。"金主却道："此言不妥，好端端的一个国家，怎么能说分就分呢？夏国此次突然请求要一分为二，这其中必有隐情。想必是受了某些逆臣贼子的胁迫，不是夏国主本意呀！今朕既为四海盟主，又怎能容忍此等大不敬的事情发生呢？如夏国主实在无力解决，我大金国当发兵，替夏国主剿灭之。"看来，金世宗不但不予以册封，反而要追究此事。浪讹进忠、杨彦敬、焦景颜三人听后，相拥而泣，备受鼓舞！

名不正则言不顺，言不顺则事难成。任得敬讨不到金国册封，心情烦躁，整日闷闷不乐，劳心伤神几近精神崩溃。他不甘为人臣，不愿放弃自己的皇帝美梦。在与弟弟任得仁、任得聪商量之后，他觉得自己已别无选择，遂铤而走险，自行于灵州"楚王府"登基称帝，建国号"大楚"。为保险起见，他派人联络南宋，请求相助。

南宋四川宣抚使虞允文收到任得敬的来信后，认为这是一个联络外援共同对付金国的好机会，就给任得敬回了信，相约一起攻金。只可惜，虞允文所派送信之人实在不靠谱，一路上莽莽撞撞，等到刚进入西夏境内，就被西夏的巡逻士兵抓了去，书信自然很快就上交到了李仁孝那里。

任得敬万万没有料到的是，一向看似文弱，对他百依百顺的李仁孝早已暗地调兵遣将，各路勤王大军已从四面八方赶来来，李仁友、斡道冲、巴里昌祖、焦景颜、热辣公济等，皆欲率大军前来讨伐任得敬。

此刻，有了任得敬私通宋军这个够分量的理由，证据确凿，李仁孝翦灭任氏集团指日可待。

金国主也发兵边界，公开表示支持李仁孝铲除逆臣贼子。相反，任得敬却变得有些手忙脚乱，更加残暴，终致人心尽失，很多西夏国将士表示不满，临阵投诚，倒戈相向。很快，李仁友施计诱捕了任得敬的弟弟任得聪和任德仁，更加孤立

拜寺沟方塔出土的西夏文木牌

了任得敬的反叛势力。

西夏乾祐元年(1170年)八月末,李仁孝一举攻破灵州"楚王府",任得敬黔驴技穷,走投无路,自刎而亡。随后,李仁孝下令诛灭了任氏家族及其党徒。

李仁孝开创盛世
斡道冲发扬儒学

西夏仁孝皇帝从十六岁开始执掌西夏国朝政，直到七十岁逝世，在位时间长达五十四年，是西夏历史上执政时间最长的皇帝。

任得敬专权的那些年，西夏上至皇帝，下至普通老百姓，过得都不舒坦，现在任得敬奸党宣告覆灭，总算是拨开云雾见天日了。

李仁孝执政期间，对西夏的政治、经济、文化都进行了重大改革。

政治上，翦灭任得敬集团的叛乱后，仁孝先是派人向金国表示了感谢，要不是金世宗关键时刻粉碎了任得敬求封的阴谋，仁孝能否顺利诛灭奸党，还真不好说，所以，这样的感谢是非常有必要的。

接着，李仁孝果断任命斡道冲为中书令，主持国家大计。当年任得敬专权的时候，斡道冲就不畏强权，多次上奏弹劾他，跟他对着干，为此，任得敬一直打压斡道冲，阻挠他升官，不仅如此，连翰林学士都不想让斡道冲干得顺当，时不时就要挑点毛病，找点茬。相反，斡道冲表现得相当淡定，别说不给我升官，就算你罢了我的官，我还是要弹劾你，无论如何我也一定会坚持气节，绝不会向你低头。现如今任氏集团奸党已被尽数诛灭，李仁孝当然不会忘了这位跟自己并肩战斗了这么多年的老朋友，于是，当即任命他为中书令。

再说斡道冲，此人为人正直，为官清廉，处处以国事为重，自从当了中书令后，文武百官都以他为榜样，向他学习。没过多久，斡道冲就升任国相，成为了李仁孝治理国家最重要的帮手。

李仁孝原本就是西夏少有的明君，现在身边又有斡道冲这样的硕儒人才辅

俄藏黑水城出土的《官员和侍从》
(图中前坐者着绘有团龙的皇帝便服)

佐，西夏的国政一扫任得敬当权时的乌烟瘴气，呈现出一片欣欣向荣的景象。西夏迎来了自建国以来前所未有的盛世。

经济上，西夏法律规定："从来就已利用的渠道、土地、水等，永远都属于国君和个人所有。"因此，西夏的绝大部分土地都归私人所有。西夏国君是国家的最高统治者，仁孝修改了前朝的法律制度。在《天盛改旧新定律令》中规定，允许土地自由买卖。同时还规定，生地荒地归开垦者所有，他和他的族人可以永远占有，并有权出卖这些土地。土地所有制的改革，进一步巩固了西夏的封建所有制关系。农业经济也因此得到了持续的发展，畜牧业和手工业的发展良好，与金国的沿边榷场贸易虽然受到了点挫折（金国认为西夏拿珠宝等无用的东西换自己那边的丝帛，且怀疑西辽在西夏与金国的榷场里派驻奸细，就单方面停开了几个榷场），但总的来说，对外贸易发展还是相当不错的。另外，西夏占据着河西走廊这一丝绸之路的必经之处，过往客商所征之税对西夏经济发展的贡献更是极大的。

文化上更是一片繁荣，当初任得敬百般阻挠，仁孝尚且干了那么多促进文化发展的事情，现在任得敬已经被诛灭，仁孝更是可以放开手发展文化事业了。大量的西夏文佛经和汉文典籍都是在这一时期印制的。由于统治阶级的重视，民间

的文化事业也很繁荣，后世了解和认识西夏文的重要工具书《番汉合时掌中珠》，就是在这个时期由一个名叫骨勒茂才的民间学者编著的。仁孝崇尚中原汉文化，他在位的五十多年间，把儒学推到了西夏文化发展的最高位。仁孝继位的第二年，就将罔氏立为皇后，因为罔氏知书达理，能识字读书，爱慕汉文化，行汉礼，仁孝推行儒学的时候，得到她不少帮助。

仁孝是西夏历朝中少有的廉明勤政、纳谏如流的明君。有一个这样的传说：西夏人庆二年(1145 年)六月，李仁孝向全国下诏，征求谏言，然而西夏长期混乱的朝政让士人百官无不唯唯诺诺，纳谏言事之风早已丧失殆尽。直到西夏天盛七年(1155 年)九月，李仁孝带人去贺兰山狩猎，在途中因为军马失蹄受伤，便下令将负责治理道路的官员抓来问罪。这时，尚食官阿华对他说："您今天为了狩猎的事情，甚至为了一匹马而怒杀大臣，尊贵了牲畜而鄙贱了人，传扬出去，国人怎会信服呢？"仁孝听取了阿华的建议，释放了主管道路修建的官员。回到宫中，他将这件事情告诉了皇后罔氏，皇后又当众赏赐给阿华大量的银币珠宝，既让那些明知道皇帝不对还不劝止的大臣感到羞愧，也鼓励了直言劝谏的大臣。

西夏天盛十四年(1162 年)十月，仁孝皇帝为了真正达到"上无勿知隐情，下无不达之情"的政治效果，决定将中书省和枢密院两大机构移到了内宫门外，直接接受来自民间底层的汇报。这一举动激发了群臣直言劝谏的勇气和积极性，敢于犯颜直谏的大臣越来越多，出现了濮王中书令嵬名仁忠、枢密都承旨焦景颜、御史中丞贺义忠及热辣公济、中书令斡道冲等西夏历史上重要的文臣，对西夏社会的政治开明、良好风气甚至经济繁荣起到了推动作用。

仁孝皇帝十分赞赏宋朝开国皇帝宋太祖定下的不杀直言进谏的文官的举措，他也很快将这种做法付诸实践，中书令的斡道冲因此成为文臣直言的范本。在斡道冲刚介直言的影响下，西夏朝廷很快形成了一种群臣敢于直言、敢于对时政提出自己看法的风气，出现了西夏政治上第一次开明盛世。

西夏乾祐十四年(1183)八月,就在西夏全国人民享受幸福生活的时候,因为一个人的辞世,西夏举国上下,从黎民百姓到王公贵族,一时间都沉浸在无比的悲痛和思念之中。皇帝李仁孝在哀伤痛苦之余,诏令全国各地的大小学舍,都要悬挂死者的遗像,以便让他和孔子一样接受西夏学子的顶礼膜拜。

那么,这个在身后受到国家高度赞扬的人物是谁呢?他又有哪些优秀品质和事迹呢?

这个人就是辅助仁孝皇帝开创西夏盛世的大功臣斡道冲。斡道冲,字宗圣,意思是效仿圣贤的德行,可见其父对他从小就寄托了很大的期望。斡道冲的老家在灵州(今宁夏吴忠市),其先祖曾追随李德明为创建西夏而东奔西走。宋天禧四年(1020 年),李德明将国都由灵州迁往兴州时,斡氏家族也随之迁往。

斡氏家族是西夏国内少有的书香门第, 西夏历代皇帝都把纂修国史的重任交给他们。正是因为有了这样一个读书世家的背景,斡道冲从小就接受了良好的教育,不仅养成了勤奋学习、刻苦求知的好习惯,而且还树立了远大的理想。八岁那年,在全国性的青少年文化考试(童子举)中,斡道冲凭借着对《尚书》的精通,一举夺魁,从此,他的名字便与“神童”连在了一起。斡道冲成年以后,继续保持了谦虚好学的态度,研读古文经典,学习圣贤文章,掌握了“五经”的精蕴,并开始个人的著述和翻译工作。

任职翰林学士的时候,针对西夏国内蕃、汉两种语言并行的情况,斡道冲有计划地把汉文儒家经典翻译成西夏国字西夏文,并作出了详细的注解。比较著名的有《论语注》《论语解义》等,还有《周易卜筮断》等,既涉及儒家经典,又包含一些古代占卜术之类的著作。西夏国内当时盛行占卜习俗,斡道冲的术算著作,就是针对当时这类现象的认识和解释。斡道冲的这些著作和他的学者风范,受到了社会和国家的尊重。

西夏天盛三年(1151 年),李仁孝皇帝任命斡道冲担任蕃、汉教授一职,主要负责国家预备官员的教育。所谓蕃、汉教授,指的是既懂得蕃学,又精通汉学的教授。不过,西夏的教授和今天的教授那可是大有区别,他不仅仅具有教师督导员的身份,同时还是一个为国家选拔和储备官员的高级官员。斡道冲走上教授的岗位以后,事必躬亲,殚精竭虑,兢兢业业,为西夏学校教育事业的发展做出了很大的贡献。

斡道冲不仅是一位满腹经纶的渊博之士，还是一个刚正不阿、奉公廉洁的清官。他步入政坛时正是西夏历史上有名的权臣任得敬主政、呼风唤雨的时期。任得敬把持朝政，专横跋扈，连李仁孝皇帝都不得不让他三分。只有斡道冲这样极少数耿直之士，不畏强权，才敢坚持和权贵抗争。

早在任得敬上表请求以皇帝岳父的身份入朝为相时，斡道冲就上书仁孝皇帝，表示极力反对。他对皇帝说："愚臣孤陋寡闻，故而常年研读圣贤经典，略知，

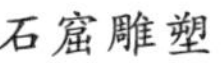
石窟雕塑

西夏博物馆蜡像

自古王朝多有外戚专权，万般防备尚不能绝。今日任氏入相，既是国丈，贵为皇亲国戚，近些年又颇得军权，数有军功，正所谓，军政大权系于一身。国丈大人是一个善于迎合他人，并能不失时机地展示自我的人，多谋略好逢迎，把玩权术，又精于暗斗，党同伐异，权力欲强，素有异志。如此人物，欲壑难填，倘使之主持朝政，恐怕将来祸及国家社稷呀！东汉外戚摄政并走向专权而最终导致亡国的教训不可不汲取，以史为鉴，更替兴衰之间，不能让历史的悲剧在我大夏国重演！"李仁孝尽管能体察出任得敬的狼子野心，也明白斡道冲的忠君护国之铮铮善言，但是，总有一些事情处于无奈，总有一些事情最终选择妥协。

任得敬入朝主政后，更加飞扬跋扈，甚至达到了政由己出的程度，简直是无法无天。斡道冲不畏权势，多次冒死弹劾任得敬网罗党羽、专擅国政、滥杀无辜、

图谋不轨。任得敬因此对斡道冲恨之入骨,每每想杀之而后快。无奈的是,斡道冲在西夏国的影响实在是太大了,任得敬无奈之下,只好找借口,将斡道冲逐出朝廷。

斡道冲被逐出朝廷以后,在家耕读赋闲近二十年,每日以讲学和著述为业。乾祐元年(1170 年),任得敬家族及其党羽被诛灭。第二年五月,李仁孝皇帝就起用斡道冲担任中书令这一重要职位,一时间大小官员纷纷把斡道冲引为做人和为官的楷模。他廉洁奉公,生活简朴,死的时候,家里除了大量的书籍外,没有其他任何值钱的物品。

斡氏的一生都在追随圣贤,研读圣贤经典,实践圣贤的行为和品德:一是在儒学方面造诣非凡;二是在教育方面桃李满西夏;三是政治上刚正不阿,廉洁奉公;四是在人生道路上百折不挠。这一切和当年那个始终在曲折道路上毅然前行的圣人孔子是何等的相像。

斡道冲死后,其家风也一直为他的后人所遵守和传承。其孙斡扎箦,投降元朝后,曾担任原西夏中兴府地区的民政官员。在元太祖成吉思汗的西征过程中,他负责运输粮饷,毫发不取,被当时的舆论称为“满朝清”。而斡扎箦的儿子朵儿赤更有其祖斡道冲的遗风。朵儿赤在少年时代便能博古通今,十五岁熟读《尚书》《论语》《孟子》等儒家经典,成年后,被元世祖召见,任命为中兴路总管,主持开荒事宜。朵儿赤上任以后,积极兴修水利,大力推广垦殖。三年后,民众收成增加,国家赋税翻倍。元世祖十分高兴,升任其为潼川府尹,这期间,他也十分务实,发展生产,成效显著,政绩卓越。朵儿赤晚年在云南做官,最终积劳成疾,死在了云南任上。其子孙后世便在云南定居,繁衍不息。今天的昆明、大理、丽江、昭通、东川、玉溪、个旧等地,还有很多朵姓人家,他们大多是西夏名儒斡道冲的后裔。

悠悠岁月无法掩盖斡道冲光辉灿烂的一生。斡道冲虽然早已仙逝,但他所参与创造的盛世却仍然在延续,仁孝和他的子民继续享受着盛世带给他们的幸福。西夏乾祐二十四年(1193)九月二十日,李仁孝崩,谥曰圣德皇帝,庙号仁宗,墓号寿陵。

安西榆林窟外景

从十六岁即位，到七十岁驾崩，仁孝一共做了五十四年皇帝，是西夏历史上在位时间最长的皇帝。在长达半个多世纪的统治时间里，他大力发展文化事业，重视经济发展，关心人民疾苦，提拔有才能的大臣，创造了西夏历史上前所未有的盛世。可以肯定地说，他是一个好皇帝。

人非圣贤，孰能无过？仁孝这辈子也是犯过错误的，他的最大失误就在于，没能及时听取大臣的正确意见，认清任得敬的真面目，导致任得敬做大，威胁朝政，迫害忠良，甚至走上了篡权谋国的道路。如果他能防患于未然，及早粉碎任得敬擅权的美梦，西夏的盛世，恐怕会更辉煌。

李仁孝驾崩以后，他十七岁的儿子李纯祐即位，是为西夏第六位皇帝。纯祐仁慈恭俭，颇有其父遗风，一心一意，继续着西夏王国的辉煌。表面上看来，一切过渡都是那样的四平八稳，然而，在看似平静的西夏王国内部，实则暗流涌动，甚至可以说是危机重重。温良恭俭的纯祐皇帝又该如何应对呢？

安全政变废纯祐
遵项禅位传德旺

黑水城出土《西夏皇帝和众侍从》的白描画

仁孝皇帝用他的勤政爱民之心，将西夏王国推到了一个前所未有的高度，可是，这位勤勉的皇帝，直到五十三岁才喜得太子。西夏乾祐二十四年（1193 年）九月二十日，西夏历史上执政时间最长的皇帝以七十岁的高龄辞世，他的儿子、十七岁的李纯祐继位，这就是西夏历史上第六个皇帝——夏桓宗。

李纯祐即位后，继续坚定地奉行着他父亲的施政方针和外交政策，对内无为而治、休养生息，对外依附金国，保持睦邻友好，一切看似都很平静。李纯祐在位的十二年，持续维系着西夏的繁盛与辉煌。

西夏天庆三年（1196 年）十二月，越王李仁友的死打破了这种平静。

当年，任得敬挑起西夏政局危机时，差点就颠覆了西夏王国。仁孝皇帝在镇压任得敬时付出了惨重的代价。仁孝曾委派他的族弟李仁友诱捕了任得敬的弟弟任得聪和任德仁等，孤立了任得敬的反叛势力。李仁友因此被封为“越王”。李仁友去世后，他的儿子李安全立即给纯祐皇帝上书，要求继承父亲的爵位。李安全虽然名字叫安全，可给人的感觉一点也不安全，史书上说他“天资暴狠，心术险鸷”。面对李安全的无理要求，纯祐皇帝在多番考察之后，果断驳回了他承袭爵位的请求，并将其发配到了甘州地区。

甘州地跨今青海、甘肃、内蒙古三省区，北控居延，南接凉州，西连青海北部草原，东边与西夏设在今内蒙古额济纳旗境内的十二监军司之一的黑山威福军司互为照应，稳固着西夏的西北边防，也是西夏重要的粮食基地和军马基地。西夏在这里设置的宣化府与凉州西凉府、国都兴庆府、灵州西平府一并成为西夏四大府。

西夏佛教弟子

考虑到李安全怎么说也是正宗皇族，纯祐将其发往甘州后降封为“镇夷郡王”。他没有想到，这次降封反而使李安全可以凭借这里富饶的土地和丰美的牧场，培植自己的经济和军事资本。虽然远居甘州，但李安全不甘寂寞，仍然关心朝政，积极参与政事，暗中拉拢、收买不少文武官员，培养亲信，遥控朝议。

西夏天庆五年（1198年），李安全向朝中大臣刘忠亮透露了自己篡位的野心，诱使刘忠亮谋叛，但是，李安全的拉拢遭到了刘忠亮义正辞严的拒绝。

西夏天庆十一年(1204年)，夏州发生了一件怪事。有一户农家养的猪生下了一个像麒麟一样的动物，令人惊奇的是，这只动物长着两个头，这家农户将它献给了朝廷。得到这个消息后，李安全私下找人占卜。占卜者说："麒麟一身二首，此乃是一个国家有两个王的兆头。"李安全听他这么一说，心中不禁更加欢喜，卜者的话坚定了他篡位的信心，也加快了他篡位的步伐。李纯祐的处境越来越危险。

西夏天庆十二年(1205年)，李安全差使卜卦人散布谣言的事情被刘忠亮察觉，刘忠亮临终时向儿子刘思义讲了李安全一直图谋皇位的忧虑，希望儿子不要卷人这场无益西夏的谋乱之中。

正当西夏国内暗流涌动之时，外部环境也在不断恶化。此时此刻，铁木真刚刚完成蒙古草原的统一，急需对外发动战争，满足抢掠和扩大地盘的欲望，他瞄准的第一个目标，就是力量相对弱小的西夏。就在这一年，纯祐皇帝突然接到了一封令他十分吃惊的信，写信的人叫铁木真。铁木真在信中指责西夏收留了他的对手王罕的儿子桑昆，要求西夏交出桑昆，否则就要发兵来攻。还没等西夏方面表态，铁木真的骑兵就已经杀到了西夏边境，这就是蒙古第一次攻西夏。

已经建立了一个多世纪的西夏帝国，突然遭到了蒙古人的袭击。就在纯祐皇帝致力于如何尽快解除来自蒙古高原的威胁时，意想不到的事情发生了。显然李纯祐一点儿都没有察觉到来自甘州皇族的威胁，面对蒙古军队猛烈的进攻，纯祐皇帝调兵遣将，突然冒出来的强大敌人确实让他有些疲于应对，然而，真正的威胁却来自身边。

就在西夏受到蒙古人进攻的这一年秋天，纯祐的母亲、笃信佛教的罗太后跟儿子说想去甘州敬香礼佛，祈求国内平安。纯祐皇帝遣人护送母亲前往甘州。纯祐根本没有想到母亲的内心正在酝酿一个巨大的阴谋。

罗太后一直对儿子偏于文治的施政方略深感不满。

西夏历史上的大、小梁太后的马上御敌的威风就是罗太后从小学习的榜样，

她一直梦想着能够恢复西夏人尚武的传统和血性。但是,从仁孝到纯祐之间的和平过渡,并没有留下任何机会,让罗太后来实现她执掌皇权的梦想,于是她放眼宫廷之外,寻求帮助,就这样,远居甘州的李安全走进了她的视野。

在甘州,两个各怀鬼胎的皇权觊觎者走在了一起,李安全想借罗太后除掉李纯祐;罗太后则想利用李安全拥有的甘州军队实现篡位。

西夏应天元年(1206年)正月,纯祐皇帝还没有从兴庆府欢乐的节日气氛中缓过神来,他那远在甘州的本家弟弟李安全打着庆贺节日的旗号,返回兴庆府,悲剧就这样发生了。李安全和自己的亲生母亲合谋,发动了宫廷政变,夺走了皇位,纯祐皇帝就这样被赶下了皇位。李安全自立为帝,改元应天,是为夏襄宗。

李纯祐是一位极具悲剧色彩的皇帝,他有想法,有抱负,立志要像他父亲一样,让这个帝国一直强盛下去,让他的子民享受安居乐业的生活。在他执政的十二年间,他一直在朝这个目标努力。只可惜,历史偏偏没有给他实现这个目标的机会。

李安全篡位成功后,罗太后派遣使者奉表到金朝,奏请册封安全,金朝遣使问其缘故,李安全以罗太后的名义回复:“纯祐不能嗣守,与诸大臣议定安全为王。”金国并没有认可这次篡位的合法性,西夏先后三次请求册封,金朝方面看到木已成舟,无法更改,只好做个顺水人情,也好落个人情。李安全篡位九个月后,金朝正式册封他为西夏国王,承认了他皇权的合法性。但在此后的外交上,金朝对安全保持着相当冷漠的态度,明显区别于仁孝、乾祐年间。双方原先议定的一些礼节也遭到了金朝的单方面废除,经济上大大减少了对西夏的赏赐,外交上也相应降低了接待西夏使节的规格。两国外交关系趋冷,这多少让蒙古军队进攻西夏时少了些顾虑。

李安全的篡位不仅带来了金朝的不满,而且动摇了自乾顺时期建立的两国友好关系。夏金关系开始恶化。

李纯祐在位时,将都城兴庆府改名为中兴府,做起了王国复兴的美梦,没承想复兴之梦越做越远。篡位继立的李安全虽然很不喜欢李纯祐,但却欣然地接受了王国复兴的美梦。和李纯祐一样,李安全现在也面临着同样棘手的大麻烦,那就是蒙古人的不断侵袭。

石窟雕塑

蒙古军队第三次入侵西夏之时,将战火烧到了中兴府。这座建立在贺兰山东麓冲积扇平原上的城市,东临蜿蜒流经平原的黄河,当时正值雨季,围城的蒙古军队久攻不下,就想利用黄河暴涨的机会,修筑堤坝,试图引黄河水灌淹中兴府。浑黄的河水在一望无边的平原上疯狂咆哮着,中兴府顿时成了一片汪洋,城里城外的居民溺死无数,雨一直在持续,河水依然在上涨。

蒙古人没有想到的是,自己修筑的堤坝竟然被冲垮了,河水溢出堤坝冲进了蒙古军营,试图水淹中兴府的蒙古军队反被黄河水淹了军营堡寨,蒙古军队只好选择撤退。

危急时刻,西夏派人向金求援,接到西夏方面的求援后,金朝政府展开争论,不少有远见的大臣呼吁,驰援西夏,与西夏联合形成首尾相攻之势,趁机打垮蒙古军队,否则,蒙古人在攻破西夏国都之后再来攻打金朝,金朝就会失去钳制蒙

古的重要力量。不料，金国皇帝完颜永济却幸灾乐祸，说道："敌人相攻，吾国之福，何患之有？"因此，拒不发兵。

成吉思汗铁木真很快就派遣使者，前来招降西夏。西夏得不到金朝的支持，鉴于苦战数月有余，国力衰微，不能再与蒙古大战，李安全登上中兴府城门大楼，放眼望去，滔滔洪水退去后的满目疮痍，惨不忍睹。于是，他答应了蒙古人的要求：向成吉思汗称臣，允诺做成吉思汗征战时的助手，同时将西夏的公主献给成吉思汗；并且表示，西夏愿意进献骆驼、毛毡、猎鹰等西夏物产给成吉思汗。

蒙古人第三次攻打西夏，不仅取得了军事上的胜利，更重要的是彻底拆散了夏金之间的同盟关系，以前的夏金同盟变成了现在的西夏附蒙攻金，这就为日后西夏与金朝相继为蒙古攻灭埋下了隐患。

李安全自打即位以来，就备感郁闷，想不到自己刚刚坐上皇帝宝座，就碰到了西夏建国以来最凶猛的对手。西夏、蒙之间的几次交锋将西夏拖进了一个无休止的泥潭之中。也许这正是他后来念叨的那两个字："报应！"

青铜峡一百零八塔近景

李安全时常被来自北方草原上的噩梦困扰，来自皇宫的内乱更加深了恐怖的梦魇。

西夏光定元年(1211 年),当年李安全废除纯祐皇帝的一幕重新上演,李遵顼废黜了李安全,登上了这个已经步入黄昏期的王朝帝位。

李遵顼是一个怀抱西夏梦想的继承者,史载他“端重明粹,少力学,长博通群书,工隶篆”。夏桓宗李纯祐在位时,李遵顼曾参加科举考试,成绩好得让人羡慕——廷试第一名,李纯祐钦点状元郎。状元郎皇帝继位后,看到崛起的蒙古军队执意要灭绝西夏。权衡利弊之后,他决定采取联金抗蒙的外交政策。立即遣使去金国,表示愿意臣服金朝,希望可以互为援手,协力抗击共同的敌人。李遵顼的使者悄悄离开了中兴府,来到金朝。金朝统治者也意识到与西夏合作抗蒙,是最好的选择。金朝方面当即就同意与西夏结成联盟,共同抵御蒙古人的入侵。

第二年,金朝便遣使者册封李遵顼。

金朝的册封,无疑给李遵顼甚至是疲软的西夏打上了一针兴奋剂。李遵顼洋洋得意之余,竟然下令举国隆重庆贺。庆贺酒的香味儿还没散尽,消息就传到了成吉思汗的耳中。在蒙、金、西夏的三角关系中,任何两方联盟,都是第三方的损失。成吉思汗不能看着金、西夏联手成为自己的强大对手,而摧毁金、西夏联盟的最好办法就是从实力上显得弱些的西夏入手。

西夏光定四年(1214 年),成吉思汗向他麾下的蒙古将领下达了第四次进攻西夏的军令,以达到拆散金、夏联盟,威逼西夏进攻金的目的。蒙古骑兵长驱直入,直接兵临西夏国都。面对强敌压境,李遵顼没有作战经验,但也亲临前线指挥战斗,但他没有能力指挥一场有效的反击战。蒙古的最后通牒是一项单项选择：要么归降蒙古军队并协助蒙古军队进攻金朝;要么蒙古军队立即攻城,将中兴府夷为平地。那个上午,整个中兴府笼罩在雨雾之中,全身淋湿的李遵顼站在雨中沉思着!

越来越浓的雨雾让李遵顼的眼前一片雾蒙，仿佛一块遮住了帝国命运的幕帐横在他的眼前。他走进了祖庙,那里

供奉着来到黄土高原的历代党项先祖的画像。在拓跋思恭面前,他仿佛听见这位先祖在诉说着党项羌沉重的历史。紧接着是李继迁的画像,这位西夏王国的奠基者仿佛告诉他党项羌的战刀曾经是那样威震于北方草原。然后是李德明,仿佛在给他阐述着在他执政时期党项的经济与军事实力并驾齐驱,在北中国的大地上,西进东出,驰骋漠北,扬名塞外,也正是在那个时候,贺兰山下一个名为怀远的小城镇上开启了大夏国的缔造。大夏国的开国皇帝李元昊的画像似乎对李遵顼是一种严厉的训斥,党项羌在嵬名元昊手中缔造了何等辉煌的事业,大夏国的旗帜开始飒爽地飘扬在辽宋两大王朝中间,闪耀着他独特的魅力。谅祚皇帝也仿佛诉说着:自己当年刚刚即位时所面临着何等险恶的外部环境,但一番艰辛的努力之后,终究稳固了辽、夏、宋三国鼎立的局面……在大夏历代君王面前,李遵顼感慨万千,他细细品味着这个立足西北,雄视中原的王朝,不同的历史时期,不同的应对策略,国家的繁荣与辉煌,国家经营的艰辛与磨难。每一次与祖先对话,他都感到惭愧,心痛!如今,强盛勇猛的大夏早已远去,党项人的弓弩刀剑已不再犀利,颓废的国势,时刻压境的强敌,难以逃遁的窘迫,眼看着先祖们艰辛劳苦创下的这份基业就要毁在了自己的手里。自己该怎样抉择呢?如果选择屈服于蒙古人,那些勇猛征战,用党项人自己的血与汗铸造大夏王国的先烈们能够原谅和宽恕自己吗?选择决一死战吧,此时的大西夏军队与凶残的蒙古军队根本就不是一个水平,硬拼无疑是以卵击石、自寻死路。再说这蒙古人遇到阻挠后便屠城的血腥不免叫人心惊胆战。是自己落个骂名以保全国家、保全生活在中兴府内千千万万的臣民?还是逞匹夫之勇招来蒙古人血腥的屠戮呢?一个煎熬的上午,李遵顼最终做出了自己的决定,也决定了一个王朝命运的走向。李遵顼决定:归降蒙古,保全国都,保全大夏。

西夏、金、蒙之间的战略关系又发生了变化,夏蒙联结,合力攻金的局面再次形成。

中兴府内大夏皇宫到城墙门楼的那段距离,平时没觉得远,可是却成了李遵顼一生中最漫长的路途,决心归降蒙古的李遵顼行进在中兴府大夏皇宫去城墙门楼的大道上,身后是带着各种眼光审视皇帝与王国命运的大夏文武官员,更多的是千千万万黎民百姓。终于到了城门楼上,放眼望去,城外密密麻麻全是蒙古人的军队,李遵顼更加坚定了归降蒙古的心。他命人打起白旗,白旗随风飘扬,大

党项老仆

夏最终还是屈服于蒙古人。

李遵顼动摇了，他动摇的不仅是自己抗击蒙古军队的信心和联金抗蒙的结盟之约，而且摇了大夏王朝那残喘的大厦根基。

城下之盟签订以后，成吉思汗放心地将蒙古利剑挥向了西方。西征前，成吉思汗派遣使者来到大夏，要求李遵顼召集西夏兵，调遣兵将，一同出征。

在大夏鹰派人物的支持下，李遵顼以各种理由拒绝协助出兵！

遭到拒绝的成吉思汗十分气恼，愤怒地指责西夏人没有信守承诺，不讲信义！这为日后蒙古再次兵临大夏埋下了伏笔。

成吉思汗西征前，给大将木华黎下达了伺机出兵西夏的命令。

西夏光定七年(1217 年)冬天，木华黎觉得时机成熟了，便派出蒙古骑兵四处侵扰夏境，自己随后率领蒙古大军长驱直入，再次兵临中兴府城下。大西夏军民，苦苦守御，李遵顼亲自来到城头，指挥修造防御工事，将士们备受鼓舞，但日子一天天过去，已经苦守近二十天了，蒙古军队还是没有撤退的迹象。李遵顼实在等得不耐烦了，于是便将守御都城的重任托付给了儿子李德旺，自己率随从逃亡到陪都凉州。蒙古军队撤离之后，李遵顼才返回中兴府。

西夏光定十一年(1221 年)，成吉思汗麾下的猛将木华黎已经率领蒙古虎狼之师，征服了原属于大金国的华北平原，陕西成为木华黎下一个攻取的目标。夏日的一天，木华黎派人前来，要求借道大夏，出兵陕西。这个要求引起了李遵顼的极大恐慌，他觉得这极有可能是蒙古军队再次攻夏的信号，便急忙遣大将塔海在河套地区宴请木华黎。明确了木华黎真实的意图之后，李遵顼大出一口气，应木华黎要求，大夏出兵五万，以塔海为将，随蒙古军队出征陕西。这是大夏历史上第一次正式派兵参加蒙古军队的军事行动。在西夏军队的协助下，蒙古军队于当年十一月就攻破了素有“铁打的葭州”之称的葭州。

西夏军队的相助，使木华黎南征的步伐明显加快。作为先头部队的西夏军，一旦稍有失利，就会遭到蒙古方面的责备。惶恐不安的李遵顼越来越觉得危机重重，大夏已成骑虎难下之势，风雨飘摇之中，尴尬处境难以应对，他实在是无能为力。思前想后，李遵顼甚至感到帝位对他来讲已经是一个沉重的负担，一不做二不休，干脆退位算了。

西夏光定十三年(1223 年)，李遵顼将大夏皇位传给了自己的儿子李德旺，自己成了太上皇，这也是西夏历史上唯一的太上皇。

和李遵顼相比，年轻的太子刚刚接到大夏权力棒，就立刻表现出了自己不愿臣服蒙古人的意愿，他不甘心大夏的辉煌就此没落，更厌倦西夏军队为蒙古人任意驱使。他主动和鹰派大臣接近，希望他们能够为他出谋划策，脱离蒙古，重振国威。然而，李德旺这样的反抗很快遭到了战无不胜的成吉思汗无情的打压。

命运再一次将巧合写进了西夏的历史，如同1067年，交锋多年的大宋王朝和西夏王国的最高统治者宋英宗赵曙和西夏毅宗李谅祚同年去世；1223年，时战时和的西夏王国与大金王朝的最高统领夏献宗李德旺和金哀宗完颜守绪同年登基。两个年轻的皇帝都不甘心向蒙古势力屈服。

西夏乾定二年(1225年)，西夏、金双方决心化干戈为玉帛，往事已逝，既往不咎，重新缔结盟约，西夏、金约为兄弟之国，共同抵抗蒙古人。然而，双方十年间的征战已经耗尽了各自的国力，在蒙古人的进攻面前，双方的盟约只能是一张白纸，苍白无力。这种背离蒙古、缔结盟约的举动，反而更加快了成吉思汗灭亡西夏的进程。

1227年，西夏亡于蒙古人之手。

残破不堪的黑水城遗址局部

蒙古军六征党项
西夏国倍受战乱

历史的车轮滚滚向前，当人类历史的脚步刚刚迈进13世纪的时候，西夏面临的却是接二连三难以平息的内忧外患，昔日蒸蒸日上的王国早已定格为尘封的历史，如今的西夏国也早已是江河日下、风光不再了。西夏王国的腐朽与衰落，犹如洪水般汹涌澎湃、铺天盖地而来，一发不可收拾，彷徨与无奈笼罩着兴庆府，处处弥漫着压抑的空气，似乎稍有不慎就会停止整个王朝微弱的脉搏。肆意蔓延的腐朽与衰落，猛烈地推动着苟延残喘的西夏王国，一步步迈向她的末日。

从西夏应天元年(1206年)，镇夷郡王李安全废主自立为帝开始，到末主李睍匆忙继位的短短二十一年间，西夏频繁易主，先后更换了四位皇帝。王朝内忧外患，惶惶难安，而四位皇帝却像走马灯一样，换个不停，“你方唱罢我登场”，施政方略也是朝令夕改，无法持续。一阵子联金抗蒙，一阵子又附蒙抗金，所谓战祸绵延事难休，万里江山付东流，残垣断阙哭恸天，灰飞烟灭化尘埃。腐朽没落的王朝已经病入膏肓、无药可救，因此很快走向了灭亡。

再看塞北大漠草原，铁木真统帅的蒙古部在漠北迅速兴起，短短数年之间，

成吉思汗画像

就逐一吞灭四大部落集团，统一了蒙古各部，结束了蒙古各部长期以来的分裂局面。至此，东起黑龙江上游，西至阿尔泰山的辽阔草原都被置于铁木真的统帅之下。1206年，铁木真在斡难河蒙古大本营被蒙古贵族会议公推为大汗，尊号

石窟雕塑

"成吉思汗"。

成吉思汗在统一蒙古的同时,开始对外扩张,并制定了一套长远的征服计划,那就是以强大的蒙古铁骑为后盾,相继攻灭蒙古周边的金、西夏、西辽等国。被排在攻打第一位的,当然就是蒙古昔日的宗主国——金。然而,要攻金,就必须要先安定后方,也就是必须考虑,适时对蒙古侧后方的西夏给予一定的打击。因此,对西夏的攻打作为蒙古横扫亚洲的序幕在历史上开始上演。蒙古征服西夏的战争,从 1205 年开始到 1227 年西夏灭亡为止,历时二十三年。这期间共发生了六次大规模的战争,其中,有四次是成吉思汗亲征。

对于西夏的灭亡,还有一个神秘的传说。传说西夏皇帝李德旺曾经豢养着一条黑鼻梁黄狗,有奇异的预兆能力,特别是能预兆军事战争。相安无战事时,他的叫声平缓柔和;将要发生大战时,往往会狂嚎大叫。在成吉思汗最后攻灭西夏之前,这条黑鼻梁黄狗整日放声狂号,这次狂叫达三年之久。由于叫的时间长了,西夏皇帝以为是黄狗老了,开始犯傻啦,便没有理会,也没有加强军事防备。因此,成吉思汗的蒙古军队第六次南下时,就一举消灭了没有多少防备的西夏国。

传说终归是传说。其实,成吉思汗攻灭西夏也不是件容易的事,只是西夏王

国到了后期，实在是山穷水尽。人们编造传说这样神奇的故事，大概只是想讥笑那些亡国皇帝和大臣们的腐败和愚蠢吧。

当成吉思汗确定将军事打击的矛头首先对准西夏的时候，蒙古铁骑已经是整装待发。西夏桓宗天庆十二年(1205 年)三月，成吉思汗以西夏接纳仇敌桑昆为由，发军入侵西夏，攻破西夏边界堡寨，并纵容兵士掠夺了西夏瓜州(今甘肃安西县)、沙州(今甘肃敦煌市)，之后又返回了漠北。这是蒙古对西夏的一次掠夺性、试探性的军事进攻，目的在于试探西夏虚实。显然，西夏近乎不抵抗的表现让成吉思汗很满意。蒙古大军撤退以后，夏桓宗李纯祐下令大赦境内，并修复了被毁坏的边墙。

西夏的第六位皇帝李纯祐生在盛世，长于盛世，继承了父亲李仁孝的文治精神，却一点也不谙用兵之道，没有亲临战场的实践，自然也就没有抵御外敌的谋略。恰巧他即位之时，又适逢西夏国多事之秋，他当了十几年的皇帝，非但没有使大夏国内外交困的严峻形势得到缓解，反而更加剧了大夏国的困境。

面对蒙古铁骑的入侵，纯祐皇帝更多显现出来的是手足无措。虽然手足无措，但他却有志于西夏中兴，并将西夏都城兴庆府改名为中兴府，意图中兴西夏，努力恢复西夏的繁盛与辉煌。

忍冬纹条砖

西夏应天元年(1206)正月,正当可怜的纯祐皇帝苦思如何有效抵御蒙古人入侵的时候,他最敬爱的母亲罗太后和一直身在甘州的镇夷郡王李安全联合发动了政变,他被赶下了皇位。随后,李安全宣布废黜李纯祐,自立为帝,是为夏襄宗。一边是蒙古人野心勃勃、虎视眈眈,一边是西夏内乱丛生,成吉思汗征服和破灭西夏王国的战争序幕就这样拉开了。

刚登上皇位的李安全屁股还没坐热,就听到了一个令他震惊的消息——蒙古人又来了!蒙古人开始了第二次征伐西夏。西夏应天二年(1207年)九月,成吉思汗以西夏不肯纳贡称臣为由,率大军再次侵入西夏,攻克西夏北部军事重镇兀剌海城(今内蒙古巴彦淖尔盟境内)。据城数月,蒙古军分遣骑兵到处掳掠,直到第二年春天,蒙古军队才退回漠北。

时隔两年,即西夏应天四年(1209年)三月,成吉思汗发动了对西夏的第三次进攻。其实在当时,有许多部下都建议铁木真先出兵攻金,但铁木真考虑到自己若出兵攻金,难保西夏不会乘虚而入偷袭自己的后方。为了消除后顾之忧,他执意先灭西夏,再灭金朝。因此,此次伐夏,乃是成吉思汗亲自挂帅,蒙古大军由黑水城(今内蒙古自治区额济纳旗)攻入西夏境内后,与当年四月,再次攻克兀剌海城;五月,进寇贺兰山关口要冲克夷门(今宁夏贺兰山三关口)。克夷门地势险要,只有一条小路可以通过,两侧极其陡峭,根本无法攀登,是个一夫当关、万夫莫开的地方。蒙古人进攻几十天,克夷门岿然不动。夏蒙对峙,持续干耗。成吉思汗见强攻不行,于是改变战术,采用游击战,即不断地派出骑兵小队对克夷门附近的西夏据点进行不分昼夜的袭扰,将西夏守军引出关口,一举击败。

攻克贺兰山屏障,踏上宁夏平原的蒙古铁骑势如破竹,迅速包围了西夏都城中兴府(今宁夏银川市)。西夏自李德明在此建都以来,因为战事频繁,所以历代皇帝都非常重视都城的防御能力,从未停止过对都城的修缮、改造和不断完善。都城中兴府经历了西夏几代皇帝的经营,城池固若金汤,西夏皇帝嵬名安全为了鼓舞士气,调度一切力量坚守城池,亲自在城门楼上督战。西夏军民,上至王公贵族,下至平民百姓,怀着对蒙古军的极端痛恨,同仇敌忾,发誓要死守到底。

面对如此坚固的防守,素来以长途奔袭见长、横扫大漠草原的蒙古军队毫无办法,对西夏的攻伐再次受到了阻挡。九月,黄河水暴涨,成吉思汗指挥军队在中兴城外,筑堤引黄河水灌城。顿时,中兴府城内一片汪洋,再坚固的城池也经不住

承天寺塔(西塔)

大水浸泡。都城内的民房接二连三地倒塌，军民死伤无数。

都城中兴府随时都有被攻破的可能，西夏危在旦夕。也许是老天爷也不想让西夏这么早灭亡。到了十二月，灌城的大堤溃决，大水返淹蒙古大营，成吉思汗见势不妙，这才下令撤退三军。临退兵前，逼迫西夏签订城下之盟，西夏答应向蒙古国称臣纳贡，充当攻打金国的先锋部队。这一纸盟约，标志着西夏曾经辉煌的盛世已经成为过去，衰败已不可避免。

第四次征西夏。西夏投降蒙古之后的七八年间，成吉思汗在对周边的战争中，不断地向西夏征兵，索取贡赋和各类战略物资，使得西夏深陷战争泥潭、疲于奔命，老百姓身处水深火热之中。而西夏皇帝李安全却无所作为，面对蒙古人的种种苛刻要求，他唯唯诺诺、忍气吞声，朝野上下对此颇有意见。

西夏光定十三年(1223 年)，西夏皇族再次发生内斗，在军政大臣的支持下，雄心壮志的李遵顼废黜了李安全，夺权登基。他敏锐地觉察到了蒙古人的险恶用心，那就是正在崛起的蒙古人是执意要灭绝西夏。绝不能让西夏基业毁在自己手里，李遵顼决定联金抗蒙，由于西夏、金都遭到了蒙古的进攻，因此很快西夏、金就达成了一致，结为抗蒙联盟，发誓共同对付蒙古人。

西夏光定七年(1217 年)，成吉思汗准备西征，派遣使者来到西夏，要求西夏贡献物资，并出兵随征，李遵顼因与金国达成联盟而拒绝出兵。这一下惹怒了成吉思汗，成吉思汗大怒。次年(1218 年)正月，成吉思汗派遣大将木华黎率领蒙古大军征讨西夏，以示惩罚，木华黎率领蒙古铁骑千里奔袭，长驱直入，兵临中兴府城下，将中兴府包围了个严严实实。夏神宗李遵顼自幼生长宫中，不曾接受战争的洗礼，因而也没有任何作战经验，加上蒙古大军突如其来，李遵顼措手不及，想来想去，为了避免战祸殃及城内百姓，他一边命令将士守城御敌，一边遣使请求投降。当时成吉思汗尚在对西域用兵，还无力剿灭西夏，鉴于拆散西夏、金联盟的目的已经达到，便命木华黎率蒙古军队撤离中兴府，接受了西夏请降。

第五次征西夏。西夏乾定元年(1224 年)，西夏皇帝神宗李遵顼派遣骑兵十万前往陕西凤翔，协助蒙古大将木华黎攻打金国。因金兵坚守，再加上西夏官兵的厌战情绪，没有向木华黎请示，就撤兵退回。蒙古人以此为借口，再次兴师问罪。面对西夏无法扭转的衰落，曾经雄心壮志的李遵顼早已是有心杀贼、无力回天，惶恐不安的他不知该如何面对蒙古大军的讨伐，想到已经投降过一次蒙古人

了,总不能再次向蒙古人投降吧!遂命令太子李德旺留城御敌,自己则带领亲信逃往西凉府(今甘肃武威市)。西夏乾定二年(1225年)九月,木华黎的儿子孛鲁统兵攻破西夏银州(今陕西榆林市鱼河镇),大肆杀戮一番后,引兵退回。

第六次征西夏。西夏乾定四年(1227年),西征花剌子模返回的铁木真,听说西夏居然在寻找外援一起对付自己,十分生气,便以西夏叛离蒙古,秘密与金朝议和,不服从征调为由,亲率大军十万,发动了第六次进攻西夏的战争,也是最终灭亡西夏的战争。

是年二月,蒙古铁骑兵分东西两路分别攻破西夏边防重镇黑水城和兀剌海城,尽管戍守西夏军英勇还击,顽强抵抗,但终因寡不敌众,遭到惨败。随后几个月,蒙古西路大军相继攻取了西夏河西走廊地区的重镇沙洲(今甘肃敦煌市)、肃州(今甘肃酒泉市)、甘州(今甘肃张掖市)。八月,蒙古军队扫平整个河西,然后经由应理(今宁夏中卫市),沿黄河北上,直取灵州西平府(今宁夏吴忠市境内)。

就在蒙古人攻破甘州的时候,西夏皇帝李德旺忧劳成疾,日甚一日的败亡恐惧纠缠着他。起初他只是有些神经衰弱,接着便常常从噩梦中惊醒,不久,李德旺便在恍恍惚惚中离开了人世。

李德旺死后,他的侄子南平王李睍仓促继位,接过了西夏残局,他就是西夏历史上最后一位皇帝,是为夏末帝。

再说东路大军,长驱直入,相继攻占银州、夏州之后,也直指灵州。西夏宝义元年(1227年)十一月,蒙古两路大军会师灵州城下,一举攻克西夏西平府。灵州西平府是西夏都城的南大门,为了守住门户,蒙古军队围攻灵州城时,西夏末帝李睍派遣十万大军前往灵州救援,与蒙古大军展开了决战,结果西夏战败,主力部队损失殆尽,从此再也无力抵抗蒙古军队的进攻。西夏中兴府内,末帝李睍高高在上,正襟危坐,眼看着国土沦丧、上下离乱,却无可奈何,君臣相顾无言,放眼四周,西夏只剩下孤零零的中兴府了。

西夏乾定三年(1226年)冬天,成吉思汗看到西夏已是日暮途穷,便命令一部分军队继续围困中兴府,自己则于西夏宝义二年(1228年)春天,率领大军南下,继续攻打金国去了。

西夏宝义元年(1227年)正月,蒙古大军南渡黄河,接连攻占西夏积石州(今青海撒拉族自治县)、洮州(今甘肃临潭县)、河州(今甘肃临夏市)等地之后,挥师

西夏卷鬃兽面纹瓦当

进入了今宁夏南部固原山区。德顺州(今宁夏隆德县)是成吉思汗进入宁夏南部的第一站。五月,天已大热,成吉思汗避暑于六盘山,自此,奠定了窝阔台、蒙哥、忽必烈等驻军六盘山避暑消夏的历史格局,也奠定了安西王府的历史地位。

成吉思汗进驻六盘山后,派遣西夏皇室后裔察罕为特使,去中兴府劝降。当时蒙古军队围攻中兴府已经大半年了,城中一片狼藉,军民早已疲惫不堪。是年六月,中兴府又发生了强烈地震,房屋倒塌,疾病流行,尸横街巷,惨不忍睹。地震彻底瓦解了西夏军民的反抗决心,在天灾人祸的双重打击下,末代皇帝李睍被迫同意献城投降。不久成吉思汗病死军中,他的部下遵从遗诏,秘不发丧,杀死了前来献城的西夏末代皇帝李睍。在察罕的再三劝阻下,中兴府才免遭屠城,城中百姓躲过一劫。

至此,立国西北一百九十年的西夏王国寿终正寝。

西夏国破人散后,还流传着许多美丽凄惨而又神秘悲壮的传奇故事。这里就有两个小故事。相传,成吉思汗大军包围灵州时,灵州城内有个懂法术的老太婆,站在城墙上挥动着一面青色的旗帜,蒙古骑兵和马队就如同秋风扫落叶般,纷纷

倒地而亡。成吉思汗万分焦急，不知所措。后来，在部下的建议下，从狱中找来神箭手哈萨尔（成吉思汗的弟弟），一箭射中老太婆，她手中的旗帜不动了，法术也不灵了，蒙古军队这才趁机攻破了灵州城。

又说，西夏末代皇帝李睍有一位天下最美丽的皇妃，灵州城破以后，蒙古军队攻入西平王府，都为西夏皇妃的美丽所惊讶，于是禀报成吉思汗。成吉思汗看到皇妃生得如此楚楚动人，想占为己有。皇妃说："我的美丽本来远胜于此，只是被你们战争的硝烟所蒙灰，故而颜色顿减。请允许我在黄河水中沐浴，好恢复我以前的美丽。"于是，成吉思汗特许她去黄河岸边沐浴。皇妃到了黄河岸边，一想到西夏王国就要国破民散，非常伤心。突然，有一只白色羽毛的大鸟落在了她的肩膀上，问她为何而伤心。皇妃先是非常诧异，接着又是极度惊喜，她说："国破山河碎，我还有什么理由活在这世上，只是，我现在还身负重任，不能早死，所以我现在想写封家信，不知你是否愿意为我带回。"大鸟痛快地答应："当然可以！"于是，皇妃将她那精致无比的裙子撕下一块，写下书信："我已蒙羞，不忍再见家乡父老，只有了却残生。我死了以后，请不要到黄河的下游去寻找我的尸体，而应该不断地向上游寻找。"遂将写好的书信系在大鸟的爪子上，令其带回家中。沐浴过后的皇妃回到了弥漫着硝烟的灵州城，众人看到皇妃果然更加美丽鲜艳、光彩照人。那天夜里，成吉思汗来到皇妃营帐，皇妃非常热情，刻意讨成吉思汗欢心，成吉思汗非常高兴，逐渐放松了对皇妃的警惕，他哪曾料想到，美丽动人的西夏皇妃柔情蜜意的笑脸下深深隐藏着国破家亡的巨大仇恨，就在那天夜里，皇妃侍奉成吉思汗的时候，突然拿出一把西夏特有的锋利匕首，一刀刺中成吉思汗，并趁着夜色逃离蒙古营帐，来到黄河岸边，投水自尽。成吉思汗也因为伤重而不治身亡。

这样带有传奇色彩的故事为什么能够跨越千年、如此长久地在民间流传下来呢？其实，原因很简单，故事本身一方面既表现了以西夏皇妃为代表的西夏国人在亡国后的机智和勇敢，又体现了西夏臣民无所畏惧、不屈不挠的斗争精神；另一方面，成吉思汗是蒙古族人的精神领袖，他们不愿意将自己心目中伟大英雄的死亡，简单陈述为自然情况下的平庸死亡，在他们看来，那样的死亡过于平凡，于是，他们便默许了这种充满传奇色彩的西夏王妃刺杀成吉思汗的离奇故事。

一部神奇西夏史
四种归宿党项人

西夏宝义元年(1227 年),在成吉思汗率领蒙古铁骑猛烈的攻伐和残酷的蹂躏之下,西夏军民那种爱国热情被强烈激发,他们不忍国破家亡,纷纷拿起武器,奋力抵抗,发誓要与国家共存亡。然而,悲壮、惨烈的抗争之后,西夏王国最终还是不可避免地走向了历史的终结。一个历史上曾经辉煌过的封建割据民族政权就那样在一夜之间消失了。

石窟雕塑

宫阙楼阁被付之一炬,残垣断壁间弥漫着一团接一团的烽火连天。明月当空,星辰点点,贺兰山下的中兴府满目疮痍、繁华不再。城外更是一片接一片的残破与荒废,毫无生机。恍惚间,似乎又听到了战鼓隆隆中角号长笛,马鸣萧萧间兵戈碰撞,士兵狂吼,厮杀声中夹杂着百姓离难、痛哭之音,之后,便又是死一般的沉寂。

安西榆林窟第三窟普贤变中的《唐僧取经图》

一个曾经几度迁徙流浪的民族，不得不再次唱起悲怆的歌谣，扶老携幼，又一次背负起一个民族沉重的希望。一个月明星稀的夜色，一批接着一批仓皇出逃的人儿，他们被迫离开那曾经引以为豪的帝都，肩负行囊，再一次开始了迁徙流浪。然而，面对蒙古人铁桶般的包围圈，西夏人他们究竟去了哪里？

王朝已逝、神秘依旧！那神秘的王朝带着自己一身的秘密，就那样静静地、永远地消失在了人类历史长河的波涛之中，花开花谢、来去匆匆，在此之后的近一千年间，都不再被人们所关注。

然而，那样一个曾经痴狂过、辉煌过的王朝，还有铸就她的那群勇敢的人，他们从未屈服，他们一直都在不屈不挠地抗争，国破家亡之后，他们流散四海。在今天的中华大地上依然留下了他们模糊的背影，给人无尽的感慨和哀叹！

他们究竟去了哪里？有史书记载说，当年蒙古军队攻破西夏国都中兴府之后，为了报复城内军民的顽强抵抗，进行了近乎疯狂的报复性的大屠杀，党项族人“免者百无一二，白骨蔽野”。事实上，自西夏灭亡之后，历史上确实不再有党项民族。于是，有人断言党项族人是被蒙古军队赶尽杀绝了。特别是中国现代的少数民族中，也没有了党项这个民族，而且没有任何一个现有民族认定自己就是党项族人的后裔，所以很多人都相信党项族人真的是被蒙古军队赶尽杀绝了。

但真实的情况又是如何呢？究竟是不是如上所言，党项族人真的被蒙古军队赶尽杀绝了吗？

这是不大可能的！为什么呢？因为纵观古今中外的人类文明史，我们就可以清晰地发现：战争从来都是以掠夺、征服和最终占领为目的的。特别是当人类跨入了私有制和阶级社会以来，战争便成了统治阶级与统治阶级之间、统治阶级与被统治阶级之间，以及民族与民族之间政治斗争的一种特殊而又激烈的方式。战争从来都是政治的延伸和继续，是政治的重要组成部分，战争虽然可以毫无顾忌地摧毁一个政权，但绝对不可能灭绝一个民族。也许，正如许多人所说，当年，蒙古军队在攻打西夏时，曾经遭到了以党项人为主体组成的西夏军队和国民的长期顽强的抵抗。在双方交战对抗的短时期内或者局部范围内，特别是当蒙古军队取得了对西夏战争的最终胜利，并初步占有了西夏都城中兴府和整个西夏疆域后的一段时间内，他们为了尽快巩固在这一地区的统治或者说是出于一种报复心理，对党项族人进行了疯狂而又残酷的屠杀和镇压，迫使党项族人因为惧怕蒙

古军队的屠杀，而纷纷投降，或者被迫纷纷逃散和四处藏匿。

实际上，一个民族是不可能被斩尽杀绝的。一个民族的生存和消亡，主要取决于这个民族对自身传统文化、民风习俗和语言文字的取舍态度。一个民族如果完全摒弃了自身的传统文化、民风习俗和语言文字，那么也就意味着舍弃了自身的民族之魂，最终就不可避免地被其他民族所同化或者融合。党项族人国破城毁、家破亲亡之后，无论是留居西夏故土，还是迁徙到了元朝统治的中原腹地，那些历尽艰险、重归川藏旧地的党项族人，起初的时候，应该还是比较坚定地保留着本民族的语言文字、传统文化、生活习惯、民风习俗和宗教信仰。然而，随着岁

西夏王陵 1、2 号陵远景图

月的流逝和周遭人文环境的变迁，他们出于各种需要，可能是为了能够更好地融入当地社会群体，也可能是为了得到统治阶级的认可，又或者为了生存生活的需要，等等。总之，他们开始逐渐摒弃了本民族的语言文字和文化，还有生活习惯、民风习俗和宗教信仰，开始随波逐流，其实我们可以称之为必要的入乡随俗。就这样，民族灵魂开始被点点滴滴地舍弃，直至完全摒弃，所有人都融入了另外的或者新的民族群体。本民族传统语言文化和灵魂特征的渐次舍弃，直接导致民族向心力和凝聚力的丧失，久而久之，被其他民族融合就成了自然演进的结果。

元朝统一中国后，把人划分为四个等级——蒙古人、色目人、北方汉人和南人。西夏王国灭亡以后，党项族被元朝划入第二等级色目人，改称为“唐兀”或“唐古特”人。由于当时党项族人在元朝社会地位仅次于蒙古人，所以有不少党项贵

族在元朝继续做官或者担任军事统帅，并在元朝的政治、经济、军事、文化等领域，发挥着重要的作用。

史书记载，蒙古大军在征伐南宋王朝时，曾有一支效忠于元帝国的河西军，据说这支军队就完全是由党项族人组成的。翻阅《元史》，我们可以清晰地看到，元帝国建立以后，确实有不少党项族人还在元朝中央或者地方为官，仅选入正史列传中的党项族人就有十多位。可奇怪的是，经历元帝国不足百年的时间之后，到了元朝末年，党项族人就已经集体销声匿迹在历史记载当中了。他们究竟去了哪里？一个曾经创造历史，创造过辉煌的民族，怎么会突然就消失了呢？这不仅让许多西夏学爱好者感到不解和惊讶，而且也使不少的历史学家和民族学家产生了极大的困惑。

上文提到，由于党项族人在蒙古民族的统治下，四处流散，逐渐摒弃了自身的语言文字、民风习俗和传统文化，因而很容易被其他民族所融合。根据近些年来西夏学者们所进行的民族调查，可以比较清晰地看到西夏灭亡以后党项族人的去向，第一种就是返回党项族的发源地川藏高原；第二种是留居西夏故地；第三种迁居流散于中原各地；第四种则是追随蒙古军队进入中亚或者其他地区。

先说第一种，返回党项族的发源地川藏高原。1227年，蒙古大军攻陷西夏都城中兴府，迫使西夏末代皇帝李晛举城投降。有一批曾经誓死顽强抵抗过蒙古军队的党项族人，为了避免遭到蒙古军队的报复性屠杀，他们扶老携幼，沿着唐朝时期他们先祖大迁徙时的路线，风餐露宿，历尽千辛万苦，返回到了党项民族最初游牧狩猎的川藏高原地区。根据当代民族学、历史学、考古学、语言学和西夏学专家的走访调查，在今四川木雅地区，居住着这样一批藏民，他们的语言、风俗习惯与西藏、青海和四川一带的藏民完全不同，特别是他们现在所使用的语言，含有较多西夏时期党项语言的成分。因而，有些学者就大胆推测说，如今居住在四川木雅地区的藏民，极有可能就是当年西夏灭亡后返回发源地的党项族人的后裔。另据一些藏文史料记载，返回川藏地区的党项族人及其后裔，还有一部分继续向西迁徙，有些进入了西藏，有些甚至翻越过喜马拉雅山脉，进入了尼泊尔、印度等国家。

再说第二种，留居西夏故地。留居西夏故地分两种情况，一种是辗转迁徙，最终回归留居西夏故地；另一种是一直留居西夏故地。近些年来，在陕西、甘肃、内

黑水城出土的彩绘木塔

俄国探险家科兹洛夫考察队发掘出的泥塑佛像

蒙古、宁夏等省区一些相对偏远的山区或者称之为穷乡僻壤的地方，经常会发现埋有大量西夏钱币的窖藏，这一考古发现无疑是在向世人表明，当年西夏被蒙古大军灭亡之后，确确实实有不少党项族人，其中不乏许多有钱的贵族或商人，他们为了躲避蒙古军队惨无人道的屠杀，不惜隐姓埋名辗转藏入深山老林或者遁走偏僻的乡村和牧区生活，不时还要迁徙、流浪。但是，当局势稳定以后，这些曾

经四处躲藏、流徙、幸免于难的党项族人，在元朝政府优厚的招抚政策下，绝大部分又辗转流徙，陆陆续续回到了西夏故地。当然，也有一批较早投降蒙古的党项族人一直深受元朝政府的器重，例如生息繁衍在河西一带的举立沙氏族，因为在蒙古灭西夏战争中较早献城投降而得到成吉思汗的信任，举立沙之子后来被封为肃州路世袭“达鲁花赤”。史书记载，元朝灭亡南宋统一天下以后，曾在江南浙西道杭州路大万寿寺雕刊、印刷了六十八万七千八百卷西夏文《大藏经》，这些经书多施放于黄河中上游的宁夏、永昌、沙州等西夏故地。这些历史记载证明，留居在西夏故地的党项族人生活已基本稳定下来，并且人数至少也在数十万左右。但是，随着时间的推移，留居西夏故地的党项族人生活方式和社会习俗都开始发生了转变，特别是他们在主客观因素的共同作用下，逐渐摒弃了本民族传统的语言和文字，丧失了民族凝聚力。很快他们中的一部分人融入了蒙古族，一部分融入了汉族，还有一部分皈依了传入中国不久的伊斯兰教，最终融入了新的民族——回族。

接着说第三种，迁居流散中原各地。根据学者研究分析，迁居流散中原各地的党项族人，主要有以下两种途径：一种是一些党项贵族在元初应诏入朝为官；另一种是一些党项平民自愿应诏或者被元朝政府强行征调入伍，随军东征南下。迁居流散中原各地的党项族人，就如同一叶扁舟，被包围在汉民族的汪洋大海之中，长期与汉民族混杂在一起，耳濡目染，诵读儒家经典，遵循汉地礼仪文化。因此，他们同留居西夏故地的党项族人一样，逐渐摒弃了故有的民族语言、文字和传统文化、社会风俗等民族灵魂，与当地的民族融为一体。这些人的后裔分布相当广泛，目前所知，主要散居在河北、山东、安徽、四川、云南等地，比较著名的有河南濮阳杨氏家族，云南斡氏家族，安徽的有那木翰家族、

昂吉儿家族、余氏家族等，其中就安徽省境内的党项族后裔余氏家族，西夏学专家还做了专门的调查，据说仅元末党项族人余阙留下的一子，传承至今，其后裔已多至七八千人，只是他们已经彻底融为汉人了。

第四种则是追随蒙古军队进入中亚或者其他地区。这部分西夏族人主要是在西夏灭亡前就迁居到中亚的。

贺兰山下黄河边，丝绸古道起狼烟。
西夏王国传十帝，兴衰更替二百年。

繁华如梦，风雨千年，悲欢离合，终究尘埃落定。千百年后的今天，中国早已没有了魅影迷离的西夏王国，世上也不再有传说中争强好胜、英勇善战的党项族人。翻开尘封已久的历史画卷，那些个从不畏惧迁徙流浪的人儿，他们辗转流徙，从未向命运屈服，他们满怀信心，顺应时代潮流，积极融入华夏民族大家庭，正所谓："历经劫波根犹在，终归华夏故土情。"他们曾经为源远流长、多姿多彩、灿烂辉煌的华夏文明奉献了自己独有的那份力量，在中华文明史上留下了自己标新立异、浓墨重彩的篇章。